第二届
闪亮的日子
青春该有的模样

主　编/石鹏建
副 主 编/方　伟
执行主编/周新杰

大学生创业典型人物事迹

全国高等学校学生信息咨询与就业指导中心

北京航空航天大学出版社
BEIHANG UNIVERSITY PRESS

内容简介

全国高等学校学生信息咨询与就业指导中心从全国征集了三百多位大学生基层就业、创新创业和征兵入伍的人物事迹，由此形成了《第二届闪亮的日子——青春该有的模样》系列丛书。通过讲述他们的青春故事，能够解读出这些大学生身上所具有的积极向上的人生观和价值观，使更多的大学生和社会各界人士了解他们的人生选择，鼓励大学生让奋斗成为人生主旋律，用奋斗拥抱新时代。

图书在版编目(CIP)数据

大学生创业典型人物事迹 / 石鹏建主编. -- 北京 ：北京航空航天大学出版社，2019.11

(第二届闪亮的日子——青春该有的模样)

ISBN 978-7-5124-3127-0

Ⅰ. ①大… Ⅱ. ①石… Ⅲ. ①大学生－创业－先进事迹－中国 Ⅳ. ①K828.4

中国版本图书馆 CIP 数据核字(2019)第 218885 号

大学生创业典型人物事迹

全国高等学校学生信息咨询与就业指导中心

主　编　石鹏建

副主编　方　伟

执行主编　周新杰

责任编辑　冯　颖

*

北京航空航天大学出版社出版发行

北京市海淀区学院路 37 号(邮编 100191)　http://www.buaapress.com.cn

发行部电话：(010)82317024　传真：(010)82328026

读者信箱：goodtextbook@126.com　邮购电话：(010)82316936

艺堂印刷（天津）有限公司印装　各地书店经销

*

开本：787×1 092　1/16　印张：20.5　字数：485 千字

2019 年 11 月第 1 版　2019 年 11 月第 1 次印刷　印数：1 000 册

ISBN 978-7-5124-3127-0　定价：98.00 元

序言

“奋斗是青春最亮丽的底色。”2019年4月30日，习近平总书记在纪念五四运动100周年大会上发表重要讲话，“奋斗”再次成为总书记讲话中一个重要的关键词。总书记殷殷嘱托：“青年志存高远，就能激发奋进潜力，青春岁月就不会像无舵之舟漂泊不定。”

总书记的嘱托就是我们工作努力的方向。2019年初，全国高等学校学生信息咨询与就业指导中心从全国征集到了三百多位高校毕业生在就业创业过程中的青春故事。我们感佩当代大学生敢于担当和乐于奉献的精神，及时编辑出版了这套《第二届闪亮的日子——青春该有的模样》系列丛书。围绕国家就业创业重点政策，本套丛书包括《大学生基层就业典型人物事迹》、《大学生创业典型人物事迹》和《大学生征兵入伍典型人物事迹》，共计三册。

从书中的字里行间可以看出，广大优秀学子们背着梦想的行囊，怀揣奋斗的激情，走出象牙塔的舒适，踏着新时代的节拍，到基层一线扎根，到艰苦军营淬炼，到创业大潮中搏击，他们的奋斗精神让青春闪光，让生命绽放，这群有目标、有理想、有追求的大学生成为新时代的追梦人！

到基层就业的大学生们，有的放弃优渥的生活，有的背井离乡，有的扎根边疆。他们不忘初心、牢记使命，用青年人的热诚和智慧为基层百姓排忧解难。他们践行了习近平总书记的谆谆教诲：“奋斗不只是响亮的口号，而是要在做好每一件小事、完成每一项任务、履行每一项职责中见精神。”他们用奉献点亮了青春！

创新创业是新时代的洪钟大吕。对于走出校园进入创新创业领域的大学生们来说，创新是他们的价值引领，创业是他们的人生选择。在高科技领域创业的学子们的专业智慧、开拓精神让人耳目一新；返乡创业的大学生成为新时代振兴乡村战略的亮丽风景。创业大学生用大数据、区块链、人工智能等新技术、新思维给传统行业赋能，拼搏出一片新天地。他们再一次生动地诠释了青春是用来奋斗的！

志之所趋，无远弗届；穷山距海，不能限也。习近平总书记在2017年9月23日给南开大学8名新入伍大学生的回信中勉励他们：“希望你们珍惜身穿戎装的机会，把热血挥洒在实现强军梦的伟大实践之中，在军队这个大舞台上施展才华，在军营这个大熔炉里淬炼成钢，书写绚烂、无悔的青春篇章。”本书中讲述的大学生携笔从戎的故事再次雄辩地表明，在实现强军梦的伟大实践中，大学生们用他们的青春和担当扛起了保家卫国的重任，军营的磨砺和汗水也浇灌着大学生士兵的理想之花，成就着他们的人生价值。

习近平总书记指出，“青年的人生目标会有不同，职业选择也有差异，但只有把自己的小我融入祖国的大我、人民的大我之中，与时代同步伐、与人民共命运，才能更好实现人生价值、升华人生境界。”马克思也曾经教导我们：“青春的光辉，理想的钥匙，生命的意义，乃至人类的生存、发展，全包含在这两个字之中：奋斗！”在这里，通过本丛书，我们衷心期望：让我们一起回放并见证这些优秀青年学子的心路历程，记录下他们奋斗的模样，讲述好他们的青春故事，努力让奋斗成为更多大学生的青春之歌，努力让更多大学生积极拥抱新时代、奋进在新时代，让青春在为祖国、为人民、为民族、为人类的奉献中焕发出更加绚丽的光彩！

编　者

2019 年 10 月

目录

北京

天津

河北

山西

湖　北

湖　南

广　东

广　西

四川

重庆

贵州

甘肃

青　海

海　南

北京

★

攻坚克难，助力人工智能发展

——北京交通大学白冰事迹

白冰，北京交通大学光波技术研究所在读博士，澳大利亚科廷大学工程学院硕士，澳大利亚国立大学物理系学士，研究领域为非线性光学材料、硅光集成计算器件、光电异构计算架构、光电融合神经网络算法等。参与多项国家自然基金与企业合作项目，授权和提交相关发明专利 12 项。光子算数（北京）科技有限责任公司创始人。

2017 年创办国内首个光子计算芯片公司，是国内光子计算技术的商业化先行者，依托于国内工艺线，带领技术团队完成国内首颗光子人工智能芯片的研发，并基于此搭建光子智能处理器原型机，性能功耗比相对于传统电子芯片提高了 10 倍。

2019 年完成技术产品转化，推出全球首款光子计算商用产品——光子计算服务器，在国家应急管理部、中国电信、中国移动三家数据中心开展小批量试点应用，并与多地城市大数据中心开展示范应用工程，开启了光子计算技术的产业化进程。

公司介绍

光子算数（北京）科技有限责任公司 2017 年成立于北京理工大学高校创业园。公司致力于光电融合 AI 计算芯片的研发，提供基于自研芯片的服务器 AI 计算板卡和服务器整机产品。产品面向服务器市场，可大幅降低数据中心和企业自建机房的运营电费。目前已与多家单位开展光计算服务器的订制化试点应用，也是国内第一家推出可商用光计算芯片产品的公司。

团队介绍

光子算数核心团队由来自清华大学、北京大学、北京交通大学等著名高校的多位博士组成，聚集了北京地区光子芯片领域的主要青年学术人员。目前已经形成来自学术界（包括中科院半导体所、北京协同创新研究院）、产业界（包括芯原微电子、英伟达、Marvell、Cypress、MTK、大华、Sifotonics 等）的高水平技术人员的融合，覆盖硅光芯片、数字电子芯片、模拟电子芯片、光电系统封装、底层驱动软件 5 大领域。

产品优势

低功耗：产品采用光电融合计算的方法，基于光学芯片对矩阵运算（AI 计算核心部分）进行加速，相较于纯电方案（FPGA）可降低 4/5 的功耗，从而大幅降低数据中心和企业自建机房的运维电费。采用光子计算技术每年可为我国节省超过 1000 亿元的运维电费，打造清洁高效的新型数据中心，为智慧数字中国建设提供底层基础设施。

高性能：光信号的运算和传输以光速进行，同时具有高带宽，可以提供现有电子芯片 3 个数量级以上的算力。

自主可控：光子人工智能芯片与 CMOS 工艺高度兼容，依托国内成熟的 90～130 nm 微电子工艺即可完成加工，实现芯片的设计、流片、封装测试全流程国内完成，摆脱了对国外高制程光刻机的依赖，无须在工艺制程上对国外进行追赶，是我国在芯片领域实现换道超车的一项核心技术。

创业感悟

2017 年初秋团队创立之初，通过大家夜以继日的努力，我们终于在 11 月完成了光子人工智能芯片的设计工作，并在大创园老师的支持和指导下完成了工商注册。2018 年，项目在研发上已经取得了阶段性的进展，但研发工作的推进遭遇了资金瓶颈。正在这时，经大创园老师推荐，白冰带领团队参加了当年的“互联网＋大学生创新创业大赛”并取得了优异的成绩；与此同时也被推荐参加了“智见投资百人赛”，经过几轮的路演，团队获得了投资人的肯定，并在当年 9 月完成了天使轮融资，这无疑给在摸索中前行的团队带来了希望。接下来在中科院微电子所完成流片，并与中国电子科技集团第三十八研究所合作完成芯片光电混合封装。2018 年 10 月，搭建了光子人工智能芯片测试系统，完成光子人工智能芯片的矩阵计算功能测试。随后，光子算数团队亮相国家双创周北京会场，引起了各界广泛关注，并作为重点企业向国家部委等各级主要领导进行汇报展示。2018 年 12 月，团队攻坚克难，两次调整方案时不断迎接挑战，积极迅速地调整策略，修正方法，完成了在芯片中部署神经网络算法模型，完成图像分类、实例分割、目标检测等典型人工智能任务。

光子算数技术团队见证了国家经济、科技、文化等领域的飞速发展和变革，经历了新时代里“新”的冲击。我们很幸运，能在校园里就学以致用地为“新经济”“新科技”“新发展”助力，并且这一路走来得到了大创园老师们的关注和帮助，为我们解决创业中财务、法律、公司发展等诸多方面的实际困难和问题，让我们以最大的精力投入创业中。同时也得到了政府相关部门及社会各界的关注与支持，让我们平稳、顺畅地从高校的学生创业团队发展成真正的科技企业。有了这些动能，我们更加努力，让光子计算为人工智能时代的发展提供强劲动力，将自己的青春梦融入中国梦，为国家的发展贡献自己的力量。★

（北京高校毕业生就业指导中心供稿）

学以致用，关注年轻心血管病患者

——中国人民大学李文锋事迹

我叫李文锋，基于所学专业，大学毕业后进入了一家制药企业从事销售工作，也就是大家所熟知的职业“医药代表”。一开始任职于国内的某制药企业，后跳槽到了外企。初到外企，我犹如一块海绵，不断吸收产品知识、疾病知识和先进的管理理念，一待就是13年，也从初级的销售代表逐渐晋升到了中层销售管理岗；为了更好地学习公司运营，后来又转岗到市场部继续学习。

心血管疾病是当今世界上严重威胁人类健康的疾病之一，其发病率和死亡率已经超过肿瘤而跃居第一。我国的心血管病患者已经超过2.9亿，其中大部分的发病年龄都在35岁以上，但是也有小部分年纪特别小就发病的。在2016年的举行的某医学学术论坛上，阜外心血管病医院一位教授的病例报告中提到某3岁小朋友，收缩压竟然高达200 mmHg，非常难以控制，而且辗转几家医院住院检查都诊断不出来具体的病因，小朋友随时都有脑出血的危险。后来经过基因检测，才发现这位小患者基因突变，临床诊断为单基因高血压，随后给他调整了用药方案，血压才恢复正常。这种单基因高血压是具有遗传性的，会遗传给后代。

医疗技术的发展总是先满足大部分患者的需求，而另外小部分患者的需求由于长期得不到满足，就会有误诊和漏诊的情况。随着医疗技术的不断发展，这些患者的治疗需求越来越迫切地。经调查，在心血管领域，这一“小部分”的遗传性患者高达2000万～3000万人。而在当时，这种基因检测价格高昂，一般人根本负担不起。那么，能不能做一家普通人能够用得起的基因检测公司，让更多年轻的遗传病患者能够利用基因检测来辅助诊断和治疗呢？

另外，多年在外企的职业经理人经历让我认识到，在大公司里自己永远都是一颗小螺丝钉，虽然在工作上也取得了一些成绩，但还是希望有更大的空间来施展自己的才能，在外企一眼能够看到自己10年后的职业生涯，这也是我不想看到的。于是，我就萌生了创业的想法，创立一家心血管精准医疗公司，通过基因检测，辅助临床医生更好地诊断患者的疾病，提高患者的生活质量，降低患者、国家和社会的医疗负担。

牵手行业巨头，一拍即合

经过朋友引荐，我有幸认识了基因测序行业的巨头——诺禾致源董事长李瑞强。我把创业的想法和李总沟通了一下，得到了李总的肯定。他也非常看好心血管领域基因检测的未来，也想布局这个领域，但是还没有想好是新成立一个事业部还是新成立一家公司来做。我觉得这是一个千载难逢的机会，如果能够说服李总新成立一家公司来做的话，可以借助诺禾致源在行业内的品牌和技术平台，并充分利用我在外企多年积累下来的行业资源和运营管理经验，强强联合，公司的起点就不一样了。

李总给了我一个机会，让我制定一份公司未来5年的发展规划。为了抓住这个难得的机会，我使出了浑身解数，把多年来在外企学到的管理经验、MBA课堂学到的管理学理论知识充分结合起来，从市场需求调查、定价策略、再到人员架构和未来市场推广方式、财务模型等等逐条梳理，碰到不会的要么把上学时用的教材拿出来参考，要么上网搜索相关资料，要么求助老师和同学。经过一周的紧张准备，初版的规划报告终于出来了，虽然在李总看来可能有点简陋和过于理想化，但是他也看到了在准备工作背后我所付出的努力、我的执行力和学习能力，以及我在心血管疾病领域积累的丰富的客户资源和渠道资源。经过多次修改和长达3个月的反复洽谈后，这份规划终于得到李总的认可，他决定与我联合成立一家专门负责心血管基因检测的公司，我来控股并出任CEO，诺禾致源出资100万作为种子轮启动资金。

艰难的团队搭建

开局不错，接下来摆在面前的首要任务就是尽快搭建一支团队，并尽快将业务开展起来。于是我把同学、前同事、朋友的名字一个个列出来，逐一筛选谁有可能和我一起创业。首先把一些不可能参与的名字划掉，然后在剩下的名单里一个一个打电话聊，电话聊完又筛掉一批，剩下的才开始约见面、细聊。记不清打了多少电话，聊了多少诗和远方，在我的坚持和感召下，终于有三位以前合作过的同事愿意和我一起创业。接着他们再进行第二轮的寻找，寻找以前合作过的同事、同学等，经过两三个月的到处“忽悠”，一支8个人的初创团队总算凑齐了。在工商注册等手续完成之后，2017年1月3日，公司正式开始运营了。

联合创始人退出，公司岌岌可危

在股东诺禾致源的支持下，8人的初创团队走马上任，开始对外开拓业务。基于股东的行业品牌和我们管理团队在心血管疾病领域多年积累下来的客户资源、同事资源，公司的销售、市场活动逐步开展，业务水平也上升较快，和我们合作的医院客户逐渐增加，每个月的收入也逐渐增长。正是由于前期比较顺利，我们都没有太强的成本控制意识，种子轮的100多万很快就要花光了；另外，由于股东安排支持我们的团队缺乏专业性和经验，客户的一些疑问没能得到很好的解决，客户满意度下降，导致销量受到影响，最终的结果就是销售团队挣不到钱。接下来摆在眼前的困难就是我们需要尽快融资，而在融资前需要我们几个联合创始人一起继续追加认缴公司的股份，用现金维系公司的正常运营。负责销售的联合创始人基于各种原因提出退出，不想追加认缴股份了，连带另外两名负责销售的同事一起离职，8人只剩下5人，公司岌岌可危。

这是公司面临的第一次生死危机。由于股东诺禾致源正处在IPO的封闭期，不可能再投资了，如果想让公司继续经营的话，我们要自己想办法。这期间公司的运营基本停滞，我和另外一名联合创始人每天都在商量，咨询身边的长辈、朋友、家人，今天可能会找100个让自己坚持的理由，明天就会找101个让自己放弃的理由。这样纠结的状态持续了两周，我们决定继续坚持，先筹钱让公司继续经营，然后赶紧做BP，找投资。就这样，我们两人不拿工资，刷信用卡给几位员工发工资，保证公司的正常经营不受影响。

获得资本青睐，踏上快速发展道路

2017年的资本市场还算温暖。在李克强总理“双创”号召下，各种基金还是比较充裕的，尤其是医疗领域，得到了很多资本市场的青睐。接下来我们仍旧是充分利用校友资源和同事资源，和几个投资人沟通以后，他们对我们的项目还是比较感兴趣的。经过几轮洽谈，很快有两家机构给出了投资意向协议。此时虽然说公司的现金已经不多了，但是这么快就得到了资本市场的认可，使我们对项目信心倍增，原来拿投资也没有想象中那么艰难，尤其是想起之前看有报道说某某公司CEO见100个投资人都没有结果之类的，对比之下更是觉得自己的项目还是很赞的。后来我们选择了中科院旗下的国科嘉和基金，主要是看中了他们的“国家队”背景及其在行业内的地位和资源。就这样，资金总算在2017年年底前到位，公司顺利渡过了第一次的危机。

资金到位了，公司急需快速拓展业务，首要任务就是扩招，不再受限于股东的有限支持，我希望把公司完全独立出来，这样更有利于公司的发展。于是到处招人，利用各种渠道：招聘网站、APP、朋友圈、猎头等，终于在2018年3月搭建完成团队，团队规模在20多人，基本上能够满足公司业务的需求。接下来进行紧张的培训和工作计划制定，让新员工尽快熟悉公司的产品和专业知识，并尽快适应各自的岗位职责和要求，把业务开展起来。

2018年经过团队成员的共同努力，公司取得了还算不错的成绩，与全国124家医院建立了深度的合作，为3000名患者提供了精准医疗服务。2018年2月公司荣摘国家心血管病中心高血压专病医联体基因领域独家战略合作伙伴，2018年5月再次荣摘国家代谢性疾病临床医学研究中心基因领域独家战略合作伙伴，2018年12月获得国家高新技术企业、中关村高新技术企业称号。

雄关漫道真如铁，而今迈步从头越

创业如履薄冰，稍有不慎就会掉进冰窟窿；创业是一场马拉松，没有休息的时候，每天都会遇到很多的困难，没有其他办法，只能一个一个去面对、去解决。对于未来，我的规划是继续扩大业务范围，跟更多的医院、医生合作，让更多患者通过精准医疗诊断技术而获益，免受遗传性疾病的困扰，提高生活质量；同时，希望利用我们中国人自己的遗传数据积累，研发出更多治疗遗传性疾病的药物，提高中国制药工业的研发水平以及在国际上的地位。

创业特色

基因检测技术在优生优育和肿瘤领域的应用已经被大家所接受，但是心血管病等慢性疾病才是当今世界上严重威胁人类健康的疾病，其发病率和死亡率已经超过肿瘤。诺禾心康的特色如下：

1）专注于心血管等慢性疾病基因检测，通过基因诊断提高患者疾病的诊断率，减少不良反应，提高生活质量，降低医疗支出。

2）通过前期数据的积累，能够跟药物研发结合，真正研发出属于我们中国人自己用作靶点的原研药物。

创业感悟

李克强总理提出的“双创”号召，让社会各界对创业提供了各种帮助，让我们年轻人能够把想法变成事实。虽然前方的路布满荆棘，但是只要我们提供的产品和服务能够满足需求，能够解决客户的问题，加上管理得当，对未来我还是充满信心的。为了《健康中国2030规划》的目标，我们都在努力奔跑，我们都是追梦人！★

（北京高校毕业生就业指导中心供稿）

戴乐科技:让你嗨到翻的炫酷“空气吉他”

——北京科技大学牛亚锋事迹

北京戴乐科技有限公司成立于2016年1月,业务主要涉及智能体感音乐和新型电声乐器领域。公司的愿景是在泛娱乐音乐领域,利用黑科技打造让用户快速上手、随时随地玩音乐的体感音乐产品。公司采取精益创业的战略,主打产品为Aeroband——空气拨片。公司聚焦于可穿戴设备、体感音乐类智能硬件领域,打造了一系列科技与体感、音乐、娱乐相结合的特色品牌,形成了一家独具文化特色的科技创新公司。

泥泞之路的尽头,都有一朵绽放的花

北京科技大学自动化方向研二在读的牛亚锋,在上大三的时候曾想自学吉他,体会到难学之后,便萌生了一个想法:能不能发明一个能快速弹唱歌曲的工具呢?身为自动化学子,牛亚锋就和同学一起组建团队,利用学科专业优势,不断钻研惯性导航方面知识,并将该技术与音乐相结合,带领团队开发Aeroband空气拨片项目。牛亚锋带领团队先后参加了多项科技竞赛并获得多项国家级奖励,成功申报一项发明专利和两项实用新型专利。为顺应“大众创业,万众创新”浪潮,在2015年中美创业大赛中,牛亚锋带领团队与200个中国团队一同和20个来自美国斯坦福、哈佛等著名高校创业团队同台竞技,最终荣获特等奖和15万元奖金,同时得到在场评委、投资人约55万元种子轮投资。之后,牛亚锋创立北京戴乐科技有限公司,入驻中关村创业大厦,正式开启创业之路。在艰辛的创业之路上,牛亚锋带领团队走出一个个泥淖,创业项目也渐渐有了起色,先后被创业邦、36氪、北京卫视等多家媒体报道,并在2018年4月进行了产品发布。

“Aeroband——空气拨片”:让你嗨到翻的炫酷“吉他”

谈起自己的创业之路,牛亚锋说有一定的偶然性,也有一些顺理成章。他从大一开始一直跟着老师在实验室做技术研究,如雾霾监测项目、机器人打太极项目等,同时赴北京、长沙、哈尔滨等地参加各种科技竞赛,取得了不少成绩。两年的技术学习和多次的比赛经历无疑为牛亚锋之后走上创业之路埋下了火种。

吉他弹唱,点燃梦想

彼时的大学校园里,牛亚锋和几个舍友着迷于深情的吉他弹唱,苦练了两周的指法却长进不大,更别提弹唱了。沮丧的同时,几个人开始讨论如何规避指法难、如何更容易地实现弹唱的问题。聊着聊着,就联系到了他们熟知的体感识别技术。如果运用体感识别技术连接手机APP,是不是就可以实现“智能”弹唱吉他了?说干就干,2014年8月,牛亚锋和朋友一起开始

研发第一版产品。17 天后，第一版体感音乐手套奇迹诞生。

8 月 25 日，牛亚锋带领团队参加“智信杯”全国 ICAN 物联网创新创业大赛华中二赛区选拔赛，体感音乐手套的精彩展示轰动赛场，最终斩获一等奖。之后团队又进一步改进、优化了手套，并于 10 月份进军 ICAN 物联网创新创业大赛无锡全国总决赛，但遗憾的是，由于负责讲解的队员缺乏路演经验、紧张怯场等原因，导致项目展示效果不太理想，最后屈获国家二等奖。对于这个结果，队员们很不服气，主动去找评委请求再次演示，获肯后，体感音乐手套的动感激情展示获得了几位评委专家的肯定，表示很看好这个项目的商业前景，建议他们出来创业。其中的一位评委后来成为了“空气拨片”的创业导师。

风口浪尖，牛刀小试

人生是一段很奇妙的旅程，幸运的是在每个阶段都能遇到启明星。牛亚锋说：“我们是幸运的，在成长的过程中有许多导师给我们指引、鼓励，所以才能我们才能走得那么稳。”

2015 年，智能硬件的热潮袭来，指导老师建议继续优化项目，深挖项目的商业价值。牛亚锋带领团队再次改进体感音乐手套，并于 3 月份参加了在西安举行的一场创业路演，牛刀小试。但对于是否要创业，多数队员还很迷茫。加之，处于考研与就业的大三抉择期，团队成员人心不稳，对项目的决心开始松散。在这种情况下，牛亚锋表现出了一个团队带头人的果决。他说：“很多事情是需要一些特殊的推动力才能向前的，在发展的关键阶段，需要某种带激励性的‘结点’，才能走下去。”时值“云台山杯”中国河南-美国区域高校大学生创新创业大赛举办在即，团队召开会议，牛亚锋提议，我们把这次中美创业大赛作为结点，大家撸起袖子再干一把，成，则继续创业，不成，大家该干嘛干嘛！提议获肯，于是在赛前的半个月里，他们每天排练准备到晚上 11 点。

5 月 27 日，团队凭借“体感音乐手环”参加“云台山杯”中国河南-美国区域高校大学生创新创业大赛，勇夺特等奖，获 15 万最高奖金，大受鼓舞；6 月参加亚杰汇路演，觅得伯乐，获得约 55 万种子轮融资；7 月团队入驻中关村创业大厦免费办公，开辟创业根据地；8 月获河南省最高大学生创业引导资金 20 万元。一切似乎都在向着美好的方向发展。

硬件沼泽，团队震荡

智能硬件是烧钱的领域，需要持续不断地烧钱。“一次智能手环的开模费少说要十多万，保守地算，做成一款完美的产品，开模的次数要在十次以上”，牛亚锋坦诚地说。2015 年 9 月份，由于投资尚未全部到位，硬件制作步入沼泽。

焦虑的同时，牛亚锋不得不用尽各种途径寻找硬件制作人，通过介绍人约面谈、商家走访、网络搜索等方式，终于在三个月后找到了一个合适的深圳懂行人，并与对方建立合作直至现在。

2015 年年底，经过近 4 个月的设计、开模，体验音乐手环第一次实现产品化。“无论做什么事情，遇到什么困难，只要有恒心，用心做，终会柳暗花明”，谈到这，牛亚锋欣慰地说。

小步慢跑，脚踏实地

2016 年 1 月，北京戴乐科技有限公司成立，团队开始正规作战。在经过 3 版体感音乐手套、8 版体感音乐手环的迭代后，8 月份以蓝牙连接手机 APP、小巧精致的“Aeroband 空气拨片”样机出世。经过极致的打磨，一轮轮的用户测试，目前的“Aeroband 空气拨片”产品更加炫酷、美观、时尚。

现阶段，团队以“小步快跑”作为作战方略，在进一步优化服务和产品体验的同时，逐步尝试探索、摸索、深入市场。

2017 年，牛亚锋带领北科大学生创业团队，在全国大学生“互联网＋”创新创业大赛中，代表北京科技大学在北京赛区获得一等奖，并作为北京市八支团队之一，在全国总决赛中获得银奖，并接受北京日报采访。

在“直通硅谷”创业大赛中，从 2000 个团队中脱颖而出，进入前 12 强，之后到美国硅谷参加路演和交流学习。

在“MARS”群星创业大赛中，从 1500 个创业公司进入全国六强，受到多家传媒的专访和报道。

2017 年 10 月，入选北京卫视《创意中国》栏目，得到周鸿祎、李国庆等创业导师的支持和宝贵建议。

创业感悟

“创业需要持续修炼内力”，牛亚锋说，“世间没有一本万利的事情，也没有永恒不变的利益。”所有的结果都要经过不断的努力来积累，所有的成功都要经受多次的挫折打击才能促成。创业之路，不仅仅是一条事业之路，更是成就一个人走向强大的心路。★

（北京高校毕业生就业指导中心供稿）

台青成家立业在北京，助力两岸青年融合发展

——北京体育大学陈文成事迹

我是陈文成，台湾省彰化县人。2010 年、2011 年连续参加了两届在台湾地区举办的两岸大学生自行车环台交流活动，过程中认识了北京大学的同学和老师，结下了深刻的友谊。2011 年又受北京大学邀请参加两岸青年京台交流周活动，并代表台湾学生在奥林匹克森林公园活动开幕仪式上发言。通过学习交流活动，我对北京的人文产生浓厚的兴趣，毅然放弃台湾师范大学研究生入学资格，通过考试进入北京体育大学求学，离开生活了 20 多年的地方，家人和老师虽有不舍，但也都很支持。我 2011 年 6 月至 2014 年 9 月攻读硕士学位，2014 年 9 月至 2018 年 6 月攻读博士学位，2018 年 10 月顺利进入北京大学哲学系博士后流动站工作。

在这 7 年多的时间里，我感受到中国大陆发生了天翻地覆的变化。在这期间，我不仅顺利完成了学业，也收获了甜蜜的爱情和幸福的家庭。我的太太刘红芳，祖籍河南濮阳，现在是北京市海淀区一名教师，也是一名优秀共产党员，我们从校园相识、相知到相爱，最终修成了正果，从两岸一家亲成为了两岸一家人。在中国大陆生活的这几年里，我亲眼见证了祖国的发展进步，颠覆了我之前的刻板印象，我认为中国大陆一切的美好有必要让台湾青年进一步认识和了解，因此在求学过程中就积极为推动两岸青年交流做了不少工作，不仅帮助在中国大陆的台湾青年融合发展，也组织台湾岛内大学生来中国大陆参访交流，让更多的台湾青年客观认识、了解并认同中国大陆，也期许更多的台湾青年来大陆学习和发展，深化两岸的情谊。

为了更好实现个人的理想和对社会远大的抱负，我于 2019 年 3 月注册了属于自己的企业，作为第一家台青企业入驻北京市高校大学生创业园（理工园），主营业务为两岸研学、体育赛事及公益活动。能在 30 岁而立之年拥有自己的企业是一件非常幸福的事情，我倍感珍惜，这主要得力于新时代对大众创业、万众创新的国家政策以及台湾同胞同等待遇的落实，例如针对台湾同胞的 31 条惠台政策的落实，北京市更出台了 55 条细则。非常感谢市台办及市教委对台湾青年创业的支持，很幸运毕业当年度就符合入驻园区的资格，享受大学生毕业两年内免租金、免水电的创业支持，让更多有理想有抱负的青年能在这片热土上施展才华。

俗话说：创业维艰。这句话说得非常有道理。一开始我并没有创业的想法，但从来中国大陆读研究生开始，就一直告诉自己做什么就要像什么，既然是学生就应该把学校所学的学好，回馈社会。因为我学习的专业方向是体育产业，主要研究如何围绕体育企业塑造自身的竞争优势和竞争战略为其创造价值，以及商业模式的构建和企业文化等，这类课题都需要在实践过程中得出理论的依据和价值。所以，创业过程也是理论知识最好的实践过程，虽然一时没办法成为伟大的企业，但在园区的大力支持下学习如何创业，转换角色换位思考，我个人认为是很好的一种学习方式，未来如有机会在高校任职，也能够分享当今的创业环境和政策给同学们

知晓。

大家很好奇为什么我会有创业的想法？原因大致有三点。其一，在本科期间，我考取了许多体育相关职业证照，其中有台湾地区职业资格导游证，于是在台湾举办婚礼期间，我组织了大陆亲友团赴台8天7晚。因为拥有两岸的背景，深知两岸的优势项目上可以相互补充，相互合作，共创双赢，比如台湾的风土民情和大陆广阔的旅游市场前景。期待未来我能在两岸研学教育事业上有所成就。其二，研究生期间，一次偶然的机会，我和同学参加2012年第七届“挑战杯”首都大学生创业计划竞赛，获得铜奖。我在项目设计过程中，引入了台湾运动体验馆的模式，受到大家的认可。为了实践所学所长，我从台湾引进新兴休闲运动项目魔天球，在北京体育大学成立魔天球社团进行推广和展示，并申请实用新型专利和商标，利用课余时间赴公园和学校推广，虽然辛苦，但实现当季1000多套的销售业绩。在项目实践过程中，我们团队研制了魔天球课程大纲并开展了一系列课题研究，此项目也成为某小学的精品体育课程。魔天球项目也在国家会议中心的双创博览会进行展示，获得多家主流媒体的争相报导。我想，中国大陆的市场前景广阔，只要肯努力，将产品的品质和服务做好，一定会开创属于自己的一片天地。另外，我在合作导师的指导下考取了首张台籍体育经纪人职业证，更加有信心未来能在体育产业领域中拥有属于自己的事业。其三，在公益事业上，2017年底我被推举为中华全国台湾同胞联谊会特邀理事，2019年4月我被推举为海淀区青联委员，同时拥有更多元的身份和更多的平台机会，主要工作还是一直努力推动台生及台青在陆融合发展，向各位前辈帮助我一样，怀着感恩的心帮助这些学弟妹，将在大陆所学、所知及所想分享给需要的台湾青年，让他们少走一些弯路。例如，现在愈来愈多的台湾青年来大陆发展，慢慢就会有更多的两岸情侣，如步入婚姻，常常会碰到很多两岸政策上或情感上的问题，我们也很愿意为其解惑。因此我也想成立一个台湾青年志愿者服务队的公益性组织平台（湾湾 family），帮助台湾青年追梦、筑梦和圆梦。我们企业于2019年5月份两岸青年交流合作北京峰会上获颁海淀台湾青年驿站，未来希望通过驿站，帮助更多两岸青年结为事业上的好伙伴。在台湾方面，于2019年6月将成立台湾青年体育教育文化交流发展协会，为非营利性组织，帮助台湾青年在各领域发展，为两岸青年搭建起沟通、交流及联谊的大平台。

一路走来，我除了很感谢家人的支持与鼓励，也很感谢祖国大陆能给台湾年轻人提供学习的机会和发展舞台。我热爱这片土地，我留恋这个地方，我喜欢北京，未来我将继续在北京海淀区深造发展，提高自身能力，将自身所学奉献给这个地方，也渴望为两岸发展做出贡献，创造价值，为中华民族伟大复兴贡献自己的绵薄之力。★

（北京高校毕业生就业指导中心供稿）

砥砺前行，匠心不改

——北京大学张涛事迹

由北京大学白帽黑客子芽(张涛)发起创立的“悬镜”是北京安普诺信息技术有限公司旗下云主机安全品牌，团队核心成员包括 Ngoood、特雷泽盖饭、技术渣、Mike、非法细菌、Random、Hearmen、Xeal、M1n3r 等师兄弟，是国内领先的基于 DevSecOps“云＋端”一站式安全加固解决方案的专业云主机安全厂商。通过旗下悬镜服务器卫士、云鉴漏洞扫描云平台等领先的自主产品与服务，为广大公有云及私有云厂商及信息系统开发商提供创新性安全防护综合解决方案。2016 年，悬镜团队接受互联网安全巨头奇虎 360 企业安全集团和自主可信方案提供商山西百信的战略投资。截至 2018 年 3 月 5 日，“悬镜服务器卫士”已服务大型客户 873 家，累计保护服务器 32414723 小时。

扬帆起航

2012 年 4 月 10 日，微软官方宣布将于 2 年后(具体为 2014 年 4 月 8 日)停止对 Windows XP 系统的服务支持，这款上市 10 多年之久的操作系统寿终正寝。Windows XP 系统停止服务后，我国仍有超过 2 亿 Windows XP 的个人电脑系统漏洞得不到修复，这意味着黑客可以利用这些高危安全漏洞远程入侵和控制 Windows XP 用户电脑，盗取电脑上的任意文件和账号密码，大量 Windows XP 系统用户的个人信息安全面临严重威胁。

此时，如何发现 Windows XP 系统遗留越来越久的各种安全漏洞并制定出有效的缓解方案变得十分迫切。在这样的大背景下，子芽联合师兄弟成立了一个专业的安全技术研究社团——悬镜(安普诺“悬镜安全”品牌的前身)，专注于 Windows XP 系统的防黑加固。“悬镜”名称来源于中国民间风俗，是一种传统驱邪方法。每当家中有人生病或遇灾祸发生，便认为有鬼邪作祟，先用其他驱邪方法后，再将镜悬于床上，或悬镜于门，这样鬼邪就不能进门。而云时代，企业的信息系统时时刻刻所面临的外部攻击威胁，如同“鬼邪作祟”。悬镜设计的初衷就是要通过技术创新力保用户数据安全存储、安全传输、安全使用。

从 2013 年 4 月起，历经 8 个月的反复设计、打磨和验证，子芽和他的悬镜团队终于正式推出 XP 核心数据保护系统，它由系统加固、应用加固、隔离防护、动态热补丁四大引擎组成。该防护系统一经发布，便受到国内互联网用户甚至军工用户的青睐，短短 3 个月下载量便超过 2 万，并于 2014 年 4 月中旬完成针对我国某涉密军工单位特殊网络拓扑和业务场景的定向研发和部署应用。

乘风破浪

信息安全面临的威胁主要来自技术安全风险、人为恶意攻击、信息安全管理薄弱三方面。

其中,技术安全风险包括两点:一是基础信息网络和重要信息系统安全防护能力不强,防护意识薄弱;二是管理人员安全素质低下,泄密隐患严重。面对复杂、严峻的信息安全管理形势,根据信息安全风险的来源和层次,有针对性地采取技术、管理和法律等措施,谋求构建立体的、全面的信息安全管理体系,已逐渐成为共识。与反恐、环保、粮食安全等安全问题一样,信息安全也呈现出全球性、突发性、扩散性等特点。信息及网络技术的全球性、互联性、信息资源和数据共享性等,又使其本身极易受到攻击,攻击的不可预测性、危害的连锁扩散性大大增强了信息安全问题造成的危害。信息安全管理已经被越来越多的国家所重视。与发达国家相比,我国的信息安全管理研究起步比较晚,基础性研究较为薄弱。

面对这样的安全现状,子芽和他的创业团队设计出了基于 DevSecOps"云+端"一站式安全加固解决方案,有效结合信息系统开发全生命周期特性,将安全检测和防护能力前置到早期设计开发阶段,大大降低了漏洞发现和修复周期以及成本。

2013 年 6 月 5 日,斯诺登事件爆发,美国国家安全局(NSA)代号 US-984XN 的棱镜计划(PRISM)被披露。NSA 和联邦调查局(FBI)借此秘密监控项目,可直接进入美国互联网公司的中心服务器中挖掘数据、收集情报,包括微软、雅虎、谷歌、苹果在内的 9 家互联网巨头皆参与其中,广大互联网用户的个人数据安全变得十分脆弱。因此,一款能深度保护云端数据安全的国产主机防护软件显得十分必要。或许团队是年轻的,但也正是因为年轻才有着充沛的精力与学习的动力。

直挂云帆

2015 年对悬镜来说亦是不平凡的一年。"悬镜服务器卫士"成功发布 V2.0 版本。与此同时,研发了安卓 App 风险评估系统并正式对外发布及使用。同年 12 月,悬镜团队与国家信息中心达成战略合作协议,成为"国信 504 红队"核心技术战略支撑力量。

2016 年与 2017 年是悬镜安全蓬勃发展的两年。基于 DevSecOps"云+端"一站式安全加固解决方案,悬镜团队围绕"悬镜服务器卫士"先后研发了辅助产品云鉴漏洞扫描云平台、星声私有云安全管理平台。

2016 年 5 月,悬镜团队接受中国互联网安全巨头奇虎 360 企业安全集团和自主可信方案提供商山西百信的战略投资。同时发布基于机器学习和大数据分析的 Linux 云主机防黑加固综合平台。"悬镜服务器卫士 V2.0"获得北京新技术新产品(服务)证书,并通过专业安全认证机构"赛可达实验室"的"东方之星"认证。悬镜安全团队所提供的高级渗透测试服务获北京市新技术新产品(服务)证书。

截至 2019 年 6 月,公司获得国家信息中心颁发的信息安全风险评估服务资质三级、应急响应资质二级、安全工程、ISO9001、ISO27001、ISO20000、网络安全等级保护安全建设服务机构能力评估资质、中国通信企业协会通信网络安全服务能力评定证书等多项权威资质。同时,经过团队的努力,公司斩获了 3 项原创发明专利(一种多因子身份验证方法及其系统、一种基于微过滤驱动的文件强制访问控制方法及其系统、一种 Android 应用程序加壳的检测方法)及 13 个软件著作权。

2018 年至 2019 年，子芽凭借对信息技术敏锐的前瞻性和过硬的技术沉淀，对悬镜安全提出全面改变。用 AI 赋能安全，以人工智能技术赋能信息安全，结合机器学习、红蓝对抗、攻击链模型、自适应引擎等前沿技术驱动产品研发。主要产品线升级为悬镜云卫士、灵脉 AI 等自主创新产品及以实战攻防对抗为特色的云安全管家服务。

2017 年、2018 年，悬镜安全实验室在子芽的带领下，接连两年受邀参加"贵阳大数据及网络安全攻防演练"。在 2017 年 11 月的攻防演练期间发现安全漏洞高达 53 个，其中高危漏洞 35 个(含远程服务器控制、内网渗透、关键敏感数据泄露等)，最终获得安全成果奖。在 2018 年 11 月的攻防演练中成功获得目标系统控制权 44 个，并一举拿下 4 台边界路由器控制权，击穿现有防御体系实现内网横向漫游，并深入控制 1 台汇聚层核心交换机，再次斩获安全成果奖。

2019 年，悬镜安全旗下产品"悬镜云卫士"和"灵脉 AI"已为国内多家知名企业提供安全保障服务，如人民网、卫士通、紫光云、佳能中国等企业。

砥砺前行

这些年，悬镜团队完成了从 0 到 1 的创新突破，由一个默默无闻的初创小白到崭露头角，逐渐成长为有情怀、有能力、有品质的创业新锐。"品质第一，用户至上"是悬镜团队创业前行的座右铭。团队始终坚持"精、准、细、严"的服务理念，核心业务实施精益求精，安全服务交付准时、精确，用户体验服务细心、周到，服务品质把控严格、规范。创业"取经打怪"路上的九九八十一劫难，每一重磨炼都令悬镜更加专业。

"匠心精神"是团队创始人子芽经常提到的一句话。在人工智能和区块链技术蓬勃发展的今天，网络安全已逐渐从"信息安全"时代进入了"大安全"时代。当下，云平台和租户、工业互联网、智能硬件设备的安全自防护能力普遍缺乏，悉数面临着各类新型安全威胁。悬镜作为大安全时代的云主机安全领导品牌，更需要匠心和开拓创新精神，不忘初心，砥砺前行。★

（北京高校毕业生就业指导中心供稿）

天津

★

领先科技，精于创新

——天津城建大学赵泽家事迹

赵泽家，今年25岁，中共党员，环境材料与技术专业，是天津城建大学理学院研二的一名学生，担任研究生班长一职。思想上，积极向党组织靠拢，主动加强学习党史和党章，坚定正确的政治方向，关心、关注党和国家的各项方针政策。通过参加党内各项活动，加深对党的认识，增强自己的党性，实时以一个党员的身份要求自己。因为党组织的信任，担任2016级物理2班的带班党员，和同学们一起学习党的相关知识提升自己的党性修养。

学习上，我立足自己的专业，勤奋认真上好每一堂必选课包括选修课，并积极参与课堂讨论，学期末加权平均成绩88.0分，综合成绩排名位居年级第一。科研方面，在导师的细心指导下，专心搞科研，做实验，看文献，写论文，到目前为止发表2篇被SCI检索论文，并且取得一项专利，在2018年国家奖学金评选中，荣获国家奖学金。

生活上，养成了良好的生活习惯，做到早起早睡，面对困难，迎难而上，有乐观的生活态度，有良好的生活作风好，勤俭节约一直是牢记于心，为人热情大方，诚实守信，乐于助人，因此在生活中建立了很好的人际关系，获得了大家的尊重和支持。业余时间，积极参加各项课外实践活动，从而不断丰富自己的阅历，例如参加国际马拉松比赛等。

工作上，善于沟通，有较强的组织能力，能很好地协调学习和工作的时间安排，勇于创新。作为学生干部，协助院研究生办公室在研究生管理方面工作，包括研究生复试安排，实验室仪器管理，相关的科研工作，以及和学生工作办公室的工作对接，包括迎新工作、日常生活管理以及下发通知传达相关的文件等。

本科就读于太原工业学院，作为一名大学生，我深知自己的责任和义务，一直严格要求自己。在大学期间，努力学习，取得了优异的成绩，获得国家励志奖学金；由于对体育的热爱，经常参加体育赛事，共参加国际马拉松全程比赛3次，太原工业学院春季运动会男子一万米比赛，成绩排名第三。在课余时间，积极参加各种学生工作以及实践活动，担任材料工程系学生会副主席，同时荣获“校优秀学生干部标兵”称号，荣获“暑期三下乡先进个人”称号。当时怀揣创业的想法，经常举办相关的营销活动以及营销大赛，也担任市场营销协会的会长。在大三的时候，我也加入了考研大军，准备复习考研。于2017年9月，成功考入天津城建大学，成为理学院的一名研究生。

研究生一年级时，主要以上课为主，课余时间在实验室跟着师兄学习如何做实验，如何解决问题。在导师的指导下，我慢慢了解了科研的严谨性以及实验的完整性。这为我下一步的学习打下了坚实的基础。做科研是一个比较艰苦的过程，在这个过程中，在不同的阶段会遇到不同的问题，通过不断地解决问题，最终得到可观的实验结果。我们发现做出的实验器件可以很好地应用于实际生活中，解决生活中遇到的一些问题，而且我们遇到的一些问题，其他的科研人员也会遇到，那么我们就可以在解决自身问题的同时也帮助别人解决问题。经过不断努力，我终于顺利成为巨影响一微纳实验室的一名成员。

在科研过程中，接触到一些相关企业，以及身边的人和事，发现找工作难、就业压力大等问题比较普遍，又通过与老师交流，获知可以使其科研成果进行转化与公司对接。

最近几年国家和学校也出台相应的政策鼓励大学生创业带动就业，我结合自己目前的研究方向和实际情况，于 2018 年 7 月正式成为天津嘉银纳米科技有限公司的 CEO，注册资本 100 万元。公司成立初期面对很多的问题，例如如何去宣传我们的产品、寻找一条合适的销售渠道、团队队伍的建设，寻找盈利方案等问题。在就业指导老师的帮助和自己的摸索下，慢慢找到自己的盈利点，以及团队如何建设等。通过学习相关的专业技能和专业知识，结合目前市场需求不断积累社会经验，经过长期探索、大胆尝试、企业不断壮大，于 2018 年 12 月，也就是公司成立五个月后，我们有员工 3 名，合作高校近 10 所，销售额突破 15 万。

到目前为止，通过微纳米材料的研究与开发，结合当前的市场需求，我们确立了公司的主要经营产品，先后开发微纳米材料在电子产品清洁、家庭护理清洁、车内细菌防护与清洁等方面的产品；同时也开发了纳米材料制备装置、测试仪器，以及在纳米知识的科普教育系列实验方面的开发。公司本着"领先科技　精于创新"的理念，立足于严谨的科学研究，建立健全了严苛的质量标准检验体系，在纳米领域内不断研究创新，开发具有市场价值的高科技产品。公司主要集中在三大板块的研发和市场经营活动：纳米新材料的开发、纳米材料制备和检测新设备的研发以及纳米知识科普教育。先后申请国家专利 10 余项，在国际高水平杂志发表相关学术论文 70 余篇。

雄关漫道真如铁，而今迈步从头越。接下来，我们将会和团队在创业道路上继续创新，立足于客户的需求，义无反顾、勇往直前，力争到 2020 年，总销售额突破 300 万元，解决就业实习岗位 20 人，发表高水平论文 10 篇，申请专利 5 项，服务全国高校 500 余家，并继续推出新产品。★

（天津市大中专毕业生就业指导中心供稿）

坚定信念，一路奋斗

——天津美术学院葛昌宇事迹

我叫葛昌宇，1995年出生在大连，高中毕业于大连市第十五中学，现在天津美术学院2015级雕塑专业就读。

由于当年参加艺术高考，我的成绩不错，在中国美术学院国画专业的小圈中，设计专业全国考生中排名第120名，同时也是广州美术学院双科全国状元。于是，有一些学弟学妹开始找我辅导美术，本着回报母校的思想，我便在高考结束后的暑假开始了绘画教学。这也是我创业萌芽的开始。

进入大学后，我成立了我的第一家公司，即天津美苑文化传播有限公司；同年与学院的创业孵化器合作，为他们拍摄了很多公益短片，宣传鼓励大学生创业，为社会增加更多的就业岗位。在这个过程中认识了很多朋友，他们很照顾我这个初出茅庐的新人，应他们的邀请我两次参加了在天津大悦城举办的商品艺术展览，我带领公司团队为他们拍摄公益宣传影片，用于公投，并制作了一些手工艺术饰品参加展览、销售，同时代表公司、创业大学生上台介绍我的创业理念。在现场的一位《今日头条》记者对我的经历很感兴趣，对我单独约访，没想到最后我竟然登上了《今日头条》的新闻，讲述我创业的故事。但当时我清楚地知道这些远远不够，不能因为一点小额的产品销售而背离了我学艺术的初心，我的创业要服务于我的艺术、我的专业，要有远大的格局，于是2016年初我公司制作的定格动画关于呼吁保护空气环境的电影短片《婴》入选了在天津市图书馆举行的天津美术学院青年艺术家联展。同年制作了第二部电影短片《小蒙》，其让我获得了中国新片场的导演认证。

与此同时我对于高中学生的艺考培训也没有停下来，在大连注册了教育咨询有限公司，成立了Real美术的教育品牌。2016年是一个让我很有成就感的年份，我的培训班高考成绩骄人，我的学生考出了清华美术学院的造型全国第一的好成绩，还有两个学生考取了中央戏剧学院。2017年，我的培训机构入驻大连市中心写字楼180平方米的办公场地，教师队伍5人，当年公司总收入达到60万元左右；2018年我们另开设了一家分部教授儿童、中小学生的美术启蒙，同时将总部搬迁、改造，入驻占地450平方米的一楼商铺，教师队伍扩大11人，当年公司总收入到达157万元，同时我们开始撰写公众号，在网上向更多的学生免费教学，赠送资料。

同时天津的公司在这一年中也迎来了新的转机。2018年，我们与艺术家李尔鹏联合制作大型艺术作品《理念世界之物》在北京中央美院美术馆展出，公司成立了公众号“绘儿局”记录了他整个艺术诞生的心路历程，最终该艺术项目被广州市美术馆购买收藏。我作为纪录片导演，我公司为制片方，接受媒体采访。

《理念世界之物》取得一定的受众后，我们被北京的大象公会邀请，作客电台故事FM 110期节目，2019年4月与北京阿扎文化联合拍摄了艺术片《影像·时间》。

同年受清华大学之邀参与Quanta＋未来医疗项目，所拍摄的产品影片在清华大学艺术博物馆展出，并被2019年4月9日中央电视台的焦点访谈节目采访。

同年6月，由于《理念世界之物》在一定程度上被大众肯定，我们得到北京有货公司的赞助，我们将工作室搬进了北京华贸中心的有货总部，进行了为期一个多月的艺术创作、影片拍摄。

我公司与艺术家李尔鹏联合创作的"绘几局"第二部作品《理念世界之旅》在上海世博展览馆举办的国际艺术展展出。

我不断通过我的创业公司与其他艺术市场的合作项目来学习，我的所学又变成了新血液传授给我的学生，在我看来创业不该只着眼于眼前的既得利益，而是要谋求长远发展，以及对社会的贡献。

同时我也在各个方面严格要求自己，在思想行动上为同学们树立一个良好的榜样，虚心求教，并且坚持认真学习国家政策，掌握国内外重大时事动态，具有一名大学生应有的职责感。我的大学生活在别人看来可能充满了忙碌与荣誉，忙碌使我感到充实，它也教会了我很多人生道理，但一切荣誉只属于过去的那个时刻，走出学校以后一切都将从零开始。我始终相信，只要坚定信念，一路奋斗，可能每个人所走的路不一样，但终点一定是相同的，那就是成功。当然了，前提是这个信念必须是用心的。★

（天津市大中专毕业生就业指导中心供稿）

“剪布肖”的非遗之路

——天津师范大学孙肖炜事迹

孙肖炜是2011级2015届，天津师范大学国际经济与贸易专业毕业生。从校园创业到今，孙肖炜一直从事剪布工艺事业，目前此项目已经成为非物质文化遗产项目，此项目的相关技术已经获得国家发明专利和实用新型专利，并实现了传统文化产业化，产生了经济效益。

创业萌芽

孙肖炜自幼目睹了父母创业的艰辛，深知赚钱的不容易。那时候她的父母做洗涤用品和化妆品批发生意，孙肖炜就做一些力所能及的事，比如整理货物、找零等。孙肖炜说就是在那时，在心里种下了创业的种子。

孙肖炜母亲退休后，重拾了自己的书画爱好，并学习了手工装裱技艺，她研究的手工装裱剪纸技艺成为津门一绝，并在古文化街开了店。孙肖炜就在课余时间，跟母亲学习书画和装裱技艺。那时候只她是简单地想帮助母亲，分担一些她的辛苦。

由于母亲做的是传统文化，孙肖炜步入大学选专业时候，就选择了经济学院的国际经济与贸易专业，希望把母亲的作品卖到国际市场。就是这样的选择，使孙肖炜走上了创业之路。

认真学习

孙肖炜的创业之路，受到了学校领导老师方方面面的大力扶持。

孙肖炜认为在经济学院创业是有优势的。第一，孙肖炜同学们所学习的科目，包括老师们的引导都非常贴近商业“实战”。例如模拟国际贸易的软件，刚开始接触时，孙肖炜以为是个游戏，工作后，接触到的实际贸易流程与软件里模拟得非常相似。老师在课堂上讲述的实例，也让孙肖炜在实际工作中避免了很多错误。第二，孙肖炜把在大学所学应用到了实践中。大一下学期，孙肖炜已经接手母亲的事业，这时课程中正在学习会计、法律等，她将所学知识运用到日常的成本核算、报价以及合同中去，拿着实际合同向老师们咨询，老师们毫不吝啬地为孙肖炜提供专业的建议。而这些，在市场中是非常昂贵的服务。因此，孙肖炜非常感谢老师们的无私付出。尽管工作很忙，但孙肖炜依然把学业摆在第一位，认真上好每一节课，她知道这是人生最宝贵的财富。第三，学院和学校开展了很多创业创新比赛。这些比赛，有落地，有投资，有奖金，非常吸引大学生创业，并且有试错的机会，让更多学生认识到了创业艰辛的同时，在风险中也有了保障。孙肖炜就是创业大赛的受益者。

参加比赛

大二，孙肖炜在学院老师的引导下成立了团队，正式组建公司，将母亲的剪布事业写成商业计划书。参加比赛的过程中，写好商业计划书是很有难度的，除了要把项目讲清楚，最重要的是把项目讲得吸引人。这不仅考验了团队成员的思维逻辑，更融汇了孙肖炜的指导老师刘曼书记和胡东宁老师的全部心力。

“剪布肖”的剪布工艺，是在传统民俗剪纸的基础上发展而来的。为什么孙肖炜选择把“纸”改成“布”，因为布比纸保存时间长，更容易和其他介质结合，具有实用价值。中国的剪纸是世界非物质文化遗产，非常精美，但正因为精美，所以只能束之高阁，装在镜框里做装饰品，吊钱也是剪纸，但只有过年才被张挂。孙肖炜不希望让中国的传统艺术“落灰”。因此，孙肖炜将剪纸升级为剪布，使布料图案可以和服装、家居用品、生活用品相结合：孙肖炜的剪布文化衫，水洗，图案不脱落，不掉色，无毒环保，不含芳香胺等有毒成分；剪布画是由手工布料制作，长久张挂平整，不打卷，不开裂，收藏价值高。孙肖炜同学要让更多人穿“艺术”，用“艺术”，实现传统文化产业化，从而给传统艺术带来生机，更好地传承传统艺术。

就是这样一个初衷，围绕这样一个项目，老师们帮助孙肖炜根据项目本身做了深入的分析。项目的优点是已经实际经营，技术和产品都已成熟，问题是如何推向市场，产生利润，如何打造品牌影响力，走向国际。为了解决这些问题，老师们无私地奉献资源，帮孙肖炜从各个渠道推荐产品，孙肖炜也积极配合，加紧生产的同时，不断推出新产品。

在师生们的共同努力下，孙肖炜的团队从院级创业比赛走到了校级比赛、市级比赛和国家级比赛。在孙肖炜的创业之路上不仅有两位指导老师的陪伴，学校层面的领导和老师也为孙肖炜添砖加瓦，提供了更多更广阔的平台给孙肖炜更多的展示机会。

孙肖炜的“剪布肖”在2008年参与奥运。

2010，年“剪布肖”的剪布文化衫被选为上海世博会特许专卖产品，所投10图，6图中标，销售半年无一投诉。

2014年，孙肖炜成立了天津市剪布肖科技有限公司。

2013—2015年，孙肖炜荣获天津市大学生创业先锋、天津市创新创业激励金特等奖、西青区大学生创业大赛一等奖。

2014年，孙肖炜在学校图书馆开办了剪布作品展，校长邀请其他高校的老师参观了展览，使得孙肖炜的剪布事业得到了宣传和关注。

同年，学校出访东南亚各国的孔子学院，将孙肖炜同学的作品作为礼物送给参赞大使，这是“剪布肖”第一次走向国际。

创业路的艰辛

孙肖炜的创业可以说非常幸运，得到很多贵人扶持，所谓“吃苦”，只不过是坚持的时间比别人更长一点。真正让孙肖炜感觉无助的是，在创业初期，父亲病重，孙肖炜要兼顾学业、事业与家庭。在这期间，孙肖炜奔波于学校、公司和医院，真的感觉分身乏术。因为孙肖炜自身的困难是无法和客户解释的，商场上的事不会因为她的无助就对她“心慈手软”。就在这时，孙肖炜的父亲在做手术前“逃”出医院，帮她给客户送货。父亲如此支持孙肖炜的事业，让她坚持下来，不惧怕困难，这应该是孙肖炜创业过程中最大的“一股劲儿”——家人的支持。

毕业后继续创业

毕业后，由于个人职业生涯规划，有些团队成员离开了队伍，但同学们仍然保持联系，他们以各种方式支持孙肖炜创业。而孙肖炜选择了继续创业，这条路她会一直走到生命的尽头。

孙肖炜作为大学生创业者赶上了好时代，政府有很多鼓励创业的政策。孙肖炜同学申请了大学生创业补贴：有房租补贴、岗位补贴、社险补贴，补贴三年，共计 5 万多元。根据项目需要，还有贷款、投资等金融类补贴。

毕业后，孙肖炜同学依然积极参加各种创新创业大赛，参加各种大型活动。

2017 年，在天津举办的第十三届全运会，孙肖炜的“剪布肖”成为全运村优质服务商，为运动员提供服装定制服务。

同年，“剪布肖”创作的“剪布伞”“天津话剪布文化衫”分别获得天津市旅游商品大赛一、二等奖。

2018 年，“剪布肖”制作了世界上第一枚剪布邮票，在中非国家发行，是国际邮票，将载入国际邮政史册。在天津市贸促会搭建的平台上，孙肖炜与法国图卢兹市长会面，介绍了她的剪布产品；法国图卢兹市长表示要将法国的服装品牌和邮政部门介绍给孙肖炜，促成合作。

2019 年，“剪布肖”的肖氏剪布技艺被正式批准为“天津非物质文化遗产项目”，孙肖炜为第四代传承人。此项目成为“非遗项目进校园”的项目之一，之后“剪布肖”将进入中小学乃至高校，为学生们教授剪布技艺。

在国家的鼓励下，像孙肖炜这样的创新创业学生非常多，不仅实现了经济效益与品牌效益双丰收，并且作为创业者也收获了很多经验和技能。孙肖炜是来自大学的创业者，现在不能说是完全成功，但孙肖炜受益于学校营造的创业氛围，也为以后事业更上一层楼打下了基础。另外，老师们的教导也为孙肖炜开辟了方向，使孙肖炜在披荆斩棘的创业路中多了勇气，多了智慧，多了思考，因此孙肖炜同学坦言非常感谢学校，非常感谢这个时代，并决心要把母亲的“绝艺”传承下去，让更多人了解并感受到剪布的魅力。★

（天津市大中专毕业生就业指导中心供稿）

在创业中追逐音乐梦想

——天津音乐学院毛梦欣事迹

在生活中，毛梦欣是一个活泼开朗、热情大方的女孩；在学习中，她是一个勤奋刻苦、努力上进的女孩；在工作中，她是一个心怀大善、敢为人先的女孩。这是毛梦欣给人的印象。然而，在她看似柔弱的外表下却藏着一颗坚强又固执的心，她把自己置身于创业的战场，面对着未知的对手和瞬息万变的环境，决心背水一战。翻开她的简历，细究其创业背后的原因，偶然中又蕴含着必然。

扎实的艺术功底，筑牢创业根基

毛梦欣，于1994年5月出生在安徽省铜陵市，2013年以优异的成绩考入天津音乐学院学习扬琴，2017年在天津创办了佳翔艺术培训中心，2018年以专业第一名的成绩顺利考入该校研究生部，继续学习扬琴，同年9月在安徽省铜陵市创办了音之梦艺术学校。很多不熟悉这个学校的家长，以为“音之梦”只是一个小型的培训机构，其实这是一所音乐综合类民办学校。毛梦欣一开始就把目标定得很高，“音之梦”是为数不多被教育局批准，并受当地政府扶持的标杆项目。

能有能力创办“音之梦”并不是偶然，这源于毛梦欣扎实的艺术功底。自小她就在艺术领域严格要求自己，当别的孩子在儿童时代嬉戏玩乐时，她却把绝大多数的时间放在了苦练乐器上。经过多年的努力，毛梦欣取得的艺术领域荣誉数不胜数，曾获第一届扬琴邀请赛金奖、国际第三届中国器乐赛少年组银奖、安徽省龙年“宏实杯”金奖、香港国际艺坛2015国际音乐扬琴专业青年组银奖、美国伊斯曼国际音乐节暨第二届“华乐杯”专业组银奖、中国扬琴艺术节暨第二届安徽扬琴艺术节专业研究生组金奖等一系列奖项。

目前，年纪轻轻的她已经是世界扬琴协会会员、天津音乐家协会扬琴专业委员会会员、中国音乐学院社会考级办师资认证、中国民族管弦乐学会会员、安徽省民族管弦乐学会会员、铜陵音乐家协会会员。此外，她还加入了学院民族管弦乐团，随团参加了天津音乐厅、国家大剧院等地的多场演出及民族室内乐教学音乐会中五重奏和扬重演奏，并代表学校出席过IAACA国际反贪局联合会开幕式。2017年，她更是凭借过硬的水平，举办了个人独奏音乐会。

奋进的青春姿态，催促创业步伐

在大学期间，当大多数年轻人还热衷于享受突如其来的自由时，毛梦欣就已经在默默为今后的创业道路做准备了。她常说：“我希望，当我有一天真正累了，想退休的时候，回忆起我奋斗的每一天，都是不一样的。也许一辈子也就有那么一点创业冲动，在最年轻自由的时光不冲而动之，以后也许连冲动的情绪也没有了，青春就是用来尝试与折腾的。”

为了让自己的艺术事业有一个很好的起点，创业道路有一个良好的开端，毛梦欣多方筹集资金，尽自己最大的努力完善教学设施，为音乐学员提供最好的学习环境。为了在安徽创办音之梦艺术学校，她不惜变卖自己的居身之所，将天津的房子卖出后获得百余万元，并加上自己在外代课挣的课时费作为启动资金。两地的硬件设施，在同行领域都是数一数二的，教学面积共 1000 平方米，相对于其他培训机构，有的琴行的装修就是简单的一个板子，房间只能容纳 3 个人，毛梦欣亲自设计的 1 对 1 教室最小的也有 6 平方米。在装修上就花了 100 万，琴房是按照音乐学院琴房标准装修的，有 5 层隔音。她这么做只为喜爱音乐的孩子有良好的学习条件，在学习的时候不会互相打扰。

此外，在教学软件上，毛梦欣也绝不含糊，她创办学校的理念是传承民族文化，发扬中华艺术，发现培养人才。培养优秀的人才需要出色的教师，对此，她自己也深有体会："有的培训机构是以卖乐器为主，教学为辅。根本不管老师教得怎么样，学生学得怎么样。我在去北京学习乐器前，就是被不专业的培训不规范授课，耽误了很长的学习时间，所以我不想其他把音乐当作梦想的学生在学习上走弯路。"因此她十分注重培训老师的选拔和招募，所有的老师都是经过国家音乐院校培养的。在安徽，毛梦欣设置的招募最低门槛是安徽师范大学的音乐专业毕业生。另外，她还定期把天津的老师调到安徽铜陵来教课，确保孩子学习的专业性。

可贵的奉献精神，主动回馈社会

毛梦欣选择了从事民族音乐教育行业，不仅是因为自己喜欢，也因为能让更多的人了解国乐、发扬国乐。年仅 24 岁的毛梦欣就有了创业者难得的社会责任感："创业不仅要兼顾个人的喜好，更应当站在社会的角度去考虑。"

在创业过程中，毛梦欣的母校天津音乐学院给予了很多创业经验上的指导，在当地党委政府的帮助下，毛梦欣也享受到了国家大学生创业政策。创业成功后，她不忘用自己的优势去回馈社会。毛梦欣在授课任务不多的时候，会时常前往偏远地区，了解贫困地方孩子的音乐学习

需求，协调国内顶级音乐学院的教学师资，组织前往现场授课。另外，在艺术学校所在地，毛梦欣定期组织教师慰问困难家庭，孤儿院、养老院的孩子和老人们更是对她十分熟悉。在慰问孤儿院的儿童时，考虑到这些孩子家庭特殊，平常无法接触到高雅音乐，毛梦欣只要有空，就去免费教学，挑选出有天赋的孩子进行深度辅导。养老院的老人们由于缺少子女陪伴，毛梦欣等音乐老师就把乐器带过去教他们吹拉弹唱，老人们对此也十分开心。他们知道，只要毛梦欣一来，准有一场令人赞不绝口的慰问演出。

创业的征程上，困难和挫折是无法避免的，但是毛梦欣却从不惧怕这些。她常把一句话挂在嘴边："创造一切非凡事物的那种神圣的爽朗精神，总是同青年时代和创造力联系在一起的。对于我来说，没有比创业更加令人心潮澎湃的事情了。"不论创业的路上遇到多少坎坷，毛梦欣将坚毅、执着地走下去，以敢于拼搏的创业精神，一步步书写属于她的精彩人生。★

（天津市大中专毕业生就业指导中心供稿）

勇于探索，农梦成真

——南开大学彭俊事迹

彭俊，30岁，群众，南开大学现代远程教育学院工商管理专业2016级本科生。他目前是天津市农梦成真电子商务有限公司创始人兼总经理，也是天津市青联委员、天津五四青年奖章获得者。2014年，彭俊响应国家“大众创业、万众创新”的号召，在南开大学创业基地创立“农梦成真”团队，依托互联网电子商务，解决农产品滞销问题；通过近五年的努力，他探索开创了国内首个优质滞销农产品互联网帮销平台。

2014年，一场支教改变了彭俊人生的轨迹。那一年，他去西部支教，发现当地小村庄里，几乎全是老人、小孩和妇女。更痛心的是，农民辛辛苦苦种植出来的枸杞、土豆等农产品，卖价很低甚至卖不出去，只能眼睁睁等着烂掉。支教回来以后，这个画面在他的心头萦绕难去，甚至数次在半夜醒来。他想去帮他们把那些农产品卖出去。这个想法得到了南开大学团委老师的认可、鼓励和指导，逐渐开始了探索和实践。

2014年7月，彭俊带着几个学生，开始了他们几乎没有资金、没有经验的创业。

为了弄清楚传统农产品供应链，他们凌晨两三点在北京新发地市场跟水果商贩搬货卸货、一起吃街头路边摊；送货雇不起送货员就自己上，一个人卸一车货后累得直不起腰；经营不善甚至亏损到连坐车的钱都没有，团队成员白天干完活，晚上挤在仓库睡；主动联系拜访国内比较成功的互联网生鲜电商，自学互联网运营知识和经验。虽然艰难，虽然年轻，虽然很多人不理解不支持，但彭俊从未放弃，凭着毅力和吃苦的精神，他一步一步地不断向前……

2015年11月，天津蓟县苹果滞销，彭俊带领“农梦成真”团队冒着严寒帮助当地农民利用互联网销售滞销苹果几十万斤，为当地老百姓挽回了数十万元损失，这段故事受到媒体和社会的关注。2016年1月，山西吕梁临县红枣丰收但严重滞销，老百姓含泪喂牛羊。他利用新模式，72小时订单超过1000万元。之后，他更是一头扎进黄土高原的冰天雪地，坚持两个多月，其中连续十七天日夜奋战，制定质量标准、打通物流链，成立农民电商协会，帮助山西吕梁临县销售滞销红枣750吨，间接带动销售过亿斤，解决了当地近30万枣农燃眉之急；该销售信息得到中央组织部、国务院国资委等公号联动支持，订单高达千万元。2017年，牵动国人的四川九寨沟大地震发生后，他又冲在第一线，联合中国邮政，帮助受灾地区的老百姓解决了300万斤脆红李的销路问题。

历经近三年，“互联网预订＋产地直供”的新模式，在他的脑海中逐渐浮现、臻于清晰：一端解决农民农产品难卖的问题，一端为城市广大居民提供质优价廉的农产品。

彭俊的团队已发展到现在拥有18名全职人员的专业公司，足迹遍布天津、山西、河北、福建、江西等23个省，帮助农民销售农产品累计达1500吨，受益农民一百多万人。

如今，彭俊带领探索的“移动互联网预订＋产地直供”助农模式已被多地的政府、企业、社

会团体应用，在中国引领了一股“互联网助力农产品上行”和“精准扶贫”的潮流。

彭俊所创立的农梦成真团队多次获得国家重大赛事奖项。2016 年，农梦成真团队获“创青春”全国大学生创业大赛金奖。2017 年 7 月，“农梦成真”创业团队受邀参加教育部组织的“青年红色筑梦之旅”活动；8 月 15 日，习近平总书记给参加此次活动的大学生回信鼓励。此外，农梦成真团队得到了刘延东副总理、天津市领导的重视，《人民日报》、新华社等百余家媒体多次关注支持。

彭俊用创业方式解决社会问题的同时，也在积极为城市和乡村交流服务。他曾发起“让青春去远行”活动，吸引青年返乡支教，先后帮助山西、河北、福建宁德等地贫困大学生 60 多人，为中西部贫困地区学校和少数民族同胞捐助衣物、书本 1 万余件。

“农梦成真”是一家企业、一个品牌，更是关注农村、深入农村、发展农村的一份情怀、一个愿望。彭俊一直坚信、一直践行着做强“农梦成真”的大事业。★

（天津市大中专毕业生就业指导中心供稿）

河北

★

创业没有一帆风顺的路

——沧州职业技术学院李然事迹

我叫李然，女，汉族，河北省承德市平泉市道虎沟乡丁杖子村人，1993年出生，毕业于沧州职业技术学院食品生物工程系园林技术专业。我是一个做事认真、沉着稳重的人。大学生活给了我很多启示，我所经历的事在改变着我，使我不断完善自我，逐渐走向成熟。

我的父母都是农民。父母虽然没有接受过高等教育，但是他们都有着较高的思想觉悟，为我创造了良好的成长环境。在我很小的时候，父母就以党员的事迹教导我，要我做个品学兼优的孩子——“学习对于一个学生很重要，但是做人是更重要的”“要踏踏实实走路，坦坦荡荡做人，要做一个有诚信、讲道理、高素质的人，长大以后一定要成为一名对社会、对国家有贡献的人”。这些话永远铭刻在我的心中，养成我朴实和坚强的品格，对我的成长产生了深远而重要的影响。

个人经历

从我记事起，就看到家乡的人们日出而作，日落而息，春播秋收，非常辛苦，一年到头也挣不了多少钱。我小时候的生活十分拮据。上小学的时候，每到开学前，父亲总要出门借钱，给我凑齐350元学费。从小到大，我没少得到乡亲们的帮助。我是个知恩图报的人，我一直在等待一个机会回报曾经帮助过我的人。

2012年，我考入沧州职业技术学院。在校3年，不知从什么时候开始，“创业”两个字逐渐走进我的心里，“在校时，我就对老师给我们讲的大学生创业政策十分心动。”于是乎，我在上大学的时候就准备做个创业的“弄潮儿”。

机遇总是留给有准备的人。2012年，老家的村民们开始从事大棚蔬菜种植。当时河北省没有大型育苗工厂，很多村民都是托熟人从外地预订种苗，不但价格高，而且种苗质量还得不到保证。种苗市场的缺失，让一心寻找创业路的我发现了机会。2014年，大学还未毕业的我在家乡创办了平泉市益农科技有限公司(以下简称“益农科技”)。

可是，事非经过不知难，对于初次踏上创业路的我来说，可谓是荆棘重重。

创业第一件事就是得筹钱。为了凑齐公司的启动资金，我决定把家里的房子拿去银行抵押贷款，一共凑了60多万。我知道，我经不起失败；所以，我也就不去想失败。只要公司起步了，我就一定要做成功。

从公司开始运转的第一天起，我的全部精力都投入了进去。也许是上天的眷顾，我是幸运的，创业不久就遇到了和自己志同道合的人。公司成立不久，我遇到了第一个合伙人。更幸运的是，这个合伙人还是个有钱人。随着第一笔2000万的建厂资金迅速到位，益农科技也从原来计划的建两个现代化育苗大棚，迅速扩展到4个，占地265亩。

我选择在家乡创业，目的之一就是要做回馈乡亲的事。一株苗卖8毛，如果乡亲购买种苗，我每株补贴5分钱。即使公司刚刚起步，我依然履行用实际行动感恩乡梓的愿望。一边建厂，一边跑业务，我凭着一份赤诚，很快拿到了第一笔750万株种苗的订单，当时可以说是万事俱备，只等设备一到位，就能够生产。

正当我打算大批进设备的时候，合伙人打来一个电话，差点打碎了我的创业梦。"我还有其他产业，现在资金链紧张，后续资金不能到位了。"挂断电话，这时我才体会到了什么叫绝望，那段日子吃不下饭、睡不好觉，经常自己一个人在外面溜达到天黑，琢磨下一步怎么办。不到半个月，我瘦了10多斤。现在想来，这件事其实给了我更多做实基础、迎难而上的力量。我理清了头绪，当务之急是先用剩余资金采购设备，尽快开始生产，边干边想办法。

随后的20多天里，我到河北、辽宁、山东等省份的十余个地市考察、采买设备。为了节约资金，我经常是看完一家的设备，就坐上火车赶往下一个地方，困了就在车上打个盹，省下来的住宿费够我多跑一些地方，多看一两家的设备。考察采购的过程也是学习的过程。最后不但买进了一套最优方案的设备，而且掌握了不少新技术，对日后的创业有了很大的帮助。互联网控温设备、暖风机等取暖设备、喷灌设备、基质土、700万颗种子……精打细算下来，花光了各种渠道筹措来的全部资金和积蓄，总算让自己的育苗大棚开始生产。种苗的生产周期很短，1个月的时间，我培育的700万株种苗，就为我带来了近200万元的利润。背水首战，初获成功，我终于松了口气。

然而创业没有一帆风顺的。2015年11月，承德连续半个月的恶劣天气，给我的育苗大棚带来了大麻烦。不是阴天就是下雪，十多天见不到太阳，即使采取加温措施，棚里的温度也只能维持在10度上下，种苗无法生长。我当时的心情，就如同种苗的叶面颜色，变得很暗淡。夜里12点、凌晨1点、凌晨3点……那些天夜里，我每隔一段时间都要去棚里观察种苗，凌晨3点接近全天最低气温，最冷的时候外面零下20度，棚里温度一二度，如果不加温，种苗就会得霜霉病。除了控温，自己还要做烟熏剂，根据不同温度、湿度放不同的剂量，否则会出问题。我常常告诫自己，如果任何一批种苗死了，亏本和违约损失都是小事，乡亲们误了农时才是大事。所以，我只有自己看着才心里踏实。责任心和巨大的付出，帮我度过了一道又一道难关。

每当有新品种，我都会在闷热潮湿的育种大棚内，一个小时一个小时的记录出芽状况。无论春夏秋冬，我都每天5点起床和工人们一起装车运输。对于我来说，培育好大棚里的每一株种苗，都是我回报乡亲的最好方式。

荣获奖励

2016年10月，我公司参加"第二届中国创翼青年创业创新大赛"，在农民工专项赛中荣获企业组一等奖，获得会上领导的一致好评，人社部尹蔚民部长亲自颁奖。

2017年9月15日，我公司应邀参加"首届全国就业创业交流服务展示活动"与"大众创业万众创新活动周·河北分会场"活动，获得了"最具人气奖"和"优秀项目奖"，同时受到马凯副总理与许勤省长的关注，在与许勤省长深入交流后，获得了省领导的赞许。在"十九大"期间又

接到人社部关于参加全国十九大成果的邀请函。

2018年3月,我先后在清华大学企业家培训班和中国农业大学学习一个月。2018年6月初,沈阳农业大学在我公司成立院士工作站,并建立科研推广基地。★

(河北省人力资源和社会保障厅大中专毕业生就业指导办公室供稿)

不忘初心，服务健康事业

——河北化工医药职业技术学院杨天成事迹

杨天成，2016年毕业于河北化工医药职业技术学院医学影像设备管理与维护专业，现任河北利诺医疗设备维修有限公司总经理、河北爱创科技有限公司执行董事兼总经理、石家庄利美医疗器械维修有限公司区域经理，建立了全国领先的医疗设备服务外包体系以及医疗器械维修服务平台，为河北医科大学第一附属医院、河北省胸科医院、白求恩国际和平医院、石家庄市第四医院、石家庄市第五医院等省内三百余家医院提供技术服务。2016年，杨天成代表学校参加河北省青年创业大赛，获得“优秀创业项目奖”；2017年“医心医意——医疗设备修复专家”项目荣获第三届全国“互联网＋”创业大赛铜奖。他立志为医疗大健康事业的发展奋斗终生。

踏上创新创业之路

2015年，杨天成创办了天天石膏彩绘，取得了一定的成绩。在自我满足的同时，他不忘回馈社会，定期到福利院进行捐助活动，还带领学弟学妹做一些力所能及的事情。

后来，他响应国家“大众创业、万众创新”的号召，主动加入创业队伍，带动同学共同进步。2015年，他的创业事迹受到了《燕赵晚报》记者的采访报道，同时被搜狐网、新浪网、河北新闻网等多家媒体引用报道，对在校大学生起到了正面的引导作用。

2015年，杨天成代表学校参加第二届河北省青年创业大赛，在五百个项目中晋级二十强，获得“优秀创业项目奖”并获奖金1000元。

2016年，他到石家庄利美医疗器械维修有限公司实习。

2017年初，他创立自己的企业——河北利诺医疗设备维修有限公司。

2017年7月，他代表学校参加了第三届全国“互联网＋”创业大赛，他的创业项目“医心医意——医疗设备修复专家”荣获河北省银奖、国家级铜奖。

公司发展不停步

杨天成的公司创办于2017年1月，注册资金600万元，地址为石家庄市裕华区方兴路181

号向日葵众创空间二层，面向河北地区医院进行医疗设备的维修、维护、管理与保养。现公司在职人员 18 人，建立了办公室、校企合作部、业务部、技术部、财务部五个部门，服务的医院有石家庄市第四医院、石家庄市第八医院、藁城市人民医院、高邑县人民医院、平山县人民医院、邯郸市第四医院等几十家医院。

在为医院维修设备的同时，杨天成看到了大部分医院共同存在的痛点：一是医院设备种类多而杂，没有一个单纯的公司能够维修所有的设备；二是医疗器械生产厂商维修价格高，差旅费用高；三是医疗器械生产厂商反应慢，无法为医院解决时效性问题；四是医院内部工程师不专业，无法排除设备的风险，降低了设备的使用率；五是医院固定资产纸质档案乱，缺乏标准化的管理，寻找资料困难，容易丢失。

针对这些痛点，杨天成研发了医疗器械全生命周期管理软件以及医疗器械报修平台，为医院提供设备管理、维修管理、质控管理等服务。这样，他们打通了医院与厂家、维修公司、配件商的信息渠道，让设备管理与设备维修实现了触手可及。他们通过管理软件对医院设备提供信息化管理，利用工程师团队提供医疗设备服务外包模式在医院进行驻点工作，一年 365 天都有值班人员，有效缓解医院节假日休息期间对设备服务能力的不足。这样，降低了临床科室和设备科的矛盾，解决了设备科的复杂事务性工作，让设备科有更多精力在新设备配置上做规划。杨天成的公司每年对大型的设备进行维护、保养，延长设备使用年限及保证设备运行良好，降低了医院实际维修支出。

医疗行业是新兴行业，需要更多的专业人才加入。杨天成为了带动更多的人员加入这一行业，将人才培养计划定位为公司发展的首要目标。他们在原有的校企合作基础上，进一步产教融合，协同育人。他们利用学校强大的资源与前瞻性的发展思维，不断为医疗器械行业培养专业型人才，吸收更多的学生加入他们的队伍中，在校期间就能够接触社会，做到“知行合一”。

杨天成的设想是，学生在校期间加强实操，毕业后可直接进入工作岗位。学生可以根据自身的发展选择岗位，可以通过公司培训选择到医院设备科、医疗器械生产厂家、医疗器械维修公司工作。同时，他响应国家“大众创业、万众创新”的号召，支持优秀的学生通过公司平台回到自己的家乡创办分公司，服务家乡，从而形成学生“因我而赚钱，我因学生而强大”的双赢局面。

杨天成坚持改革创新的理念，建立行业标准，完善服务体系，形成品牌，打造标准化的服务流程，规范医疗设备的使用，提高设备利用率，加强预防性维护，降低医院维修成本。他愿为人民的健康和医疗器械的运转做出自己的贡献！★

（河北省人力资源和社会保障厅大中专毕业生就业指导办公室供稿）

农村互联网的弄潮儿

——河北科技师范学院霍金磊事迹

霍金磊，男，1990年出生，毕业于河北科技师范学院机电科学与工程系。2014年加入大学生村官队伍，分配到承德县岗子满族乡大西山村担任村党支部书记助理。2016年6月获得全市“两学一做”优秀共产党员，2016年12月获得寻找脱贫攻坚青春榜样“青年服务标兵”称号，2017年2月被选为承德市第十四届党代表，2017年9月荣获第十一届“承德农村青年致富带头人”荣誉称号，2018年2月选为河北省第十五届团代表。

作为一名大学生村官，霍金磊在农村扶贫、乡村建设和农村互联网事业上已经奋斗了3年多，他以帮助村民“熟悉互联网、运用互联网”为指导路线，建立了乡村物流，推动了乡村的移动支付和农产品的网络销售。2018年成立承德金石网络科技有限公司，随着梦想的一步步实现，他决定走出河北省，去实现“网连万村、互联万民”的梦想，推动全国农村互联网事业的发展。

白白净净的大学生村官

2014年，霍金磊刚来到大西山村时，许多村民第一次见到村里来了个白白净净的大学生，对他并不认可，认为他是上边派来“镀金”的。霍金磊跟随村干部一起走家入户时，村民对他“格外”客气，让他感到自己在村民眼中还只是个“局外人”，这种不被认同的“隔阂感”让刚刚参加工作的霍金磊感到了孤单和茫然。

申报和筹建合作社

不久，一个融入村民的机会来了。当时村里的“德能蔬果合作社”标准园建设项目正在申报，需要报送的材料比较多，时间又很紧，霍金磊就在村书记的安排下，从早到晚穿梭在合作社基地和村民家中，逐个为蔬菜大棚拍照，挨家挨户到村民家中签协议，一忙就是半个月。有时忙起来就误了吃饭。有的村民说：“小霍，吃完饭再弄吧”。霍金磊却总是边走边说：“材料要的急，没差几户了，我先抓紧弄完再去吃”。村民看着他忙碌的身影，从内心里开始逐渐接受他，许多村民在村里碰面都会主动和他聊几句。

在他和村“两委”班子的共同努力下，合作社社员不断增加，土地规模也由50亩发展到280余亩，其中有180亩是草莓大棚。草莓之前都是按箱批发到市场，附加值并不高，有的销售不出去还会烂在地里。经过认真思考，霍金磊想到了利用互联网吸引消费者搞草莓采摘，在和村“两委”商议后，他开始在“美团”“百度糯米”等商业网站发广告，经过一段时间的宣传，逐渐有游客驱车到合作社大棚采摘，社员们看着前来采摘的游客，露出了灿烂的笑容。

创建农村便民快递

大西山村是全县村级代办服务示范村。霍金磊一直思考，如何能把代办服务做得更好？让村民享受到更深层次的代办服务？一次“曲折的”代办经历让这个满怀激情的小伙子产生了灵感。

一次，村里的电工要为其在北京工作的女儿代办流动人口证，到村部咨询政策，霍金磊详细解答了需要准备的材料。但是几天后电工来办理时，还是忘记了向女儿索要身份证，只好又打电话让女儿从北京快递回来，电工再到远处的乡镇快递点去取，来回又耽误了好几日才办好。通过这件事，霍金磊感到了农村快递的不方便，又联想到一些村民让自己从县城快递公司捎回网购商品的经历，他想，近几年随着电子商务的蓬勃发展，快递公司发展迅猛，然而像岗子乡这样的偏远乡村快递服务业却跟不上，除了邮政，其他物流还是一片空白，这种情况已远远不能满足村民消费的需求。想到这里，霍金磊暗下决心：自己办一家农村快递公司，不仅能方便村民，还能实现自己的创业梦想，何乐而不为呢？

他首先来到县城的各个快递公司总网点，寻求加盟，得到的答复却是需要一笔数额不小的加盟费。对于刚参加工作的霍金磊来说，仅凭一己之力难以实现，于是回家和父母商量，希望得到支持。然而事与愿违，父母拒绝了他，原因是父母认为他刚参加工作，没有什么经验，担心他把钱打了水漂。家人的反对并没有阻止他前进的步伐。回村后，他又去与附近的乡镇快递代理点协商，跑完这家跑那家，一次次拒绝、一句句冷言并未打消他的念头。功夫不负有心人，他凭借自己的真诚和执着获得了韵达快递的支持，在岗子乡设立了代理点。

为了宣传好快递业务，他推出了“便民快递”服务理念，将快递业务与村民代办紧密结合起来，自费印制了500张“便民连心卡”，将代办事项和联系方式印制在“连心卡”上，发放到每家每户，只要村民拨打电话，他就亲自充当“快递代办员”，免费上门办理业务。

在他的努力下，大西山村的代办服务得到了群众的认可，村民们说“有了霍书记，我们办事真的可以不用出门了”。

从说干就干的小村官到勇闯激流的创业者

大西山村是承德县北部偏远村，经济条件较差。全村678口人，1169亩土地，2013年人均纯收入仅1627元，多数村民仍靠种地维持生计，经济发展较落后，全村贫困户51户。脱贫攻坚任务大，让村民富裕起来是当前的大事。

随着京津冀一体化和“互联网＋”的推广，霍金磊看到了农村电商发展的希望。如何将其付诸实践成为他今后工作的重点。在代办服务的过程中，除了代办业务，他还耐心解答村民提出的手机、电脑等程序应用的问题，同时凭借读大学时经营过淘宝店铺的经验，为感兴趣的村民讲解“电商”知识，并注册河北炕炊淘商贸有限公司，帮助村民打造品牌销售农产品。他找村民，找采购农户，找经营团队，找客源推广，全身心地投入在脱贫攻坚的道路上。

在一次代办服务时，一个小伙子偶然聊到了“微商”，霍金磊像找到了知己，愉快地和他攀谈起来。通过交流，他发现年轻人普遍对互联网商务感兴趣，但是缺乏相关的知识。于是他想到了开展集中培训，结合县委组织部组织的“大学生村官志愿服务”活动，在乡党委的支持下，他和另一名大学生村官一起在乡政府会议室举办了网络知识普及班，为村民讲解互联网电商的知识。培训班一开班，就来了100多人，培训中，许多村民提出想把自家产的水果、蜂蜜、蘑菇等农产品放到网上销售，村民的话让霍金磊更加坚定了做电商的信心，只要一有机会，他就会到村民家中手把手地帮助开通淘宝店，同时他还建立了岗子创业联盟QQ群，帮助村民在线解答网店运营中的问题。

霍金磊在给村民带去希望的同时，村民也给霍金磊点燃了梦想。岗子乡郑栅子村党支部书记高松利是个水果种植大户，有草莓、葡萄、香瓜大棚10余个，主动要求建立淘宝店铺。霍金磊欣然接受，忙着到果园拍照、设计包装箱，并进行网上宣传。经过半个多月的努力，郑栅子水果淘宝店开业了，许多外地客商通过网络主动与其取得联系，并进行线上订购，这为其直接增加收入15万元。但这远未达到他的目标，他最终希望通过自己的努力，建立起承德县第一个淘宝村，运用互联网带动村民致富。

网连万村，互联万民

2017年12月28日至29日，中央农村工作会议在北京举行，习近平总书记在会上指出，必须把实施乡村振兴战略作为中国特色社会主义进入新时代做好“三农”工作的总抓手。十九大报告首次提出要实施“乡村振兴战略”，同时把“实施乡村振兴战略”作为建设社会主义现代化强国的七大战略之一写进党章，赋予突出的重要地位。实施乡村振兴战略有明确的目标任务，为新时代农业发展绘制出路线图：到2020年，乡村振兴取得重要进展，制度框架和政策体系基本形成；到2035年，乡村振兴取得决定性进展，农业农村现代化基本实现；到2050年，乡村全面振兴，农业强、农村美、农民富全面实现。

2018年2月，他的梦想又前进了一步，这是三年多来农村基层工作的一次升华，也是他创业项目的升华。在炕炊淘的基础上，他重新审视了农村的互联网事业，这一次，他决定走出河北，走向全国。

目前，中国的乡村常住人口仍有5亿之多（2016年的数据是5亿8973万人），这是一个巨大且分散的市场，也是一个被忽略但逐渐被关注的市场，也是一个困难重重但机会更大的市场。他计划联络中国目前在任的2000～5000名村官，通过发动这场全中国的互联网行动，让互联网真正走进农村，造福农民，改善乡村生活环境。

金石网络成立才两个月，已经获得2200万元人民币的专项技术投资，金石网络将带领农村互联网事业直接进入“移动互联网”时代。这是时代和党赋予他的使命，也是每一个村官的使命、每一个基层工作者的使命。他正在将这个使命连接起来，他希望走向全国。

网连万村，互联万民，生命不止，奋斗不息！★

（河北省人力资源和社会保障厅大中专毕业生就业指导办公室供稿）

灵芝创业梦

——华北电力大学科技学院韩子夜事迹

灵芝与冬虫夏草、天山雪莲等并列中国九大仙草，而灵芝却往往独为“仙草”之代名词，在消费者心目中与“仙草”划等号。灵芝无毒无害，不忌人群，食用期间不冲任何饮食，是唯一同调心、肝、脾、肺、肾的名贵中草药。

世界上最早进行现代灵芝研究的日本京都大学教授直井幸雄说：“灵芝像个傻瓜相机，不需要知道病理、药理，只要按下快门，它就会顺应人的体质，做最适当的调整，也就是人人都可以吃灵芝，不懂灵芝功效，不知自身身体状况都无关紧要，只要吃灵芝，对身体就有好处，总能把身体调理好。”

2013年，我在华北电力大学毕业后，在北京一家央企内担任现场工程师，一个月有6000～8000元的收入，是一份不错的工作，但每天两点一线式的生活并不是我想要的，年轻的心总是向往更高远的地方，一个创业的想法开始在心中升腾。

我本来在大学期间就关注过灵芝，工作后经常看到一些客户把灵芝孢子粉作为礼品去送人，觉察到里面隐藏着一个绝佳的创业机遇。

促使我真正下决心种植灵芝的原因是，我发现人们越来越注重养生，养生的观念越来越深入人心。人们经常买灵芝及灵芝孢子粉，因为它们有改善睡眠、降“三高”以及延缓衰老等功效。我感觉，这是一个朝阳行业。种灵芝主要收取孢子粉，而孢子粉是医药界公认的软黄金，保健与药用价值共存。灵芝有这么好的功效与市场，更加坚定了我的创业信心。

我是农民的儿子，无论走到哪里都对土地有着一种挥之不去的眷恋，农村这么广，我决定闯一闯。

我第一时间把种灵芝的想法告诉了大学毕业后同样在国企工作想创业的哥哥，我们一拍即合。然而我们种灵芝的想法却遭到母亲的强烈反对。母亲劝阻：“我们与土地打了一辈子交道，都没赚到钱。我们刚把你们培养出来，你们却还要往地里钻，不要去吃那些苦头了。”其实，对于父母担心的问题，我们都一一考虑到了，但我们认为，自己还年轻，万一创业失败了，大不了从头再来。在我们的再三坚持下，父母的态度由反对变为了支持。

2013年开始，我和哥哥去很多地方参观了灵芝种植基地，了解了别人的运作模式，做到心中有数。在这个过程中，我们遭受过人家的白眼，也受到过热情的接待，比如有的地方种植技术特别保密，为防止我们偷学，不让我们参观，我们只是远远地看上一眼，但也用心记下。有的地方特别热情，特别愿意传授灵芝种植知识，从接种、收粉到包装、销售，每个环节都用心教导。在他们种植期间，我们还特意去现场观看。同时，我们还抽空上网搜集资料，购买书籍恶补理论知识。

2015年通过集资和贷款，我们共投资140万元，注册了任丘市悬圃灵芝种植专业合作社，流转土地20亩建起了3个灵芝大棚，采集东北名贵灵芝，培育成适合本地生长的品种。我们种植的灵芝严格遵循冬育、春发、夏长、秋收的规律，共收集到孢子粉100多公斤，灵芝片3000多斤。

任丘的土地上也能种植灵芝。很多人闻讯赶来参观，有的还想购买，我不但不卖，还免费赠送给他们。这样，一方面让大家分享了收获的喜悦，另一方面让更多人认识了灵芝的疗效，起到推广的作用。

创业是艰辛的，个中滋味无法言传。建大棚时由于一直在地里干活，胳膊、脖子都晒爆了皮，白天倒没觉得有什么，到了晚上才觉得爆皮的地方火辣辣的痛。

种植灵芝的关键是控制好大棚内的温度、湿度、通风，所有的东西都要从头学起。种植灵芝时大棚内温度要达到40 ℃左右，但温度、湿度需要时时监控，你就得待在大棚里，一天下来衣服湿了又干，干了又湿，不知道要多少次。

无论前期种植、中期管理还是后期销售，我和哥哥都力求每个环节做到最好。我们严格按照无公害的要求种植，坚持灵芝不上化肥、不用农药，个别灵芝生虫了，我们都是用手去捉，大棚外面长了很多草，我们坚持不用除草剂，而是用镰刀一点一点除草。后来索性买了一台除草机，虽然累一点，也多花了一部分钱，但我们保证了灵芝的品质，心里还是很高兴的。

种灵芝难免会有质量不好的残次灵芝，这些灵芝不宜食用，煮水洗脚泡脚还很不错。我们把它们全部拣出来，免费送给前来参观的群众和购买灵芝的商户。有一次，一个自称做保健品的人跟我说，“说个价吧，我把你的废灵芝全包了。”我不客气地告诉他，“我不卖，我这么做就是为了提防像你这样的人，人家吃灵芝为的是强身健体，你弄这霉了的废灵芝不是害人吗？”

现在是品牌的时代，作为大学生的我们更加明白品牌的重要性，于是我们很早就注册了“悬圃”商标。“悬圃”来源于“悬圃芝田”的传说：昆仑山的第九重谓之悬圃，有金台、玉楼，仙人们在此用龙耕田种植灵芝，供仙人食用。唐太宗《帝京篇》有“无劳上悬圃，即此对神仙”的诗句。

另外，我们还开启了前店后园连锁化之全产业链模式。我们对产业链的每个环节都实行标准化控制，实现食品安全可追溯，形成环保、营养、健康的供应过程。

如今,我们注册的任丘市悬圃灵芝种植专业合作社已经成为一家专注于灵芝种植、研发、销售、服务的农业企业,通过研究灵芝规模化种植的技术与灵芝种植,带动乡村农民共同创业致富。同时,我们的种植基地还是沧州地区唯一的集灵芝种植、加工、销售于一体的观光型生态园。2017 年、2018 年,我们继续稳步扩大,新建温室大棚 5 座,至今合作社从业人员有 15 人,技术人员 3 人,季节性实现农村闲散人员就业 100 多人。一个地域品牌的建立,靠单打独斗是无法做大做强的,我们希望带动家乡的乡亲们共同致富奔小康,最终做大品牌,形成区域竞争力。

从创业开始,我们就受到了社会的广泛关注,任丘电视台、沧州电视台、《沧州日报》、河北电视台、央广网都对我们进行了报道。我们的事迹和产品得到了社会的认可,我们也获得沧州市优秀农村实干人员、青年企业家称号。

2018 年,更是特殊的一年。中央电视台《新闻联播》栏目播出报道《修改宪法时代必然,祖国发展基业长青》,我作为全国青年创业者代表畅谈了感受。这既是幸运,也是我们勤劳努力、踏实肯干的结果,以后我们更要戒骄戒躁,踏实努力,最大限度地造福于人民,造福于社会,不枉费国家、社会、大学的培养。

以后,我们将以打造标准化基地为核心,以灵芝参观、灵芝养生讲座、灵芝创意喝法、灵芝衍生品、灵芝工艺品等作为产业线,为每个家庭提供健康服务,将新型农业、健康养生、休闲观光、生活度假、国粹文化实现有机融合,构建健康服务产业的生态圈。同时,商业模式也紧跟时代发展步伐,最初以基地为载体,现在以“互联网+”为模式,实现企业互联网化改革,进行跨界合作,带动更多的事业伙伴加入大农业大健康产业,创造更多的就业机会和更高的经济效益。

灵芝,既是一个很老很老的故事,也是一个很新很好的大篇章。我们坚信,经过我们的努力,灵芝将进入千家万户,健康长寿真的不是梦!★

(河北省人力资源和社会保障厅大中专毕业生就业指导办公室供稿)

展开梦想之翼

——石家庄学院王山事迹

王山，出生于河北唐山农村，幼年家境殷实，之后家族事业发生变故。困境之中，王山立誓考上大学，要靠自己的力量改变家庭命运。而在外人的眼中，王山是个调皮捣蛋没有出息的孩子，他的家族从没出过大学生，王山的未来并不被人看好。

天降大任，空乏其身

生活的辛苦赋予了王山一个特质：无论何时，他总能够清楚地认识、接受自己的不足，并积极做出改变。为了大学梦想，他毅然放弃学习了六年的音乐，转而去学习体育。因为，学体育能够减轻家庭的经济负担，录取分数线又比音乐类专业低100分左右，学体育更能帮助他实现考入大学的梦想。

不幸的是，王山在高三时被查出患有先天性脊椎炸裂，随时有瘫痪的风险。这犹如当头一棒，为王山的学业蒙上了阴影。以后，再也没有教练敢允许他参加训练。

时间是紧迫的，面对即将来临的高考，王山不得不做出选择——或者接受命运，回农村老家过普通的生活；或者拼命一搏，成为家族的第一个大学生，从此改变家族的命运！

在命运的十字路口，王山拒绝屈服，再一次向大学梦发起冲击。教练不教，他就趴在窗口偷记、偷学；不让集训，他就在操场偷练。每一次跑动、跳动都让王山兴奋，再远一点、再快一点，离考进大学校园的梦想就更近了一点点……

欲达高峰，必忍其痛

终于，王山成功考入了石家庄学院体育系，大学校园彻底释放了王山的能量。在校期间，王山长期担任学生会干部，出色的表现为他多次赢得奖学金。同时，王山把他对体育的热爱发挥得淋漓尽致：创办跆拳道社团，先后取得了2009年中韩跆拳道友谊大赛个人品势季军、2010年河北省跆协杯公开赛个人品势冠军、2010年石家庄跆协杯公开赛竞技58公斤级亚军等一系列荣誉。

家庭的窘境影响着王山，他不可能像其他同学一样过无忧无虑的大学生活。为了减轻家里的经济负担，王山大一时就一边跟校外师傅学习跆拳道，一边以五块钱一节课的微薄收入为其代课。尽管如此，王山依然饱受家庭经济压力与同村人的冷嘲热讽，暑假时母亲的泪水让王山下定决心，一定要让家人因自己而感到光荣。

2010 年，王山在校内开设了一家冰吧，很快就赚到了自己的第一桶金。可他知道这样的生活方式不是自己想要的，跆拳道与体育，那曾改变并影响自己一生的兴趣，才是自己心中的梦，于是不到一年时间他就主动关掉了冰吧。

实现梦想的路是坎坷的。由于缺乏经验与实力，王山只能在师傅的道馆边打工边学习。可老一辈的拳师就像电影里演得那样：保守、思想陈旧。他们不想培养团队，只想用低工资让大学生为其打工；他们不想扩大经营开分馆，只是甘于享受经营一家道馆的悠闲。王山多次向师傅提出了对道馆的经营建议，但都被否决。

这样的环境加速了王山自己开馆的想法，而保守的师傅不但不支持，反而扬言要在行内封杀，让其无法立足本市。这让本来还在犹豫毕业后是否要回老家的王山索性把心一横：封杀就封杀，就在石家庄，不走了！

武馆行业就像一个小江湖，刚和师傅分道扬镳，王山马上就受到了全行的抵制，学习、考证、开馆举步维艰。可越是受到排挤，王山就越坚定信心，发誓要将自己的事业做好、做漂亮！

求道 问道 得道

王山认识到，传统道馆的最大问题是团队的缺失，而培养团队对他而言正是优势所在。多年学生会工作经验培养了他成熟的领导力，自己在母校一手创办的道名会不正是这些人才的培养基地吗？

于是，王山一边给自己的学弟学妹培训跆拳道技术，一边跑市场。既然在市里受到抵制，那就去县城！不久王山就与高邑、藁城、鹿泉、平山等县的幼儿园、艺校共 30 多家机构达成了合作意向。

与此同时，王山做了一件在合作道馆看来是天上掉馅饼的事：自己培养跆拳道教练，统一为他们发工资，免费输出到合作的道馆。因为没有利益冲突，同行抵制的声音也弱了下来，王山的口碑与名声也渐渐在圈内传开。更重要的是，通过这样的合作，他迅速积累了一支优秀的人才梯队。

终于，2011 年道名会第一家直营馆在石家庄市桥西区开业了。可彼时的王山不过是一名学生，空有一腔热血，却缺乏对市场、经营、管理的经验。500 平方米的店面，屈指可数的生源，加上分工不清的合伙团队，四个月不到，这场创业以十万元的亏损、团队的分道扬镳而告终。他不但赔掉了自己的本钱，还要因为前期模糊的约定偿还其他合伙人的投资本金。

经历了这次危机，王山决定不再冒进。于是选择在风险较低的鹿泉开了一家合作馆，而后又在熟悉的老家丰润开了一家直营馆。经过两年经营，道名会的生意逐渐有了起色。2014 年，道名会在石家庄高新区开设了第三家直营馆。这些年的良好发展给王山带来了信心，同时也埋下了隐患。

2015 年，王山带着打造石家庄区域总馆的目标租下了一个 600 平方米的店面。这样的面积是传统道馆三倍之多，能容纳 500 多名孩子同时学习。然而危机再次上演，庞大的店面带来的是租金、装修成本的提升，施工不到一半，资金链就断裂了，王山不得不再次接受失败的现实。

2015 年的失败像一桶冰水，彻底浇醒了沉浸在幻想中的王山，他必须再一次看清自己、看清现实，就像八年前认清学体育才是自己真正的出路、五年前关掉冰吧追逐梦想、三年前面对封杀毅然创业一样，再一次看清自己真正的优势与不足，再一次作出改变自己一生的抉择。

那些同行、老师傅们的失败是值得借鉴的，他们安于现状、盲目乐观、好大喜功；自己过往的经历是值得痛醒的，之前的成功来源于团队的强大、自己优于同行的超前意识、县城市场的红利，而失败则是来源于对现实认识的不清晰、盲目追求扩大规模经营。

必须要作出改变了！

明德立行，成己达人

王山想起了三年前对师傅说的话——必须要培养强大的团队，没有他们，我们什么都不是。

道名会的人才体系是独一无二的，依托于母校跆拳道社的人才输出，道名会的员工拥有远超于同行的文化素质与创新能力，虽然从技术层面不如同行老师傅几十年的功底，但这群高素质的大学生却能够真正在教育、创新层面上超过他们。这样的优秀人才体系与教育理念不正是道名会真正的核心竞争力吗？当团队成员拥有独当一面的能力时，道名会必能迎来真正的腾飞！

2015 年夏天，王山放下骄傲，亲赴武汉业内领先跆拳道馆打工，学习先进经营理念，后又将核心团队派到长沙进一步深造。持续的学习让团队能力得到了质的飞跃，解决了道名会的生存发展难题。

学习带来的巨大帮助，促使道名会内部形成了活跃的学习机制。王山的目标是让每个学弟学妹都成长为全能型人才。再奋斗几年，当他们该结婚生子的时候，能够将道名会分馆开到自己的老家，让他们带着经验与本钱回到家乡创业。

现在，道名会成了母校大学生的实习创业基地。一些学弟学妹在大学里就进入道名会跆拳道社，拥有了先人一步的实习机会。他们毕业之时就拥有了几年的实际工作经验，甚至成为道名会中高层的骨干。

现在，道名会已不单单是一家跆拳道培训机构，从课程体系的创新到持续的公益事业，王山和他的团队走遍全国，致力于为孩子们提供受用一生的帮助。2017 年，道名会开设了“童星口才”课程，涉足儿童思维成长培训，2018 年道名会品牌升级为道名会武道体能中心，加入体适能训练、品格塑造、社会能力、梦想思维等课程，实现了从跆拳道功夫教育到武道教育的升级，从强壮孩子身体，到让孩子身体、心灵全方位成长。

截至 2018 年，道名会已经成长为拥有 16 家直营馆的跆拳道跨市直营机构，员工 60 多人，2017 年营业额突破 1000 万，累计服务学员 5000 多人。

对于年轻的王山和他的团队而言，这些只是道名会事业又一个全新的开始。★

（河北省人力资源和社会保障厅大中专毕业生就业指导办公室供稿）

退伍大学生，创业新模范

——唐山工业职业技术学院聂双喜事迹

聂双喜，男，1994年生，中共党员，河北省唐山市丰润区人，2012年在唐山工业职业技术学院自动化工程系学习时应征入伍，曾服役于中国人民解放军装备发展部驻疆某基地，2014年退伍复学，2017年毕业。现任唐山海狼企业管理咨询有限公司董事长、唐山林昊建材有限公司党支部书记、北京智慧盒子管理咨询有限公司总经理。其创业事迹被唐山市政府网站、《唐山晚报》、唐山创客网、搜狐新闻等媒体转载收录。

2012年9月，聂双喜怀揣着大学录取通知书，进入唐山工业职业技术学院学习。对于一个农村出来的孩子来说，这里寄托着他的梦想——学得一身真本领，不负家乡父老的期望。正当他沉下心来投入紧张的学习生活时，大学里征兵的消息让他年轻的心激动起来。

“根据新修订的《兵役法》，取消非农业户口青年征集比例限制，取消全日制普通高等学校在校生缓征规定。”2012年唐山工业职业技术学院征兵入伍工作拉开序幕。这是一个重要的机遇。崇拜戎装热血、向往军旅生活的聂双喜果断地作出了选择——携笔从戎，报效祖国。2012年12月，聂双喜如愿以偿，成为中国人民解放军核试验部队的一名战士。

军队是大熔炉，锻造出军人钢铁般的意志。军队是大学校，培育出军人优秀的品格。军队让聂双喜找准了人生的目标、前进的方向。两年间，他两获嘉奖，并光荣地加入了中国共产党。

2014年12月，聂双喜退伍回到唐山工业职业技术学院，重新开始了大学生活。回到大学，他积极协助学院开展大学生军训教官工作。他将部队优良文化与新生实际相结合，在学院老师的带领下，共同打造出一支“有文化、有激情、有梦想”的学生教官团队。在校期间，他担任大学生素质拓展训练营营长，先后两次被评为优秀学生教官。

同时，他担任系辅导员助理，参与学生管理工作，两年的军旅生涯与两年的学生教官工作，让他有了创业的基础。人力资源与社会保障部的SYB创业培训在学院举行，他从中学到很多创业知识，更坚定了他的创业想法。唐工职院逐梦众创空间成为他创业的极佳平台。2016年，他注册了唐山海狼企业管理咨询有限公司（简称唐山海狼公司），并任公司董事长。他“顺着大学生创新创业的路子，带着军人的灵魂”，坚定地走上了创业之路，在校园里引起很大反响，掀起了一股大学生创新创业的热潮。

唐山海狼公司主要经营业务有企业管理咨询、企业形象策划、军事训练、户外拓展训练。公司成立两年来，由最初的4个人发展到如今87人，从最初3万元的利润额发展到如今公司固定资产50余万，从唐山市10%的市场占有率发展到如今唐山市60%的占有率，公司以其迅猛发展的态势阔步前进，展现了军人敢于拼搏的优良本色与大学生的青春活力。

唐山海狼公司的创业成功，离不开国家政策的支持。聂双喜积极响应国家退役士兵号召、大学生就业创业号召。公司辐射和带动了八十余人就业。接受过专业野外训练的退伍军人，受过良好的高等教育人士，才能成为培训师，这也正是唐山海狼公司提供专业服务的保障之一。

海狼公司逐渐步入正轨。聂双喜在公司稳步发展的进程中深深意识到，公司不能单独发展专有业务，要不断探索新的业务，不断发现新的商机。他先后在北京、南京、苏州、河南、陕西等省市开拓市场，最终在北京开创了以为退役军人服务为主的人力资源公司。现在，他以服务退役军人的利益需求为主导，开创新的商业天地。

唐山海狼公司和北京智慧盒子的创业成功，离不开对外合作发展。他先后与中铁城际控股集团、中铁城际文创、唐山军创家园等十几家企事业单位开展合作与共享，得到客户、行业和社会的广泛好评，树立起唐山海狼公司和北京智慧盒子“与同行携手共进，值得客户信赖”的品牌形象。

作为一个90后创业者，聂双喜带领公司积极拥抱“互联网＋”平台，先后获得中华职教社创业大赛优秀奖、河北省“互联网＋”创业大赛三等奖、唐山工业职业技术学院“互联网＋”创业大赛一等奖等荣誉。同时，公司深度聚焦习近平总书记提出的“一带一路”倡议，以互学互鉴、互利共赢的理念，利用高校创业孵化合作资源和战友平台，对外积极开展业务，对内积极融合发展，受到客户一致好评。

在军队全面停止有偿服务的大背景下，本着把部队本色带回来的精神，他大力发展学生军训工作。作为预备役人员，他为学校、企业开展更具专业化的服务体系，探索“拓展＋军事训练”的培训体系、“互联网＋人力资源”的发展模式，提供特色服务，让客户获得更全面满意的系统服务。

感恩——这是聂双喜常常对公司员工讲的一个话题，因为他一直坚守为人民服务的本色永不改。唐山海狼公司和北京智慧盒子现在的成功不仅仅是自己团队同心共筑的结果，也是国家利好政策给予的结果。作为一名退役军人、大学毕业生双重身份的创业者，他的肩膀上不仅仅肩负着做强企业的使命，也肩负着回馈社会的责任。他感恩人民军队为其铸就的军人魂。

近两年，公司已义务为学校和小微企业做拓展训练近百次，为近百名退伍军人匹配了合适的工作，公司重点开展的海狼军事拓展创业项目也充分带动了周边战友加入创业大军的行列。此外，他积极配合唐工职院开展大学生创新创业宣传工作，带动了更多大学生投身于就业创业的时代洪流。

聂双喜本着“舞台虽不同，本色永不改”的信念，在大学生创新创业的浪潮中勇敢搏击。他坚信，他一定能充分利用国家提供的利好条件，带领团队同心筑梦，走向更广阔的舞台，焕发出更夺目的青春光彩！★

（河北省人力资源和社会保障厅大中专毕业生就业指导办公室供稿）

山 西

★

勇挑时代使命，复兴劳作美学

——山西财经大学钱江事迹

时代会赋予一些人使命。

汉武帝刘彻16岁登基，创大汉朝伟业，“犯我强汉者，虽远必诛”。

唐太宗李世民28岁登基，创贞观盛世，“太宗文武之才，高出前古。盖三代以还，中国之盛未之有也”。

中共一大，与会人员平均年龄28岁。建立中国共产党，中国革命从此焕然一新！

我们的先辈，已经无数次用事实证明：

在青春里，他们将找到一份可以奋斗一生的事业，并且会在一个闪亮的日子里下定决心，挺身而出。

我的大学我的班

2014年，“大众创业，万众创新”的“东风”刚刚吹来，身边的创业者不断涌现，学校的创业基地热火朝天。我正值大学二年级，满腔青春热血。

在没有商业模式，没有长期规划，甚至没有想清楚为何要做，简单粗暴就决定开始做点“事情”，扛起了学校的桶装水市场，迈出了“创业”的第一步。

加入灯苗班是一次重大的转折。

灯苗班是山西财经大学和北京肩并肩营销策划有限公司联合创办的一个迭代式、大学生创业启蒙家塾，在课余时间系统教授创业理论、模拟创业公司、创业实战。在这里，我体验到了一个模拟公司的创建与兴盛，衰落与重生；了解了品牌文化、企业管理、商业模式、营销定位……；见识了来自全国各地的企业高管、创业力量。

“观世界，才有世界观。”我开始系统地思考创业问题，之后毅然选择跟上时代大潮，走上创业道路。

我的团队我的人

志同道合的团队是创业过程中最大的财富。加入灯苗班之后，除了学习知识，更重要的是认识了一群和我有相同信念的人。我们一同代表学校参加创业比赛，取得学校历史上的最好成绩；我们一同运营班级，灯苗班一届一届地持续传承；我们一起校园实操，尝试新媒体，尝试线上销售……

慢慢地，我们之间的关系更加亲近，一起成长，一起承担，我们意气风发，我们不断积聚力量。

2015 年 9 月，团队已经成型。与此同时，我们找到了一个所有人都愿意为之奋斗一生的事业——“地肥水美”，通过“品牌农业”理念，做“质朴自然的山西农业作品创作者”。

我的山西我的地

“人说山西好风光，地肥水美五谷香”是广为流传的一首山西民歌，唱出了山西的物产丰饶，风光迤逦。但这早已经不是山西留给全国人民的印象了。我经常说，当代山西人的崩溃是从被问到“你是不是煤老板？”“你家里有矿吗？”这些问题开始的。其实我们山西不是所有人都是煤老板，也不是家家都有煤矿！煤炭根本不是我们的骄傲！

我们真正骄傲的是传承几千年的历史文化，是我们山西的八大品牌文化：黄河之魂、太行神韵、古建瑰宝、边塞风情、五台圣境、根祖文化、关公故里、晋商家园；是我们壶口瀑布的气势磅礴、太行山上的红色圣地、佛光古寺的千年屹立、雁门关外的烽火狼烟、文殊菩萨香火鼎盛的道场、“要问祖先在何处，山西洪洞大槐树”、解州关云长的义薄云天、晋商汇通天下的期许。

我们更骄傲的是脚下这片土地，她见证了千年的演变，质朴的山西人，几千年来面朝黄土背朝天，创造了传唱至今的这一切。

我希望山西人可以重新认识山西，全国人民也可以重新认识山西！于是，我们将“复兴劳作美学，再现山西好风光”作为了我们的使命。

在这个使命的指引下，我们从农业入手，将文化与农产品融合，打造山西的“品牌农业”，用“饮食系统”的方式让农作物卖上应有的价钱，让村里的乡亲过上好日子！

山西的土地特别适合杂粮生长，其中山西小米的品质最负盛名。黄土高原上的农民们辛辛苦苦，春种夏耘秋收冬藏，一年四季不违农时，精心照料着谷子。这些谷子在 11 月被碾成小米，首先会送到住在城里的儿女手里。

我们与这些农户合作，他们负责为我们种植“自家孩子都喜欢”的小米，我们用远超市场平均的价格收购过来，这就是我们的“红土洼”品牌小米，这是从农村走出来的我们与村里的农户之间的纽带。

担心外省的客户吃不到正宗山西的小米，我们把山西传统的土砂锅利用起来，用砂锅熬的小米粥味道才最好！担心外省的天气不适合小米的保存，我们以山西农家的“瓮”为灵感，制作了砂罐，专门用来保存“红土洼”小米。

我们将“红土洼”小米加砂锅加砂罐，以及用酸枣木制作的木碗木勺，组合成了一套从种小米到吃小米的“小米饮食系统”，并且以礼盒的形式销售，把传统的农土特产变成了山西特色的礼品。

而这个过程中，我们发掘出了小米种植户的劳作美学以及传统手工匠人的劳作美学，见证了隐藏在山里的“山西好风光”。这都是创业路上积累的财富！

我们的产品上市后，获得了很好的反响，尤其是远在外省的山西籍企业家，以及那些希望带着山西特色礼品出省的客户，都非常喜欢我们的产品。另外，我们还得到了省市领导的肯定，这令我们备受鼓舞！

我的未来我的梦

青春，于每个人的感受是不一样的。

在我的眼里，青春是奋斗着的，曲折着的，美好着的，痛苦着的，自由着的，在路上的，更重要的是充满希望的。

时代会赋予一些人使命。我的使命就是“复兴劳作美学，再现山西好风光”。闪亮的日子终究只是瞬间，更多的是负重前行。我希望我的青春没有浪费，我希望在未来、在我们完成使命的那一天，会为我在青春里所付出的一切而热泪盈眶。★

（山西省高校毕业生就业指导中心供稿）

创业，用理想撬动现实

——山西工商学院刘晋明事迹

刘晋明，男，山西工商学院通才学院2014级财务管理专业毕业生，现任山西羚达科技有限公司执行副总经理。

我在大学三年级的时候开始组建我们的创业团队，创业四年的时间里，母校给予我的帮助与指导给了我创业过程中莫大的支持和鼓舞！

在“大众创业，万众创新”的新时代背景下，“敢担当，有作为”是我们新时代青年对自己的要求，也是新时代对我们提出的要求！学校就业办组织的SYIB创业培训是我对“创办企业”这个概念模型的第一次建立，让我对自己的未来有了明确的概念；学校的创业培训也使我对公司第一次有了全面的认识，在我校就业指导老师的指导下，我开始不断规划和完善自己的发展路线；参加“晋商杯”创业比赛并获得奖金，也给了我们团队莫大的鼓舞。

在校创业的时间里，万分感谢学校就业办能为我们创业团队批一间属于我们自己的办公“小天地”，让我们可以在自己的办公室做调研问卷，开会研讨，推动项目落地，参加国家、省级的重要比赛！

在校四年时间里，我有近两年都在琢磨自己的未来规划，同时也进行着实际操作；我也进行过无数次各种各样的尝试，在线教育、高校联盟贸易、劳务派遣、智慧校园再到现在的人工智能领域。创业四年，我自认为尚未取得优异的创业成绩，但是我个人的成长还是值得肯定的；创业的过程中我有过数次的迷茫，我非常感谢我们尊敬的牛院长能在百忙之余抽出时间与我畅谈，通过他自己的创业经历，指引我的发展方向，为我排忧解难，甚至在我办理公司相应许可证的时候愿意为我动用个人的资源渠道！

通才学院的成院长是我的创业启蒙老师，也是我创业路上不可或缺的一位贵人，在得知我准备创业的时候，成院长能让我在保证学习、安全的情况下给我最大的自由让我能放开手脚，敢想敢干；同样在得知我们目前没资源、没渠道，仅有满腔创业的热血时，成院长能牺牲自己的午休时间来了解我们的困难，热心指导我们，为我们介绍历届优秀创业成功的学长，给我们引

荐，帮助我们拓宽资源渠道。感谢成院长为我们所做的一切！

现在我们公司主营 AI 智能机器人服务、劳务派遣及电子政务信息工程这些业务，其中 AI 智能机器人经过一年左右的市场竞争洗牌，我们成为山西省最后生存的两家 AI 企业之一。创业路漫漫，商场如战场，现阶段我们公司作为一个初创企业，生存之道的艰难也让我认识到了市场竞争的激烈，未来我们还有很长的路要走！

最后，我要感谢新时代对新青年的新要求；感谢学校能勇创先锋，响应国家号召，给予了我们锻炼的机会，让我们有了放飞梦想的机会；国家举办各类创业比赛也让我们有了更多展示自己的机会。我们要在新时代下撸起袖子加油干，为自己搏得一个美好的明天，不辜负母校对我们的培养，不鼓舞贵人、恩人对我们的厚望，不辜负公司团队的辛苦付出！★

（山西省高校毕业生就业指导中心供稿）

志存高远谋创业，情理兼修报乡恩

——山西农业大学杨起鸿事迹

杨起鸿，男，云南省楚雄彝族自治州元谋县人，共青团员。2011—2016年就读于山西农业大学，2015年返乡创业，创立了元谋鸿荣农业科技有限责任公司，公司注册资金100万元，拥有高标准果蔬种植基地近300亩。现任元谋鸿荣农业科技有限责任公司总经理、楚雄州青年电商联盟副会长、楚雄州第四届青联委员、云南省第十一届青联委员。曾获"全国农村青年致富带头人""楚雄州向上向善好青年"等荣誉称号，并在"创青春"创业大赛中获奖。

坚韧不拔抗病魔，重整旗鼓从头越

提起创业，这个皮肤黝黑的年轻人有说不完的故事。为了今天的创业，杨起鸿整整酝酿了六年。六年间，他遇到了令他遭受苦痛、使学业受阻的病魔，也遇到了让他追寻梦想、一往无前的机会。

杨起鸿从小生活在农村，对农村始终有一种无法磨灭的情结；高中毕业后，他有幸被山西农业大学动植物检疫（植物检疫方向）专业录取，并在此立志成为一名"新农人"。不幸的是，2012年10月，初入大学的他被检查出患有白血病，这对于这位刚刚燃起雄心壮志的青年来说，无疑是一个致命的打击。但幸运的是，在他患病期间，家乡政府为他组织了捐款活动，在很多热心人的帮助下，他在昆明医科大学第一附属医院接受了造血干细胞移植手术，成功地度过了难关，重新开始了新生活。

与重大病痛的"结缘"，不仅让他懂得了感恩，也更加坚定了他返乡创业和回报社会的决心。2013年返校后，他积极参加学院农民之子社团的志愿服务活动，并利用寒暑假时间参加支农支教的NGO公益组织，深入全国多地的农村开展助学和支农调研工作，为创业打下了坚实的基础。

艰苦创业抓机遇，不忘初心砥砺行

"创业虽苦，但这颗创业的心却不苦。"经受过病魔的折磨之后，一切的困难在杨起鸿看来都已算不得什么，因而面对泥泞的山路，面对潮湿的铁屋，面对无数的疑难，杨起鸿一句"不苦"也显得格外自然。

杨起鸿梦想的第一站，就在滇中高原北部的元谋县大黑山。一条两米宽的小路从108国道上分出，蜿蜒向上，这是进山唯一的一条路。从杨起鸿家到山顶只需要半个小时，但他却很少回家，只有逢年过节才会回家吃顿团圆饭，而后又匆匆忙忙赶回山里。除了出差以外，他都住在农场的简易住房里。住房的房顶是用铁皮搭建成的，山上多雨，一到下雨天，豆大的雨滴就会在铁皮房顶上噼里啪啦响个不停，雨夜常常让人难以入眠。年久失修的墙壁上还有几道弯曲的裂缝，每到下雨还会浸水，潮湿不堪，冬冷夏热。尽管如此，杨起鸿还是很喜欢住在这里，因为这座房子见证了他梦想的开始，睡在他的事业旁边，他觉得很安心。

早上六点，山里的云雾还未散去，杨起鸿已经和工人一起起床，开始了一天的工作。上午，他忙着下地做病虫害解决试验，吃过午饭后，他一边干活还要一边收集上午的实验数据，晚上还要查找文献资料，寻找解决方案，同时还要和工人探讨，将自己的解决方案教给他们。杨起鸿告诉我们，一直以来，他都是和工人们同吃同住同劳作，因为只有亲自下地，他才能够发现田间存在的问题，才能第一时间给出最优的解决方案。

与时俱进谋发展，求真务实创新高

“因为有梦想，什么也不能把我打倒，也没有什么能够阻止我创业。”杨起鸿的梦想从云南大黑山上的小铁皮屋开始，却在广袤的神州大地上生根、发芽。

创业期间，杨起鸿团队成立了元谋县鸿荣农业公司，打造出了“鸿荣”果蔬电商品牌。2016年5月，元谋县农业投资发展有限公司批准杨起鸿的农业公司入驻元谋县电子商务中心和创业孵化园区。入驻后，杨起鸿团队在此获得了更好的创业平台，通过互联网拉近了种植户和消费者之间的距离，实现了让消费者从果蔬生产到包装再到运输实时透明监控的模式，从而将元谋县优质果蔬资源直接与消费者对接，破除中间商壁垒，让农户和消费者同时获利。

此外，杨起鸿有着自己进一步的规划，他现正准备申报州级龙头企业，通过企业基地牵头联合合作社成员统一采购农资，通过厂家直供的模式在种植前期降低了成本；杨起鸿团队还积极与农业类科研院校合作，准备组建自己的技术团队，不断探索农作物种植的绿色高效模式引

导合作社成员形成控产体质的标准化模式;下一阶段,他将整合、利用元谋县优质的农业资源,为抱团取暖树立农产品品牌做铺垫。

创业三年来,杨起鸿先后当选为楚雄彝族自治州青年电商联盟副会长、楚雄彝族自治州青年企业家商会会员、楚雄彝族自治州第四届青联委员和云南省第十一届青联委员,并在创青春创业大赛中获奖。他的蔬菜外销至韩国、日本、新加坡、马来西亚等国及国内十几个大中城市,现已与沃尔玛建立合作关系,每年向沃尔玛供蔬菜1200余吨,销售额近一千万元,杨起鸿也因此被小伙伴亲切地称为"大黑山的新农人"。

功成不忘报母校,创业反哺乡邻恩

杨起鸿是一个热爱公益、懂得感恩的人。在山西农业大学求学的五年间,他积极加入农民之子社团,与同学们一起下乡支教支农。这些社会实践活动让他对农村的现状有了更新的认识和更多的思考,也为他返乡创业奠定了基础。

为了回报家乡,他每年都会参加家乡的助学志愿工作。在大学期间,他组织社会热心人士对云南元谋县偏远山村的贫困学生进行资助。当时还是学生的他为了资助山区的贫困学生,四处筹款,在他的不懈努力下,共计帮助了32名贫困学子,经他筹集并发放的资金已达16万余元。现在,杨起鸿每年都会对贫困学子进行两次访贫助学工作,亲自将助学资金送到孩子们家里。"不管是做公益还是返乡创业,我都只有一个目的,那就是更好地回报家乡,助力家乡发展",杨起鸿如是说。

公司成立四年来,依托自身优势,组建了一支以东南大学郭荣荣博士为首的科研技术团队,不断探索实践作物生长全程标准化管理方案;利用先进的标准化种植管理技术对贫困户进行免费指导培训,建立了扶贫车间,每年培训贫困户种植技术200人次;积极引进便于管理、经济价值高的特种蔬菜在楚雄贫困山区套种和推广,先后带动农户从事标准化种植果蔬5000余亩,人均年收入增加近3000元;公司利用自身畅通的中高端销售渠道,连续两年推行扶贫计划,通过农产品上行和商超对接等方式,每年为农户代销蔬菜200多万斤,每年为农户创造收益近一千万元;在脱贫攻坚关键期,公司积极承担脱贫攻坚任务,与元谋县元马镇丙华村建立合作,流转土地和小二型水库500余亩,项目全部建成后预计总投入1000万元,每年解决丙华村委会村集体经济十万元,带动贫困户就业200人。

没有谁的成功是一蹴而就的,不经一番寒彻骨,怎得梅花扑鼻香。回顾杨起鸿的创业历程,坚韧不拔、开拓创新的精神始终根植在他的血液与奋斗的历程中。面对日益复杂的商业环境与市场变化,杨起鸿带领的这支基于农大学子的创业团队始终秉承开拓创新的农大精神,日益完善公司团队建设。这种敢为人先的拼搏精神,这种造福乡邻的博大情怀,值得我们每一个农学学子终身学习。★

(山西省高校毕业生就业指导中心供稿)

90后机械男的跨境电商之路

——太原工业学院郭建事迹

从一个偏僻的山里娃到拥有70多家分公司的跨境电商CEO，这样的华丽转变，郭建用自己的信念、努力、热情、能量一步一步实现着自己的梦想，诠释着精彩人生的内涵。

不甘平凡　梦想初现

郭建，出生于山西省吕梁一个普通的农村家庭，祖父母、父母都是庄稼人，世世代代过着日出而作日落而息、面朝黄土背朝天的日子。这样的日子虽然忙碌，却收入甚微。加之家中兄妹众多，为了让子女们能接受更好的教育，有个更光明的未来，父母不得不在农闲之余外出打工，贴补家计。很多时候为了省几元的生活费，父母经常风餐露营，也因此落下了不少病根。父母亲的这种艰辛和付出，深深地影响着郭建，使他从小就立志，一定要自立自强，改变家族的贫穷和无助。

高考结束后的暑假，当别的同学都还享受于紧绷后的愉快放松时，他却开始思考如何利用假期的宝贵时间，开启自己的创业之路。通过对北上广等大城市的市场考察和对山西本土市场潜力的调查对比分析，他把目光锁定在了投资较少、便于操作的上门洗车服务行业。在经过多方的思量后，他与北京福莱士环保科技有限公司签订合作合同，开启了自己的创业探索之路。虽然创业之初，公司规模不大，但是在自己的用心经营和努力下，公司业绩的不断提升，很多时候需要临时增聘好几名工作人员才能完成。随着业务量不断增加及学校学业的加重，为了不影响学业，2015年只能忍痛将自己经营1年多、一直处于业务上升期的“爱车快洁”上门洗车服务公司转让给别人经营。虽然首次创业之路不能得以继续，但这也为他往后的创业积累了宝贵的经验和人力资源。

大学期间，作为班长的他，虽然很忙碌，也没有再次成立公司创业，但是他的创业探索从未停止，代理校园服装销售，为高校学子提供优秀的驾照考试服务平台，组织高校大学生举行毕业活动等。这些看似平凡的经历，但是对于郭建来说不仅解决了自己的生活开支问题，也让他学会了做事先做人的人生哲理。

开始创业　梦想起航

2017年大学毕业之际，穿梭于同学们忙于应聘的人潮中，他的心情久久不能平静。择业还是创业？冷静下来，他发现创业之路虽然很辛苦，却是他向往的；唯有创业才能改变命运，唯有创业创新，走规模化创业之路，才能最大化实现个人价值。

2017年6月，他毅然决定从事跨境电商行业，于是只身一人，前往当时中国跨境电商发展成熟的沿海城市考察学习。为了节省成本，常常在烈日炎炎下，坐在公园的石凳上边啃馒头，边整理随行笔记，即使汗流浃背，也全然不知。那个时候的他，凭借敏锐的市场洞察力，已经认识到跨境电子商务的远大前景，也觉察到其在二三线城市继续发展的弊端，如人才的匮乏、资金的紧缺和物流清关等，这些都是跨境电商创业人的难点和痛点。经过反复推敲和思考，他毅然选择做跨境电子商务综合服务商，让所有的难点、痛点集中化、优势化解决。

他开始钻研如何把服务流程化，也逐渐开始向线上服务平台商转变。他认识到多国语言间的沟通障碍问题是这个项目首要发展瓶颈，如何解决？怎么解决？唯有自己开发平台，才可以实现优势转变。

怎么开发？找谁开发？一个个难题随着业务的开展纷至沓来。这对于一个刚起步的创业人来说都是始料未及却又无法避免的。找专业的技术团队，成本高，且他们的开发思路过于传统、局限化，无法满足业务的需求。于是他开始自主构思、自主设计、自己钻研、自主开发。对于一个机械男来说，这个领域不仅陌生而且过于晦涩，难度可想而知。但是他没有退缩。从翻阅资料、构思框架、设计原型图和逻辑推敲到一整套完整的 ERP 系统的开发。他不知道熬过多少个通宵，常常是在地上铺一个席子、褥子，累了就在耳边设置一个间隔半小时的闹钟和衣而睡，甚至睡觉的席子和褥子他都要求是不舒服的，生怕睡觉时间长耽误了进度。颇有些“头悬梁、锥刺股”的感觉。“创业维艰，奋斗以成”是郭建创业以来最大的感悟。他说：“向死而生，力挽狂澜，这是创业最酷的地方。”

公司成立之初，正是大四学生的择业期，许多大学同学便成为他们团队创业之初的元老，有他大学期间同吃同住、睡上下铺的兄弟，也有隔壁班非常铁的哥们儿，这样的创业团队干起事来常常是专业严谨到令人难以置信，简单的寄件箱尺寸和重量都要经过严格的计算以确定最佳邮寄成本。团队的团结程度更是不言而喻，四年的相处早已奠定了兄弟们的友谊基础。但是，兄弟们的坚持不代表家人的支持。好多家长认为，比起自己创业，他们更支持自己的孩子考研究生、考公务员、入职国企及当老师等走“正统”就业路线。在父母的执拗下，好多兄弟们都相继回老家找工作，只留下为数不多的几个人，整个团队也都处于不稳定状态。

加上创业之初，公司营业额不多，利润低，同时遭遇人事大地震、资金匮乏等，赚钱已经变得次要，带领团队走下去、把事业做好、不辜负合作伙伴，成了郭建心中的首要追求：“否则怎么面对一直陪我吃苦并且在毫无成就可言的情况下付出的合伙人？”

有心人，天不负。在 2018 年 6 月至 9 月，随着公司服务平台的不断完善，逐渐得到业界认可与肯定，相继有 20 多家公司签署了合作协议。

不忘初心　坚守梦想

郭建说：“我曾看到过有的创业者晚上在地上爬行减压，看的时候差点落泪，有点责任心的创业者不仅孤独而且精神压力特别大，在所有人面前都要装作坚强，背后怎么减压只有自己知道。”

凭着不懈的坚持与努力，短短两年时间里，他注册成立了山西海逊贸易有限公司和深圳海逊通商贸有限公司，凭借自身扎实的跨境电商服务理论和技术、自主开发的 ERP 管理服务平台及成熟的跨境物流体系，正式开始了跨境电商创业之路。目前他的公司已拥有70多家分公司，平台加盟店铺一千多家，公司上百场的跨境电商知识技术培训已为社会输送了大批专业型高素质的人才。

“创业少不了坚持。坚持梦想也好，坚持赚大钱也好，坚持对员工负责也好，总之创业者必须坚持！”郭建说，“创业初期，如果不是为了开创自己的事业平台，我肯定会找一份收入稳定的工作。如果不是不甘平庸，也不会屡败屡战，顶着压力，迎风而上。正是因为心中有一直坚持的灯塔，才会引领我一直走下去。”★

（山西省高校毕业生就业指导中心供稿）

博历·追梦少年创新之路

——中北大学李辉事迹

李辉，中北大学仪器与电子学院微电子科学与工程专业2018届本科毕业生，现任山西意启创电子科技有限公司创始人兼CEO，太原万柏林区科技局《基于物联网的高层擦窗机器人》工程项目负责人，拥有4项发明专利，1项实用新型专利，著有《AI少儿编程技术》教材一套。

李辉曾获得第十一届中国青少年科技创新奖，作为山西省高校唯一获奖者，于2018年8月25日，在人民大会堂被孙春兰副总理接见并颁奖。

2018年，获工业和信息化部举办的“创客中国”大赛创客组山西省总冠军。

2018年，获“创青春”全国大学生创新创业大赛山西省银奖。

2018年，获“创青春”全国大学生创新创业大赛全国铜奖。

2018年，荣获教育部“互联网＋”大赛全国铜奖。

创办的山西意启创电子科技有限公司，主要从事机器人技术开发，并在中北大学成立意启创电子科技研究院，是全国为数不多拥有独立研究院和自主开发能力的科研技术导向型企业。目前公司拥有6项专利。公司旗下STEAM教育机器人领域两大品牌“科技风暴机器人”和“科技风暴”STEAM平台已成功服务上百所学校，自主开发的“DUDU可编程机器人”“非编程智能传感器模块及主控系统”2个项目已达业界领先水平。

发现生活，创新意识初长成

我出生在一个小山村里，家境贫寒，小时候的饭菜中只有五谷杂粮。每年过年，我和父亲就会去山沟里打各种野味（兔子、野鸡等）来改善。记得有一次我父亲打了只兔子却被猫头鹰给叼走了，当时父亲特别心疼，因为打一只兔子很不容易，没有猎枪，没有先进的装备，有的只是借助大雪之后兔子暴露的脚印。当时我冒出了一个想法，能不能找到一个种方法既能更好地捕捉到兔子，又能防止被猫头鹰叼走呢？最后我找到了答案，自制了一种鹰兔捕猎装置，一根铁丝、一根木棍、一块石头就把这个问题解决了。当时我和父亲说，我可以把猫头鹰和兔子一起捕捉到，而且不用去雪地里冒着严寒寻找。我父亲当时并没有多问，因为他觉得一个孩子的幻想怎么能信呢。但我毫不放弃，有一次跟随父亲打猎时，我的这个发明得到了验证并获得了成功。整个村子为之震惊，街坊邻居最好奇的不是能猎取兔子，而是怎样能猎取猫头鹰。从此，我开始了我的发明之路。

当时的农村生活方式是男人负责外出务工，女人负责种地。我每年看着我的母亲背上背着沉重的东西在地里来往都很心疼。有一年秋天，我母亲从地里背着一袋子土豆，回家的路上不小心绊倒了，当时土豆就砸在了她的身上。看着母亲疼痛的表情我落泪了，接下来的几天，我就帮助她一点点地往家里拿，每天要跑好几个来回。在这个过程中，我总是希望自己每次能多拿点，这样就能早点结束。于是滚珠车应运而生，我自制的“运输式可转向滚珠车”极大地缓解了当时秋收的运输难题。此后，滚珠车成为了我最爱的玩具，也开启了我对汽车的认知大门。自幼艰苦的生活条件造就了我一些思维习惯，我的创新意识随之逐步建立起来。

知识助力，创新意识再强化

2010 年，我迈入高中校园，开启了高中生活。学校实行封闭式管理，学习压力相当大。为了让学生全身心地投入学习，学校全面禁止学生使用手机。但是面对人数众多的学生，校方对于学生上课、回宿舍玩手机等现象也缺少一个很好的监控机制，捉迷藏式的手机杜绝办法终究是有限制的。当时的我是学生会的一员，经常负责晚上熄灯后到宿舍检查违纪情况，但是每个学生都是捉迷藏的高手，很难发现他们。为此，我利用光在平面镜上的反射原理，设计出了“镜面之眼”手机监控机制，至今仍被校方采用。在获取知识的同时，我的创新意识得到进一步强化。

进入大学前，我有幸参与创立美挑网，组建美挑电子商务公司，自此点燃了我的创业梦想，并带着这个梦想进入大学。任何成功都需要一定的经历作为积淀。于是在进入大学的第一年，我全面了解和掌握相关软硬件知识，大量阅读相关书籍，不断提升自我。我能够如此顺利地在短时间内创建起自己的公司，不仅仅是靠运气，也是因为有之前的努力和付出作为基石。

艰难起步，收获人生第一桶金

我是农民家庭出身，大学学费靠的是助学贷款，然而这并没有磨掉心中的对科技发明的热爱。做一项发明耗费近 7000 元，于是我兼职送外卖，节省生活开支，为自己的第一项专利做准备。2015 年 6 月参加天晟专利杯，成功申请到了自己的第一项专利，但是同时让我认识到一个问题：有很多潜在的发明人在高昂费用而且有失败风险的发明专利面前止步。带着这个问题，我深入研究专利法及相关政策。2015 年 9 月，由我首次提出的项目“知识产权增值及其产业化”彻底解决了发明人的困境，并让知识产权不再闲置。该项目获得中北大学校级立项，并得到天晟知识产权机构的高度认可，双方就该项目达成合作协议。我成功赚取了创业的第一桶金。

我坚信哪里有问题，哪里就有解决答案，哪里就有市场的认知；坚信科技应该从生活中来，成果应服务于生活！发明创造的根源应该是生活中的问题所在，只有不断地去发现问题，才能有针对性地发明创造，才能让科技真正地造福人类，企业才能持续创新，创造价值。秉承着这个原则，我又获得了如下科技成果：专利号为 ZL201520471357.8 的防摔手机壳、专利号为201710047355.X 的擦窗装置及设置该擦窗装置的窗户。现以上两项成果已经成功转化，我也完成了原始资本的积累！

明确创业，科技财富共丰收

2015 年 8 月，参加第九届中国品牌节的经历，更加明确了我的创业方向。我认为新的智慧生活理念是：利用现代科学技术解决吃、穿、住、行过程中存在的一些影响人类生活幸福指数的问题，让人们的生活更美好，而不是将冷冰冰的智能模块加入人们的生活中，提高智能化而忽略需求化，从而造成一种伪需求。

2016 年，我正式注册成立太原晟辉迎智电子科技有限公司（现更名为山西意启创电子科技有限公司），开始深入研发“基于物联网的高层擦窗机器人”。该项目获得科技局立项，并成为山西省人社厅星火计划重点扶持项目，鉴于光伏板和玻璃在许多方面的相似性，目前我发明的“基于物联网的高层擦窗机器人”不仅彻底解决了高层擦窗难题，而且同时在光伏发电站的光伏清洁中产生价值，将有望成为新一代光伏清洁系统的主力产品，彻底改变目前光伏清洁的窘境，同时带来巨大的社会价值。2017 年，该发明获得山西二马马建工集团的 200 万天使投资，现公司估值已达千万。

路漫漫兮，我将在创业的路上不断探索！★

（山西省高校毕业生就业指导中心供稿）

内蒙古

★

草原发明家，牧民贴心人

——锡林郭勒职业学院那日苏事迹

那日苏，现在锡林郭勒职业学院2018级汽车运用与维修专业就读，他也是三项国家发明专利拥有者。2017年创办那日苏农牧业机械有限公司，当年销售自制改装农牧业机械100余台套，创造效益500余万元。

那日苏的父母都是锡林浩特市宝力根苏木额尔敦塔拉嘎查的牧民，从小就在草原上长大的那日苏深深地体会到牧区生产生活的艰苦。他还清楚地记得，每次阿爸外出劳作回来疲惫不堪的身影。上初中的时候，那日苏就立下志向，学好农牧业机械技术，改造牧区生产落后的现状。

近年来，随着城镇化步伐的加快，牧区劳动力越来越少，加重了牧区生产生活的劳动强度。减轻牧民的体力劳动，是牧区生产生活的迫切需求。这一点，正好和那日苏的理想不谋而合。他一心想为家乡的父老乡亲们做点可以减轻他们体力劳动的事情，于是2015年他来到锡林郭勒职业学院中专学校学习农牧业机械专业知识。

那日苏的第一个想法来源于困扰牧区生产多年的两个问题：第一，喂牛羊的草大部分都含有或夹杂着“狼针草”；第二，冬季饲草喂养时牲畜吃完捆草后会剩下很多踩踏浪费掉的草。牲畜长时间吃“狼针草”，容易扎到口腔、食道，因此牲畜容易患疾病；另外，“狼针草”容易扎到牲畜的外皮上，也慢慢会进入皮层内部；被“狼针草”扎到的牲畜出栏时肉或者皮的价钱都会降低，这将直接影响牧民经济收入。为了减小或避免“狼针草”对牲畜的危害，那日苏萌发了制造一台多功能粉碎机的想法。这台粉碎机可以把“狼针草”粉碎，减轻或避免“狼针草”对牲畜的危害。

市面上也有很多类型的粉碎机，但是大部分不是针对畜牧业生产制造的，而是针对农业生产的。“我这台粉碎机是结合牧区实际情况制造的”，那日苏说。

其实早在2014年，那日苏就已经有了研制粉碎机的想法并付诸行动，但因为电机与锯片直接连接机器不能正常运转，所以失败了。经过1个多月不断努力和改进，粉碎机终于可以正常工作了。除此之外，那日苏通过安装传送带，解决了粉碎干草时进料困难的问题，同时在粉碎机上方的另一段又安装了一个进料口，这样使得玉米颗粒的粉碎操作得以实现。

经过多次尝试、失败，那日苏终于在三个月后成功研制了一台多功能粉碎机。粉碎速度与市场上的粉碎机相比，是市场同类机器的5倍。市场上的粉碎机每小时可以粉碎20捆草（每捆 30 斤），而那日苏研制的粉碎机每小时可以粉碎 100 捆草。传统的机器粉碎部分的结构是锤片粉碎，而那日苏发明的粉碎机将核心部件改造为锯片粉碎，大大提高了粉碎速度和效率，适应了牧区粉碎干草的生产需求，与牧区实际生产情况相吻合。那日苏给这台粉碎机起名为多功能粉碎机，是因为它不仅可以粉碎含有“狼针草”的干草、秸秆以及废草等，还可以粉碎玉米颗粒，粉碎的玉米颗粒更易于牛羊消化吸收。

2015 年，那日苏发明的粉碎机获得了盟级科技进步奖。他的发明家生涯才刚刚开始。

那日苏的第二项发明是液压式草捆装车机。这个想法来源于牧区牧草收获季节，还在用人工装载草捆，也就是使用装草叉子通过人力将草捆举到运输车辆的车厢上。这种方法劳动强度高，工作效率低。经过调研，他发现牧草收割一般由割草、搂草、打捆、装载和运输几个作业工序来完成，其中的草捆装载作业工序的机械化作业一直没有很好地解决。他决定研制液压式草捆装车机来解决这一难题。2016 年秋，那日苏完成液压式草捆装车机研制工作，并申请国家实用型专利。

本机器可以克服现有技术的不足，是一种结构简单合理、操作方便、工作效率高、适合在农用车上装配的给运输车辆装载草捆的液压式草捆装车机。

之后他又发明了家畜药浴机，并申请了国家实用型专利。在畜牧业生产中，药浴是防治家畜体外寄生虫的一种简单而实用的方法，可有效防止疥癣、虱等皮肤寄生虫病的发生，尤其是牧场的羊群每年都要进行药浴消毒。药浴消毒一般的做法是建一个池体，将羊群赶入池中进行洗浴。该方法消毒比较彻底，但缺点是：建设固定浴池的费用高，用水量大，容易造成环境污染，赶羊入池非常困难，羊群易受惊扰，洗浴时间不易控制，影响洗浴效果。那日苏发明的家畜药浴机可以克服现有技术存在的问题，设计一种家畜养殖药浴设备，它结构简单，造价低廉，安全方便无污染，节约水源，药浴速度快、效率高。

每一项发明创造出来的设备，那日苏都已经在国家专利局申请专利，以保证和保护本人的发明专利权，从而增加了产品的价值，有利于产品推广，这也促使他更加积极地投入研发和创造之中。

现在，那日苏已经完成了三项专利设备，分别是粉碎机、液压式草捆装车机、多功能家畜药浴机（牲畜称重和装车功能）。未来几年内还会有许多其他实用新型发明设施设备。

2017 年，那日苏在自家牧场建立了一个设备制造基地，注册了那日苏农牧业机械加工制造公司。他说：“这样就可以把我发明创造出来的产品在我们牧区当地推广，满足实际生产生活需要，将产品发明制造出来，更好地服务于牧区人民，做到设计、研发、生产、应用一切从实际出发，解决牧区人民生产生活中遇到的问题，解放和发展牧区生产力，增加牧区人民经济收入，提高牧区人民生活水平。”

在过去四年多的时间，他持续在牧区生产领域创新创造，先后获得了液压式草捆装车机、家畜药浴机械、锯片式粉碎机、拖拉机装载机四项发明专利。2014 年 11 月，他被锡林郭勒盟行政公署授予“盟长特别奖”，2016 年被中共锡盟委、锡盟行署授予“锡林郭勒盟劳动模范”称号。

面对未来，那日苏始终保持着积极向上的心态，妥善处理好学习和工作两者之间的关系，努力做到全面发展。他说,“国家和全社会都在鼓励大学生积极投身创新创业,尤其鼓励利用所学专业和家乡资源,改造家乡落后面貌,我觉得我的未来充满了希望,这会一直激励我勇往直前。”

那日苏发明的多功能粉碎机视频:https://v.qq.com/x/page/r1305voa7dn.html

那日苏发明的家畜药浴机视频:https://v.qq.com/x/page/a0198tlrxjd.html ★

(内蒙古自治区高校毕业生就业指导中心供稿)

未来可期，人间值得

——包头轻工职业技术学院朱景月事迹

鲁迅先生曾说："世界上本没有路，走的人多了，才成了路。"不走何来路，不创何来业呢？

——题记

朱景月，男，内蒙古包头轻工职业技术学院2017届制冷与冷藏专业毕业生，中国农业大学工商管理专业毕业生，在校读期间多次参与制冷工程项目建设，全程参与从工程设计、施工，到技术设备的安装、管理，再到最后的调试、维护。24岁的他经过自己的艰苦创业，成立了内蒙古格尔制冷设备有限公司，并担任公司法人代表、总经理，带动7名同学共同创业。作为创业路上当代大学生的优秀代表，曾多次受到自治区、包头市及学校的创业相关表彰并获得"创业之星"荣誉称号。

走出书本，实践出真知

2016年在校期间，朱景月参与农村扶贫建设冷库项目，建立农业果蔬保鲜库30座，为当地农户提供了大量技术帮助以及基础建设。为当地农业经济的发展贡献了力量的同时，朱景月收获了珍贵的实践经验。朱景月真正做到了"走出去"和"请进来"的实践真知来丰富和巩固学习的效果，"走出去"就是走出书本、走出课堂、甚至走出学校、走出县市，走到社会中去，走到其他地区，到尽可能多的地方，参与、了解尽可能多的人、事、制冷知识，在走访、探讨中学习、提升。

果蔬保鲜库是农户在用，农户的意见至关重要、为了制作出优秀的农业果蔬保鲜库，朱景月深入到实践中去，深入田间地头去，他坚持通过实践的方式来实现和农民群众的良好沟通，面对问题，不能"一问三不知"，不能模棱两可，更不能半推半就，要将理论和实践融合起来，而不是"走马观花"式的形式主义。这一年的经历，更坚定了朱景月向制冷行业进军的信心，也为后来实际商业应用打下了牢固的实践基础。

机遇属于奔跑在路上的人

2017年，朱景月靠过硬的专业知识和实践能力得到参与建造巴市医院药品冷藏库的项目。早就萌发创业之心的朱景月意识到这是一个契机，拿出200%的决心做冷藏库项目。朱景月迅速适应环境，熟悉流程，全身心地投入冷藏库项目中，充分利用实战经验和专业知识，从细微处着手。通过这次机会，朱景月认识了很多社会上优秀的冷库工作者，为之后的创业奠定了基础。

经过一年的奋战，巴市医院完成三座中小型药品冷藏库项目，朱景月充分实现了控制温度

范围 0～5 ℃的低温环境以及相应湿度范围 45%～75%，且具备远程监控，远程报警，全程定位等冷链物流功能。

机遇，对任何人都是平等的，但它只会青睐有准备的人；机遇，它不相信眼泪，它与懦弱、懒惰无缘；机遇，稍纵即逝，就看你是不是目光敏锐、勇敢果决。朱景月用实际行动证明了机遇属于奔跑在路上的人。

光鲜亮丽靠不断努力

2018 年，凭借在校学到的专业知识，实际下工地积累的经验，学习实践期间积累的人脉资源，朱景月创立了内蒙古格尔制冷设备有限公司。

朱景月表示，尽管成立公司之前已经做了人才资源、实践知识的铺垫，在真正落到实处的时候还是遇到了不小的困难。成立最初的几个月没有进项，而公司只靠着一腔热血不能存活。做企业跟搞科研是完全不一样的，公司团队需要磨合。做企业主要靠团队协作，科研主要靠个人能力。最穷的时候，朱景月是靠方便面度日的。朱景月坚信做任何一件事，都要有始有终，坚持把它做完。不要轻易放弃，如果放弃了，你就永远没有成功的可能。当出现挫折时，你要反复告诉自己：把这件事坚持做下去。

然而，朱景月却没有想到，团队磨合只是开始。关于制冷行业，朱景月是行家里手；关于公司运营，朱景月完全是萌新状态。短短的几个月，由于资金和人手的双重限制，朱景月一方面是公司法人代表，一方面是公司唯一的行政、人事、保洁、秘书，几乎所有的工作，朱景月都在这几个月中体验了一番，通过各种渠道的学习、过来人经验传授、百度知识阅读以及同行业勘察，内蒙古格尔制冷设备有限公司渐渐步入正轨。

久久没有进项的内蒙古格尔制冷设备有限公司急需要一个项目来稳定人心，朱景月知道，大家的一颗心悬而未决，他鼓舞士气，不经一番寒彻骨，哪得梅花扑鼻香……社会是个角逐场，不前行就会被滞后，不挣扎就会沉底。没有人会为你的懒惰买单，越努力越幸运！内蒙古格尔制冷设备有限公司的每个人时刻准备着，不放弃，不抛弃，手牵手，心连心前行。

努力的人取得成功不是偶然的，靠投机取巧、靠人脉、靠短时间的镀金只会昙花一现，朱景月的坚持，终于得到了回报。内蒙古格尔制冷设备有限公司得到了与内蒙古农业科学研究院合作的机会，这对刚起步的公司来说无疑是拥有了一剂良药，一剂强心针，一幅推动器，一个加力档，一条警策鞭！

公司人员牟足了劲就等着在这次合作中大展拳脚。事实证明光鲜亮丽靠不断努力，微笑的背后是辛酸和付出。通过与内蒙古农业科学研究院合作，完成了储量为 1000 吨的果蔬保鲜冷库工程项目，总占地约 1800 平方米，全部由内蒙古格尔制冷设备有限公司安装调试，并最终顺利运行，既为食品安全提供了保障，也受到研究院相关人员的大力好评。

未来可期，人间值得

2019 年，朱景月表示，内蒙古格尔制冷设备有限公司凭借着行业竞争小、信誉好陆陆续续收到了一些订单，并且完成了许多标志性的工程项目。现在，挣钱还谈不上，起码是站稳了脚跟，为以后的发展奠定了基础。

企业从创办到成长、成熟是一个逐步发展的艰苦历程，其中饱含创业者及其创业团队的辛勤与汗水。在经历了困难、挫折和成功的过程中，创业者也随之逐渐成长为企业家。而一个真正的企业家，不能只靠胆大妄为东奔西闯，也不可能是在学院的课堂里说教出来的，他必须在市场经济的大潮中摸爬滚打，在风雨的锤炼中长大。从某种意义上来讲，朱景月的成功创业，不是一次偶然，而是必然。

人生从来没有真正的绝境。无论遭受多少艰辛，无论经历多少苦难，只要一个人的心中还怀着一粒信念的种子，那么总有一天，他就能走出困境，让生命重新开花结果。年轻企业家朱景月用实践证明，一个人生活中所有的起伏悲欢，说到底都是在和自己较量。越努力，你的人生才会越高级。如果你想要，就用双手去创造！不用低眉顺眼看别人脸色生活，也不用整日忧心忡忡害怕失去，成败在自己手中，苦也踏实，累也无怨。尽管有时候，努力不一定会成功。但如果你不去做，就连万分之一的机会也不会有。努力会让你的今天比昨天更好。如果你努力让自己变得从容淡定、豁达开朗、坚韧勇敢，那么所有的浮躁都能归于平静，所有的付出都将收获。至此，未来可期，人间值得。★

（内蒙古自治区高校毕业生就业指导中心供稿）

兴趣是创业的基础

——包头轻工职业技术学院张玮事迹

张玮，男，满族，来自2015级包头轻工职业技术学院电子商务学院153001班，2018年毕业。从小对IT技术感兴趣，自初中开始，就通过各种书籍自学HTML、PHP、C++、Java等各类编程软件，自己建设过多个网站、论坛，并且与两位爱好者一起组建了“思科云集”数据中心。

高中时期，他利用课余时间，一直通过自己的特长，接一些网站建设的业务，给自己赚取生活费，并于2015年年初，成立了内蒙古佳蒙电子商务有限公司，开展电子商务、服务器销售、网站建设等各项业务。

在2015年，张玮高考后，因为对互联网的热爱，对电子商务的兴趣，故报选了包头轻工职业技术学院电子商务学院的电子商务专业。

包头轻工职业技术学院响应国家“创新创业”“互联网+”战略号召，对电子商务教学进行了一系列的改革，通过企业与班级有机结合，在实战中培养学生。张玮带领本班同学，积极参与各项教学改革。在大一期间，参与了致浩信息同城电商的运营与建设。在参与过程中，同学们都得到了很多的收获，能够在实践中学习，深刻体会到电子商务整套运营与建设。且于同年，张玮考取了阿里巴巴认证的初级跨境电商人才证书，对跨境电商又有了更进一步的了解与认识。

在大二，学校与包头海关、满都拉政府合作，以扶持当地牧民为目标，以电子商务为手段，通过众筹的方式，为牧民的生活提供帮助。张玮与同班的两名同学受学院指派，前往包头海关，进行了近一个月的方案策划、文案编辑、图片拍摄与处理工作，还与包头海关的同志前往满

都拉的牧区，进行了一系列的走访、照片拍摄工作。在这个过程中，他深深地感受到了牧民生活的艰辛。

与此同时，张玮自主创业运营了聚德楼风味美食城，带动了17家商户，60余人就业，还提供了20人左右的学生兼职岗位。在发展传统餐饮业的同时，张玮希望能将电子商务与传统行业结合，探索餐饮行业新模式，目前正在逐步实行中。

毕业后，在学校创新学院的支持下，张玮与三名同校毕业生在学校的电子商务创业基地自主创业，成立内蒙古牧云服务管理有限公司，主要从事与电子商务线上线下运营，O2O平台的建设和运营，已经自主开发完成了“轻易校园”O2O平台，目前正在公测上线中。

张玮为了反哺母校，从2017年开始，希望能够激励母校同学积极创业，为学校的发展能够起一点帮助作用，因此设立了“轻易创业奖学金”，每年为5名同学提供10000元的奖学金。这是包头轻工职业技术学院在校大学生设立奖学金的第一例。张玮深知，无论是做人还是经商，都要诚信守信，善言善行，这样才能走得更远，才能有自己的发展，将感恩放在第一位，希望能够鼓励品学兼优的同学，能够更好地完成学业，也希望能够激发起其他同学的创业激情！★

（内蒙古自治区高校毕业生就业指导中心供稿）

发扬足球文化，培养足球精英

——蒙古大学安彪事迹

安彪，男，汉族，中共党员，国家一级运动员、中国足协D级教练员、中国足协五人制初级教练员、国家二级足球裁判员、2016届内蒙古大学经济管理学院金融学专业毕业生。在校期间，曾担任内蒙古大学男子足球队队长。大四时参加"研究生支教团"项目。支教完成后，就读于内蒙古大学经济管理学院金融学专业，并创立"安启航少儿足球俱乐部"，目前在训学员214名，旨在让更多孩子爱上足球运动，为中国足球发展尽绵薄之力。

2012年，安彪以高水平特招运动员身份进入内蒙古大学学习，于2016年参加内蒙古大学第四届研究生支教团，并推免成为该校金融专业研究生。自入学以来，安彪与两位伙伴孙琪、赵航一直为内蒙古大学足球队贡献力量，为学校和自治区赢得荣誉，也为呼和浩特市、乌兰察布等地区的足球发展做出了贡献。

2016年，安彪与孙琪、赵航一拍即合，共同成立了安启航少儿足球俱乐部，2017年共同成立内蒙古零卡体育文化发展有限公司，致力于为更多足球爱好者提供平台，为内蒙古足球事业的发展添砖加瓦。

体育实践——实力为壤，萌发理想

安启航少儿足球俱乐部的成立并非偶然。身为俱乐部的创始人，安彪同时也肩负着足球运动员的身份，他的理想和荣誉都与绿茵场紧紧绑在了一起，绿茵场也一直鼓舞着他追寻理想，赋予他荣誉。他与足球运动相伴多年，在获得各种荣誉的过程中也夯实了基础，提升了能力，同时也萌发了理想的种子：通过创业，把足球运动融入更多孩子的生活中去，把足球技能传授给更多有兴趣、有天赋的孩子。

从小就热爱足球，怀揣足球梦想的安彪实践经历颇丰。2010 年代表中国参加在德国慕尼黑举办的“2010 国际青少年业余足球联赛暨小世界杯”足球邀请赛并获得世界第七名的成绩，荣获“世界文化交流小使者”称号。2012 年参加“特步”内蒙古大学生足球联赛并夺得冠军。2014 年在同一赛事中获得亚军。2015 年参加北京体育大学全国青少年校园足球骨干师资国家级专项培训，获得“国家级青少年校园足球骨干教练员”称号。这一奖项也成为检验他日后实力的试金石，证明他有能力把所学足球知识倾囊相授，胜任安启航少儿足球俱乐部的教练工作。同年，参加“赛科星杯”蒙俄中三国国际邀请赛并获亚军和获“优秀运动员”称号，在内蒙古大学生联赛“主席杯”预选赛获得冠军，并获“优秀运动员”称号。

在这个过程中，安彪在体育实践中积累了实力，树立了自信，创立“安启航少儿足球俱乐部”的想法应运而生。

创业实践——追求卓越，共凝心血

2016 年年初，在安启航少儿足球俱乐部，随着教练员的一声哨响正式开班，三名足球运动员的“足球梦，创业梦”正式启航！

理想虽然照进了现实，他们从事的虽是最擅长的足球行业，可创业绝非易事。一开始，俱乐部只有一名队员，安彪与孙琪、赵航的一腔创业热情几乎被浇熄。但对足球的热爱、让更多孩子爱上足球的坚持支撑着他们挺过了最艰难地时期。慢慢地，由于教练们教学认真，技术过人，以及他们不遗余力地改良，在实践中“试错”并及时改正，安启航少儿足球俱乐部迎来了越来越多的学员。每个阶段他们都能看到俱乐部有惊人的起色，每次惊喜又使他们树立了下一阶段的目标。

然而，安彪以及其他两位创始人并没有被眼前的收获所束缚，他们没有安于现状，坐守其成，而是不断地外出学习、借鉴成功的案例以及吸取教训。现在，安启航少儿足球俱乐部已成为初具规模且运营有序合理的青少年足球培训机构。

如今，安启航少儿足球俱乐部已成为呼和浩特市最专业、规模最大的少儿足球培训机构，他们以退役运动员为核心，运用科学的训练方法，开展以幼儿、少儿为主的递升式训练模式，并率先成为呼和浩特市幼儿足球发展的先行者。机构现有学员 214 名，训练场地 4 块。合作幼儿园 4 家。他们专注于增强儿童身体素质，让更多孩子爱上足球运动，为学校俱乐部梯队建设输送人才。

在俱乐部蒸蒸日上的过程中，各负责教练发挥了作用。更重要的是，安彪以及两位伙伴以他们过人的胆识和把握机遇的敏锐程度、博采众长的谦虚心态，把安启航少儿足球俱乐部这个团队做大做强，使之嘉名远扬，声誉在外。他们在实践中把自己的体育精神言传身教，培养出了许多对足球感兴趣并具有一定技能的少儿。

支教实践——投桃报李，回馈社会

2016 年 7 月本科毕业前，安彪与孙琪、赵航不约而同地选择了参加内蒙古大学第四届研究生支教团。金融专业的安彪来到了呼和浩特托克托县内蒙古师范大学附属第三中学，成为了一名数学老师。虽然没有离开呼和浩特市，但学校距离县中心较远，交通不便以及同样严寒的天气等问题也给他带来了不少挑战。支教过程中，他每每登上讲台，把自己的所学传授给孩子时，也更直观地体验了“师者，传道授业解惑也”的深刻含义。为人师表，表率作用体现在大体上，也体现在小节里，他深感教育是用心沟通的职业。一年中，孩子们真诚的笑脸和良好的课业成绩给了他安慰，孩子们的进步让他体会到自我价值的实现。

安彪在支教的过程中发现，支教内容与少儿足球俱乐部的课程互有裨益，在与不同孩子相处的过程中，更容易发现教育中存在的普遍偏误，从而纠正。

这一年的支教使安彪克服了严寒的天气，克服了生活上的困难和交通的不便，认真用心地用一年的时间做了一件终身难忘的事情。

教育实践——以身作则，传道授业

2015 年，安彪实现了从足球运动员向教练员的转型过渡，成为中国足协 D 级教练员、呼和浩特市校园足球精英教练员以及哈比青训 L1 级教练员。这些成为他创办安启航少儿足球俱乐部的资本，也成为他投桃报李的光荣转折。安彪执教经历如下：

2016 年 3 月，成立安启航少儿足球俱乐部并担任教练；

2016 年 3 月，担任呼和浩特新城区大地幼儿园足球教练；

2017 年 9 月，担任呼和浩特市玉泉区金了路幼儿园足球教练；

2017 年 10 月，担任呼和浩特玉泉区民族幼儿园足球教练。

运营实践——组织活动，投身公益

安启航少儿足球俱乐部在运营过程中参与组织了多项活动，在活动运转和参与度方面贡献了他们的力量，如首府地区“迎大庆 70 周年”幼儿足球挑战赛、自治区“娜荷芽杯”幼儿足球赛等。

在首府地区“迎大庆 70 周年”幼儿足球挑战赛、全国幼儿足球交流大会等活动中，安启航少儿足球俱乐部已崭露头角。安启航各教练员也参加了幼儿体育足球活动指导教师培训班并顺利结业。学员在幼儿园足球比赛中出类拔萃的表现也为俱乐部的实力做了最有力的证明。除此之外，俱乐部还积极组织暑期夏令营，教练与队员共赴北京。家长反馈，无论在足球技能还是生活能力上，队员在返家后都有了显著变化。

在社会价值和责任上，安启航少儿足球俱乐部给任何想踢球的儿童带来感受足球魅力的机会，从而普及足球运动，提高社会大众对足球运动的参与度。在学会足球技能的同时，也让孩子们从中得到快乐和释放，培养团队精神、拼搏精神和竞争意识，促进儿童全面发展，具有极其重要的教育意义。俱乐部致力于长远和可持续性地帮助喜欢踢球的孩子，关注中国足球的基础，从“根”抓起。在俱乐部里，“足球从娃娃抓起”不再是一句口号，从普及教育到发现有天赋的好球员，再进行球员的培养与输送，为中国足球力量做储备。让更多的人喜欢足球运动，参与足球运动，享受足球带来的快乐。

同时，作为一家致力于青少年全面健康发展和足球文化持续发展的俱乐部，安启航少儿足球俱乐部也投身公益，组织精英队进行公益训练以及每月例行一次的公益亲子足球赛活动等。安彪在发展俱乐部的同时也不忘初心，时刻牢记自己当初许下的让更多孩子接触足球、了解足球从而爱上足球的诺言。

从萌生创业的想法再到俱乐部逐渐步入正轨、蒸蒸日上，安彪十分感谢老师、学校的培养和教导。安启航少儿足球俱乐部是将他的理想转变为现实的产物，他和他的团队也会始终不忘初心，致力于让更多孩子喜欢上足球运动，发展呼和浩特市足球人口数量，一直前行在发扬足球文化、培养足球精英，回馈社会，实现价值的路上！★

（内蒙古自治区高校毕业生就业指导中心供稿）

以拼搏挑战创业，以奋斗成就卓越

——赤峰学院张冉昊事迹

每个人都在走自己的路，每个人都要完成自己的使命，在人生的跌跌宕宕中奋发有为、努力进取，书写属于自己的传奇。今天我们要讲述的主人公张冉昊就是这样一个人，从学生成为创业者，从工作室到公司运营，从脚踏实地到仰望星空。每一步走来都是对于梦想的渴望，每一次成功都是辛酸的付出。

——题记

张冉昊，男，汉族，共青团员，1997 年 1 月生于巴彦淖尔市临河区，现就读于赤峰学院美术学院 2016 级视觉传达设计班，现担任所在班级班长、赤峰学院大学生创业联盟宣传部部长。于 2018 年 6 月创办“内蒙古昊昇文化传媒公司”并担任法人代表。

提起办公司，张冉昊一点也不陌生。自小在经商父亲的耳濡目染下，就立志长大要独立创业。为了实现这一理想，在踏入大学的那一刻起，便利用课余时间认真学习有关创业的相关知识，关注时事经济的相关资讯，为今后创业夯实理论基础。与此同时，他也开始做兼职工作，大一时从发传单开始尝试，大一下学期时兼职吉他老师，在这些兼职工作中积攒人生的阅历，为自己的创业计划积聚能量。机会总是偏爱有梦想的人、有准备的人。通过平时学习生活中的日积月累，他的专业知识、创业相关知识得到了丰富，综合能力得到了进一步提升，他决定正式启动属于自己的创业计划。

2017 年 11 月，张冉昊正式开启了“七号美术工作室”的全权运营。工作室主要从事墙体彩绘、艺术设计、艺术品定制等艺术类专业工作。市场的博弈讲究与时俱进，讲究谁能在最短的时间提供最好的产品、最优质的服务。这一年也是工作室成长的一年、攀登的一年、进步的一年，张冉昊和他的团队以极度负责的敬业态度赢得了客户的赞誉，老客户介绍新客户，新客户成为老客户，这为工作室推广市场起到推动作用。现在工作室团队已经扩充到 16 人，其中专职 3 人、毕业生兼职 3 人、在校学生兼职 10 人。

为了更好地适应市场的需要，在他的提议下，一方面工作室在 2018 年 4 月成立平面设计部，另一方面工作室亦针对时代发展特点，做出了创新发展的积极探索。经创业学院老师的指导，工作室成功引进“3D 打印”技术和设备，成功与上海兰德电子科技有限公司达成合作协议，得到 3D 打印笔的代理授权，在赤峰市开设 3D 打印培训课程和青少年 3D 打印笔培训课程，成为了赤峰市第一家开设 3D 打印培训课程的公司。

厚积方能薄发。正是做了多方面的准备工作，辛勤的努力才结出了丰硕的成果。2018 年 2 月 24 日，在张冉昊的争取下，公司成功与内蒙古一省一酒网络科技有限公司签署 3D 打印酒瓶总价值共计 10 万元的订单，在后续的合作中又成功与对方达成续约 12 万元的协议，继续开展项目合作。另外，公司在赤峰市万达、维多利等多个大型商家展柜出售 3D 打印月球灯，在

2018 年 5 月到 2019 年 4 月期间共卖出 3128 个，并于 3D 打印技术与赤峰市五月教育达成合作，共同促进“3D 打印笔课程培训”这一项目高速、高效、高收益地进行。

好的土壤总能让种子生根发芽并茁壮成长。张冉昊认为，自己能够走上创业之路，与学校一直重视对学生的创业教育有很大的关系。通过学校的创业教育与指导，很多同学都具有很强的创业意识，学校还批准他入驻赤峰学院大学生创业孵化基地的申请，并提供了电脑、打印机等办公设备，为工作室的筹办节约了大量资金。在工作室成立初期，老师、家人、同学和朋友都给了他无私的支持与帮助，让他有足够的信心和勇气去克服创业路上的种种困难和阻碍。对于在前行道路上帮助过自己的人，张冉昊都表示衷心感谢。这份虔诚的心态，也让他这一路走来获得了诸多的荣誉。从 2017—2018 学年荣获赤峰学院“创新创业实践奖”；2018—2019 学年荣获赤峰市“不忘初心 牢记使命——庆‘七一’知识竞赛”三等奖；所主持项目《三维空间》分别获得 2018—2019 学年赤峰学院“美术学院”创业大赛一等奖、2018—2019 学年赤峰学院“第六届”创业大赛一等奖、2018—2019 学年赤峰学院“创青春”创业大赛一等奖、2018－2019 学年内蒙古自治区“创青春”大学生创业大赛一等奖、第三届全国大学生环保知识竞赛优秀奖。

对于这些荣誉和别人的赞扬，张冉昊十分清醒，因为他知道未来的路还有很长，自己需要历经更多的磨难和挑战，唯有时刻保持清醒，唯有对市场的准确把握，自己才能再接再厉，取得更多辉煌和成果，才能在青春的舞台上告慰自己：你，无愧于心！★

（内蒙古自治区高校毕业生就业指导中心供稿）

辽宁

★

助力传统企业跨境电商转型

——大连外国语大学费凡事迹

费凡，大连凡越电子商务有限公司总经理、创始人、众行集团 COO、大连西海岸科技有限公司运营总监、大连海川跨境电子商务协会核心成员、阿里巴巴 ICBU 智囊团核心成员、阿里巴巴北方星学堂 荣誉讲师。他集才华于一身，专注于跨境电商运营领域，精通阿里巴巴国际站等跨境电商平台的运营，手握多个 KA 平台，单平台月询盘 700 条，对电商运营有着独到的见解和思路。

凡越电商 2018 年销售额 850 万人民币，现有员工 70 余人，其中总经理 1 人，运营团队 40 人，人事行政 2 人，财务 1 人，销售团队 15 人，设计团队 15 人。

费凡毕业于大连外国语大学日语专业，在校期间学习成绩优异，多次获得一等奖学金，并担任班长，在学生会担任副部长，深受老师们的喜爱和同学们的拥护。他多次代表班级参加辩论赛、篮球赛，并获得了不俗的成绩。他不仅学习成绩优异，而且在外联、组织活动、宣传、招标等学生会工作中也都是中坚力量。大学一年级他光荣地加入了中国共产党，在校党组织部也表现突出，并发挥了积极作用。

由于在校期间成绩优异、表现突出，他毕业后到北京兰亭集势科技有限公司（美国纽交所上市、中国跨境电商第一股）就职。入职后积极上进，凭借对数据分析、技术驱动、整合供应链生态圈服务的在线 B2C（Business - to - Customer）等方面良好的运营把控能力，迅速成为高级品类运营经理，个人最高业绩为 1500 万美金/年。

在北京多年的工作学习积累，让他更加希望将所用所学报效社会、回馈家乡。在了解了传统贸易行业的困境后，他希望用跨境电商来解决外贸工厂接单难、竞争压力大等问题，通过网路渠道让国内的外贸工厂有更多的机会走出国门，把商品出口到更多国家。本着这个初衷，费凡在 2016 年 12 月 26 日成立了大连凡越电子商务有限公司。这是一家以阿里巴巴国际站为平估的跨境电商运营领域的公司，致力于帮助中小型企业通过阿里巴巴国际站、速卖通等跨境电商平台实现品牌化转型。公司成立以来，业务快速发展，目前服务近五百家企业的国际站平台，年平均询盘增长率 30％以上，并受到服务企业的一致好评。其中最突出的平台月均询盘数为 500 条，达到同行业 Top10 水平。凡越电商本着开放、务实、诚信、利他、极致、共赢的原则，用更好的服务来惠泽更多的客户。

凡越电商成立短短两年时间，就成为阿里官方认证的代运营合作伙伴，目前服务的客户数及销售额位列阿里巴巴北方大区第二名，全国第七名，多次获得阿里巴巴颁布的年度奖项。公司主营产品为整站代运营，服务涉及面广，包括直通车托管、直通车工具、产品代发、排名优化、诊断服务等，售卖模式为线上售卖。B2B 端主做阿里巴巴国际站，包括 4 个自营平台、近 500 家代运营平台，B2C 端主做亚马逊的 2 个自营旺铺。

费凡在跨境电商运营领域有6年的专业经验，精通阿里巴巴平台规则与技巧，例如关键词查找、产品发布、排名优化、直通车等。运营主管在跨境电商运营领域有3年的专业经验，精通阿里巴巴国际站与速卖通的运营，客户多，涉及行业广，包括大型机电、新型能源、化学品、汽车配件精密仪器、包装制品、骑乘玩具、儿童服装、家具制造等。

凡越电商非常注重人才建设，帮助大学生解决就业问题。团队今年计划招聘100人。企业采取扁平化管理、搭建广阔的平台，旨在通过校企联合、政企联合的模式，提供更多就业机会，让更多在校大学生了解电子商务，学习电子商务，并有实际操作的机会。凡越电商有非常完备的教育体系，为每名员工提供学习空间和升职发展空间，通过公司内训、每日视频课程，自品牌课程、众行教育，文化输出、跨省分享等方式，让员工在企业的每一天都有所收获、有所进步。

费凡曾多次在大连民族大学、大连艺术学院、大连财经学院等高校为在校学生教授跨境电商的基础知识，让大学生们跟企业负责人面对面对话，对学生的思维开拓有很大的帮助，更有助于学生有针对性的学习，利用在校时间，提升语言文化和数据分析处理能力，为今后就业打下坚实的基础。

不仅注重对在校学生的教育，费凡更看重的是在传统外贸企业的电商知识普及和人员培养。2017年，费凡踏上了东北“讲师团巡演”之路，先后在哈尔滨、长春、沈阳、丹东、大连等地举办了分享会，并于同年8月走出东北，在北京、济南、泰安、聊城、烟台、青岛、保定、石家庄等地进行分享。到目前为止，费凡作为当红讲师，足迹已遍布中国北方大区，在电商运营人员稀缺的大环境下，为业务员们科普电商知识，帮助其尽快掌握电商技能，实实在在帮助企业诊断平台，分析自身产品特点，选择适合自己的产品来拓展市场，为很多濒临破产的工厂企业雪中送炭。当他们签下国外大客户的订单时，每一个凡越人都很欣慰。

费凡今后也必将带领凡越电商服务更多的中小企业，帮助他们实现传统企业跨境电商转型的梦想！★

（辽宁省就业和人才服务中心大学生就业创业中心供稿）

风雨创业路,奋起追梦人

——大连交通大学李鑫事迹

李鑫,2017年7月毕业于大连交通大学材料科学与工程专业,在校期间积极响应国家"创新创业"的号召,参与创业实践并荣获全国微创业大赛金奖、辽宁省大学生创业大赛特等奖等多项荣誉。现任中青智创(大连)科技有限公司CEO、"慧学僧"项目联合创始人,专注于高校大学生学习与生活场景的服务及优化,积极带动身边多位同学走上了创业之路,同时为众多在校大学生提供学习和就业机会。

2014年7月,在李鑫大学的第一个暑假,他并没有像别的同学一样迫不及待地回家,而是放下自己的思乡之情,顶着酷暑,开始了自己跌跌撞撞的创业之路。当年的他,满怀着对未来的憧憬与期待,饱含着年轻的冲动与激情,和同学一起参与了大连国际啤酒节的筹备工作。尽管没有任何经验,但是从场地的选址、原材料的选购,到产品的品类及制作都是由这个年轻的团队独立完成的。但事情不都是尽如人意的,创业的路上也难免会有失败。因预算不足而导致的选址问题成了这个团队最大的短板。偏僻的场地无法带来稳定而密集的客流,而新鲜的水果却因为烈日的暴晒而逐渐腐坏。这个年轻的团队不得不承受每天入不敷出的煎熬。随着身边伙伴的退出,整个团队的士气也遭到了巨大的打击。但李鑫并没有放弃,他积极寻找各种办法止损,坚持到了活动的最后一天。虽然这次的活动没能为他带来收益,但他却从这次失败的经历中学到了更宝贵的创业经验。敢于挑战,永不放弃的精神,成为他创业路上的精神基石。

2014年9月,为响应国家"大众创业,万众创新"的号召,他在老师和同学们的帮助下,接管了学校"上游1461咖啡学堂",并担任店长,致力于高校间组织交流活动的执行与落地。对于他来说,他设想的咖啡厅绝不是一个仅仅为学生提供休闲娱乐的场所,而是一个为学生提供交流学习的交互场所,一个能够促进同学们力争上游的学习和文化场所。因此,他积极在咖啡厅举办公益性质的读书分享活动、创业沙龙以及实用技能的培训,且都取得了成功,深受学生的喜爱与认可。这不仅满足了大家对创业的憧憬,而且提高了同学们对于创业的认知,为大家以后的创业之路打下了坚实的基础。与此同时,他总结出核心三角运营模式,不仅实现了咖啡厅的转亏为盈,还获得了各行业创业前辈的支持与认可。

以"上游1461咖啡学堂"为媒介,他结识了许多志同道合,愿为社会贡献力量的有识之士。他联合大家一起成立了"火烧芸高校青年成长联盟",旗下的"微爱校园,有衣捐衣"公益活动成为了大连高校公益的一道亮丽风景线,不仅为广大的农民工带去了物质的支持,也带去了心灵的抚慰。每年,大连18所高校的20余万大学生都积极参与到"微爱校园,有衣捐衣"活动中,成为在各自学校中传播公益火种的"芸豆",为这个社会贡献自己的一份力量。他一直相信,爱在人间,每个人都有为这个世界奉献力量的意愿,大家只是缺少一个便捷有效的平台。而他,作为一个有情怀、有爱心的创业者，正致力于为大家提供一个坚实可靠的媒介。“火烧芸”项目的成功也让他荣获大连慈善总会评定的“高校优秀项目工作者”荣誉称号。“微爱校园，有衣捐衣”这项活动受到了大连市《半岛晨报》、《大连日报》、腾讯大辽网等多家媒体的报道。

2016 年 7 月，他与本校同学联合成立了大连中青智创营销顾问有限公司，致力于校园组织的持续化服务和深度粉丝化运营，与 Intel、青岛海尔等公司建立了深度合作，先后服务了全国几十万在校大学生，年交易额突破千万。他创立的校园社群电商模式至今仍是海尔“社群经济”的一大亮点。

2018 年 10 月，他与文印行业从业人员、大连优秀青年创业者一起成立了远道科技（大连）有限公司，专注于高校学习场景的服务与优化。公司旗下主打产品“慧学僧”是一款以共享打印机为载体，通过软硬件结合将传统打印机改造成联网的共享打印机云工厂网络，满足大学生零距离打印新需求，同时无差别配套高校刚性学习内容的在线学习平台。将学生的学习与打印融为一体，创建了一个可移动可更新的持续性数字图书馆。其内容从学习讲义、教材解析到模拟试卷、试题解析、学霸笔记分享等，科目齐全，应有尽有。随着学生的加入与使用，不断进行升级与更新，优化学生体验，为学生提供了更加便捷的学习方式。目前该项目不仅在大连交通大学的内测中取得了巨大的成功，而且在大连的各个高校已经成功推广。

回首近五年的创业之路，虽然有风有雨，有成有败，但他始终振奋精神昂首前进。几年来，他的项目从餐饮跨界到电商，从社群经济到内容付费，不断跟着时代的车轮前行。正是他在创业路上不断吸取失败的经验和教训，虚心接受前辈们的指导与教诲，不断学习完善自身，才让他在创业路上取得了今天的成果。他说：“长风破浪会有时，直挂云帆济沧海！事情是做出来的，路是走出来的！95 后这一代人处在一个挑战与机遇并存的大环境中，应该奋起去实现梦想。”创业路上的风险与危机确实不少，但他相信在政府的大力支持，在学校的关心与帮助下，通过团队的努力，这些困难都不足为惧，只要他们走过黎明前的黑暗，就一定能看到曙光到来，成功就在不远处招手！★

（辽宁省就业和人才服务中心大学生就业创业中心供稿）

传承辽瓷，科技致富

——沈阳理工大学孙天舒事迹

孙天舒，女，中共党员，1988 年 11 月生于辽宁沈阳，非物质文化遗产传承人、国家技师、沈阳市高级人才、盛京工匠、沈阳市优秀技术能手、沈阳市五四奖章获得者、共青团辽宁省第十四次代表大会代表、最美沈阳人、沈阳市十佳青年创业标兵、沈阳市新时代向上向善好青年、沈阳市道德模范、沈阳市创业明星、辽宁大学特聘讲师、沈阳理工大学特聘讲师、沈阳化工大学特聘讲师、何氏医学院客座讲师、中国国际工艺美术协会会员、辽宁省工艺美术协会会员、辽宁省民间艺术家协会会员、辽瓷专业委员会会长等。

孙天舒 2014 年在沈阳理工大学艺术设计专业取得陶瓷方向硕士学位。她根据在校期间所学，深知瓷器文化的博大精深，有许多断代历史文化尚需恢复与挖掘，为更好地回报母校，为母校争光，于 2015 年 9 月，个人独资创建了辽宁省龙呈文化创意产业园，现为公司董事长，主要经营辽瓷创新品及恢复品恢复、研发以及售卖，打造北方地域文化名片。2017 年公司相关营业收入 285 余万，2018 年相关营业收入 500 余万。

孙天舒现为公司整体呈现出规模化、整体化、有序化体制，以党性为后盾，以政治责任感为动力，从思想上、作风上加强自身建设，恪尽职守、竭诚奉献、辛勤工作。作为女性的她，深感创业的不易，积极为社会提供就业机会，截至目前已提供 600 余个就业岗位，通过创造就业机会，

教授独门手艺，从而带领青年发家致富。

孙天舒恢复研发的项目“辽三彩烧造技艺”是全国唯一与辽文化相关的非物质文化遗产传承项目，组建专业的生产设计团队，设立全自动一体化生产车间，拥有知识产权50余项，发表深度探讨辽瓷发展方面的论文4篇。

园区被评为沈阳市非物质文化遗产传习基地、沈阳市科普基地、沈阳市旅游人才创客示范基地、沈阳市中小微企业创业(辅导)基地、沈阳市小微企业创业创新基地、城市示范重点培育创业(辅导)基地、海外华裔青少年寻根基地沈阳创作基地、东北名家书画院活动中心、沈阳满族画院创作基地、国家AA级旅游景区等13项称号。

孙天舒勤于服务，响应“大众创业，万众创新”的国家号召，带领广大青年同志共同进步。在稳步发展的过程中，孙天舒并未就此满足，因为她有自己的创业理念——要带动和帮助一批青年人员走上“共同发展，共同富裕”的道路。因此，她将所学知识结合自己的经验，摸索出一套简便易学的技术，在创办的产业园内先后举办青年传授制瓷培训班50余次，目前准予毕业学徒200余人，积极扶持青年创业，提供全免费的工装场地和半价使用原料及设备的优惠政策，有专业人员负责提供工商税务注册、市场推广、咨询、法律等多种服务，向青年宣传党的富民政策、爱国爱党观念，维护社会稳定，靠自己的双手，依靠科技致富。孙天舒能够在平凡的工作岗位切实完成各项工作任务和政治任务，具有竭诚为社会服务的事业心和责任感，能够带领和帮助青年同志不断学习、发奋进取，发挥新时代青年的先锋模范作用。

孙天舒自从认准了恢复传承辽瓷这条路，就开始埋头苦干。她每天早出晚归，白天研发创新瓷器造型，晚上努力学习如何培训青年发家致富技能，增强致富本领，同时她四处拜师学艺，独自一人到景德镇、龙泉学艺，购买上百本技术书籍，并通过报纸、杂志、上网等各种途径了解最新资讯。每逢政府发布政策指导会，她必到现场学习，然后回来给青年普及知识与现行政策。她在青年中树起一面致富带头旗，创先锋争优秀，成为大家学习的榜样。聪明的人从不等待机会，而是主动寻找机会，抓住机会，把握机会，利用机会。调整好心态，抢抓机遇，不放弃、不气馁，勤奋刻苦，踏实努力，用双手和智慧创造人生价值，只为更好带领青年发展。

在下一步的发展规划中，以市场为导向，以技术为支撑，以适应不同领域创新公司造型为目标，努力提高技术含量，为青年创业发展提供便利条件，打造自己的品牌；并完善销售网络，努力带领青年同志们发家致富，为改善青年就业环境做贡献。孙天舒用自己的热血和辛勤汗水在这片土地上奏起了文化传扬之歌。

作为一名创业大学生，把自己的知识、技术、财富奉献给了社会，充分发挥自己的特长，无偿传授给前来学习的群众，从经济效益、社会效益等方面实现双丰收，鼓励他们实行科学研发、规范管理，加快步伐，对有创业愿望的无资金户、特困户，免费提供场地、设备及技术。她的努力是大家有目共睹的。她是一位品德高尚的人，她带领创业及就业人员加快致富奔小康的步伐，走上了更加富裕的道路。她以身作则，团结同志，实实在在地起到了共产党员的先锋模范作用。★

（辽宁省就业和人才服务中心大学生就业创业中心供稿）

下乡入社，创新农业

——沈阳农业大学王家宁事迹

沈阳农业大学工程学院2018届毕业生王家宁，现任辽宁省建平县马场顺达农机服务专业合作社理事长，刚刚毕业的他，正在做着1.2万亩土地托管的大事。

大学四年，走进农村的四年

王家宁在入学前选择了农机专业，在校期间，他曾是校学生会副主席、学院学生党支部组织委员、班级班长，专业成绩也曾位列第一。自2014年入学起，他带着对未来的憧憬，通过理论结合实践，逐渐结下了对农业的浓厚情结。

大学一年级，王家宁参加了沈阳农业大学工程学院组织的“中国好农机”社会实践活动，亲身走进农户家中了解农村面貌，在得到农户肯定的同时逐渐摸清了当地农业发展的现状。

大学二年级，王家宁将问题带进农村调研活动中去，在时任沈阳农业大学工程学院党委副书记、副院长柴宇的指导下带领着二百人的团队入住昌图县各大农机合作社及农机企业。为期一个月的合作社实习活动就这样开始了，活动中各学生撰写报告，总结策略，探索发展，以昌图县的农业发展为着手点，建立起校企合作的沟通桥梁。

大学三年级，王家宁已经在全国范围内调研了98家农机合作社以及100余家农户，涵盖东北三省、内蒙古、湖南、湖北、江西、重庆、江苏、浙江、广东、海南等，并向各省农机局汇报成果，也与地方农业站建立了良好的关系。在调研中，他开始对农业产生深刻的思考，在每年的中央一号文件和实际调研经验的基础上研究起未来农业的发展方向。2017年初，王家宁以新闻编审员的身份实习于中国农业机械试验鉴定总站，这更加加深了他对农业政策的解读。大学四年级，在众多毕业生为了工资和地域而选择工作时，他带着他对于未来农业的规划，开始思考如何创业。

真刀实枪，坚守成长的一年

2018年6月，王家宁以应届本科生的身份进入中国中化集团——中化现代农业有限公司工作。这是一家以硕士学历为应聘标准之一的中央直属企业，他以农艺师的身份被派到内蒙古技术服务中心，做着北美模式的农业规模化管理和推广工作，进一步提升自己在实际种植生产中的技术与能力。他入职后参与了集团的重大科技项目，和同事总结出全国首份适用于沙地种植的苜蓿草种植技术方案；参与了北美模式服务站建设；负责1550亩试验农场的管理工作。

一腔热血，扎根农业的期盼

在工作了9个月后，王家宁在柴宇书记、省农委领导和家人的支持下，带着在农村创业的决心入驻辽宁省建平县马场顺达农机服务专业合作社，这是他第一次践行自己对创业的设想。

他认为，农业的发展一定要充分了解农民的需求，任何科技的落实都必须以服务农民为基础。其实早在大学二年级，王家宁便对这家合作社有了深入的了解。每年的寒暑假期，他至少要在合作社待上半个月，甚至秋收时也到合作社帮忙，三年后的他，已经可以管理整个合作社的运营团队，懂得作物的实际生产。顺达农机合作社在当地的农民基础劳、口碑好、实力强，堪称建平县合作社中的典范，是全国农机合作社示范社。王家宁以技术、资源、资金三种形式占股33.3%，成为合作社的三大股东之一，任理事会理事长，并组建了新的技术团队，探讨合作社发展的商业模式，总结先前实际生产管理的经验，在管理理念、种植技术、业务拓展等方面做出创新和突破。以挨户访、勤宣传、好产品、实际做的形式获得老百姓的充分认可，做好1.2万亩的土地全程托管，为农民创造更高的生产效益，提高农民生活水平。

除此之外，合作社与沈阳农业大学、辽宁省农业职业技术学院已达成合作共识，引进实训人才和创新技术。王家宁在今年规划了100亩农机全程机械化标准示范田，50亩种肥选择性试验示范田，由沈阳农业大学做技术支撑，力求建立全国丘陵地带农作物生产标准，打造辽宁省第一家农机全程标准化作业的示范社。通过农田"宜机化"改造项目，保证土地集中连片，力求5年内当地杂粮市场实现全程机械化，以互联网+技术模式带动合作社长远发展。

做新农人，创新农业的时代

王家宁的创业思路不仅局限于此，他对大学生的期望，是能够以亲身示范，探索出一种大学生下乡入社并能够成功创业的新模式！他希望更多的学农大学生能够真正走进农村、爱上农业、创造产业，为农民带来技术和资源，为农业带来创新和发展！

如今，王家宁和他的技术团队正与合作社的社员们共商生产托管服务的大计，希望打造杂粮大市场，带动小农户，繁荣地方经济！

从认知到行动，从认同到创业，这是他在大学期间的收获，更是今后扎根农村、发展农业的强大基础！★

（辽宁省就业和人才服务中心大学生就业创业中心供稿）

坚持试错，从东北走向全国

——沈阳建筑大学徐君事迹

徐君，沈阳建筑大学2015届毕业生，90后连续创业者，2015年沈阳市创业典型，双创报告团成员，现担任多家企业的转型顾问，其创业事迹被央广、新华网、东北新闻网、辽宁电视台、腾讯新闻、沈阳电视台等多家媒体采访报道。

徐君在辽沈地区的创业圈具有广泛的影响力，他看准了新机遇下的互联网+，多次拒绝北上广互联网企业的高薪聘请，执意留在第二故乡——沈阳进行创业。截至目前，他已为多家本地传统企业转型提供战略支持。他用多家企业的成功转型案例证明，东北地区的创业者毫不逊色北上广，他立志做出东北走向全国的首个互联网创业项目。

摘掉光环，他是一个爱琢磨新点子的鬼马90后，毕业三年来，一直留沈创业，他做事随性洒脱，从来不拖泥带水，但执拗的性格也曾让他的创业路屡遭挫折，即便这样，他也从来不在乎别人的看法。

玩世不恭、爱玩、爱折腾、敢想敢做、思维活跃，熟悉他的人对他的评价可谓是五花八门。但大家对他“坚持试错”的这个做法，却不约而同表现出一种敬意，这也折射出一个山东男孩不服输的精神。

成立第一个项目工作室

喜欢折腾的徐君，毫不犹豫地辞掉了被别人看来是“铁饭碗”的国企工作，之后在同学们开始奔走找工作的热潮中，他收到了百度、腾讯等大企业向他抛出的橄榄枝，但他却再次拒绝了。“宁愿年轻找刺激，败了也开心”，正是基于他这样的心态，他毫不犹豫地加入了创业大军，开始了人生的第一次冒险。

因为自己有曾经兼职被骗的经历，所以他第一次的创业项目是创建了一家大学生无中介兼职网站。用户注册后，可免费获得大量高质量兼职信息的同时，还可每日免费获得一条招聘商家直推短信。当时国内的兼职类网址大部分仍停留在信息发布的层面，用户无法寻得真实可信、质量高、无中介的兼职信息，所以该网站一经推广便获得了同学们的认可，注册量持续猛增。随后，智能移动端的兴起也让他逐渐嗅到了不安的因素。果然，PC端被迅速淘汰，缺乏技术支撑的他，被迅速甩在了后面，而这时兼职类产品也如雨后春笋般涌现。最终，兼职网址被迫关闭，第一次创业经历也就这样被时代的浪潮淹没在记忆里。

不甘心失败，继续试错

经过了初试的失败，他更加坚信了依靠移动互联网来淘金的选择。当看到大家外卖订单不断增加的时候，他迅速成立了九分优选配送，利用学生的空课期，帮助商家承担订单配送业务。但巨头在资本的驱动下，迅速占领本地市场，开始了末端配送业务，他又被迫停止了该项业务。之后，他迅速调整状态，开启了频繁试错模式。

他始终不相信 O2O 企业必须依靠高额的经济补贴来获得用户的谬论。在多家北上广融资过千万的企业当中，他曾迅速拿下奇怪果园、宅米、快蜜蜂等多个 O2O 项目的城市业务，并取得了单项目单日订单过万的成绩，但结果是经济补贴停止后，多个项目纷纷陷入困境，包括他自己利用众包模式尝试配送业务的学弟帮项目也是频频受阻，这更加验证了他所认同的“补贴死”说法，甚至后来同行业朋友聊天，他还被冠以“O2O 项目杀手”的称号。

建立高校社群，进行项目实操

从此以后，徐君对于互联网创业有了更加深刻的认识和体会，而他做项目的风格也由原来的大笔一挥，变成了细水长流。正在这时，创业之风在二线城市也是逐渐兴起，大学生创业者前赴后继，但沈阳融资环境差、新鲜事物接受度低，导致绝大多数大学生都是以失败告终。这让徐君心里很着急，所以他开始通过社群的方式，帮助大家引进北上广的新思维，通过社群分享的方式，迅速筹建了沈阳高校电商联盟这个公益组织，以辅导、帮助、协同大学生创业的方式，来让大家对创业有新的认知。他体验过创业的痛，也经历过失败的苦，所以他希望更多的同学能够在这条路上少走弯路。

他亲自上阵带领的 ONE 创空间、ONE 公寓、勾搭旅行、趣哪玩等多个大学生创业项目逐渐进入大众的视野，其中勾搭旅行项目凭借较好的流水获得百万天使轮百万融资。对于项目，他始终主张流水为王、工具为强、坚持为胜、步步为营。现在，徐君在自己创业的同时，也在关注更多的大学生创业项目，致力于为更多投身创业浪潮的大学生提供一个平台，以帮助更多的年轻人实现梦想。

把经验分享出去

经过长时间的摸爬打滚，徐君在互联网创业方面的经验有了一定的积累，在创业圈也有了一些名气，受到了多家媒体的采访报道，此外还多次受邀进行创业经验分享。

不忘初心，砥砺前行

徐君在创业之初，立志要在东北这片土地上做出一个能推向北上广的项目。这也是他这些年一直在坚持的。从历年运作的几个项目可以发现，这些项目都有一个共同点，针对的用户群体都是高校大学生。在众多项目中，“学弟帮”是目前运作最为成功的一个项目，在和辽宁省电子商务协会达成深度合作之后不久，与中国移动的合作也正式展开，中国移动在各高校的营业厅均可以作为“学弟帮”在该高校的站点。

媒体的新闻报道

在项目运作的过程当中，徐君也发现自身的知识储备有所欠缺，于是2018年他又成功考取了南开大学金融系硕士研究生。目前，徐君一边学习深造，一边管理着公司项目业务。★

（辽宁省就业和人才服务中心大学生就业创业中心供稿）

吉林

★

中华传统手工艺技术和非物质文化遗产的传承者

——吉林动画学院马宇坤事迹

马宇坤，吉林动画学院2017级本科生，艺术首饰品牌——拙石禅创始人。创业仅5年的时间，拙石禅品牌即成为国内高级定制艺术首饰领域市场排名第三位，近100家品牌精品门店覆盖全国30多个城市。5年中，拙石禅始终以独树一帜的设计理念和坚守传统的精湛工艺在中华古典艺术首饰领域深耕，并获得了越来越多客户的喜爱与认可，他们中有国家级艺术团体、著名表演艺术家、国家一级演员、艺术品收藏家、美术馆、艺术馆。让爱好者们能享受顶级工艺美术品的魅力，传承中华传统文化和非物质文化遗产，一直是拙石禅品牌不变的初衷和前行的动力。

追寻传统文化，武校修禅练武

马宇坤出生在一个收藏世家，家中长辈们几乎都从事着与古董收藏鉴赏相关的事业。自小的耳濡目染让他爱上了中华传统文化，而家族中以传统儒学为主导的培养模式又让他在懵懂的少年时期产生了极大的叛逆情绪。对于传统文化的追求和对中华武术的热爱使他不顾长辈反对，独自离家去了少林寺塔沟武校习武。修禅练武的两年让他的身心得到了洗涤，但是他越来越看不到自己的未来。就在这时，他的人生迎来了第一次转折。

武校当年在申报一个叫“最多人叠层背摔”的吉尼斯世界纪录，马宇坤因为身材小巧、身法灵活被安排到了最高层。就在紧张训练的时候，因为身下师哥的肩部晃动使他从三层人墙上意外跌落，而更不幸的，他的身下刚好没有防护海绵，导致腰部严重扭伤几乎摔断。就这样，马宇坤在医院躺了半年，被迫终止了他的习武生涯。在医院疗养的这段时间，他认真思考了自己这两年的所作所为，为自己的勇敢和敢作敢为感到欣慰，也为自己年少时的鲁莽决定流下悔恨的泪水。往复思索之间，那段时间他自己仿佛成熟了好多。而就在这时，他遇到了自己的艺术启蒙老师。

同传统手工艺结缘，创立拙石禅品牌

马宇坤现在可能已经记不清那位启蒙老师的名字了，只记得老师傅握着雕刻刀的满是老茧的双手。老师是一位核雕师傅，他俩住在一个病房里。每天早上老师都会在床上支上小桌子拿着雕刻刀进行着他的创作，老师也会跟马宇坤讲起《核舟记》的故事，说他的工作就类似文中那个鬼斧神工的手艺人。这种凝铸在细小中的宏大艺术深深吸引了马宇坤。在他疗养的半年时间里，观摩老师雕刻是他每天的主要活动。最后，他自己也加入了进来，从此一发不可收拾。出院后，马宇坤去了浙江舟山跟随须派橄榄核雕大师殷丽娟开始了橄榄核雕刻和金工技艺的系统学习，同时兼修中国画。

一年之后，马宇坤成为了殷大师的关门弟子和省级非物质文化遗产须派橄榄核雕刻的传

承人。在一年的传统雕刻学习中，马宇坤认识到了橄榄核雕刻在国内一直不愠不火的原因并不是老师所说的派系之争抑或是手法差异，而是创作题材和表现形式上传统守旧缺乏创新，不能充分适应当时的市场环境。因此，他决定要成立一个个人首饰品牌，用带有禅文化精神又符合大众审美的设计，把精致佩戴在身上。使雕刻件变成身上的饰品，是将核雕这一艺术门类进行首饰方向的商业转化。就这样又经过一整年的筹备和团队搭建，在殷老师和小镇其他雕刻师傅的共同帮助和指导下，品牌成立了。这就是在 5 年之后震撼了整个中国珠宝首饰行业的艺术首饰品牌——拙石禅。品牌创立之时，马宇坤仅仅 17 岁。

创业初期困难重重，坚守信念负重前行

在小镇初创品牌的第一年，让马宇坤意识到了在当前环境下，品牌的孵化和发展会受到传统观念的影响。2016 年，马宇坤果断带着拙石禅品牌和 6 位工艺美术师前往郑州发展，中原地区成熟的手工艺市场和历史文化底蕴也会给拙石禅提供更广阔的发展舞台。后来，马宇坤加入了河南省工艺美术家协会并成为了工美协花丝镶嵌研究员，同时拙石禅也有了另一重身份——该协会旗下的工艺研究小组。对内，拙石禅进行着花丝镶嵌、点翠等协会下发的传统工艺项目技术研究；对外，拙石禅通过代售形式出售核雕首饰、篆刻文玩章等手作产品获得收入。马宇坤也通过自己现有的人脉、家中长辈、老师的介绍，寻访行业相关工艺美术师充实团队，为之后的品牌规范运营积蓄力量。

随着协会研究方向的转变，拙石禅品牌的首饰产品门类也开始向花丝镶嵌和金工技艺方面拓展。随着技术要求越来越高，马宇坤也慢慢淡出手作方向，转而完全投身到艺术首饰设计方向上来，负责拙石禅品牌全部首饰的设计工作。转型后，由马宇坤设计的第一批花丝镶嵌艺术首饰一经 6 家代售店投放市场，就获得了大量好评，订购订单源源不断地发往了工作室。流畅飘逸如摹中国画般的线条，富有禅意的内涵意象，独属于拙石禅的表现方式设计出的首饰样式和精湛手工艺技术完美结合，在客户心中留下了完美的印象。那一年他奔走在一座又一座城市之间，在大大小小的珠宝展会上参展，让越来越多的人认识了拙石禅。

有了一定客户存量后，怎么把流量留住并更深入创造价值成为了马宇坤面临的最现实的问题。在这关键时刻，生生艺术集团董事长张云龙在深度了解了马宇坤的项目之后以首批私人投资 500 万元的方式注入项目，用于品牌直营实体店的开设和产品创作部门的建设。随后，马宇坤又聘请两位国家级工艺美术大师加入拙石禅，拙石禅首家直营门店“拙韵斋”在郑州开业，楼下为作品展厅和销售会客厅，楼上作为设计工作室和生产工坊。同时拙石禅品牌正式注册公司，办公地点设在生生艺术集团位于郑州 CBD 的办公大楼内。

坚守传统创新路，转型成功尝硕果

之后的 2017 年拙石禅迎来了发展的黄金时段。拙石禅同河南省工艺美术家协会、陕西省工艺美术家协会、山西省工艺美术家协会达成合作，获得三家协会拥有的包括覆膜点翠工艺在内的 20 多项独家工艺授权，之后还签约了补充协议获得了独家使用权、独家研究权和独家开发权。这项合作的达成也代表着拙石禅在国内珠宝首饰领域的技术壁垒逐步搭建了起来，保

持技术方面的长期领先，并以此为基础展开更深入的工艺研究。工艺上的进步带来的是品牌定位的提高，这时马宇坤开始接触到了重要客户的私人定制订单，品牌影响力进一步提高。2017年6月由生生艺术集团董事长张云龙、著名收藏家吴炳茂先生牵头的3家公司联合向拙石禅品牌注资3000万元，南阳拙石禅工坊投资成立，3个月后又一批20位工艺美术大师（2位国家级、14位省级）加入南阳工坊，2017年底拙石禅16家授权代收专柜全部开业。在郑州市CBD国际会展中心举办的首场千人新品发布会由马宇坤主持召开，汇集了百位行业媒体和知名大咖，开启了拙石禅品牌的新篇章。

2018年拙石禅发展再次增速，此时拙石禅开始深入考虑搭建市场闭环，打通行业渠道，实现定价自由。为此马宇坤在多方面付诸了努力：原料方面，在大连建立葫芦种植园，在新郑成立菩提种植基地，并同国内8家顶级原料供应商建立深度合作；设计方面，在长春和北京成立两个珠宝首饰设计事业部负责拙石禅品牌珠宝首饰设计的全部工作；工艺研究方面，同三家省级工艺美术家协会合作建立不同方向的工艺研究中心，负责原创工艺的开发；生产方面，拙石禅再次加大了针对南阳工坊的资金投入，旨在形成自己的生产标准。2018年品牌店铺的开设迎来了高潮。随着之前长时间的市场调查和店铺选址的结束，九大古都直营店的开设计划基本确定，2018年初开封直营店开业，2018年中旬安阳、洛阳两家直营店开业。授权代售店增长到了46家，品牌月度营业额半年时间翻了三番。拙石禅品牌在此时已经正式跻身于中国高端珠宝首饰领域一线品牌行列。

引领行业创复兴，非遗文化拓影响

在已经达到了一定体量和行业影响力后，拙石禅依旧不忘初心，坚持进行传统手工艺技术和非物质文化遗产的宣传和推广。仅2018年一年，拙石禅共举办了30场艺术首饰展，近万人次近距离欣赏拙石禅工艺品。拙石禅的多件工艺美术品也被包括中国美术馆、天地之中珍宝馆在内的十几家艺术品博物馆和美术馆永久收藏。品牌现有的30多项原创工艺技术义务提供给多家博物馆，为其更好地开展古代首饰文物修复保护工作提供技术支持。拙石禅每年在建业总部港和郑州CBD国际会展中心举办的年度手工艺珍宝展和年度新品发布会已经成为品牌名片，而且马宇坤也在努力将它们打造成一年一度的行业盛会。

在未来，拙石禅作为弘扬中华传统禅文化的工艺品品牌，对外进行文化输出也已经提上日程。在之后的发展中，品牌将积极参加国际上的行业大赛和博览会，首家海外店铺也在筹备之中，继而马宇坤和他的品牌将不断向着用拙石禅精神影响世界的目标而努力前行。★

（吉林省高等学校毕业生就业指导中心供稿）

创新创业，一路一起

——吉林化工学院胡娟强事迹

胡娟强，男，1996年2月生，新疆奇台县人（籍贯：甘肃秦安县），就读于吉林化工学院信息与计算科学1501班，现任吉林市兴西村食品有限公司执行董事兼总经理、吉林市十锦超市有限公司董事长兼总经理。

其创业项目荣获吉林省“互联网+”大学生创新创业大赛金奖、银奖、铜奖各一项；吉林省“创青春”青年创新创业大赛银奖一项、铜奖两项；其个人曾担任校级、院级多个学生干部职务，荣获2017年团中央飞Young创业英雄汇大学生双创先锋荣誉称号，以及优秀学生干部、大学生自强之星等国家级、省级、校级奖励及荣誉称号60余项。

其个人事迹在学校、团委、双创中心和志愿服务指导中心官微分别做了“时代创新骄子学生创业先锋　90后互联网+的弄潮儿胡娟强”“榜样的力量　看胡娟强学长如何把青春活出该有的模样”“如何缔造一个青年创业者——胡娟强”和“【青人物】志愿者胡娟强：坚守本心，努力前行”的报道。

项目概况

兴西村“5+1”公益电商服务平台，是吉林省精准扶贫项目，学校重点帮扶对象延边州和龙市龙城镇兴西村，围绕当地资源特点和村民致富需求自2016年提出该项目，三年多来学校与兴西村资源联动，学生创业团队积极参与运营，先后投入运营资金30余万元，探索了较为有效的精准扶贫方法和途径。

项目以电商+增值服务为模式，设计了“FTC”+“OTO”商业模式，实现客户需求与产品生产无缝对接，并实现线上与线下同步服务，努力打造服务兴西村农民致富的网上综合服务平台。“5+1”分别为五个互联网扶贫公益服务和一个社会主义新农村文化建设服务，其中的“5”

包括:帮助农民“建”电商平台和网络店铺;利用互联网“卖”土特产品;网上购物;利用互联网金融“筹”扶贫资金;帮助农村留守儿童远程辅导课程;“+1”是新农村文化建设。

项目体现了精准扶贫创新性解决思路;互联网+农业的基本要求,具备提升精准扶贫效果的基本思路和要求;吉林东部乡村的区位和资源优势;符合农业电商平台发展趋势以及坚持人与自然和谐共生的乡村振兴基本原则。互联网+农业和农村电商发展分别为项目提供了推广条件和环境;项目运营模式、经济社会效益明显利于项目推广。项目解决了精准扶贫信息难题、制约农产品流通问题,有力拓展了农产品市场份额,同时有效降低了成本,提高了效益。

创业历程

2016 年 5 月,提出“5+1”公益电商平台的方案。平台围绕学校对口兴西村精准扶贫项目,依托“微爱”公益团队和吉林省天志电子商务有限公司的技术优势和电商渠道资源,与兴西村特产资源结合,力图打造专业的精准扶贫公益电商平台,利用“互联网+农业”推动兴西村产业发展与脱贫致富。

同年 9 月,平台经过三个月的准备,正式进驻兴西村。学校先后派出两批扶贫工作队,与当地政府和村委会积极沟通,获得项目建设的必要条件,项目团队入驻兴西村完成平台搭建和开展面向村民的技术指导,切实加强了项目实施的有效性。9 月 22 日电商平台开始试运行,后期远程网络服务平台在校内积极调试,全部功能逐步上线。

2017 年 5 月,胡娟强带头成立了吉林市兴西村食品有限公司。公司主要业务为销售当地绿色应季农产品,同时推出特色农产品,经营理念为“追求自然生长、品味应季新鲜、打造兴西品牌”,给村民提供更多就业岗位,带动地方经济发展,帮扶全体村民逐步走向富裕。未来,公司还要进一步完善少数民族地区电商模式,通过冷链物流解决当前生鲜食品运输存储方式的弊端,从而达到农民致富、企业盈利的双重目的。

7 月,项目团队更名为“微爱公益惠”团队,由胡娟强担任负责人,暑期带领项目团队成员前往兴西村开展以“推动兴西村信息化建设,促进农村经济发展”为主题的社会实践活动。对当地农作物、鹅场、太阳能发电区和牛场通过拍照、录像及航拍等方式进行系统观察与记录,对当地发展进行科学化指导,积极为兴西村脱贫工作作出力所能及的贡献。他还到和龙市光明小学支教,给学生讲解奥数题、计算机知识以及互联网知识,为其今后的科技化教育、互联网时代的生活打下坚实基础。

项目的实施得到了学校及当地政府的大力支持。从计划提出到落地入驻,再到平稳运营,每一步都有序进行,为村民们带来了经济效益,得到了大家的认可。在同年的第四届“创青春”青年创新创业大赛“农村电子商务”组中喜获吉林省银奖,代表吉林省前往陕西杨凌参加“盐商杯”第四届“创青春”全国青年创新创业大赛“现代农业和农村电子商务”组别的全国总决赛,最终取得了全国 50 强的优异成绩。

2017 年 9 月,借助当地的区位和资源优势,引导村民科学养殖蜜蜂,将蜂蜜作为致富的途径之一,为兴西村拓展致富之路。项目团队积极与市政、学校等周边单位企业进行合作,拓宽了蜂蜜、大鹅的销售渠道。

依托当地自然环境的资源优势，蜂蜜的产量较高；而且，蜂农手中直接产出的蜂蜜质量高于市场平均水平。凭借这一优势，村民们逐渐发现了更大的商机。截至2018年6月，蜂农养殖户由此前的2家发展到5家。村民们的收入有了明显提高。

2018年3月，团队对平台升级改造，对项目进行拓展。从蜜蜂养殖、泡菜腌制及农作物种植等，用户不仅可以提前预定，而且还可以通过跟踪服务，实时掌握目前农作物的长势及蜂蜜养殖等。用户也可以提前了解土地的情况，可以指定地方种植自己所需要的作物。

2018年中央一号文件指出，构建农村一二三产业融合发展体系。本项目始终以精准扶贫为理念，后期的拓展等也符合该要求。3月末，本项目作为吉林省的10个代表之一，前往福建古田参加第四届中国"互联网+"大学生创新创业大赛"青年红色筑梦之旅"全国启动仪式。此后，团队成员积极探索、虚心向其他优秀项目学习，对本项目继续进行打磨深造，多次前往兴西村以教学、指导、调查等方式为村民们脱贫致富提供服务。经过4个月的实践与探索，最终在7月第四届吉林省"互联网+"大学生创新创业大赛中获得"青年红色筑梦之旅"银奖。

比赛获奖并不是胡娟强以及团队成员的最终目的，他们将更多的精力投入到项目的发展中。暑期，团队成员继续深入兴西村，通过调查走访等方式了解当地的情况。与此前做对比，在销售上为村民提供帮助。兴西村位属延边，当地朝鲜族居多，而辣白菜等正是出自他们。因此，团队计划在特色泡菜上加大功夫，在蜂蜜、大米等农副产品正常销售的同时，打造特色泡菜的品牌。

2019年1月，为了能使新版平台尽快上线投入运营，胡娟强带领团队技术人员利用寒假，对平台重新部署，搭建了全新的兴西村电商平台（www.xxcdspt.cn）并于1月底上线使用。项目也成功入驻慧聪网等大型电商平台。

精力充沛，热心学生工作和公益活动

胡娟强曾先后担任校团委春天之约青年志愿者工作站新媒体中心部部长、校大学生创新创业中心传播中心主任、吉林省第四届"梦想杯"大赛学校负责人、2016—2018年校级大学生数学建模竞赛学生负责人、首届创新创业精英班01班宣传委员、学校建校60周年校庆执委会志愿者管理部宣传活动组组长、理学院分团委学生会创新创业部/文创部部长、信息与计算科学1501班代理班长/体育委员等学生干部职务，工作上认真细心，积极服务师生，得到师生们的一致好评。

胡娟强曾参与吉林市国际马拉松志愿服务、学校建校60周年校庆志愿服务等志愿服务100余次，服务时长达284小时；参与无偿献血8次，共献血3000ml；在2018年吉林市国际马拉松比赛中，作为我校668名志愿者总负责人；2018年第二届环保知识竞赛中，组织动员全校学生参与其中，最终我校荣获"优秀组织单位"称号，胡娟强被授予"先进个人"荣誉称号。

他总是用这样一句话告诫自己：态度就是你想把自己能力的边界推到多远，而所有的能力问题本质上都是态度问题。★

（吉林省高等学校毕业生就业指导中心供稿）

将爱好与事业结合，立足专业开展创新创业

——吉林铁道职业技术学院许哲宁事迹

许哲宁是吉林铁道职业技术学院铁道机车学院的一名大二学生。他出生在一个铁路世家，家里三代都是铁路人，他受父母影响，从小就对火车有着非常浓厚的兴趣，“火车疯子”就是他从小到大的标签，他对火车的那种痴迷和钻研程度令人惊叹。许哲宁 10 岁的那年，在爸爸同事家看到了一个火车模型，精致的模型让他爱不释手，从此许哲宁走上了收藏火车模型和传播铁路文化的道路。2015 年 10 月，刚刚高二的他因为对铁路机车的了解，被北京一家铁道模型公司聘请开发一款 HO 比例内燃机车动态模型，他大胆地在模型选材方面提出了铜塑结合的材质，车身主体框架为 ABS 工程塑料，所有装配部件均为铜件，这样既保留了铜制模型的高精细度，又融合了塑料模型的低成本优势。全车历时 1 年时间研发，单是图纸就改了 288 次，开创了火车模型界的多个先例，共申请国家发明专利 1 项，实用新型专利 5 项，达到了当时中国国产火车模型设计的最高水准。该模型的设计获得了一致好评。2016 年，许哲宁又组织了多次铁路科普教育活动与公众开放日活动，为近年的铁路工业旅游项目打下基础。2017 年许哲宁进入中铁动力时代文化传播机构，进行铁路文化传播与铁路周边文创产品的开发、销售。

2019 年，积极响应习近平总书记和李克强总理鼓励大学生创新创业的号召，经过半年的市场调研，许哲宁于 2019 年 1 月与南坡腕网络技术有限公司董事长郭晓非共同创立北海华创工业科技有限公司，并受邀入孵中国电子北部湾信息港国家级众创空间。“在经营公司的这段时间里，许哲宁深切体会到了国家政策对大学生创新创业的扶持。第一是惠民便民服务，工商登记从核名到下证仅仅三天时间，这是原来想都不敢想的。工商税务都开通了便民服务窗口，办事流程极大简化，效率成倍提高。第二是孵化器的优惠政策，场地优惠租金，各种项目政府

也都给予适当的扶持与奖励，这对创业青年来说正如雪中送炭。第三是国家优惠的税收政策，每月都有一定的免税额度，企业所得税优惠到 9%，这大大降低了税收压力。第四是政府领导对创业青年的关怀。2018 年，在吉林省大学生创新创业成果展上，吉林省省长景俊海对公司产品和取得的成果给予肯定；2019 年，北海市委常委常务副市长陈维到公司慰问座谈，探讨公司的发展和创业情况。领导的每一句关怀和贴心的问候都是极大的鼓舞，激励着我们不忘初心，坚定前行”。

公司成立后，许哲宁一直致力于打造铁路文化生态圈，整合多方优质资源，利用先天优势设计优质文创产品，在产品销售上提供专业的铁路文化一站式服务，客户所需的铁路文化产品，从模型到沙盘、从文创到展览，覆盖全部铁路行业，能为不同身份的客户提供个性化量身定制的服务，让顾客不必东奔西走，在一家就可以买到价格低廉、质量优良的产品和专业成熟的解决方案。许哲宁依托吉林铁道职业技术学院大学生双创中心成立了公司吉林办事处和创意工作室，未来还将在吉林省注册新的铁路文化传播公司。高铁是吉林省乃至我国的一张亮丽名片，坐落于长春的中车长客股份就是孕育他们的地方，根植吉林打造中国高铁文化品牌，不仅要中国高铁走出去，更要将中国高铁文化传播出去。今年 3 月份他在四川成都某中学开展了铁路科普教育馆的公益项目，依托模型讲述中国铁路发展的历史，从“龙号”“零号”蒸汽机车到东风、韶山系列电力机车，从“和谐号”系列机车到中国自主研发的“复兴号”系列机车动车组，一台台模型和一张张照片是中国铁路发展史的缩影，用中学生喜闻乐见的方式讲中国铁路故事，激发他们对铁路的兴趣，将铁路文化传承从小培养。在科研方面，公司申报了 2019 年北海市研发类科技项目，将着重攻关火车模型 DCC 控制芯片技术，填补国内低成本芯片的空白。

许哲宁同学将专业爱好与事业结合，贴近市场需求研发产品，立足铁路院校结合专业开展创新创业，并与国内多家铁路文创品牌进行深度合作，在未来的几年也会不断努力，不断进步，不断创新，不忘初心，脚踏实地宣传中国铁路文化！★

（吉林省高等学校毕业生就业指导中心供稿）

坚持本心，坚持梦想

——长春财经学院董振宇事迹

董振宇，长春财经学院大四在校生，中国共产党党员，曾担任国际经济贸易学院分团委学生会副主席、新媒体正部长、羽毛球协会部长、国际商务协会会长等学生干部职位。自入学以来，一直刻苦钻研专业学术，与同学之间互相帮助，团结友爱，积极参加组织学校活动。在协助学校领导工作的同时，不断开拓社会实践的学习，2017 年开始了自己的创业之旅。经历了四年的校园和社会实践学习，个人综合素质得到了全面的提高，在校期间曾获 34 项校级以上荣誉、4 项市级以上荣誉、1 项国家级荣誉（包括互联网＋创新创业铜奖、长春市“红牛杯”羽毛球比赛单打亚军、长财十佳个人等）

思想生活方面

在生活中，始终保持了一个党员良好的生活作风，平时勤俭节约，严禁铺张浪费，勤俭节约，不追求物质和精神享受，而是追求一种踏踏实实、勤勤恳恳的生活作风。始终能够坚持正确的人生观和价值观，认真学习马克思理论，坚持中国共产党的领导，政治立场坚定，自觉服从党的要求，在思想上与中国共产党保持一致。紧跟优秀党员，强化自己的政治素质和理论水平，严格要求自己，通过各方面的学习不断完善自己。转为正式党员以后，不忘初心积极上进，热爱祖国，始终以党的思想严格要求自己，始终保持为人民服务的宗旨。

专业学习方面

学习是一名学生的头等大事，做好课前预习，上课认真听讲，课后认真复习，独立完成课后作业，从来没有无故缺课现象，从无迟到、早退等不良现象。面对大三的专业知识有着极高的学习兴趣，在勤奋学习的过程中不断探索适合自己的学习方法。针对专业课坚持广泛学习、综合学习的模式，还经常在课余时间去图书馆翻阅专业书籍来完善自己的知识结构。虽然平时创业、学生工作会占用大量时间，但始终把学习放在自己大学生活的首位，合理安排好学习和工作的时间。

社会公益方面

自入学以来，董振宇一直秉承“社会培养人才，人才回报社会”的理念去投身志愿活动。2015 年共组织参加“关爱敬老院老人”“扶贫三下乡”“为‘艾’加油系列”等近百场社会公益活动。在不断提高自身综合能力的同时，更多是利用自身的力量回馈社会，尽自己所能去帮助需要帮助的人，同时也继续发扬不怕艰苦、自强不息、无私奉献的志愿者精神，引导和激励更多青年在发展宏伟实践中开拓创新、建功成才。

体育方面

作为新时代的大学生应该德智体美劳全面发展，董振宇同学2015年加入全国最大的羽毛球社团“飞扬羽协”，利用自己闲暇时间参加羽毛球特训，训练中服从教练，帮助同学，从不抱怨，时刻准备为校争得荣誉。曾经多次代表我校参加吉林省羽毛球大赛(如：“李宁3v3”，“红牛杯”等，为我校羽毛球队取得优异的团队成绩做出贡献。大二期间担任该羽毛球协会秘书处部长，在工作中积极配合教练和老师的工作，全力去调动每一位社团人员的运动热情，耐心为大家讲解羽毛球运动要领，在平时的生活中与校队人员和谐相处，积极帮助和照顾每一位同学，和其他社团干部携手努力为社团未来发展承担一份责任。

创业方面

大二期间，董振宇同学开始对自己的未来职业生涯进行规划。2016年10月份选择“校园服务创业项目”，与在校23位大学生组建了自己的创业团队，开创了“小蚂蚁送快递平台”。此平台主要服务于全国在校大学生的生活服务、兼职工作、娱乐生活三大板块。目前已在长春财经学院、四平博大学院、吉林建筑大学等省内13家高校运营服务，平台总用户达10万余人，至今团队已扩大到120位在职人员。平台建成后广受吉林省内学生的青睐，不仅提高了大学生衣食住行的便利性，同时为学生们提供了高薪、值得信赖的兼职平台，目前已提供500份兼职或全职工作，共解决了近万名大学生的就业和勤工俭学问题，成为了当代大学生日常生活必不可缺少的校园应用软件。

2018年董振宇成立长春市为梦科技有限公司，担任总经理一职，将校园服务项目转向企业化，整合团队结构，细化部门职能，开拓学生服务新领域项目。例如：2018年9月与中国电信达成“销售外包协议”，承包省内15家高校电信促销迎新活动，20天内带领市场部招纳2000临时促销员，销售电信电话卡数万张，为企业带来50万元的利润流水；2018年12月与中国联通、链家地产等公司达成人力输出协议，为省内大学提供客服、销售、人事、行政等30余种岗位，解决了省内大学生就业和勤工俭学等问题。

在创业过程中，董振宇坚持本心，秉承全心全意为学生做服务的信念，克服重重困难开拓公司的平台市场。在公司中不断强化团队意识，在遇到困难时从不气馁，为每一位成员加油打气，耐心寻找解决问题的方法。在小有成绩后依然不骄不躁，和所有成员共同努力不断完善自身的能力。在这2年的经营管理中，董振宇不断为团队开拓指引新方向，为公司的业绩作出巨大的贡献，使长春市为梦科技有限公司在起步时有着优良的企业管理文化和制度基础。

作为一名新时代的大学生，董振宇始终坚信：只有不断地学习前进才能实现自身的价值，未来没有停留的余地，只有不断地强化自身，未来才有用武之地，期待依靠自己的能力去创造奇迹。坚持本心，坚持梦想，为自己的目标全力去拼搏，即使路途坎坷，也要做好迎接挑战的准备。“天高任鸟飞，海阔凭鱼越”，相信董振宇一定会在不断完善自己、提高自己的过程中，努力实现更高的目标，在闪亮的大学生活中活出青春该有的模样。★

（吉林省高等学校毕业生就业指导中心供稿）

将梦想变为事业

——长春光华学院朱家毅事迹

朱家毅，现任吉林省坦普勒斯科技游戏公司总经理、长春圣殿堂文化传播有限公司总经理、长春大明企业培训管理有限公司董事、同志街1828号真人战争游戏馆总经理。

朱家毅在校期间一直从事真人CS、真人游戏方面的创业。

朱家毅在2014年读大一期间创建了长春市最大的真人CS战队，长春坦普勒斯真人CS战队(T. O. G. F. 战队)，创立了吉林省首支Nerf真人CS对抗赛战队、吉林省坦普勒斯战队。

2015年，为其所就读的长春光华学院学生组织无偿制作真人CS、真人游戏，帮助学生干部进行团队凝聚力提升、素质拓展。同年参加学校的创业大赛，取得校赛冠军。

2015年8月，受长春Nerf爱好者俱乐部邀请，参加长春市Nerf War Game战队对抗赛，三战三捷，获得长春市Nerf War Game战队第一名，一跃成为长春第一战队。2015年9月28日参加由孩之宝中国认证，吉林省Nerf War Game战队对抗赛，并夺得第一名，晋级为吉林省Nerf War Game第一战队。2015年10月参加孩之宝中国邀请赛，获得全国第三的成绩。

2015年10月4日，战队成立一周年队庆，受到界内人士广泛关注，yy、新浪微博、百度贴吧Nerf吧相继进行战队队庆日直播。

2016年，大学二年级期间，朱家毅提出真人游戏可以缓解压力、释放负面情绪的理念，以War Game运动为蓝本，设计了“解压之战”这一项目，并参加2016吉林省第二届“互联网+”大学生创新创业大赛，荣获银奖；同年受邀参加中国深圳第三届国际电玩节，将“解压之战”、真人CS等游戏结合，设计了“枪王争霸”项目，并凭借该项目荣获“中国第三届国际电玩节境内真人游戏优秀参展商”的荣誉。

同年运营团队开始转型，2016年8月3日正式注册公司，进行商业化运营。

经过一年的实践与升级，2017年朱家毅带领其团队设计了War Game Park项目。该项目目前在真人CS的基础上增设了个性定制剧情系统、汽车战斗载具系统，让真人游戏变得更加立体，提高了可玩性、娱乐性，从单一的活动组织变为玩家可以“自己定义自己”的游戏模式，甚至可以还原电影中的故事情节，将真人游戏的自由度变得更加开放，选择也更加多样化。War Game Park项目于2017年9月入驻长春光华学院双创科技园，并荣获第三届“互联网+”大学生创新创业大赛铜奖、长春市高新区青年科技创新创业大赛三等奖，获高新区政府5万元天使投资。2018年，朱家毅凭借War Game Park、“解压之战”项目荣获吉林省“大学生创新创业计划”国家级项目立项，荣获长春光华学院创业资金。

2017年9月，朱家毅组织吉林省首次战争推演活动——市场花园行动，当天推演场参与人数多达 213 人，观众 528 人。

2017 年 10 月，朱家毅率领团队制作一周年宣传片——橡木盾行动，该宣传片登上 bibi 网站热门首页和爱奇艺网剧首页。

2018 年 6 月 30 日，朱家毅大学毕业，斥资 167 万元，带领团队在长春市中心成立了长春市内最大的室内真人战争游戏馆，面积达 12380 平方米，坐落在吉林省长春市同志街 1828 号。真人战争游戏馆分为 2 个休息大厅，5 个真人游戏区域，最多可容纳 800 人同时进行活动。朱家毅提出将电子游戏与影视还原至现实，做成真人版线下游戏的理念，致力于将人们从电脑游戏、手机游戏的屏幕前解放，参与到线下的真人游戏中，从真人游戏的运动中解压、发泄，戒除网瘾，更真实、更健康地体验到游戏的内核。一年时间内，朱家毅与他的团队成功制作出真人版吃鸡游戏之绝境求生大逃杀、真人版使命召唤，真人版全境封锁等 200 余种线下真人游戏，做到无须等待随来随玩的特色服务，全天 20 名驻场战术教官在店待命。

2019 年初，团队成功研发出真人游戏设备——水弹命中判定设备。通过声波震动感应原理，弹药击中头盔、战术背心后锁定武器上的芯片，指示中弹判定，限制武器功能，从技术上解决真人 CS 与真人游戏的公平行与可玩性问题，现正在申请专利。

2019 年 4 月 10 日，团队远赴俄罗斯莫斯科参加由俄罗斯国防部支持、由俄罗斯陆海空志愿者协会组织的世界规模 War Game 运动——俄罗斯钢甲昼夜，并同俄罗斯陆海空志愿者协会达成合作关系，将于 2020—2021 年成为俄罗斯钢甲昼夜中国区赛事合作伙伴与官方认证俱乐部。

2019 年 5 月 1 日，与吉林省金凤凰国际旅行社、俄罗斯符拉迪沃斯托克弗拉基米尔靶场、俄罗斯莫斯科爱国者公园管理委员会、俄罗斯莫斯科棕熊私人狩猎场、俄罗斯莫斯科迪米特里靶场建立合作关系，预计在 2019 年 9 月前完成赴俄罗斯战争机器体项目。

2019 年 5 月 22 日，同吉林省翰客露营达成深度战略合作协议，总投资预计 300 万元人民币，为占地面积 42 公顷的翰客营地设计制作吉林省最大的户外真人游戏场。

朱家毅的创业并非是为了去赚更多的金钱、过更好的物质生活。他的创业源动力之一是于朋友因为生活的压力而不得不放弃自己的爱好。他想让自己的爱好变成事业，让事业成为产业，他想让更多跟他有同样爱好的人加入到他的队伍中。他创业的源动力之二是他参加了几次国际交流比赛后的感慨与不愿服输的心理。他常说，旅游业起源于1840年英国人托马斯库克组织的世博会观光团，发展为1950年客运航空业的成熟。百年造就一个行业。而真人游戏、真人CS、野战游戏从1900年起源于美国，至今也已经100多年了，它能成为一个行业，为什么我们要等它成熟了再决定要不要去加入？为什么我们现在不去创业，不去把这行的企业做大、做强？外国人能做的，为什么我们不能做？我们常说没有做不成的事情，只有不想做的事情。朱家毅创立真人游戏的企业，就是想做好这一行。因为这是他的梦想，他就是要把爱好变为事业。★

（吉林省高等学校毕业生就业指导中心供稿）

强己先强能，立足先精艺

——长春职业技术学院刘瑞佳事迹

长春职业技术学院2017级毕业生刘瑞佳，现任长春市佳园科技有限公司总经理、吉林省增材制造学会理事、长春职业技术学院外聘教师。

自强不息，传承匠艺匠心

2013年冬，刘瑞佳父亲所创办的机械加工工厂发生火灾，打破了原本平静富裕的家庭，他出国求学的计划也随之破灭。他在经历变故后没有一蹶不振，反而选择走上了匠人历程，传承父辈的技艺。他学习各种加工操作，奠定了他技能创业的基础。他穿梭在各种机器之间，沉浸在公差与编程计算之中。他在学习各种机床操作的过程中，同时也体会着来自传统加工行业的技艺与匠心。

铸诚精艺，谱写别样创业路

2014年他正式就读于长春职业技术学院数控设备应用与维护专业，在校期间曾获得全国技能大赛二等奖，在多项省级竞赛中获奖，并获得国家奖学金与“长春市十佳大学生”称号。他活跃在名师工作室中，历经数百次试错与数千次设计累计技能训练使用线材数万米。在校期间，他便对摆闸式减速箱进行工艺改进，并进行生产。该项目成果转化取得百万元的社会价值，并携减速箱的改型设计赴山东大学威海校区进行门闸的升级改造工作。这也是他走向技能创新创业的第一步。

毕业后，他创办了长春市佳园科技有限公司，接纳来自沈阳工业大学、长春大学、长春职业技术学院的实习生，本着“强己先强能，立足先精艺”的理念，让所有实习人员参与项目中设计部分，并合作进行项目实施。实习结束后，部分实习生被四川绵阳中国物理研究院录取就业，其余被山东济南重汽等企业录取就业，所有人员均为设计岗位与技术岗位。

长春市佳园科技有限公司2017年账户流水为25万余元，2018年账户流水为58万余元。其中80%为创新产品，15%为复杂难度零件加工。在他的管理之下，长春市佳园科技有限公司将“助力国家发展、实现2025制造强国”作为主要目标。

2017年9月至10月，受吉林大学委托，刘瑞佳带领团队完成了“仿生自平衡钻具装置”电气部分设计，并由该校开具研发证明；完成了钻具设备工作中的自动化智能调节，助力国家钻采项目实施；完成了岩石可钻性定位装置的机械部分的加工与电气部分的开发，精准实现设备功能。

2018年，公司与吉林大学签订关于设计、生产控温装置合同。同年开发完成GWT－250系列控温设备，实现温度稳定在2000 ℃以上，控温精度达0.2 ℃，代替美国世伟洛克设备中的控温部分，已经稳定运行一年以上，间接为高校节约科研经费20余万元，并通过吉林大学申请热重红外控温装置专利，于2018年获得授权。该产品参加吉林省“互联网＋”大赛获得银奖。该产品经与长春市方锐科技有限公司后续共同开发后，可实现真空环境下控温。

2018年，公司与教育部汽车材料重点实验室签订长期协议，为其生产加工要求较高的消耗件离子薄片数批次。同年承担热物性实验设备的改造与便携式新设备的设计制作，并如期完成。

创新创业，开启技能创业新模式

在技能不断提升的同时，刘瑞佳的设计水平也在不断提高。他2017年加入长春市张鑫技能大师工作室，在长春国际人才交流活动周与原人社部副部长张晓建一行人进行交流时，其技术水平获得高度认可。他坚持走以创新带动创业的模式，提高产品的创新性与应用价值，为某车企完善并加工汽车天窗的修复工具及测量用的通止规；为吉林大学设计高温物质提取实验设备反应罐，在工作中设计减速箱加工车削专用夹具一套并申请专利，于2018年获得授权；设计减速箱专用钻削夹具一套、电火花线切割加工双侧轴类夹具一套。

材料力学拉伸试验件电火花线切割加工

在公司承担整机设备电气设计过程中，为提高效率，保证设备日后检修安全，刘瑞佳结合现代自动化控制理念，自主创新发明可升降、可移动的新型电器柜，并申请国家发明专利，该专利于2018年公布等待授权。他从该电气柜基础上改进更适用于实验室的快速插接更替使用的电器柜，申请实用新型专利，于2018年获得授权。

回归职教，助力地区发展

2017年，长春市佳园科技有限公司入驻长春职业技术学院创客中心，在创客中心接待吉林省教育厅厅长李晓杰调研时进行产品介绍，获得其高度认可。刘瑞佳也于同年被长春职业技术学院聘为外聘教师，继续做创新型企业的同时也起到工匠精神的引领作用。他深知自己从职业教育中一步步成长，也应该将收获分享给正在接受职业教育的学生。曾带领学生为长春市科新试验机进行社会服务，维修 FANUC 数控铣床，间接为企业节约成本万余元。在工作中将学生实训管理与一字门闸相结合，提出智能化管控思路并完成相关软件著作权撰写获得国家软件著作权一项。在职教过程中指导学生获得吉林省数控维修竞赛一等奖、三等奖各一项，国家智能制造二等奖一项，并获得“吉林省优秀指导教师”称号。作为教职工进行参赛获得省技能竞赛第二名，并破格晋升技师资格，2018 年获得“吉林省青年工匠”提名。其创新创业事迹被《吉林日报》、吉林电视台、吉林教育电视台等多家媒体报道。2018 年，他凭借创新产品与技术水平，参与相关科研项目数项，并被聘为吉林省一级学会增材制造学会理事，与吉林工业师范学校共同筹建吉林省工业设计学会。

现在他依旧坚定不移地走在匠艺创新的路上。在新时代，他看到的不仅是机遇，还有自己在智能制造浪潮中的价值，积极响应国家号召将企业与职业教育紧密结合，培养更多的工匠人，滋养更多的创新设计，为地方工业发展贡献力量。★

（吉林省高等学校毕业生就业指导中心供稿）

黑龙江

★

从穷小子到公司董事长的华丽转身

——东北林业大学刘大睿事迹

六年来，从大一的懵懂到现在的成熟；从一无所有的穷小子到公司的董事长；从稚嫩的大学生到老练的创业楷模……每一次华丽转身，都是他人生的又一次蜕变。

刘大睿，男，东北林业大学经济管理学院2012级会计1班学生，哈尔滨时光慢递有限责任公司董事长，2015年黑龙江省“青年五四奖章”获得者。

一种信念：借创业改变命运，开拓天地

他出生在云南的偏远山区，父母年长且体弱多病。考上大学，走出大山，改变命运，是家人对他的殷殷期望。2012年他不负众望，成为村庄有史以来第一个大学生。那一年的金秋，从未离家的他，独自一人怀揣梦想，来到了离家三千多公里的东北林业大学求学。然而，高额的学杂费用却使他一筹莫展。在了解到刘大睿家境贫寒的实际情况后，学校及时为他办理了“绿色通道”，保证他顺利入学。此外，通过困难补助金为他提供生活上的帮助。他非常感激学校对他无私的帮助和温暖的关怀。同时，他也在心里暗暗发誓，要通过自己的努力来改变这种状况。

通过理论知识的学习，加上自己在外做兼职时的切身感受，刘大睿对大学生创业越来越感兴趣，积极研读与创业有关的经济学、管理学书籍，用心搜集相关的市场信息。大一寒假时，他终于迈出了自己创业的第一步。他用自己做兼职赚取的钱，在家乡买了一批玉石饰品带到哈尔滨售卖。

一个现实：从大学生到董事长的华丽转身

2013年7月17日，刘大睿注册了哈尔滨时光慢递有限责任公司；

2014年5月，公司成功申请了学校国家级大学生创业项目；10月他带领公司团队参加“创青春”全国大学生创业实践挑战赛并荣获银奖；11月公司在广州股权交易中心青年大学生创业板正式挂牌；

2015年4月，刘大睿成为黑龙江省17年以来首位在校大学生“青年五四奖章”获得者；9月公司荣获首届黑龙江省“互联网＋”大赛金奖；10月公司完成300万天使轮投资；11月参加“互联网＋”大赛获得国家级铜奖；11月黑龙江省新闻联播播报刘大睿的创业事迹；11月陆昊省长莅临学校视察指导公司项目发展；

2016年4月，公司荣获“哈行杯”创业大赛一等奖；6月公司获得“挑战杯”黑龙江省金奖；9月公司荣获第二届“互联网＋”大赛黑龙江省金奖；11月刘大睿荣获黑龙江省大学生“创业之星”称号。

一颗真心：解囊相助挖井人，不忘感恩

在求学期间和创业之初，刘大睿多次获得学校发放的国家助学金和临时困难补助。刘大

睿明白没有哪一种给予是理所应当的，学校、师长和同学们对他的帮助，他永世不忘。

在自己有能力帮助别人的时候，他从不吝啬。2014 年 12 月，他为东北林业大学首届“魅力班级 PK 大赛”提供了价值 20 万元的大学毕业纪念册。2015 年 3 月，面向黑龙江高校毕业班发起“以我手，绘我心”公益项目，历时月余，参与高校 12 所，覆盖群体 5 万余人，为千余个毕业班级提供了服务，累计赞助资金 15 万元。2016 年 10 月，公司向中国扶贫基金会爱心包裹项目进行了捐赠。他的公司成员大多都是和他一样来自于经济困难家庭。在这里，他不仅为这些家庭经济困难大学生解决了衣食住行的难题，更带领着他们一起去燃烧青春，追逐梦想。

一个愿景：用自身行动带动大众创业

2015 年 6 月，刘大睿凭着自立自强、励志成才的坚韧品格，开拓创新、奋发有为的进取精神，被评为东北林业大学第三届“东林励志之星”。为了带动更多在校大学生，积极响应国家“大众创业，万众创新”的号召，刘大睿通过讲述自身创业经历，来鼓励和吸引身边的大学生积极投身创业大潮。2015 年 4 月他作为首期嘉宾，参加了学校举办的《成栋讲坛》，同年 11 月参加了学校“助学、筑梦、铸人”优秀学生事迹分享会，讲述了自己的创业经历和创业梦想，在学校的师生中产生了广泛的影响，传递了正能量，对在校大学生树立目标、勇敢追梦起到了很好的引领作用！2016 年 1 月，刘大睿同学获评全国励志成长成才优秀学生典型。

公司目前业务覆盖全国 10 个省份，在杭州设立总部，下设 3 个子公司，2018 年营业额达到 2700 万，现有核心成员 23 人，均为在校生和毕业 5 年内大学生，间接带动 200 多人就业。公司计划 2～3 年打造一家生活记录领域上市公司。

刘大睿的成功让人羡慕。然而，不经历风雨怎能见彩虹。作为在校创业的大学生，没有雄厚的财力支持，没有丰富的社会阅历，没有强大的人脉关系，在创业之路上跨出的每一步，都要付出多于常人数倍的努力和汗水。

“天行健，君子以自强不息。”

在创业的路上，他勇往直前。★

（黑龙江省大中专学校学生信息咨询与就业指导中心供稿）

科创精英的创业之路

——哈尔滨工程大学唐滨事迹

创业路上，要想成功，必须要有坚定的信念。哈尔滨工程大学计算机科学与技术专业博士唐滨就是一个很好的例子。他是教育部创新创业讲师，第一届移动MM百万青年创业计划大赛黑龙江省学生创业先锋，2011年黑龙江省学生创业先锋。曾连续两年获黑龙江省优秀大学生称号，第五届黑龙江省青年创业奖。他牢记梦想，务实行动，最终实现了自己的创业梦想，开创了自己的创业时代。

力求真知，勇于实践

2004年，农民家庭出身的唐滨迈进了哈尔滨工程大学的校园。与很多人不一样的是，唐滨对自己的大学有着清晰的规划。在他看来，大学生并不是被命运偏爱的孩子，要做自己命运的主宰。

怀揣这一信念，唐滨一步一个脚印地充实自己。在校期间，他共荣获校奖学金6次，国家奖学金1次。在不断积累专业知识的同时，唐滨将自己掌握的理论知识同实践结合。他从本科二年级开始积极参加校内外各种科创类竞赛，率领团队多次获得校级、省级、国家级和国际科技竞赛奖项和荣誉称号。

面对丰硕成绩，唐滨并没有骄傲自满，他选择参加由网络解决方案供应商——思科公司主办的思科网络技术培训，并以1000分满分通过CCNA认证考试。随后参加思科网络技术学院的教师资格认证培训，获得“CCAI教师资格认证”。2006—2009年，他一直从事思科网络技术学院网络技术培训工作，为大学生讲授思科CCNA及华为HCNE网络课程。

志同道合 初出茅庐

2008年，学业优异的唐滨被保送本校硕博连读研究生，开启了新的人生旅程。同时，他不忘初心，选择以创业这种方式去实现自己的梦想。这一路上，他遇见了一群与他有同样抱负的小伙伴，并组建了研发团队，开始进行一些软件项目的研发工作。渐渐地，唐滨意识到了创业光凭借一腔热血是远远不够的，正规化的运作才是创业能够一直继续下去的必由之路。

2009年4月，唐滨招募了一批校内的研究生和本科生作为研发人员，创办了千元软件工作室。工作室依托哈尔滨工程大学生创业联盟，以“虚拟注册，实体运营”的方式开始正式对外提供软件开发服务，业务涵盖管理系统、科学计算软件、互联网平台、移动 APP 软件开发等。客户也由校内扩展到了社会，由个人客户拓展至企业客户。唐滨和他的团队还提出“以提升能力为前提，以促进就业为目的，旨在打造大学生自己的软件企业”的口号，将这一工作室打造成哈尔滨工程大学学生同社会联系的桥梁。截止到 2014 年底，团队成员从最初的 6 人，发展到 30 余人，完成服务项目 150 余个。

面对这些成果，唐滨再一次开始了思考。他发现，即使在研发过程中积累了大量的技术基础和服务流程上的经验，但始终以技术外包服务模式发展很难形成企业核心竞争力。唐滨意识到只有需要研发自主产品，走产品市场化路线，企业才能在创业的浪潮中生存。因此，唐滨与朋友合作研发了平板点餐系统，在当时市场上具有不错的销售表现。

“千帆”始发，成果初显

2015 年 2 月，唐滨注册哈尔滨千帆科技有限公司。吸收社会毕业生全职人员 10 余名，完成了从千元到千帆，从虚拟到实体的转变。“千帆”始发，产品也“接踵而来”。2015 年初，他们研发了基于物联网的热计量系统，实现住户远程温度自动采集、热量分摊、分户计费等功能，相比市场同类产品具有无线传输和低功耗持久供电两大创新点，如今 2.0 版本的研发和试点工作已经结束。同年 6 月，唐滨研发完成农业物联网系统，与 49 所进行合作终端建设成具有气象级的农业监测站以及大数据平台。同年 11 月，黑龙江省新闻联播对千帆科技及其农业物联网系统作了专题报道。

2015 年 8 月，唐滨成功获得黑龙江省首批大学生创业贷款 10 万元。这一次，唐滨将目光集中在了最具潜力的千亿市场——VR/AR 科技领域。千帆科技利用这部分贷款，在国家和政府对大学生的多方支持下，组建了 VR 和 AR 研发团队，引进管理、营销方面的专业人才，全面完善公司组织架构，以市场化运作模式，吹响了进军的号角。今天，千帆已由最初的大学生创业团队已经发展成为专业从事工程仿真设计分析软件研发和系统集成咨询服务的高新技术企业，走出了一条自己的创新引领发展之路。

回首来时路，唐滨牢记着当年母校对自己创业梦想的支持。2016 年 9 月 13 日，唐滨向母校哈尔滨工程大学捐赠 12 万元人民币，成立千帆科技大学生创新创业基金，用于支持哈尔滨工程大学学生创业及科技创新，他还多次举办创业大讲堂，从多方面帮助有创业梦想的大学生实现抱负。

志存高远，砥砺前行

CAE(Computer Aided Engineering)指工程设计中的计算机辅助工程，它是应用计算机技术、现代管理技术、信息科学技术等科学技术的成功结合。这项技术可广泛地应用于国民经济的许多领域，像纽带一样把工程中的各个环节有机地组织起来，实现全过程的科学化、信息化管理，以取得良好的经济效益和优良的工程质量。

在国内，这项技术长期发展相对缓慢。唐滨认为，推动我国 CAE 软件发展，能够助力“中国制造 2025”计划的实施，最终造福社会。秉持这一理念，2017 年 10 月，唐滨注册成立了青岛数智船海科技有限公司。公司以船舶为起点，涵盖航空航天、汽车、高铁、热能、材料、核能、机械、生物等领域，面向科研院所、高等院校、企业研究院、高端制造、国防军队和政府部门，提供具有自主知识产权的数值仿真软件和计算咨询服务。如今，公司已发展为集团公司，总部设在哈尔滨，在青岛开设了分公司，在北京、南京、上海、天津等地设立了办事处，已成为中国初创企业国产自主 CAE 软件服务航母。

过去、现在、未来，唐滨一直引领团队共同面对挑战。他为公司制定了清晰的发展规划。下一步，他们将联合高校、科研院所、政府共推国产 CAE 平台，为保证大型国产科学计算软件的顺利开展与市场化继续砥砺奋进。唐滨，也将在大众创业，万众创新的时代浪潮中，直挂云帆济沧海，在自己的创业之路上创造新的辉煌。★

（黑龙江省大中专学校学生信息咨询与就业指导中心供稿）

返乡创业带动减贫创富正当时

——黑龙江工程学院王锋事迹

王锋，2017年7月本科毕业于黑龙江工程学院材料成型及控制工程专业。他于2016年3月回到桦南县返乡投资创业，现任黑龙江迈旭农业发展有限公司执行董事、黑龙江峰然生物科技有限公司CEO、桦南县佰利小浆果专业种植合作社理事长。

创业萌动篇

王锋刚上大学时，就积极参加创新创业培训，特别是有一次参加“用你创业的方式来减轻贫困”的讲座对他触动很大，在年轻的心里埋下了创新创业的种子，励志做一名对社会有担当有责任的企业家。平时，他和几位志同道合的朋友积极参加学校组织的一些小型创业活动，并在创业活动中得到了一定的锻炼。

创业初试篇

在大一期间，王锋和小伙伴们发现在哈尔滨读书的大学生中有很多人有在业余时间勤工俭学和实践创业的需求。为了帮助这些人找到一份安全、可靠且适合的兼职工作，他们建立了一个哈市大学生兼职工作服务平台。他们明确分工，充分应用互联网技术，组建微信公众平台，收集招聘信息并甄别筛选，与用工方和兼职学生对接，获得了兼职学生与用工方的认可。在一年多的时间，该平台会员人数达到了3000～5000人，每个月提供兼职信息1万多条，为1000多人成功提供了兼职就业机会，每月兼职收入达1000元以上。这让王锋深刻认识到，创业能够帮助到很多人。

返乡创业篇

王锋的家乡位于黑龙江省东部地区的桦南县，这里地处完达山西麓，是一个国家级贫困县。作为一名从贫困山村走出来的孩子，他对这片黑土地和大山林有着深深的眷恋，对于改变家乡贫穷落后的面貌有着强烈的使命感。于是，大学期间他在学习之余，四处考察，找寻符合家乡发展的特色产业。

一次偶然的机会，他聆听了东北农业大学霍俊伟教授有关蓝靛果忍冬的报告，让他对在家乡发展蓝靛果种植产生了浓厚的兴趣。蓝靛果无需打农药和除草剂、不施化肥，符合绿色有机发展理念。蓝靛果种植无秸秆焚烧问题，并兼顾保持土壤、涵养水源、净化空气的生态服务功能。勤于思而敏于行，经过一番市场调研和种植试验，王锋于2016年3月在家乡成立了桦南县佰利小浆果专业种植合作社，在桦南县闫家镇老街基村东兴屯发展了500亩的蓝靛果种植园。目前，合作社已拥有4年生蓝靛果树20万棵，54座苗木繁育大棚。2019年可实现年产蓝靛果原果200吨，年产150万～200万株蓝靛果苗木，100万株软枣猕猴桃苗木。同时，王锋积极谋划蓝靛果深加工及产品研发。

2018年7月，王锋成立了黑龙江峰然生物科技有限公司，以黑龙江优质天然小浆果为原料，运用现代食品加工高新技术研发小浆果相关产品。2019年3月，峰然蓝靛果种植基地在中科院叶吉副研究员的推荐下，入选中国科学院美丽中国生态文明建设科技工程“绿水青山”维持技术示范基地。公司目前与江南大学合作，已成功研发了蓝靛果系列产品，如原浆、原花青素粉、酵素、果酒、冰酒、果汁、果酱、果干、罐头、糖果片等。2019年1月，公司第一款产品——原花青素含量高出蓝莓9～12倍的蓝靛果原浆上市。同时，依托“互联网＋农业”建立粉丝经济溯源系统，推出农场共享合伙人模式，目前已有会员4000多人，逐步形成了小浆果种植、研发、生产、销售为一体的全产业链发展模式。

创业初尝喜悦篇

2018年，王锋的蓝靛果种植园原果收入近400万元。合作社4年以来累计用工达到8200多人次，累计用工金额近100万元，带动农村贫困人口164人务工，人均年增收5000元。预计，2019年蓝靛果产品收入将突破1000万元，合作社用工可接近1万人次，可安置农村贫困人口170人参与务工，人均年增收5000元以上。

创业未来发展篇

公司制定了未来5年的详细发展计划，将扩大种植规模，邀请更多的村民加入，形成订单式种植，带动村民一起创业。公司将积极打造集生态旅游采摘、蓝靛果深加工、系列产品研发与营销等全产业链于一体的“一二三产业融合”发展产业园，示范、引领、带动周边村屯转变种植结构并持续增收。心系家乡、怀揣梦想的年轻创业者，正以其坚定、踏实、精益求精的态度投身到乡村振兴的大潮中！★

（黑龙江省大中专学校学生信息咨询与就业指导中心供稿）

不忘初心，服务地方产业发展

——黑龙江农业经济职业学院伍浩事迹

伍浩，男，1995 年 4 月出生于黑龙江省七台河市桃山区，2013 年 9 月考入黑龙江农业经济职业学院农学系园林技术专业，2016 年 7 月毕业。

伍浩同学在校期间就对创新创业项目有着浓厚的兴趣，经过近一年的专业理论课学习，又通过创新创业教育课程学习（包括创业兴趣和价值观念、创业心理品质、创业技巧和能力等在内的全面系统性的创业素质教育）以及校内农学系生产基地的生产实习和创业项目实践锻炼，他的创业热情被极大地激发出来。于是，他在黑龙江农业经济职业学院大学生创业孵化园完成了第一个种植类（采摘型草莓栽培）创业项目的实践，取得了良好的收益。初次创业项日的成功不仅提高了他的创业实践能力，积累了 定的创业实践经验，更加坚定了毕业后回到家乡去实现自己创业梦想的决心。

伍浩出生在七台河市这片黑土地上，他深深地眷恋着这片生他、养他的黑土地。毕业后，他怀揣着创业梦想，利用在校所学的专业知识和创业实践经验，在这里开始了他的创业规划。他敏锐地洞悉消费者对有机农产品的需求和认可，以及城市绿化建设项目的需要，结合所学专业知识和技能，对接地方产业发展需求，他决定在有机农产品种植、深加工以及城市绿化等方面做大文章。瞄准了定位，确定了方向，他利用家乡的地源优势，多方筹措资金注册成立了七台河市为民科技研发有限公司，主营业务包括农产品生产、包装、销售，园林绿化工程、花卉苗木种植等。依托母校的持续帮扶（新技术推广、基地共建、技术指导等），在近两年的辛勤耕耘中他收获了成功和希望，公司规模不断壮大。目前公司占地 2000 余亩，员工总数 26 人，其中本科学历 4 人，专科学历 8 人。伴随着信息产业的发展，公司主营业务也在不断扩展，在原有农产品种植与经营和园林绿化工程施工等基础上，还包括了机动车辆信息采集与处理、科技产品研发与管理、电子监控技术与安防工程。交通电子产品研发及咨询服务、计算机系统服务、电子设备机房的设计安装调试、管理服务、通讯信息系统集成综合布线等信息化服务领域，已逐渐成为当地不可或缺的服务型新兴企业。

七台河市为民科技研发有限公司 2017 年被七台河市授予“2016—2017 年度科技创新企业”荣誉称号，2018 年取得“安防工程企业设计施工维护”资质，并获黑龙江省安全防范产品行业协会颁发的证书。伍浩同学和他的团队参加了第二届全国大学生创新创业（农科）大赛，荣获创业组一等奖，引起了业内人士的广泛关注。公司的发展带动了母校、黑龙江八一农垦大学、东北林业大学等多所大学的大学生就业，同时解决了家乡周边农村剩余劳动力就业，不仅增加了农民收入，带动了农民致富，而且促进了地方经济的发展。作为优秀的大学毕业生创业典型，伍浩同学的创业事迹多次被七台河市有关媒体跟踪报道。

“不忘初心，风雨兼程，痴心不改，服务地方产业发展”将一直是他们创业团队为之奋斗的理想和目标！★

（黑龙江省大中专学校学生信息咨询与就业指导中心供稿）

青春闪光，创新创业路上的追梦人

——黑龙江大学陈哲康事迹

陈哲康，男，汉族，共青团员，黑龙江大学电子工程学院2016级自动化3班学生，班级朋辈辅导员。大学期间，他先后获得“全国大学生‘挑战杯’创新创业大赛”铜奖、“黑龙江省‘挑战杯’大学生创业大赛”金奖、“黑龙江省‘挑战杯’大学生创业大赛”银奖、“共青团黑龙江省青年创业大赛”第二名、“阿里巴巴诸神之战全球创客大赛”哈尔滨站第二名、“黑龙江省大学生互联网＋大学生创新创业大赛”银奖、“‘挑战杯’大学生课外学术科技作品竞赛黑龙江省”银奖、“黑龙江省机器人及人工智能大赛”银奖、“黑龙江大学第二十二届最佳大学生——创业实践奖”等荣誉。

笃学不倦，做学习路上的奋进者

入学以来，陈哲康同学在思想上积极要求进步，树立了正确的人生观、价值观和世界观，大一时就向党组织递交了入党申请书。同时他认真学习党的基本理论知识，时刻关注国家大事、时事政治，坚持“四个自信”，树立“四个意识”，做到“两个维护”，以习近平新时代中国特色社会主义思想为引领，并自觉将其应用到学习、生活和科研之中。

陈哲康同学一直把学习放在首位，时刻铭记科技部原副部长曹健林委员所说的话：“当我们还处在追赶阶段时，作为发展中国家开展充分的交流，学习其他国家的成功经验，是可以少走甚至不走弯路的。但当我们进入并跑阶段时，前面已经没有别人踏出的道路，需要靠什么探路呢？靠的就是基础研究。”因此，陈哲康同学始终坚持“今日事，今日毕”的原则，积极投入各门基础课和专业课的学习中，并不断通过丰富的互联网资源超前学习各类知识，端正学习态度，明确学习目标。

作为一个大学生，不但要学会把握时代的脉博，面向未来，立振兴祖国之志，立自我成才之志，更要逐步培养和树立自己专业方面的志向和理想。因此，陈哲康在加强专业学习的同时，还自学了国际先进互联网前端、后端框架（Vue. js，Node. js，Typescript）、大数据收集框架（Pandas、Hadoop、Mongo）和人工智能框架（Keras、TensorFlow、Pytorch）等知识，为全面发展和跨学科发展打下了理论基础。

勇于创新，做科研路上的追梦人

陈哲康同学始终怀揣科技梦想，从大一入学开始，他就加入校级重点实验室——706实验室，参与省级创新创业课外研究课题“全自动鞋底除污机”的研究，并陆续参与、负责了国家级、省级、市级等多项大学生创新创业项目。

他在研究高科技项目的同时，还时刻关注着中国教育制度的改善。青少年在8岁左右开始形成抽象逻辑思维，8～18岁是抽象逻辑思维的形成期，学习编程则可以在这阶段让孩子的逻辑思维能力有更为显著的提升。然而中国当时并没有明确的编程教育内容以及编程教育套件。因此，2016年9月，陈哲康研发出一款专门针对中小学生的图形化编程可扩展控制器，大大降低了编程教育成本和难度。该项目与广东省河源市科技局、河源市蓝胖子机器人教育机构达成初步合作，并于2017年在市内各中小学普及推广。

为响应习总书记提出的“推动实施国家大数据战略，加快完善数字基础设施，推进数据资源整合和开放共享，保障数据安全，加快建设数字中国，更好地服务我国经济社会发展”的号召，陈哲康同学在2018年1月与马来西亚赛城某企业首席技术官合作研发出一款数据收集工具，利用此工具对中国青年文化各类数据进行收集，整理全网35家青年平台千万级数据，并对数据做出详细分析，进而研究青年文化动向，为推进数据资源整合和开放共享做好准备。

锲而不舍，做创业路上的弄潮儿

作为一名优秀的创新型大学生，要做到全面发展，社会实践是必不可少的一部分。陈哲康同学积极响应国务院总理李克强于2014年9月在夏季达沃斯论坛上发出的“大众创业、万众创新”号召，积极发扬个人创新精神，结合生活实际和市场需求，自主研发出一款自动捕获太阳轨迹的向日装置——智能逐日遮阳伞。该产品于2016年获批国家专利，并在“第十五届黑龙江省‘挑战杯’大赛”中获大赛银奖和大赛最具市场价值奖。该项目在后期也进行了较好的成果转化，目前已与企业达成初步合作意向。

2017年，陈哲康与坚果文化团队向黑龙江大学创业园提出入园申请，在创业园创办了他的第一家互联网公司“哈尔滨牛油果网络科技有限公司”，专门为东北企业转型，构建企业“互联网＋”提出战略策划和落地服务。2017年10月，他前往黑龙江省大庆市与中碳集团董事长商议集团“互联网＋”策略，并与之订下初步合作意向。2017年11月，他的公司成为微信小程序代理开发商，为企业提供小程序搭建，维护服务方案。

2017年就在国务院提出《新一代人工智能发展战略规划》的同时，陈哲康参与研发大鲸OS人工智能语音交互系统，并负责其落地与企业对接。在与北京海阔科技有限公司的深度合作中，该项目服务了浦发银行、恒丰银行等20多家企业，终端用户30余万人。2018年5月，他着手为法奔奔信息科技技术有限公司研发人工智能法律顾问机器人，同年7月收到科大讯飞向其发出的入股邀请。

修身立德，做成长路上的引航人

作为一名大三学生，陈哲康的大学生活有艰辛和苦楚，但更多的是汗水和欢笑。他不断挖掘着自己的潜能，始终坚信“宝剑锋从磨砺出，梅花香自苦寒来”。他不断充实、完善自己，用青春描绘着梦想，用努力和拼搏续写着人生的华美篇章。

在生活中，陈哲康同学性格开朗，朴素节俭，严于律己，宽以待人。作为班级朋辈辅导员，他主动关心同学，帮助同学，并用乐观的生活态度、广泛的兴趣爱好、积极的活动表现，影响和感染着身边的每一名同学。为响应国家“一带一路”号召，他于 2017 年参加了国家商务部援外项目，接待了来自波兰、南非、乌拉圭、赞比亚等 10 余个国家的政府官员。在服务过程中，他一丝不苟地整理护照信息和入境信息，全面周到地开展接机送站和影像记录活动，工作态度和服务效果得到了国内外嘉宾的一致认可。

在黑龙江大学三年的求学生活，使陈哲康在人生的道路上逐渐成长，成熟起来，同时也培养了他勇于钻研、求真务实的性格，让他对今后人生的方向有了更加执着的追求和信心。在科技发展日新月异的时代，陈哲康将矢志不渝，继续做好创新创业道路上的开拓者和奋进者，用自己的实际行动去践行一名逐梦、筑梦、圆梦青年的创业理想，更好地履行龙江学子“实干报国，创新强国，科技兴国”的奋斗誓言。★

（黑龙江省大中专学校学生信息咨询与就业指导中心供稿）

江苏

★

为了让科幻成为现实

——江南大学魏佳星事迹

魏佳星，26岁，中国共产党党员，福布斯中国30U30杰出青年，科大讯飞1024追光者，无锡数字匠心信息科技有限公司总经理，嘉兴市领军人才，并获得2019国家“万人计划”参评资格。

江南大学本科及硕士毕业，北京大学人工智能及区块链创业一期学员、长三角创业营创业一期学员，江苏省年度大学生人物、中国大学生年度人物提名，校长特别奖获得者，中国B2B百名创业新锐，《创赢新时代》创赢之星。

2016年作为创业代表接受阿里巴巴集团CEO张勇先生授予的“阿里巴巴全球梦想家”称号。

获中国创新创业大赛优胜奖、南京市软件互联网创新创业大赛一等奖、BOT上海新零售专项挑战赛一等奖、创响无锡大学生创业大赛一等奖、创青春大学生创业大赛双料金奖、全球创业周Top Doer在内国家级创新创业竞赛奖项10余项奖项，省级竞赛荣誉近20余项，市级荣誉近30项，并接受《光明日报》、新华网、江苏卫视、《中国教育报》等30多家媒体报道。

自由和山巅上的空气，对弱者来说都是吃不消的。

——芥川龙之介

科研走向创业

魏佳星出生于1992年。在大多数同龄人还在读书或刚进入社会的时候，他已经走在了第二次创业的路上。而创业，并不在他最初的人生规划中。

2014年，魏佳星进入江南大学机械工程学院读研。在他的人生规划中，“认真做科研，毕业后找个踏实的工作”被认为是理所当然的选择。在醉心科研的路上，一个现实的问题却挡住了他的脚步，也改变了他的人生方向。

2015年，读研二的魏佳星开始着手做课题实验，这时一个让他头疼的问题出现了——没有实验仪器。魏佳星所在的实验室是该专业全国领先的实验室，却没有一台可以让他完成课题的实验器材。在经费有限的情况下，购买昂贵的实验仪器显得不现实，魏佳星被这个难题困住了。

魏佳星了解到自己的情况不是个例。在一些高校的贴吧中，他看到有很多人抱怨，学校的实验室无法满足自己的实验要求,而拥有这些仪器的高校却很难将资源开放给外校的学生。魏佳星开始思考,能不能通过一些方式,改善科研领域的这种情况?这样的一个小插曲,魏佳星在科研之路转了个弯,走上了创业之路。

"死磕"来的"半成功"

脱下实验室的白衣,换上正装,拉上三个小伙伴,2015年8月魏佳星走上了创业之路。他们的目标很单纯——实现科研资源的更优化配置,降低科研成本,提高科研效率,为社会创造更多的价值。为此,魏佳星和他的团队打造了全国性的研发资源共享平台——生物易构。

然而,创业和科研的差距,让一直生活在象牙塔里的魏佳星始料不及。创业中,团队遇到的困难包括数据库丢失,队友离开,几次在路演的VC(投资人)面前被批评得无法辩解,甚至资金短缺到为下一顿饭而犯愁。这个从东北来到南方的大男孩,感受到了创业路上刺骨的"寒意"。

但对于自己项目的自信与对市场的热忱,让魏佳星选择"死磕"下去:每天西装革履,对着镜子一遍一遍练习演讲;学术论文换成了被修改无数遍的商业计划书;电话簿里从只有亲人朋友到满是客户与投资商的电话。跌倒又爬起,直至走得更稳。终于,在团队的坚持和努力下,生物易构逐步走上正轨,并于2016年6月完成了天使轮的融资,项目进入飞速成长期。在创业这条路上,魏佳星似乎正在加速起航,但生活的"游戏"总是过了这关,还有下一关。

2017年,魏佳星发现团队和自己面临的束缚也越来越多。曾经创业的快乐感和幸福感也随之消失。这个时候的魏佳星是不开心的,2017年他选择了离开生物易构。也正因如此,魏佳星将自己的第一次创业定义为"半成功"。

再次踏上创业路

在理清自己与生物易构的关系后,魏佳星的雄心没有因此而消失,他说:"我为什么不能再创业一次?"2017年底,魏佳星踏上了自己的第二次创业之路。对于创业的评判,魏佳星一直坚持一个很简单的标准——为社会创造更大的价值。

在与自己的技术总监讨论后,人工智能领域进入了魏佳星的视野。

魏佳星认为现在的人工智能在未来会为社会创造出巨大的价值,现在人工智能的热潮仍会持续3~5年,在未来人工智能与互联网将会成为两个相互独立的行业。因为看好人工智能的发展,所以魏佳星决定进军人工智能领域。

魏佳星现在所做的项目名为"云蝠智能",是一个更聪明的商业语音AI,其着力解决的是传统呼叫中心行业中人力成本高的难题。云蝠智能结合智能硬件终端技术,研发出可高效接听的新一代智慧客服系统——人工智能语音呼叫中心。可以实现人力成本最低化,促进应答语音服务及客户应答效率最优化。

因此,其在现有的SAAS和大数据技术的基础上,为客户提供用户画像分析、数据决策、自动语音呼叫、客户信息管理、客户满意度调研等服务以及客户管理体系。目前,云蝠智能专攻的领域是地产、金融、运营商等行业。

如今，云蝠智能的合作方包括万科、碧桂园、链家、中国移动、中国电信、中国联通、兴业银行、中国民生银行等，客户数量超过了180家。公司也已经在中国台湾、南京、上海、深圳、沈阳、郑州等地建立了运营中心。

魏佳星表示，未来其将继续拓宽应用场景、语种以适应日本、菲律宾等海外市场；技术方面，其将开发出一套人工智能呼叫中心体系去进一步切入市场。

有了第一次的创业经历后，魏佳星的这次创业显得更加成熟，对股权的划分更加明确，对公司的发展规划也更加系统。曾经走过的弯路，现在差不多都可以避免。按照魏佳星的话说："这次更像是一家公司，而不是创业团队了"。

"时代的浪潮，终不会沉没你我，愿尝尽人间的酸甜苦辣，终不负我们的豪情壮志"，魏佳星这样总结自己。他希望未来云蝠智能能够成为人工智能客服领域的独角兽企业。★

（江苏省高校招生就业指导服务中心供稿）

乡村创业青春梦，带民致富争一流

——南京交通职业技术学院孙靖宇事迹

孙靖宇，男，1993 年 8 月出生，汉族，江苏盐城人，共青团员，毕业于南京交通职业技术学院，现任盐城市亭湖区丰溢农产品专业合作社理事长、共青团十八大代表、江苏省青联委员、盐城市青联常委、亭湖区政协委员。孙靖宇脚踏实地，因地制宜，积极助力乡村振兴、脱贫致富等工作作为创业富民青年代表，先后被表彰为全国优秀共青团员、江苏省优秀共青团员、盐城市农村创业先进青年、共青团江苏省“身边的好青年”。

因地制宜，走上创业路

2015 年 8 月，孙靖宇大学毕业。在南京交通职业技术学院三年的学习，不仅让他学到了专业技能知识，而且也学到了许多为人处世的道理。学院三年的教育培养，对他正确人生观、价值观的树立起到了积极的引导作用。交通人的职业品格和家国情怀也是他克服创业路上重重困难的精神支柱。毕业后，他就职于南京朝晨实业有限公司任生产控制主管。虽身在南京，孙靖宇时刻关注家乡发展。党的十八大后，城乡发展一体化迈出新步伐，家乡日新月异的变化让他十分震撼，也让他时刻挂念。2016 年 1 月，经过慎重考虑，孙靖宇毅然辞去单位主管职务回乡创业。“纸上得来终觉浅，绝知此事要躬行”，从何处着手进行创业？他立足乡土实情，主动加入南洋镇丰溢农产品专业合作社，充分发挥自身才智优势，将合作社做大做强。通过多渠道吸纳社员，全面加快土地流转，全力推广高效种植，全面推进农产品深加工，不断提高农产品附加值，大力带动周边农民致富。“心有多大，舞台就有多广；梦想多远，前路就有多宽；越努力，越幸运”，这是孙靖宇专门用来激励自己的话！合作社开办以来，发展成员 159 人，高效设施农业与稻米轮作基地3500多亩，配套基地10000多亩，年产大米8000吨以上，所创立的“良之泉”品牌大米销往上海、苏州、南京等地。该合作社2015年被认定为江苏省农民合作社省级示范社，2016年被认定为国家级农民合作社示范社，2018年入围了中国农民合作社500强。

借鉴经验，走活创业路

创业之路初获成功，可是孙靖宇并没有满足。他带领合作社践行盐城市委市政府的两海两绿的发展路径，积极接轨上海。合作社在上海市松江区建立了亭湖大米销售窗口，依靠优良的品质和优质的服务，在上海开拓了市场。合作社先后与上海松江区的中学小学签订供应协议，并且与上海的一些大型企业食堂也签订协议，累计年销售量达3000吨。目前合作社又在上海市浦东区签订了几家供应商，并着手在浦东区建立亭湖大米销售窗口。随着合作社逐渐步入正轨，孙靖宇又作出了一个大胆的决定：尝试多元化养殖，让生态环保循环养殖成为合作社的特色！为了掌握先进的养鸡、养虾培育技术，孙靖宇多次到南通、海南等地学习，并到多家农业产业化龙头企业取经。如今经过充分论证和积极投入，合作社已经形成一定的养虾、养鸡规模：南美大对虾养殖基地900亩，当季产值达2000万；林下草鸡养殖基地300亩，散养草鸡5000只，所生产的绿皮草鸡蛋获得了消费者的一致好评。如今，合作社从大米种植到养殖立体化已经形成规模化效应，多元化产品已进驻周边各大农贸市场、超市，并通过微信小程序等网站销往全国多个城市，成为广受市民欢迎的“香饽饽”。2015年，合作社新上了5000吨优质大米生产线，并被列入江苏省综合农民合作社试点。目前合作社已形成大米从种植、收购、烘干、加工再到销售的一体化产业链。

扎根基层，走出特色路

在全国大力实施乡村振兴战略之际，孙靖宇作为优秀团员青年代表，积极响应中央号召，争做新时代躬耕基层、振兴乡村的践行者。他深知创业路途艰辛，需要持之以恒地走下去。他依托现有资源，积极构建“合作社＋团组织＋电商”的产销合作体系，利用线上、线下两个空间双网互动，扩大产业规模，最大限度地带动农民致富。同时，依靠团组织的凝聚力、战斗力和创造力，推广自己及他人的成功创业模式，团结身边的青年朋友，在镇内建立几个产业组团，在区内形成几个产业板块，真正让团组织在一线为民服务，带领和帮助群众致富。

目前合作社解决了周边近200名农民的就业，带动了60多户家庭致富，合作社社员将自己的土地流转给合作社，不仅获得租金，参加合作社的经营，而且真正实现农民增收，带动大家脱贫致富。

在各级党组织的坚强领导、各级团组织的培养指导下，他在2018年当选为中国共产主义青年团第十八次全国代表。团十八大的经历，更加坚定了他扎根农村、扎根基层一线，带领农民脱贫攻坚，振兴乡村的决心。

创业路途艰辛，需要持之以恒地走下去；创业也没有捷径，需要一步一个脚印踏踏实实地埋头苦干，做好每一项工作。现在的日子是艰辛的，但将来是幸福的。在农村创业道路上，孙靖宇将牢记使命，砥砺前行，发扬五四精神，为乡村振兴，为建设富强美好的家乡贡献自己的青春力量！★

（江苏省高校招生就业指导服务中心供稿）

用闪亮的青春点燃自己的创业梦

——南京林业大学宋龙斌事迹

宋龙斌，男，现为南京林业大学林学院森林经理专业研二学生。自2017年9月入学以来，宋龙斌一直严格遵守学院的规章制度，在思想上积极进取，工作上严己严人。校园生活不仅让宋龙斌收获了专业知识、做人的道理，他还敢为人先，以联合创始人&市场负责人的身份与马骏、王舒甜一起合伙创立了南京石匠网络科技有限公司，做出了一款名为“不占座”的座位管理系统。

自2018年3月份开始，仅3个月的时间，他们做出的“不占座”小程序就受到百所高校的认可；2018年4月至10月，“不占座”连续获得《新华日报》、人民网、《南京日报》等国内30多家媒体报道；2018年5月至12月，“不占座”连续获得3轮知名风险投资机构数的风险投资；2018年6月至11月，“不占座”直选鼓楼区高层次创业人才引进计划，获得政府百万元人民币资金奖励；2018年7月，“不占座”创始团队接受江苏省副省长郭元强视察调研，是在场唯一的研究生创业团队；2018年11月，“不占座”组建了一支近40人的精英团队，核心团队来自于BAT，均拥有双一流高校学历背景；2019年3月，“不占座”已获数十项知识产权授权，纳入南京知识产权保护中心快审备案名单，已开启高企入库工作。

至今，“不占座”服务百万级用户，为数百所高校降低了占座率，最强单个用户1年在“不占座”学习近3000小时。

在大学期间，宋龙斌就萌生了创业的想法。他大一时就经常看一些创业者的自传，那些在创业浪潮中驰骋的大咖深深地刻进了他的脑海。大二那年，他主动找到中国移动，成为了中国移动的营销队员。为了让客户可以长期去他那里办活动/充话费，他萌生了社群营销的想法。他买了一箱火腿，一箱苹果，又去周边的电影院谈下了一些免费影票。凭借这些东西，他在学校的餐厅门口摆起了摊位，同学们只交8元钱即可入会成为会员，同时可得到火腿＋苹果＋电影票。同学们蜂拥而至，纷纷加入他的社群。当时的他完全是在投入，可是他依然很开心。因为他明白，进入了社群，用户黏性会非常强，并且极容易口口相传。没错，运营社群让他的大学生活变得多姿多彩。假期，他还自己筹办培训班，3天招生40人，单月收入破两万。

运营社群，然后变现，是一个很好的方式，可是完全没有书本中所描述的那种让人热血沸腾的感觉，慢慢地，他想做一些大事。

2018年1月,“不占座”的第一代产品问世,大家对未来充满憧憬,可是实际推广时情况并不乐观,多数高校图书馆宁愿保持现有的占座情况,也不愿尝试使用“不占座”系统。得不到市场认可,大家都变得很急躁。

2018年2月,宋龙斌正式加入团队。凭借自己之前积累的市场经验和谈判技巧,自2018年3月开始,他拿着第一代产品跑到老家河南,一周便与7所高校完成签约,之后又分别前往内蒙古、天津、安徽等十几个城市,一个月与20多所高校达成合作。宋龙斌凶悍的执行力,让团队成员都对他竖起了大拇指,同时也令该项目受到政府、资本市场以及媒体的关注,超过30家主流媒体对“不占座”项目进行了报道。

在政府、风投、媒体的大力支持下,宋龙斌对市场的拓展变得更加狼性。他招募了7名专职市场成员,给市场团队定下指标:“单个市场成员单月签约高校不达5所,主动辞职。”对于新入职的市场成员,宋龙斌逐个培训,并且带着市场成员赴现场面谈。对于业绩不达标的市场成员,他绝不姑息,迅速给团队换血。在这样的推广强度下,“不占座”项目在正式推广的第3个月,就成为了细分市场领域的第一名。截至目前,“不占座”项目已入驻全国20多个省份的数百所高校,受到合作院校的一致好评。

创业是一个充满挑战、充满激情的事情,大家都讲创业九死一生,风险很大,责任很大,但是正值青春的宋龙斌始终坚信,创业可能失败,而创业者从来不会失败,只要不忘初心,始终如一地去释放自己以及团队的价值,为更多有需要的人提供服务,回报迟早会来的!正值青春年少,在这些闪亮的日子里,活出青春该有的热血与激情。★

(江苏省高校招生就业指导服务中心供稿)

舌尖上的创业梦，小餐饮也能成就大事业

——无锡商业职业技术学院陈浩事迹

陈浩，1992年8月出生，江苏盐城人，2014年毕业于无锡商业职业技术学院。27岁的他，创业已有5年，目前担任滨海小而美餐饮管理有限公司总经理，旗下有“哈尼炸鸡”“首尔焖锅”“花吃花甲粉”“陈先生的炸肉”等多个自主品牌，在全国范围内拥有门店上百家。他通过聚集小微餐饮连锁经营，以实际生活需求为目标，开发“小而美”餐饮项目，一步一个脚印地去创新创业，在市场上逐渐站稳脚跟，收获满满并带着更多的自信和勇气闯出一片新天地。

民以食为天，陈浩相信小餐饮也能成就大事业，这是一个正在进行的故事，一个刚刚开始的舌尖上的创业梦想……

逐梦前行——规划实践攒蓄前行力

2011年9月，在国家资助政策的惠泽下，美丽的无锡商业职业技术学院迎来了一名大新生——陈浩，并随之激发了他励志改变命运的斗志。面对来之不易的学习机会陈浩万分珍惜，图书馆是陈浩最忠爱的地方。他在校主修酒店管理专业，兼修团队管理与市场营销相关课程。

大学期间，陈浩积极响应学校号召，热情投身社会实践，在创新创业中锻炼自己，他所参与

的“星·红楼青年会所”项目获得无锡市高校大学生创业能力系列大赛二等奖，并在2014年江苏省大学生创新创业训练计划中获得省指导项目立项。

其餐饮创业的职业规划在江苏省第八届大学生职业规划大赛中得到了专家评委的肯定，并以决赛总分第二的成绩，荣获江苏省十佳“职业规划之星”称号。他深知自己想要什么？其热爱餐饮，热情开朗的性格很适合餐饮从业，未来从事餐饮行业的理想就此点燃。

筑梦桑梓——牛刀小试熬炼工匠心

2014年7月，陈浩从学校迈入社会。返回家乡的他决定从一些小的餐饮项目做起。餐饮是一个“勤”行，因为做这一行非常辛苦，需要脑勤、眼勤、嘴勤、手勤、脚勤，起早贪黑，事无巨细，都要亲力亲为。而多年生活积累的经验，让他做起这些来特别顺手。

因为追求环保，坚决不使用塑料包装的一次性餐具，所以他经常凌晨两点洗碗。因为本小利薄，为了节省成本，他必须凌晨三四点钟到蔬菜批发市场，一手采购当天用的全部新鲜食材，寒来暑往，风雨无阻，就这样坚持了两年多。中间有一次因为连续工作23个小时，过度劳累，在为客人服务时竟然失去意识，经医院心电监测、吸氧、建立静脉通道等急救措施抢救十几分钟后才醒过来。餐饮创业虽然很累但他并不觉得苦。

2016年1月是陈浩人生中重大的转折点。因为生意火爆，他萌生了发展连锁餐饮的念头。经过大量的市场调研，他相继开了15家店，从此一发不可收拾。凭借出色的市场反响和与国家现代服务业政策的紧密贴合，他的餐饮创业案例“首尔焖锅——做自己的锅王”在人社部职业指导和创业指导案例征集活动中获得优秀奖，入选2015年度全国大学生就创业典型案例集，后刊登在中国就业网和中国公共招聘网上。

圆梦路上——勠力前行开拓连锁路

2017年，陈浩开始组建核心团队，成立滨海小而美餐饮管理有限公司，研发优质餐饮项目，创立"哈尼炸鸡"餐饮连锁品牌。他一直秉承"用心做好每一份炸鸡"的理念，严格品控管理，打造裹酱炸鸡文化品牌，带领团队锐意研发，不断创新，构建生态供应链系统、标准化门店运营体系及有效品牌推广系统，形成了核心的资源及优势。目前品牌注册商标6类，申请版权保护1项，申请外观专利1项。"哈尼炸鸡"以"门店合伙人"为商业模型向外拓展业务，一年多的时间里开设连锁店80余家，门店分布位于盐城宝龙、连云港灌云、徐州户部山、扬州宝应、江阴万达、温州瓯海、淮北、宿迁、淮安、响水、阜宁、射阳、八滩、滨淮、苏州吴江、苏州木渎、南京江宁、苏州吴中、西安、南阳等地，年营业额达到4000万元以上，带动近300人就业。

公司通过塑造"供应链＋门店运营＋营销推广"三核驱动优势，确立了依托"哈尼炸鸡"资源，打造"1＋N"小而美餐饮品牌孵化的商业模式。该商业模式确立以后，已成功孵化"花吃花甲粉""陈先生的炸肉"等新品牌，目前还储备了近20个新的餐饮品牌。

"哈尼炸鸡——本土餐饮垂直领域品牌加速器"项目获得2018年"创青春，赢在滨海"青年创新创业大赛一等奖。"哈尼炸鸡——用心做好每一份炸鸡"项目在2018年江苏省第四届大学生"互联网＋"创新创业大赛中获得就业型创业组三等奖。他的创业故事《舌尖上的创业梦》在中国"互联网＋"大学生创新创业大赛之创新创业故事评选中获得故事类国家三等奖，作为江苏省高职院校唯一获奖代表，受邀到厦门大学接受颁奖。2018年12月，"哈尼炸鸡餐饮连锁品牌孵化"以盐城市总分第2名的成绩被江苏省人社厅评为2018年江苏省大学生优秀创业项目，获得省人社厅10万无偿资助，并接受《盐城晚报》等媒体专访。

2019年4月，在纪念"五四"运动百年之际，陈浩被中共滨海县委组织部、宣传部、统战部、团县委授予"滨海青年五四奖章"。同月，在团省委"我们身边的好青年"活动中获得创新创业类每周一星专题展示。同月，在《中国青年报》、KAB全国推广办公室主办的寻访2018年大学生创业英雄活动中获得"全国大学生创业英雄10强"，专科毕业生只此一席。

逐梦，是孕育希望的过程。唯有创新创业实践，方能攒蓄厚积薄发的力量；筑梦，是吐露芬芳的时刻。唯有小而美的工匠心，方能砥砺赤子般的闯荡；圆梦，是点赞收获的喜悦。唯有不须扬鞭自奋蹄，方能接力中国梦的荣光。圆梦，不是终点，而是孕育新希望的起点。

陈浩是一个农村孩子，没有家庭背景，没有名校背景，有的是一种执着与踏实，今天多晚都是早，明天多早都是晚，年轻人有创业梦想，要大声说出来，从现在做起，勇敢付诸行动，就可能会成功。不要怕被人嘲笑，如果自己都害怕，凭什么让别人相信你？他相信人生是一场长跑，重要的不是所站的位置，而是所朝的方向。★

（江苏省高校招生就业指导服务中心供稿）

用坚持与拼搏开创绚烂人生

——中国药科大学董浩事迹

董浩，男，1990年，中共党员，江苏连云港人，毕业于中国药科大学。在校期间，多次荣获校级一等奖学金和国家奖学金。就是这位大家眼中的优秀同学放弃了继续深造和留在大城市工作的机会，带领同学深入基层，千里挺进大别山金寨县，坚定方向，努力拼搏，扎根在这片革命老区，为老区的父老乡亲带来了健康，带来了致富的希望。

董浩主要从事的是灵芝中药材GAP种植、灵芝孢子粉破壁、中药提取工艺研究，现为安徽康缘药业有限公司创始人、安徽中信康药业研究院主管。公司先后被评为国家高新技术企业、全国科技型中小企业、安徽省民营科技企业、六安市专精特新企业、六安市认定企业技术中心、优质道地药材示范基地等。

创业之初，找准方向

通过对市场情况和需求的一系列考察比较，董浩有了自主创业的想法。结合自己所学专业，2015年董浩与王强、朱蒋林等3名大学生，在金寨县金梧桐创业园创办了安徽康缘药业有限公司，专注中草药、药食同源产品研发工作。金寨县被誉为“西山药库”，境内拥有1363种中药材资源，非常适宜发展中药产业。董浩深入金寨县梅山镇南水村，与当地药农交流中药材种植、初加工技术。在灵芝种植技术方面，董浩敏锐地发现，传统的灵芝种植需要轮换土地，即土地种完一茬灵芝要轮换3年。对此，董浩研究出了“无土栽培灵芝种植技术”，将灵芝菌棒与土壤进行物理隔离，有效减少了灵芝与土壤中重金属、农药残留物、害虫的接触，充分利用土地资源，解决了土壤轮作问题。

总书记考察，鼓舞创业

2016年4月，习近平总书记到金寨县考察，对加快革命老区精准脱贫作出重要指示，提出“老区要脱贫、也要致富，产业扶贫至关重要”。总书记的一番话深深鼓舞了董浩：趁年轻，一定要为老区做点事情！2016 年，公司联合全国 4 省 8 家企业承担了工信部灵芝标准化种植项目，建设道地灵芝种植基地 220 亩，参与制定全国灵芝标准化种植标准，项目顺利通过验收并获得好评。

努力创新，艰苦创业

好的药材不光要种好，更要转化为科技含量高的产品，让科技为大别山优质资源插上翅膀。创业初期，资金有限，董浩带领研发团队累计投入 200 万元，优先开发 8 大系列药食同源产品，涵盖药食同源固体饮料、压片糖果、中药膏方、植物油、食用菌、方便食品、代用茶等，获得国家专利 10 项，食品备案标准 30 项，安徽省科技成果 6 项、核心配方达 100 余项。

母校支持，激励创业

董浩在校期间积极参加学校的创业培训指导，2012—2013 年主持国家级大学生创新实践项目《严格实施兽药 GSP 保障动物源性食品安全》；2013—2014 年主持中国药科大学科研创新计划《实施婴幼儿配方乳粉 GMP 标准化的研究》。

董浩自创业以来，得到了中国药科大学的大力支持。2018 年 5 月，中国药科大学团委书记戴亮、书记助理杨安博一行前往安徽康缘药业有限公司指导。戴亮书记亲切询问了董浩在创业过程中遇到的困难，当了解董浩在灵芝种植和深加工方面有技术问题后，积极联系中国药科大学教务处、中药学专家前往金寨，助力大学生创业发展。

2018 年 8 月 26 日，中国药科大学教务处处长唐伟方、胡巍，中药学院常务院长寇俊萍等一行来到金寨，参观了安徽康缘药业有限公司，对于董浩前往金寨革命老区创业给予了肯定，同时与安徽康缘药业有限公司进行了授牌仪式。母校专家教授们纷纷建言献策，对于董浩坚持创业给予了很大的鼓舞。

技术突破，多元创业

在中国药科大学的大力支持下，董浩全身心地投入到灵芝创业中去。通过校企合作，公司掌握了灵芝破壁、提取等核心技术。之后，公司迅速转型升级，实施多元化经营战略。2018 年下半年，公司推出“千蕴堂”灵芝系列，涵盖灵芝孢子粉、灵芝菌丝体提取物、灵芝孢子油软胶囊等，公司与胡庆余堂、雷允上、美罗集团等企业合作，联合开展品牌销售。2018 年，公司销售额突破 5900 万元，实现税收 120 万元。

创业初成，回馈社会

董浩表示，公司发展不能忘记带动当地人民脱贫致富，公司建有 220 亩国家级中药材种植与产业化基地，带动农户就业 200 户，带动种植农户 105 户，实现贫困户人均年增收 5000 元。

带动当地农户脱贫致富的同时，2017 年 4 月，董浩积极组织珠海安徽商会，向金寨县汤家汇泗河村开展捐赠活动，捐赠红军桥建设项目资金 17 万元，重建了被洪水冲垮的红军桥，方便了泗道村乡亲们和孩子们上学出行。★

（江苏省高校招生就业指导服务中心供稿）

浙江

匠心传承，筑梦非遗

——金华职业技术学院徐家兴事迹

他是95后非遗传承人，是古婺文化的传播者，是大学生创业的先锋军；他怀揣梦想和情怀，用心创立自己的品牌，通过自己“95后”的思维，将自己的产品插上互联网的翅膀，让“非遗”糕点走得更远；他小小的年纪，承载起一个家族的发展重任，拾起一份沉重的信念；他迸发出巨大的能量，将“创青春”全国大学生创业大赛金奖、全国“互联网＋”银奖、浙江省“互联网＋”金奖、“创青春”浙江省“挑战杯”银奖等荣誉收入囊中。他就是我校农业与生物工程学院2016届毕业生，校十佳创业之星，95后创业男生“非遗小王子”——徐家兴。

糕点世家 立心圆梦

徐家兴出生在浙中传统糕点世家，现为徐氏第十五代掌门人。徐家祖孙三代与金华传统糕点有着割不断的情缘。年过古稀的奶奶是金华第一家也是唯一一家国营糕点厂的金牌糕点师，掌握当时40多种传统糕点的制法。他从小耳濡目染，在奶奶的严格指导下学做糕点制作。

中华传统糕点，是中华传统美食的重要组成部分，曾经伴随着一代又一代人的成长，但是随着人们健康理念的提升以及时代的发展，西式糕点的冲击使它渐渐不受人们的喜爱。看着家里的糕点作坊生意日渐萧条，徐家兴百感交集：“小时候家里有几十个工人，到了高中因为生意不好，减少到了三四个，我当时内心很着急，可是却无能为力。”进入大学后，“挑战杯”“创业模拟”“互联网＋”等丰富多彩的创新创业竞赛，众创空间、大学生创业园等各式各样的创业实践平台，让徐家兴一下子看到了希望与机会。“在这样的大数据时代，我要学以致用，将传统糕点推广出去。我去咨询了老师，老师给了我巨大的帮助。在老师的指导下，我先开了一家淘宝店，开启了创业的大门。”2016年，本着对传统糕点难以割舍的情怀，徐家兴成立了金华工匠食品贸易有限公司成立，并注册了商标——糖古。

打破困境 创新创业

成立公司后，最现实的问题摆在了眼前，传统糕点“重油、重糖”、工艺繁琐、投资回报不高这些难题一度让徐家兴一筹莫展。他问自己“应该怎么办？”经过反复思索，徐家兴决定从市场中寻找突破口。他走访了金华所有的老一辈糕点制作师，决定传统糕点既要保持不变又要求改变，不变的是风味传承，变得是健康理念。徐家兴用了近两年的时间，经过200余次的食材配比，300余次反复实验改良，终于成功研发出“三低一无”配方工艺，该工艺包括60道工序。比如他开发的紫回回糕点，独创性地使用植物色素红曲粉，废除胭脂红的传统添加剂。这种工艺既保证了口味又实现了健康理念，获得了质量监督管理局的认证。

2017年，凭借传统工艺、独家配方、谱系传承、社会反响，公司被评为“金华非物质文化遗产”项目，徐家兴被评为金华市“非物质文化遗产传承人”，而“糖古”糕点也成为了金华地区唯一一家非遗传承人创办的糕点企业。“市面上的糕点种类很多，当时我把产品从口感到健康理念都做好了。可是，产品要推广出去才会有人知道，这对我而言是一个难题，家里也并不理解，可这是我自己选择的路，再难我也要走下去。”于是，徐家兴积极参加各类创业比赛，参加各地的展会、年会，成立微店，让“糖古”渐渐走入人们的视野。

“徐家兴很拼。在学校的时候，他课余时间还需要经营淘宝店、微店，经常深夜还要背稿子。同学们还在睡觉的时候，他就出门了。”同班同学说起他总是充满了钦佩。在这样一日复一日的辛苦坚持中，公司生意越来越好。

毕业后，徐家兴更是全身心地投入糕点创新中，不断钻研，开发了经典、养生、轻奢、节庆、婚庆五大系列共 40 款产品。他根据南宋时期婺式月饼的制作手法，经过水泡、蒸熟、磨粉、拌馅料等 10 多道工序，还原了 800 年前的古婺月饼。为了迎合更多的消费者，他又在原基础上创新出五仁、芝麻、蔓越莓、巧克力等不同的口味。婺式月饼一经推出，供不应求，今年中秋仅一款产品的月销售额就高达 100 余万元。

“要进步，就不能止于眼前，必须不断创新。”销量提高后，徐家兴又在传统门店模式的基础上，开通了微店、淘宝、天猫等线上销售渠道，目前与天猫超市、京东、淘宝等 7 家国内主流电商平台，22 家知名皇冠店铺达成合作，成为这些平台直营的供应商。此外，徐家兴还率先提出了“传统糕点，私人订制”的轻奢理念。截至目前，公司已经承接私人定制 70 余场。2018 年，公司与金华旅游部门合作，结合二十四节气共同开发了 24 款高端金华非遗伴手礼，并相继开发了一系列“糖古”糕点衍生产品。“网络时代，瞬息万变，走以前的老路，已经无法跟上消费者的步伐，必须时刻关注市场的发展，才能立于不败之地”，徐家兴说道。

承载收获 砥砺奋进

创业三年,“糖古”从最初的注册资本 50 万元,启动资金 20 万元,到现在年营业额破 500 万元,直接带动就业人数 100 余人,并得到了人民网、《浙江日报》、《浙江在线》、《金华日报》、金华电视台等 15 家媒体的采访报道。公司成功的背后是徐家兴对于非遗文化的热爱与坚持不懈的追求。

“公司目前已趋于稳定发展。如何将非遗传承发扬,是我需要认真思考的问题。”怀着弘扬非遗文化的梦想,2017 年,徐家兴成立了金华首家“非遗体验中心”和浙江省首个非遗学院。项目得到了政府的高度认可和支持,为其提供了 2000 平方米的低租金场地。他以非遗传承人的优势,开设非遗项目体验区、非遗展区,整合了全国 40 余项非遗技艺,聘请非遗传承人,提供专业的非遗技艺教学,目前已开设婺州窑、砖雕、传统糕点、剪纸等专项培训 40 余期,共吸引了来自全国的 400 个游客团队,5 万余人前来参观交流,培养非遗人才 100 余人,一时间在金华掀起了一股非遗学习热潮。

“希望通过我们的非遗体验中心和非遗学院,让更多人了解非遗文化,喜欢传统糕点,让老祖宗留下的手艺能够发扬光大”,徐家兴说道。

立心圆梦,铸就品牌,成于创新。谈及创业经历时,徐家兴提到最多的就是“感谢”二字:“感谢学校给我良好的学习环境和创业氛围,感谢一路走来帮助过我的所有人,因为你们,我才有勇气去克服困难,承担责任,勇往直前”,徐家兴说,“非遗的创业之路,还需要更长的时间去探索和检验。”★

(浙江省高校毕业生就业指导服务中心供稿)

展现传媒力量，传承红色基因

——浙江传媒学院陈迦南事迹

陈迦南，浙江传媒学院2017届日汉双语播音专业毕业。在校期间于2015年9月参与杭州动次打次文化创意有限公司合伙创业，2016年4月创建独立团队品牌“迦音”，同年经选拔进入浙江传媒学院第一期“3＋1”创新创业教育实验班。期间荣获第二届浙江省“互联网＋”大学生创新创业大赛金奖、2016年浙江传媒学院国家级大学生创新创业训练计划项目、立项、2016年杭州第三届全国大学生创业大赛并晋级400强等多个创业奖项。2017年，在杭州市就业管理服务局主办的“有何高见”路演中荣获“梦想小镇”金钥匙，创新项目路演被媒体多次报道。2017年7月，陈迦南注册成立了晓辉点石文化传播有限公司，创办了全国唯一一个红领巾少儿电台——余姚梁弄红色电台，弘扬爱国主义精神，宣传社会主义核心价值观，传播正能量。“余姚梁弄红色电台”项目于2018年9月获第四届全国“互联网＋”大学生创新创业大赛铜奖。

创业项目起源

梁弄是有“浙东小延安”之称的全国百个红色经典景区之一。习近平同志曾指示“要把梁弄建设成为全国革命老区全面实现小康样板镇”，并于2018年2月给梁弄镇横坎头村全体党员回信，勉励他们传承好红色精神。余姚梁弄红色电台就建立在余姚市梁弄镇浙东抗日根据地旧址群景区内。在余姚市委市政府关心下，由晓辉工作室CEO、浙江传媒学院17届毕业生陈迦南担当重任，受命组建中国首家少儿红领巾电台——余姚梁弄红色电台及“红领巾通讯社”小主播团队，并成为首届台长与社长。由陈迦南率领编导团队进行前期策划，从政治分、社会分、经济分等三方面打造红色电台并初见成效。红色电台定位精准，引起浙江省委书记车俊的重视，并于2018年5月亲自调研横坎头村红色文化项目。

红色电台项目吸引了来自全国5家投资方，其中3家国有企业、2家民营企业。2018年7月与北京投资企业签署投资协议，第一期投资1.5亿元，志在打造革命根据地——梁弄红色精神的文化传承并作为红色经典旅游项目推广。

创业项目成效

红色电台项目自成立以来，举办了诸多亮点活动，如十九大召开期间进京采访十九大代表，采访全国劳动模范、中国武警十大忠诚卫士、余姚十大感动人物、老艺术家、企业家等各行各业的杰出人物。电台将采访活动制成音频，依托网易云、喜马拉雅FM等平台以日日播、周周新的模式进行传播。红色电台已制作原创节目65期，收听量破100万次。直播室每周固定时间段会向游客开放，游客可参与电台录播，体验当主播的乐趣，并可把录制的声音和拍摄的照片带回家。红色电台的开播使新一代有了一个新途径，去深挖、去展示专属于余姚梁弄的红色革命故事，为红色文化的传承和发扬提供了一个更广阔、更便捷的舞台，同时也为余姚红色旅游的发展带来了新的契机。如今，红色电台的红色基因传承及文化推广项目已得到越来越多政府部门的关注与支持，目前已与宁夏固原、黑龙江省大兴安岭地区、衢州开化等地方政府进行双方考察，推进红色电台的落地与合作推广。

红色电台线下活动主要借助余姚"梁弄红领巾通讯社"小主播上京采访十九大代表、余姚梁弄红色电台开播新闻发布会暨"梁弄红领巾通讯社"成立、"梁弄红领巾通讯社"小主播总决赛等一系列活动，由媒体造势，扩大社会影响力。这不仅为余姚梁弄树立新名片、新品牌、新形象提供了帮助，也促进余姚梁弄红色文化的挖掘、推广，更助推了江浙沪地区小主播参与红色电台、公益项目的热情，培养良好社会实践品德，传承红色基因。

余姚梁弄红色电台自成立以来受到诸多媒体的广泛关注，《人民日报》、中央人民广播电台、中国网、新华网、浙江卫视、浙江影视、钱江都市、FM93、中国宁波网、《大视野》杂志等百余家具有影响力的媒体都对红色电台进行过报道。红色电台的系列活动给红色文化传承和发扬提供了一个更广阔、更便捷的舞台，在锻炼小主播的同时，也让青少年们牢记历史，铭记中华民族优秀传统美德，传承绵延不断的红色基因。★

（浙江省高校毕业生就业指导服务中心供稿）

从"中国大姨夫"到新生代文化守护人

——浙江大学戴伟康事迹

戴伟康，90后创业者，拥有8年新生代消费升级的连续创业经验，被评为浙江最具影响力创业者Top50。曾获浙江省第九届"挑战杯"创业大赛一等奖、浙江省第六届职业生涯规划大赛一等奖、浙江省首届"互联网+"大学生创新创业大赛银奖、2014年度浙江省年度创业规划之星、2015中国电子商务创业大赛季军、2015年度浙江省十佳大学生入围奖、2015年杭州十大"五四有为青年"、2016年度杭州市最美青少年。2011年创办中国第一个卖给男性卫生巾的网站，被称为"中国大姨夫"，并受到李克强总理接见。2017年创立湖隐酒店集团，与杭州灵隐联合打造非营利性的酒店项目，致力于将灵隐文化国际化，保护与传承以灵隐文化为代表的中国传统文化。

MRFLO的项目画上句号之后，戴伟康开始着手第二个创业项目——湖隐酒店集团，一个是卖卫生巾，一个是做文化IP。"MRFLO和湖隐是一脉相承的，"他说，"前者是小需求，提升的是人与人之间的价值，后者是大需求，帮助更多年轻人了解中国文化，提升的是人与社会之间的价值。"

这条从MRFLO到湖隐的路，他走了整整八年。从浙江大学城市学院一名普普通通的大学生到中国最具影响力创业者Top50，在MRFLO最好的时候把它卖掉，然后从头开始，普通看客很难理解这种转变的意义，因为在聚光灯下的始终是利好消息和不断刷新的业绩。但不论是开始还是重新开始，戴伟康坚持着自己的"信"：始终保持一颗敬畏之心，相信自己所创造的文化价值、所弘扬的文化自信会让人们的生活更好。

戴伟康是第一个把卫生巾卖给男性的人，被称为"中国大姨夫"。他也是投资人，在文化领域，触角无处不在，投资过电影社交APP七号厅、新锐电影等，意欲打造一条完整的文化生态链。

痴迷于自己的"信"，是他文化自信之舟航行路上最真实、最坚定的声音。

国内"将卫生巾卖给男性的第一人"，被称为"中国大姨夫"

"对于没有雄厚资本的大学生来说，只要你有一个极具创意的点子，就能通过自己的激情和思维参与到互联网的创业中去。"这是戴伟康大四时被李克强总理接见时说的一句话，那时的他已经是卓晖康成网络有限公司的总经理。

故事的开头总是充满巧合。大一和室友的一次说笑，开启了他的创业之路。

2011年一个普通的夏夜，寝室熄了灯，戴伟康躺在床上和室友们闲聊。大家抱怨自己女朋友一到经期就会变得无理取闹，甚至会引发争吵。在他们眼中，女性生理期已经成为了情侣关系的晴雨表。

那晚戴伟康一夜未眠，他瞄准了女性用品在男性市场上的空白。

直到现在，戴伟康都觉得这个想法是那个年代最好、最具潜力的项目。以卫生巾为载体做一款移动互联网产品来传播常识，鼓励大家发扬传统文化，关爱女性健康，对于自己和广大男性同胞来说将是双赢。和他并肩作战的好友赵春晖，这样评价："他不是一个容易流露情绪的人，但谈到创业，言语中有难掩的兴奋。"

一举斩获浙江省第九届"挑战杯"创业大赛一等奖，浙江省职业生涯规划大赛一等奖，创业思路逐渐清晰

创业对于那时的戴伟康来说是看不清前景的新事物。城市学院还没有开设创业类的专业，他就去旁听公开课和讲座，遇到问题就跑办公室，请教在学生创业指导方面有多年经验的丁昱老师。丁老师帮他分析，给他建议，其中最常说的一句话就是："你大胆去做，我们城市学院支持你，但记住，学校培养的创业者一定不是单纯的赚钱机器。"戴伟康敬佩不已。

他也积极参与学校里的创业比赛，斩获了浙江省第九届"挑战杯"创业大赛一等奖，浙江省职业生涯规划大赛一等奖，创业规划之星。备赛的日子对戴伟康来说很是充实，能帮助自己想明白到底在做什么，身旁还有丁老师的全力辅导。他说："我去参加比赛的目的不是为了拿奖，是对自己现阶段所做的事情进行一次梳理。"在参赛的过程中，戴伟康又认识了志同道合的校友叶卓琦。之后，戴伟康、赵春晖、叶卓琦三人成立了卓晖康成网络有限公司。

戴伟康身上有一种能力，让掌握资本和资源的人聚集到身边来——因为"信"，所以敢。"有梦想，有能力，他肯定做不砸嘛！直到现在，我们三个还在一起做项目。"叶卓琦说。

戴伟康将自己的这种"信"总结为 6 个字：自信、相信、信仰。这也是他的初心，"我对自己的项目有信心；我也相信自己的创业能够带来文化价值，弘扬我国的文化自信；同时我会把创业当作一生的信仰，永远保持敬畏之心。"

拿到投资后的戴伟康开始付诸行动。城市学院的科技楼里有创业孵化基地，他向学校申请了一间办公室，置齐了办公用品，买了服务器，开始日夜工作。由此，MRFLO——中国首家主打将卫生巾卖给男性的电子商务网站诞生了。MR 表示男性，FlOW 是英语中的俚语，该名字的由来符合他们的目标——倡导男性照顾女性的文化社区平台。

和大多数创业的大学生一样，创业初期的繁忙和学业的日益繁重存在着巨大的冲突，三个人每天奔波于教室和办公室之间。"我们每天在办公室里打包，骑着小电驴风雨无阻地送货。"说起最初创业时的点滴辛苦，三个人都感慨万千。

MRFLO 成为杭州市政府重点扶持项目，受到社会各界一致好评

戴伟康顶着压力带着团队，不断寻找契机，MRFLO 也获得了越来越多的关注，网站的会员数量突破 10 万人，单月最高销售额达 50 万元，同时 MRFLO 还成为了杭州市政府的重点扶持项目。半年间，36 氪、月亮湾、猎云网等国内多家媒体机构将 MRFLO 评为"优秀投资项目"，戴伟康也被称为"中国大姨夫"。在此期间，MRFLO 与恒安集团、19 楼等国内多家机构达成合作意向，展开了多项改革中国卫生用品电商的合作。成为明星创业者后的戴伟康获得

了很多头衔，如 2015 年浙江省十佳大学生入围奖、2015 年杭州市十大“五四有为青年”等。

随着 MRFLO 越做越大，订单量日益增加，货物存放成了一个令人头疼的问题，创业孵化园的办公室不足 20 平方米，根本无法容纳。仿佛是场及时雨，城市学院原党委副书记胡礼翔老师找到了“大姨夫团队”，为他们提供了北校区北秀 3 楼 600 平方米的办公场地，并减免半年租金。母校的扶持，戴伟康一直铭记于心，在毕业多年后依旧会每年回到学校做大赛评委、客座讲师，指导学弟学妹的创业团队。

毕业两年后，戴伟康发现了新的契机——灵隐文化。虽然 MRFLO 网站经营稳定，但经过多方考虑，戴伟康还是决定卖掉它开始新的创业。他让团队沉淀下来，回归初心，最终大家都同意，卓晖康成重新出发。

转型“新生代文化守护人”，接受美国广播电视台 ABC 专访，帮助年轻一代关注并热爱中国传统文化

看到和抓住灵隐文化与戴伟康的认知结构提高有关，“信”目标是发扬传统文化，弘扬文化自信。走上湖隐的道路是进步，也是必经之路。

2017 年，戴伟康与巨人新进联合创立湖隐酒店集团，与杭州灵隐联合打造非营利性的酒店项目，致力于将灵隐文化国际化，保护与传承以灵隐文化为代表的中国传统文化，打造灵隐外事国宾接待中心、灵隐国际文化交流中心、灵隐国学文化研究中心，并最终成为灵隐国际文化坐标。

在接受美国广播电视台 ABC 专访时，戴伟康表示：“让年轻人亲身感受杭州灵隐文化，从而更好地传播和继承中华传统文化，助推传统文化复兴。也期望能有更多的年轻人，投身到传统文化的复兴再造中，创作越来越多的符合现在生活方式的创意文化产品。”

令人欣喜的是，湖隐已经收到不少社会公益人士捐赠的文物藏品，以进行文化展出和公益拍卖，而未来湖隐也会将酒店运营收入持续投入到文化保护事业和公益事业中去。

新的创业总是有新的问题。对于这些不断涌现的新问题，戴伟康看上去有着钢铁一般的精神：“创业就是一个不断磨练的过程啊。”在他看来，所有未知的困难都不是困难，是任务，是必须要踏过的浪花。

湖隐对戴伟康来说是一片新海，相信他会在茫茫大海中，发现新的陆地。★

（浙江省高校毕业生就业指导服务中心供稿）

专业是最可依赖的实力

——浙江大学陈文慧事迹

陈文慧，女，2011年作为体育特长生考入浙江大学教育学院，主修公共事业管理专业，辅修法律专业。在校期间，她多次参加大型创业类比赛，获得了不少荣誉。2013年，陈文慧带领项目“聚好玩①”拿下了全国“挑战杯”互联网专项赛的国家金奖。2014年，陈文慧参加了学校的“创业教育实践美国行”活动，和团队成立了杭州缇音网络科技有限公司，公司首个“T恤众筹”项目的首月营业额就达到数万元。2014年10月，陈文慧带领来自各学科背景的8位同学再战“挑战杯”，项目聚焦在浙江省残障人士的创业模式研究上。她曾任职浙江大学创业联盟主席、浙江大学蒲公英创业学院二期班理事长以及浙江大学教育学院学生会副主席。

就在2017年4月，陈文慧还在忙前忙后和资本方进行最后的对接，商讨一笔千万级的融资。此时，“跃动客”项目的市场估值已经突破亿元大关。

相比之下，两年前的她还显得有些青涩。2015年9月，刚刚拿到150万元种子轮融资的陈文慧正式成立了杭州舒跑网络技术有限公司。凭借作为一个运动员在体育行业十多年的积累，辅以她在大学期间在互联网技术领域做创赛积累的经验，陈文慧开始尝试做一款线上约体育教练的App——“跃动客”，此时正值移动端应用在各大资本眼中是追逐热点之时。

2016年11月，陈文慧投资建造自己的教学场馆，并将第一家线下的场馆定址在杭州西湖文化广场。2017年1月，“跃动客体育”西湖文化广场总店正式开业。自此，总店平均每个月都会迎来数百组受邀家庭的体验。截至2017年中旬，“跃动客”已经拥有五家线下门店。

“跃动客”依然在继续开发优质的课程，陈文慧相信，体育带给青少年的绝不是“头脑简单四肢发达”，而是全身心的健康，是意志力、合作能力、学习能力等多项能力的综合提升。

预备：蕴藏厚积薄发的力量

陈文慧想要成为“浙大优秀的学生之一”，为此她给自己定了一个“小目标”，那就是成为“浙大最努力的人”——早上最早起床、晚上最晚休息、平时最充分利用自己的时间。正是因为这样的努力，她的成绩连年名列前茅，获得了浙大最高荣誉奖项——竺可桢奖学金。

“全能”的陈文慧在创业这条路上也不甘落后，担任校内多个学生创业社团负责人、参加全

① 一款致力于娱乐旅行指南攻略的社交软件，该项目后被一家企业成功收购。

国“挑战杯”互联网专项赛、带领团队成立网络科技有限公司……丰富的比赛和创业经历让陈文慧对“学习”“创业”“体育”有独到的认识。她认为“体育难于创业，创业难于学习”：创业不同于学习，不是通过努力就能够成功的，如果创业方向、盈利模式或商业模式中的任何一个环节不对，那么只会失败。不同于“只关注冠军”的体育，创业给人的可能性更多——即使做不到行业第一，只要能实现盈利，它就有生存空间，就有机会逐步成长。思考再三，陈文慧果断放弃了利用全国“挑战杯”金奖申请保研的机会，放弃了网易、百度等公司递来的“橄榄枝”，拿出破釜沉舟的魄力来全身心地投入到创业之中。

起步：创立跃动客

首先，找到细分市场。

决心创业的陈文慧认真地分析了自己管理、法律和体育的背景，她有着在体育行业十余年的沉淀，管理和法律知识又能协助自己的企业管理，因此选择体育行业方向的创业是必然的选择。

她深入分析体育行业各大领域的现状后，最终选择切入大众健身领域这个和自己目前能力和资本实力最为契合的板块。2016 年，国务院办公厅印发《关于加快发展健身休闲产业的指导意见》，指出要推进健身休闲产业供给侧结构性改革，提高发展质量和效益，培育壮大各类市场主体，丰富产品和服务供给，不断满足大众多层次多样化的健身休闲需求。政策环境良好，市场就充满了激烈竞争，对于创业者而言更需要找到自己的核心竞争力。

陈文慧选择了“4～16 岁的青少年”作为自己的目标客户，“我十分看好中国的青少年体育教育市场。在竞技体育方面，中国青少年体育教育比外国更加有竞争优势。这点从大型赛事的比赛成绩就可以看出：在很多大型国际体育赛事中，中国青少年运动员的成绩非常好；但相比较成年组的成绩就差很多。”除了想要切分这块体育市场的“大蛋糕”外，陈文慧还希望通过自己的努力来改变“国民体育素质教育太松散”这一现状，打造全新的“青少年体育教育模式”，把体育中最有价值的一面呈现出来。

其次，寻找合伙人。

“所有的行业中最有效的壁垒是拥有一支优秀的团队。”这是陈文慧的信条，也是她正在实践的创业原则。寻找合伙人的过程，就是实现她对团队认知的过程：先明确自己公司发展的短板是什么，然后多方寻找行业中有丰富经验的人，最后直接去找这些人当面沟通。

凭借“找对应行业精英，弥补自身短板”的逻辑，陈文慧邀请了越来越多的精英，逐步组建了一支能力互补的高效团队——六位创始人中，既有来自外企并有成套营销模式的销售合伙人，又有体育培训教学经验丰富的教学总监。

探索：博弈中找到的商业模式

陈文慧想要将“跃动客”打造成体育培训界的“新东方”，因此她不断地探索最适合的商业模式。从一开始与学校建立合作关系，再到租借体育馆，这些模式都在实践中被一一淘汰了。直到 2016 年 11 月，她开始花钱投资一些自建场馆，在全面分析和逐步筛选中将目标瞄准到市中心的商业地区。

2017 年 1 月，“跃动客”体育（西湖文化广场总店）正式开业。开业之后，总店每月的营业额在50万以上，平均每个月会有几百组家庭受邀来总店参观。良好的发展态势也助力陈文慧拿到了一笔千万级融资。

尝试过各种模式的陈文慧发现，线下自营的模式是最适合的，因为它的商业化和可复制性都是最高的。一方面，线下自营的场馆模式能够保证“跃动客”课程的质量，提供更好的个性化教育方案。另一方面，线下自营的模式能够使得“跃动客”未来进入不同地区市场的时候更加方便，“如果我今天带着‘跃动客’的项目到上海，到北京，即使我们没有市场化的人脉、资源，我们也可以通过地推等市场化的行为去推广。”

现状：自洽的课程体系

经历了反复改革和迭代，今天的“跃动客”已经有了自己的完整体系。目前，“跃动客”拥有五组针对不同对象设置不同内容的课程，分别对应从幼儿到初中不同年龄阶段的学生，根据目标对象配备相应的优质教练。“跃动客”既提供日常课程也提供冬夏两季的集中训练，可满足不同需求的客户要求。

创新：发掘新价值

陈文慧把体育教育理解为三个层次。第一，体育技能的培训，就是为了各类体育赛事等竞技性目的而进行的体育教育，是体育中最“不值钱”的部分。第二，体适能训练，包括身体协调性、柔韧性、灵敏性等。不同于第一层次，这些体育锻炼是帮助人们维持身体健康的重要因素。第三，礼仪文化培养和体育精神的塑造，这是体育中最有价值的一部分，但是往往也是最容易被忽视的部分。

陈文慧希望能够通过“跃动客”这样一个平台，将体育中最有价值但是还没有被人们重视起来的这一部分发扬光大，让来到这里的每一个孩子能够在体育活动中锻炼出自己的优秀品质，为他们的人生之路打好基础。

创业者说

回顾自己的创业经历，陈文慧对创业新人提出几个建议：

首先，要建立一支“互补”的团队，实现1+1>2的效果。其中最重要的是要考虑成员之间在知识、技术、能力或资源上的互补性，充分发挥每个人的潜能优势。

其次，要注重团队的管理。当企业发展到20多人甚至更多时，有一套好的管理制度就是企业存活下去的内部保障。

最后，一定要重视企业文化和精神。明确企业文化和精神能够帮助确定公司发展的方向，能够找到价值观高度契合的员工。有一支信奉相同价值观的团队才会有超强的战斗力，才能够在创业的艰辛道路上并肩走下去。★

（浙江省高校毕业生就业指导服务中心供稿）

天空蓝变作衣，蓝染工艺国潮服饰

——浙江理工大学陈昊事迹

为了实现高中时期的创业梦想——利用蓝染工艺和自己的设计审美创造一个服装品牌——2014年年末，那个大三的少年注册了自己的公司。和所有创业者的故事一样，他四处奔走，为自己的梦想不懈地努力着。最开始，团队只有两个人，初始启动资金只有5万，工作室是学校免费提供的场地。为了寻找合适的面料与厂商，他无数次地往返学校与桐乡的工厂……但是不论过程有多艰苦，他都未曾停止对原创设计、传统工艺的坚持。这个少年就是浙江理工大学艺术与设计学院的陈昊，杭州不路服饰有限公司的创始人。

杭州不路服饰有限公司于2014年成立，注册有国潮品牌PROS BY CH。品牌以与传统工艺蓝染相结合的潮流原创服饰为主要产品，背包、鞋子等为副线产品。2018年公司年销售量突破60000件，年营业额达2500万余元，年净利润1340万余元。截至2019年3月，品牌营业额已达4175万元。

从2014年到2019年，4年的时间里，不路服饰从一个默默无闻的原创服装品牌，到现在成长为一个拥有数万拥趸，营业额逐年攀升的中国本土原创品牌，创业路上的艰难险阻数不胜数。陈昊遇到一个又一个问题，如何更好将蓝染工艺与服装设计结合？如何保持原创设计的活力？如何在生产过程中控制成本？用什么样的方式营销？如何让团队更好地运转？……在攻克了无数个难题，解决了数不清的疑惑之后，陈昊和他的团队在学院创业指导中心王赛赛老师的指导下终于取得了不错的成绩。2016年，PROS BY CH与美国潮牌VANS、C2H4，联名推出了一款蓝染布鞋，营业额达130万元。2017年，陈昊接受《SIZE》、中国服装网等主流服装媒体杂志的采访，并参加了北京时装周、YOHO集成展、淘宝的新势力周活动等。2018年，PROS BY CH作为浙江理工大学优秀创业团队，获得第十一届全国大学生“挑战杯”创业大赛金奖。2019年，品牌营业额累计达到4175万元……这一切的成就都离不开陈昊对传统工艺的坚守与对原创设计的坚持。

以赛促学，道阻且长

由于把过多的时间放在创业上，陈昊也遇到了和其他大学生创业者一样的问题，如何在创业和学习之间进行平衡？特别是在大四的第一个学期，挂科让他意识到，创业是否占据了自己太多的时间？

此时，一个电话打进了他的手机，正是他的辅导员王赛赛老师。王老师和他进行了深入的聊天，就创业和学习哪个在这个阶段更加重要进行了探讨，同时联系了陈昊的父母，询问父母对于陈昊创业的意见，然后帮助他作出了一个重要的决定，休学一年，全身心投入创业！

这与浙江理工大学对学生的创业政策密不可分。2017 年，学校出台政策，创业也可以休学，提供公司流水及营业执照，可以延长在读学制，这对陈昊及其他大学生创业者在创业的关键期是一个巨大的帮助！

传统工艺，原创设计

一张张布料在高原的阳光下被漂染，在木织机上一点点地被编织成型。从用矿植物染料染好的羊毛线，到顾客手中质地上乘的成衣，其中凝结的不只是藏族妇人们的时间与劳动，更是传统手工艺的继承与再创作。这，就是蓝染。蓝染作为非物质文化遗产之一，是手工艺文化的瑰宝。而 PROS BY CH 更是致力于运用此工艺实现更大的文化价值与商业价值。由于蓝染工艺的复杂性，陈昊选择与种植蓝染植物的西藏、贵州等地的农民合作，不仅保证了产品的质量，而且带动了当地的经济发展。仅 2017 年一年，不路服饰就为当地五十多位农民增加了人均 3 万元以上的年收入。

除了蓝染这一传统工艺，不路服饰的核心竞争力更体现在服装的原创设计上。陈昊作为公司创始人，同样也是首席服装设计师，把控着每个季度的服装风格。

PROS BY CH 一直坚持原创设计，坚持打造独一无二的中国本土原创品牌。三年的时间，陈昊带领着他的团队跑遍了四川、贵州、西藏等地。为了寻找灵感，他们的足迹遍布泰国、日本等国家地区。复古风格的外套、T 恤、卫衣、长裤，加上传统民族工艺的理念，深受年轻人的喜爱。

大胆创新，不忘初心

在把握了设计与工艺这两个核心竞争力之后，陈昊还进行了许多大胆的尝试。为了进一步扩大品牌影响力，PROS BY CH 融合传统工艺与现代潮流，开展了“PROS BY CH＋”一系列 IP 衍生活动与跨界合作，包括 PROS BY CH＋手作、PROS BY CH＋设计师等项目。陈昊从未停止探索与成长的脚步，除了 PROS BY CH 之外，他也在开发新的衍生品牌。2017 年，子品牌 betweenand 在淘宝平台正式上线。主打校园风格的 betweenand 以充满个性特点的潮流设计吸引了大量消费者。作为一个新生品牌，betweenand 第一年的营业额就已经达到了 200 万元，相信再经过一定时间的探索，这个品牌也会逐渐成长，拥有属于自己忠实的粉丝群体。

陈昊在接受中国服装网采访时曾说：“其实每一个创业者的故事都丰富到能出一本书，但说到底，也就是在问题和困难中不断成长。”相信他的团队也会继续坚持中国本土原创品牌的建设，保持有趣，不偏不倚，不卑不亢地成长。★

（浙江省高校毕业生就业指导服务中心供稿）

江西

★

不忘初心，创业路上勇攀登

——江西科技师范大学王明俊事迹

王明俊，2016 年于江西科技师范大学美术学院研究生毕业，现任江西红宝石创意策划公司创始人兼董事长。他来自农村，义务兵退伍后参加高考，从大学毕业创业失败再到考上研究生再次创业，一路艰辛，一路前行。

让王明俊坚持不懈的是对设计行业的一见钟情和自己的梦想，他想把更好的创意设计带给更多人、服务更多的企业；他想让更多美好的享受和视觉感受充斥整个社会。复员退伍后的他一直在创业路上，最窘迫时身无分文、露宿街头，迷失了前进的方向，然而军人特有的血性和坚韧不拔的性格，让他一直没有放弃初心。

机会总是留给有准备的人。现在王明俊和他创办的实业带着“企业品牌筑梦师”的称号，在行业内被大家所熟知，越来越多的企业慕名而来。多家媒体都蜂拥前来采访、报道王明俊的团队。2018 年 4 月，他的团队受到江西省委书记、省长刘奇的访谈和接见，刘书记对他们给予肯定，并和他们立下 3 年 8000 万元之约。2018 年他的创业项目获得江西省“互联网＋”大学生创新创业大赛带动就业组金奖和第七届中国创新创业大赛优秀奖，他不仅仅实现了自己的梦想，也带动了上千名大学生的就业。

坚守初心是创业路上的精神食粮

王明俊本科毕业之前就一直尝试创业，但屡试屡败。他一直利用课余时间做小型的学习培训课程等创业十余次，均以失败告终。创业过程是艰苦的，结果是残酷的，他一度连栖身之地都没有。即使这样，他也没有放弃，选择继续在创业道路上前行。机遇来了，就读江西科技师范大学研究生期间，在研究生导师肖飞老师的指导下，2015 年 9 月组建了红宝石创意设计团队。学院、学校得知他创业后，为他配备了专业的创业指导教师，并让创业项目优先落地校内大学生孵化基地，给予资金、技术等方面的支持与帮助。就这样，从 2015 年最初的 100 元设计一个 logo，到 2017 年开始筹建江西红宝石策划创意有限公司，王明俊由校园走到了社会市场。这期间王明俊和他的团队用真诚、实力获得了无数顾客的认可。口口相传，红宝石创意团队 2017 年也获得八戒网的策划创意服务商头名状元，“专业人做专业事情” 红宝石创意团队将中小规模企业精准定位为他们的主要客户。

成立公司三个月他们就入选江西省公共资源库，并中标赣江新区两年广告设计机策划展示服务，成立公司第一个月即完成品牌打造项目二项、系列产品设计 16 项月盈利 28 万元。2017 年成立至今，凤凰网、江西省电视台、南昌市电视台、经开发布、赣江发布、永修发布、进贤在线等多家媒体对红宝石创意团队项目打造和知识创业事迹进行了报道。因此在省委书记刘奇对赣江新区企业访谈中列为首家访谈企业，同时也受到了省市等各级领导的指导和关心。

自2017年7月正式成立江西红宝石策划创意有限公司以来，团队已成功获得省级以上奖励21项。作为团队负责人，王明俊个人承担、参与获批的省厅、市级研究研发项目10项，研究成果在国家核心期刊、国际外文ISTP、EI等学术期刊公开发表研究论文共计21篇，研究成果获得国家发明专利3项，主持和参与地方企业、产品的品牌打造项目18项，产品包装研发项目42项。红宝石创意团队为江西建筑装饰和品牌打造领域树立了标杆，为江西地方经济带来了一定的经济效益。同时，他本人还被中共赣江新区工委授予“赣江创新人才”称号；被江西赣江新区文化产业协会授予“文艺人才”“艺术工匠”荣誉称号。

心怀助人是创业路上的不懈追求

红宝石创意团队的理念是：把美好的创意带给更多的人，让更多的设计公司的服务更加标准化。也正是这样的理念对同样怀揣梦想的同行业公司经常进行相互沟通、相互学习，对有创业梦想的设计师帮扶到底，如：河南智动未来文化传媒公司、南昌韵章文化传媒公司江西本佳装饰工程有限公司等21家公司，其创始人均是原红宝石创意团队成员，红宝石创意公司就是他们的孵化器，是他们首轮天使投资人。红宝石团队经常邀请这些公司和团队一起合作完成业务项目，也定期组织他们与自己公司成员一起参加业务技术培训，共同提高创意设计水平。在红宝石创意团队的指导和带领下，这些公司正在走向正规，带动1000余名大学生就业。

为了让大学生通过实习、实践与就业岗位对接，王明俊心系设计专业师弟师妹，先后与江西科技师范大学、南昌理工大学等10所高校达成校企深度合作。通过培训、实习、实践等方式共培训4800余名设计类学生，把他们培养为应用型设计师，并给予就业推荐和创业指导。作为江西赣江新区文化产业协会会长单位，这样也为协会内的70余家文创企业提供了文创人才基础培训，也间接带动了大批高校创意设计学生的就业，为江西人才留用贡献了团队的力量。

立志高远，创业路上再出发

现如今，公司主要服务于企业、事业、个体店主以及各生产厂家。公司以“创意红点、坚如宝石”为核心价值，主营品牌策划、产品设计、包装设计、网络推广服务。团队以省内外高校从事艺术设计类科研、教学的顶级设计专家为主，并聚集了一批国内、省内知名青年设计师共同组成。红宝石创意团队聚集了50人的青年创意团队，他们都是80后、90后，平均年龄只有27岁，致力于打造一家青春，快乐，时尚的现代品牌创意集团。通过团队一年多不懈的努力，公司已于2018年12月荣登江西股权区域板块上市，公司也更名为江西红宝石策划创意股份有限公司，辖设传栩文化公司、拾光信息技术公司、阁尚科技公司、克劳德技术公司四家公司。

红宝石创意团队不仅要把本土文化产业市场做好，更有梦想要把团队理念做到极致，把文化艺术产业扩展到全中国，让14亿人民都成为他们红宝石创意的粉丝，让全国上亿家企业都成为他们的朋友，追求管理标准，研发设计精准、追求经典创意、构思极致理念、创意理念，保持国际创意领先水准，打造品牌策划创意先锋互联网协同线上线下发展，红宝石创意团队正朝着自己的目标，一路向前！

王明俊，一名创业路上的奋斗者，坚持初心、心怀助人，用行动践行刘奇书记给的荣誉“知识青年人才创业的杰出代表”。★

（江西省高等院校毕业生就业工作办公室供稿）

心系脱贫攻坚，扎根兴国埠头

——江西农业大学刘瑶事迹

刘瑶，江西兴国人，共青团员，江西农业大学会计专业大三学生，入选“寻访2018年创业英雄”全国百强。2016年创办丰采种养专业合作社，流转土地805亩，种植猕猴桃、鹰嘴桃、脐橙等果树，现已开发成旅游观光采摘园。

一个“吃货”的幸福是什么？莫过于有一片属于自己的果园，可以吃到好吃、放心的果蔬，和大家一起分享美食。因此，2016年成立兴国县丰采种养专业合作社对我这个“吃货”来说是一件十分美好的事情，创业过程中虽然会遇到无数困难，受到很多质疑，但也会坚定地走下去。

我的创业故事要从2016年说起，从小受家里的影响，而一直对创业很感兴趣。2016年考上大学后，和家里人提出了自己创业的想法，家人立即表示支持我，认为这是很好的社会实践，鼓励我大胆地表达自己的想法并努力付诸行动。此时正好家乡含田村正在发展乡村旅游招商，我们有机会可以流转当地农民的田地，我和家里一起商量，把土地租下来种植果树，讨论发展农业、发展旅游农业是否可行。作为江西农业大学的一名学生，我立即去农学院请教一些老师，询问土地情况、果树种植选项、费用、发展前景等问题，同时也走访了很多农业基地，进行实地考察。经过一段时间的考察分析后，我和妈妈都认为，成立合作社，发展休闲农业会有很大的发展空间。于是我们把这些土地租了下来，同时也聘请江西农业大学农学院徐小彪教授、黄春晖老师带领的专家团队作为技术指导。通过三年的努力，现在合作社田地流转面积805亩，已开发成为旅游观光采摘园，其中猕猴桃100亩，鹰嘴桃100亩，脐橙400亩。

我创业的初心是建立一家有故事、有温度、有情怀的实体企业，希望我们的品牌在大家心中是立体的，大家可以了解我们的企业文化故事，感受到我们的真诚和温暖，最终打造成一家可以给社会带来经济利益与精神价值的企业。

创办一家企业远比我想象的复杂，遇到过很多困难，也有一些遗憾，但我相信，这些最终都会成为我的一份宝贵经历与回忆。例如，初期我们向农民租地时遇到了很大困难，村民认为我们是外地人，对我们不放心，并认为租走他们的土地就意味着抢走了他们的口粮。一部分村民反对我们，不把土地租给我们并且搞破坏。虽然很艰难，但我们还是努力和他们沟通协商，做思想工作，找到当地政府部门协助我们。与村民沟通讲道理，我们租村民的地，同时请村民到合作社上班，教村民技术，提供就业机会，和大家一起发展，提高村民的收入，同时提高土地的利用率、产出率，我们发展好了也带动当地经济发展，同时吸引人气带动更多投资者的进驻，例如农家乐、民宿、自行车租赁等。通过一段时间的“软磨硬泡”，村民看到了我们的诚意，同意把地交给我们，通过三年的接触，村民知道我们是真心为了大家好，对我们也很放心，现在与我们的关系很融洽。

我希望建立一个有温度的企业可以传递温暖与爱，拉近彼此的距离。

城市化的发展使人们离大自然越来越远。我们所建成的园区是一个集观光、旅游、采摘于一体的标准化园区，园区内景色优美，东边靠山，中间有河流穿过，设有娱乐设施、农家乐、体验馆。节假日可以带上家人朋友来园区采摘水果、爬山、垂钓、烧烤亲近大自然，享受悠闲温馨时刻。我们还建立了"家庭农场"，以家庭为单位认领土地，亲手播种果蔬，每日有专业人员看护，欢迎随时来体验耕种的乐趣，收获时会通知主人来感受丰收的喜悦，让含田成为您家的"后花园"。"互联网＋农业"也是我们的发展方向。我们通过微信公众号加强与消费者的互动，开发了小程序"含田果蔬商城"，并且引进含田当地优质农产品进驻商城，目前线上售有水果、蔬菜、大米、禽类、干货。同时开发了"果蔬外卖"模式，上班族工作繁忙，常常没有时间买菜，而现在顾客可以直接在小程序上进行选购，指定时间，我们有专门配送人员可以送货上门。在线下我们争取到了政府项目支持，开设了线下实体店"便民蔬菜蔬菜超市(含田果蔬直营店)"。我们追求稳定增长的客源，吸引新客户的同时，给予老顾客更多福利，建立了会员制，节假日经常为会员们组织活动，例如露营、野炊等，让顾客感受到大家庭的温暖。

我妈妈说过，用心做农业的人一定是有情怀的人，一定是热爱土地的人，真诚淳朴的人，而我们也要不忘初心做一家有情怀的企业。

作为一个有情怀的企业我们追求"三个满意"，即顾客满意、员工满意、社会满意。

顾客满意是企业的立足之本，只有保证优质的产品才对得起客户的信任。我们合作社坚持绿色有机种植、科学专业种植。在专家团队的指导下，建立了标准化园区，2017 年试挂果果品优良，获得市场一致好评，公司已拿到"无公害认证"，下一个目标是"有机认证"。坚持绿色有机种植，有机农业是一种在生产中不使用化学合成的肥料、农药、生长调节剂，例如膨大剂、甜蜜素等，也不采用基因工程生物及其产物，而是遵循自然规律和生态学原理，采取农作、物理和生物的方法来培肥土壤、防治病虫害。这也意味着相较市场上普通果农，我们果品生长期更长、个头更小、成本更高，但品质更优。我们坚持做优质产品，让顾客吃得放心。

员工满意才能推动企业更好地发展，我们务实关心帮助员工，营造大家庭的氛围，为员工购买保险，保证务工时间，每月最低工资 2000 元，节假日发放福利等。

我们勇于承担社会责任，追求社会满意，给社会带来积极意义的企业价值。合作社位于全国贫困县，脱贫攻坚工作是全县工作重中之重，为此我们也希望贡献自己的力量。我们合作社目前与 40 户贫困户签订帮扶合同，采取多种模式帮助贫困户脱贫：一是就业模式，把贫困户进行集中培训，根据合作社用工需求，安排贫困户在我合作社务工，并每天支付 80 元工资，对掌握技术好的贫困户，合作社签订长期合同。二是资金入股模式，贫困户将扶贫政策内贷到的贴息贷款资金作为股金入股到合作社，每股一万元，前三年合作社保底分红，每股每年不低于 1200 元，三年后根据合作社效益，增加分红金额，合作社帮扶的贫困户在 2019 年底将全部脱贫。此外，利用团队优势对当地农产品进行包装、文案设计，在线上线下同时进行销售，解决农产品滞销问题。在此之前含田村的大部分年轻人外出务工，村里只留下老人和儿童，村子就快变成了"留守村"，合作社提供家门口的就业让 40 个家庭团聚在一起，让老人感受到了儿女的孝，让孩子感受到了父母的温暖。同时希望通过我们的努力让更多年轻人可以留在含田村，唯有乡村产业兴旺了，才能从根本上解决农村"空心村"社会问题，走上可持续发展道路。企业发展的同时，也注重保护环境，结合旅游建设了光伏发电长廊；为了保证食品安全，我们有机种植，保护土壤，致力于可持续发展。

将近三年的创业，让我成长了很多，体会到了生活的不易，也感受到了成功的喜悦和生活的多姿多彩，也意识到肩上的社会责任，这也许就是创业的魅力。拥有梦想的大学生比比皆是，付诸实践的却不多，而创业成功的更是凤毛麟角。我知道未来的路绝非坦途，需要在创业的路上不断探索前行，需要积累更多的知识财富，需要付出更多的辛勤和努力。创业是一个充满挑战的事情，而喜欢挑战的我愿意逆风而行。★

（江西省高等院校毕业生就业工作办公室供稿）

婉拒20万年薪回乡创业

——南昌大学王家超事迹

王家超，男，1992年出生，江西省万年县湖云乡人。2011年9月，王家超考入南昌大学共青学院，就读于国际经济与贸易专业，在校期间通过网上销售男鞋，完成原始资本积累（月净利10万元）。2015年3月，王家超在家乡万年成立江西超欣电子商务有限公司，注册资金200万元。

大学期间，除完成学业外，他卖过手机，组装过电脑，出租过自行车，搞过培训。一次偶然的机会，他成为了一名淘宝客服，做了半年后，熟悉了淘宝规则、权重等概念。大二上学期，王家超辞掉淘宝客服的工作，自己开了一家网店，卖各种款式的运动鞋。开网店所需的1万元启动资金，全部是他自己赚来的。由于白天要上课，王家超的网店只能晚上去打理。尽管这样，经过辛苦的经营，网店也开得很顺利，销售量好的时候，一个月有四五万元的利润。其实在校创业王家超同学也遇到了许多麻烦和阻力，其中最主要的是家长的反对。他也曾按照父母的愿意，在大四时参加了外省一家信用社的招考，经过笔试、面试，他被成功录取，但他选择了放弃。他在2015年接受记者采访时说"父母希望我有份稳定体面的工作，但我想如果连这些阻力都无法突破的话，创业只能是停留在口头上了。"

通过另一件事也可以看出他自己创业的决心。由于看中王家超出色的产品推广能力以及在电子商务领域的丰富经验，杭州一家电子商务公司欲以年薪20万元的优厚报酬聘请王家超，却被他委婉拒绝了。他对记者说："我想闯一番属于自己的事业，体会创业给我带来的快乐和成就感。每个人都有自己的理想，让我每天按部就班地上、下班，家里、单位两点一线地生活，我很难接受。年轻人就应该有梦想，就应该不断地去追求。"

2015年3月份他用在大学里赚的钱，再加上贷款，总共筹集了100万元资金，创立了江西超欣电子商务有限公司。之所以成立电子商务公司，是因为他通过自己创业的经历，认识到电子商务是大势所趋，开实体店，租金等成本很大，对于刚起步创业的他来说，做电商更切合实际。一开始，公司主要是在淘宝网等网站上销售化妆品，由于王家超的努力，及时推出年轻人喜欢的产品，且保证产品质量，引来了不少回头客。王家超对运营网店有着自己的心得，懂得如何推广自己的产品，销售情况一直很好。公司成立才短短几个月，销售额就突破了百万大关。看着王家超做得有模有样，业绩也很好，父母也从一开始的不理解、不支持，到后来全力支持王家超的事业。在很多大学毕业生为找工作而忙碌时，他已经是年营业额过百万的公司老总了。但他目标不止于此，销售的品牌、货源都在别人手里，无论做得多好，最多只是一个优质的代理商罢了。因此，之后他又注册了万年荣升电子商务有限公司，以自主创新、自产自销，线下体验、线上销售的模式专营眼镜，希望在网上创立属于自己的眼镜品牌，也随之行动注册了眼镜品牌 eyefans，并到杭州、鹰潭等地考察眼镜市场。每次出去考察，王家超都是只身一人，创业的艰辛自己承受。他的信念是“没有谁能一步登天，只有不断努力，脚踏实地，慢慢积累经验，成功才会来临！”

从他 2012 年在校创业到 2019 年，经过 6、7 年的发展，目前公司租用的写字楼里的办公场所从当初的一间 50 平方米左右的办公区，七八名员工，到现在已达 1400 多平方米，直接员工有 100 多人。今年他计划将公司整体搬迁至杭州，主营业务除了传统电商之外，业务已经拓展至“合作＋代理”的微平台模式，在与国内知名公司的合作中，积极承接服务外包业务，例如美的集团的“天猫生活旗舰店”“天猫自营旗舰店”“美的天猫旗舰店”的全部外包服务。同时公司还涉猎其他行业，例如职业技能培训和劳务派遣业务，并且随着公司业务规模不断发展壮大，下一步准备参与资本运作相关金融活动。

创业的成功不是一蹴而就的。创业毕竟不是儿戏，一旦失败，耗费的不仅仅是金钱，还有宝贵的青春。

以此告诫所有的创业年轻者。★

（江西省高等院校毕业生就业工作办公室供稿）

桃子的小屋

——南昌大学陶予琦事迹

陶予琦，女，1993年出生，2012级财务管理专业，2016年6月本科毕业，同年保送南昌大学MPACC专业攻读硕士学位。曾获南昌大学经济管理学院学生之星、南昌大学优秀校友特别贡献奖、南昌大学十大魅力人物、南昌大学优秀毕业生等荣誉。现任江西丹红商贸有限公司董事。

“桃子的小屋”是在大健康背景下，以药食同源、翡翠文玩、茶道艺术等中国传统行业为基础，结合互联网，以专业化、综合化、文艺化经营为特色，以打造研产销一体化的大健康产业链为发展方向的大学生创业项目。该项目由陶予琦和其他7位联合创始人于2014年启动的。2014—2017年，“桃子的小屋”团队自主开发、创新、创意、设计、包装、推广的产品达1600多种，均属于涉及药食同源、滋补品、茶品、文玩翡翠等大健康相关领域。陶予琦于2015年4月在南昌工商局注册成立江西丹红商贸有限责任公司，公司注册资本500万元。同年，申请注册“桃子的小屋”商标，团队确立方向为大健康产业，主营各类大健康产品。

“桃子的小屋”项目曾获“创青春”挑战杯省赛铜奖、江西省青年科技创新产业组优秀奖等荣誉。起初，她们主要在校内售卖所代理的野生蓝莓系列产品。后来由校园市场逐步扩展，将野生蓝莓推广至南昌市超过300家各类实体店中，在水果连锁店、精品店、会所、餐厅、特产店、食疗养生坊等消费场所均有分布。公司在成立后短短三年内，年营业额已突破千万元。同时，依靠研产销一体化优势，在南昌、武汉、兰州等地开设多家品牌连锁专卖店，直接或间接带动百名大学生创业或就业。

公司创立以来，陶予琦与她的团队沉着应对每一次挑战并取得了骄人的成绩。三年时间里，“桃子的小屋”项目受到江西省广播电视台、江西省教育电视台、网易新闻、新浪江西、江西日报社、今视网、江西省教育电视台等多家媒体的关注和报道。该项目于2016年在南昌大学汇智创客空间接受了时任省委书记鹿心社的视察，同时还受到教育部中国下一代教育基金会职业发展教育专项基金秘书长、北京启航致远教育科技有限公司董事长、全国大学生职业生涯规划教育的知名专家王少浪老师的赞赏和好评，其中四号店有幸接待了王少浪老师的光临指导。2017年10月23日，“桃子的小屋”团队孵化的新项目“小铃铛文创馆”在江西省第四届“大创课”中获得冠军。

作为主要创始人的陶予琦更是用她的细致、勇气、汗水收获了大众好评。2015年04月10日，陶予琦作为90后特邀嘉宾，在由省国资委、省教育局、省广播电视台联合举办的首届“江西省首届大学生创业公开课”中分享创业经历，获封“创业榜样”称号。2015年7月，受江西省广播电视台与洪大集团邀请，在“庆祝建党94周年暨‘七·一’表彰大会”上介绍大学生创业历程与“桃子的小屋”项目。2017年“五四”期间，陶予琦有幸作为江西省优秀青年代表，以一篇题为《心怀梦想，砥砺前行》的报告，与时任省委书记鹿心社面对面汇报项目发展情况。2018年“五四”期间，陶予琦作为江西省高校青年师生和团干代表与省委书记刘奇面对面座谈。

于她而言，种种荣誉也不及一份对母校对社会的回馈所带来的快乐重要。她的项目“桃子的小屋”在南昌大学发起“桃子的小屋——爱心你我他”义卖活动。义卖善款用于扶助校内十余名贫困学子，义卖事迹受到今视网的采访报道。2017年伊始，“桃子的小屋”着手打造线上原创健康课程“桃子的小屋·养生大讲堂”，半年来吸引了超过20万人次的收听。她现在积极打造“桃子的小屋·爱心义教课堂”公益教育平台，免费为中小学生做课外辅导和学科素养培训。她更是请来医学院教授对内部员工进行培训，并录制好了培训课程，每天晚上8点在她的公益教育平台上准时播放，课程是免费的，大众可以线上学习茶艺、养生等健康课程。她希望通过她和团队的努力可以将健康产业越做越大，让养生、大健康成为新时代的代名词。★

（江西省高等院校毕业生就业工作办公室供稿）

不负芳华，追梦之旅

——江西中医药大学辛晨事迹

辛晨，一位外表温婉美丽、内心坚毅执着的湖北女孩。2011年，她以优异的成绩被江西中医药大学音乐治疗专业录取。2015年毕业后，她将所学专业知识创新性地融入于儿童素质教育，在武汉创办儿童素质教育机构——“易学国际教育”。几经努力，现如今她所创办的“易学国际教育”已发展成拥有2个校区，每年近500位入学儿童，年教育产值达600万元左右，在当地具备一定影响力的儿童素质教育机构。她的成功离不开母校的培养和自身的奋斗、坚持与探索，更映衬出江中人惟学擅思、坚韧不拔、敢于拼搏创新的精神。

“惟学、擅思”，勤学本领励志投身儿童教育

辛晨说：“我现在所取得的每一点成绩都得益于母校的培养，得益于和音乐治疗专业的结缘。”她的带班陈老师回复说：“我赞同你的观点，但这更是靠你自己坚持不懈的努力打拼出来的结果，一如你当年百折不挠成功考上我们学校的音乐治疗专业一样。”她笑着回答：“如果让我重新选择，我还是会这么做”。

2011年9月，对于辛晨来说是一个幸福的时刻，她如愿以偿来到江西中医药大学音乐治疗专业就读。美丽的校园，丰富的专业知识课程，多彩的校园文化，处处都吸引着这个来自湖北的美丽女孩，也更加夯实了她当初选择“江中”、选择音乐治疗专业的初心。“江中，爱你没商量”成为她刚入校时最喜欢念叨的一句口头禅。学习之余，她喜欢参加学校组织的各类创新创业培训和实践实训活动。沉醉于其中的辛晨逐渐发现自己貌似柔弱的“小身板”内其实蕴含着一股特别能“折腾”的能量，而校园里那浓厚又激情四射的创新创业氛围也成为了她萌生创业梦想的催化剂。大一期间，辛晨在老师的引导下结合自身的特点开始尝试着做起了微商。或许是得益于经常“游走”于学校各类实践实训活动的缘故，辛晨做起微商来不仅思路开阔，对客户需求的把握也非常精准。再加上她优秀的沟通协调能力，她的客户们自然而然地就逐渐变成了她的微商“粉丝”。一个学期下来，她做微商的收益居然就能实现她一个学年在学费和生活费方面的自给自足了。虽然初次创业就让辛晨品尝到了成功和收益所带来的喜悦，但喜悦的背后她总觉得少了些什么。随着内心的沉淀，她开始慢慢冷静下来思考自己人生的意义，思考当初选择音乐治疗专业的初衷。

而就在此时，学校针对不同专业开设的“专业见习”开始了。在一次“特殊儿童音乐治疗干预”见习活动中，辛晨接触到一位语言功能障碍性损伤的孩子；辛晨在专业老师的指导下对这位小患者进行了为期1个月的“音乐治疗干预”后，小家伙居然可以和她做一些简单的词语交流并且还能哼唱一些简单的歌曲了。而恰恰就是这样一段或许让很多人觉得平常不过的见习经历却深深地触动了辛晨。小患者天真的笑脸和不那么入调的歌声以及孩子母亲眼里所洋溢

出的“憧憬”之情在辛晨的脑中久久萦绕。至此，要结合所学专业投身儿童教育的想法便扎根在了辛晨的心里。

“求强、求精”不负韶华开启创业之旅

2015 年，辛晨一毕业便去了广州并顺利就职于当地的一所儿童教育培训机构开始了她的“寻梦之旅”。工作不久，她执教中所体现的新颖的教育方式、扎实的专业知识和创新能力便得到了孩子和家长的高度认可。闲暇之余，她还在自己总结的儿童素质教育实践经验的基础上，结合音乐治疗专业知识自主研发出一套培养孩子学能的心智课程，并被当地的多家妇幼保健医院纳入儿童心智康复类推荐课程，而这套课程一经推出便得到了受教儿童和家长们的一致喜爱。一年下来，辛晨卓越的执教成效和业绩得到了孩子家长和就职单位的一致肯定。而就当大家都在为事业上蒸蒸日上的辛晨感到欣慰和祝福她的时候，她却做出了一个让大家都始料未及的决定——她要回武汉创业。

2017 年过年期间，回湖北老家探亲的辛晨在与亲友聊天时了解到武汉不少的儿童教育机构教育观念落后，教学水平良莠不齐，甚至个别教育机构因教育方法不当反而导致孩子出现心理问题。了解到这些情况后，辛晨经过一段时间的可行性论证和认真考虑之后毅然决定回武汉创办一所能表达自己教育理念的儿童教育机构。

2017 年 4 月，辛晨回到了武汉筹备创业。她一边对武汉当地儿童教育环境和市场情况进行实地调研，一边结合当地实际情况完善和调整她之前研发的心智课程。在这期间，她也遇到到过不少困难，经历过不少挫折，也曾怀疑过自己当初回乡创业的决定是否正确。而每当时，老师们、亲友们对她的期望、鼓励和支持支撑着她咬牙一路坚持。在经过为期一个月不间断地试课、实践总结、教育方案修改、再试课之后，她最终摸索出一套即符合当地儿童教育特点又能很好地表达自己儿童教育理念的教学模式，还来不及拂去满身疲惫的辛晨带着对未来美好憧憬立马开始着手推广。但让她始料未及的是，花费了诸多心血摸索出的教学模式在推广初期却并未像预期的那样被多数儿童家长所接纳和理解。不少家长并不明白揉入于受教课程中的音乐治疗是什么，起什么作用；更质疑对心智正常的孩子进行早期心理干预的意义。

面对这样的情况，辛晨并没有气馁。她一方面耐心细致地引导家长开展对儿童教育心理学、音乐治疗学专业等方面知识的认知，一方面依靠受教儿童不断向好的表现来改变那些当初心存疑虑的家长们的想法和看法。慢慢地，许多家长都从当初的抵触到接纳再变成了充分信任。在家长们的口口相传下，“易学”迎来了一批又一批主动上门求教的孩子，“易学”也逐渐成长为了家长心目中的“明星”教学机构。不光如此，一些之前因“问题孩子”而饱受困扰的家长在感受到孩子在“易学”的帮助下所产生的巨大进步后居然成为了“辛老师”的“死粉”并毅然决定作为合伙人和与她一起投身儿童教育发展事业。

不忘初心，筑梦理想一路前行

“易学”在辛晨的带领下、团队老师们的共同努力下，一批批在“易学”成长起来的“易学宝宝”们不光在言语表达、行为能力、心智度等方面的表现得到了大幅提升并且都以较大优势的

前提下被武汉外国语小学、武汉市育才小学等当地一些著名的小学录取。取得成功后的辛晨常作为“易学儿童教育模式开创者”的身份应邀到武汉电视台、武汉广播电台等知名媒体进行儿童素质教育经验介绍和推广;同时,“易学”也作为合作单位与武汉大学研究生创业基地、武汉军区幼儿园、武汉妇幼保健院等单位签订了师训协议共同开展儿童教育发展的探索。随着“易学”的不断成长和壮大,包括她的师弟、师妹在内的越来越多的优秀大学毕业生和社会有志人士被吸引到“易学”教育团队中共同推动儿童教育事业的发展。

经历了风雨才能见得到彩虹,此刻的辛晨更加想念自己的母校,想念一路走来引导、帮助和支持她的老师和亲友们。她为自己来自“江中”感到骄傲,为自己能为音乐治疗专业的推广和发展贡献一点力量而感到骄傲。近日,她的带班老师问她:“作为女孩子,你原本可以更加优雅和娴静地生活,干嘛非要这么折腾!”她说:“这或许才是真正的我,现在所做的才是我真正想做的事,我从未对自己选择的道路而后悔,不管是之前,还是现在,或许就像某位名人说的一样——我们所做出的最艰难的决定,或许最终会成为我们做过的最漂亮的事。”★

(江西省高等院校毕业生就业工作办公室供稿)

河南

★

双创绽芳华，扶贫显担当

——河南科技大学曹君娴事迹

曹君娴，女，1998年出生于河南南阳，2016年至今就读于河南科技大学法学院法学（卓越）专业。现任河南科技大学校学生会主席，河南曹氏百川现代特色农产品股份开发有限公司董事长。进入大学以来，她始终保持严谨求实的学习态度，刻苦钻研、不断奋斗，学业成绩一直在本专业名列前茅；始终保持踏实肯干的工作作风，勇于探索、认真负责，始终将“一切为了同学，求索完善自我”作为工作信条；始终保持敢为人先的开拓精神，将“创新、创业”的双创精神融入到大学生活中，推动校企合作，成立联合实验室，将产学研用落到实处；始终保持勇于担当的优良品格，响应国家乡村振兴战略，以企业为平台开展芃麦计划，在服务乡村振兴、脱贫攻坚、大学生创新创业等方面发挥了积极作用，直接带动当地400多户贫困户稳定脱贫，为大学生带来600多个就业岗位。一分耕耘一分收获。曹君娴主持的项目“芃麦计划”获第四届中国“互联网+”大学生创新创业大赛银奖，获2018年“创青春”全国大学生创业大赛银奖。这是她个人在创新创业领域的突破，是河南科技大学历史性的突破，更是河南省在全国“创青春”大学生创业大赛的突破，同时也是河南省唯一同时荣获“互联网+”、“创青春”两项国赛荣誉的本科在读学生。青春不息，奋斗不止，在创新创业中绽放青春芳华，在脱贫攻坚中彰显责任担当。

勤学慎思，勇于实践，开启巾帼卓越路

正心诚意，厚植卓越根基。河南科技大学法学院是河南省首批卓越法律人才教育培养基地。2016 年入学之初，她凭借优异成绩，通过选拔进入卓越班，从此开启了她“卓越”人才的成长之路，勤学慎思，勤勉上进、成绩优异、名列前茅，通过国家英语四级考试，获得校级奖学金。

注重理论与实践相结合，不断拓展和提高自身综合素质，全面提升个人能力。从班级团支书到河南科技大学学生会主席，卓越的工作能力和踏实的工作劲头一直被老师同学称赞。先后获得“优秀团员”，第七期青年马克思主义者培养学院明德班“优秀学员”、河南科技大学学生会“优秀个人”、河南科技大学“优秀学生干部”“模范团干”“优秀青年志愿者”等多项荣誉。作为河南科技大学近 40000 名本科生的学生领袖，巾帼不让须眉，心系全校学子，她带领校学生会披荆斩棘，勇往直前，在最美的年华里，走出了属于自己的巾帼卓越路。

双创引领，产学研用，破局公司发展棋

尚新务实，铸就双创传奇。2016 年 9 月，她同时拥有了河南科技大学学生和河南曹氏百川现代特色农产品开发股份有限公司董事长的双重身份，充分发挥大学生创新创业的优势，推动校企合作，致力于科技创新。开始书写了一个 90 后“面二代”对家族生意的破局、创新与发展的故事。

她开始三步走战略，带领公司发展。第一步调整公司战略方向，推动企业转型，从面粉加工厂发展到现在农产品深加工企业。第二步落实产学研用，为企业注入原动力，推进与河南科技大学食品学院等多所高校合作，成立联合实验室，为企业注入原动力，达到校企共赢。第三步延长生产链，创新公司产品。首创将多种食材与挂面相结合，研发出使用六种食材、适用六大人群的六味挂面，这种挂面不仅口感好，而且具有降低血脂、保护视力等多种功效，一上市就成为爆品，并申请了国家专利。

她带领企业从 1 到 10，从 10 到 100，从未止步。获得了专家认可和客户口碑的同时，公司荣获中国著名品牌、农业重点龙头企业等多项荣誉。公司目前已拥有 6 家直营店，33 家经销商，产品不仅在当地及周边地区非常畅销，而且已销往江苏、深圳等地。2017 年全年主营业收入增至 2800 万元，同时曹君娴带领企业在新四板挂牌上市。2018 年至今，营业额已经超过 2017 年全年营业总额，成功突破 3000 万元。同时企业已成为学校科技成果转化基地、教学实践基地和大学生创新创业基地。

曹君娴主持的项目“芃麦计划”，在第四届中国“互联网＋”大学生创新创业大赛中拿下银奖，在 2018 年“创青春”全国大学生创业大赛河南省赛中获特等奖，同时作为代表在闭幕式上公开路演，获得省内领导的肯定。2018 年 11 月上旬她又一次代表河南省站在了国赛的领奖台，获全国银奖。

除此之外她还荣获河南科技大学创新创业优秀女大学生，河南科技大学第二届大学生创新创业标兵，河南省第二届“河南最美大学生”，2018 年全国大学生创业英雄 100 强等多项荣誉。她的事迹也先后被河南卫视、人民网、河南日报网、河南省教育厅网、省妇联等 10 余家媒体报道。

扎根基层，助力扶贫，谱好乡村振兴曲

匡业济贫，胸怀赤子仁心。曹君娴出身农民，农民的贫困她从小看在眼里，记在心里。自

她进入大学之后，以企业为平台开展“芃麦计划”，助力精准扶贫，彰显社会责任。中央一号文件提出的乡村振兴已经上升为国家战略，同时河南唐河政府开展“百企帮百村”活动，曹君娴作为企业的负责人，扎根于农村基层，通过种植和收购两个方面推动农企合作，带领农民脱贫致富。

在农作物种植上，邀请专家指导农民科学种植，同时开展理论实践课堂。在收购上，曹氏百川公司与农民签订合同以高于市场价 0.1 元的保护性价格收购农民种植的小麦。目前，投入扶贫的资金已经超过 500 万元，贫困户通过种植最高每年增收 10000 元。点点滴滴的付出，让曹君娴在当地群众中赢得了好口碑。

“当代大学生的创新创业不能只为自己着想，要投身于最基层人民群众的生活之中”，曹君娴如是说。

每位农民对她肯定的背后不仅代表着她的每一次付出的辛勤汗水，更是她致力于乡村振兴、践行于助力出彩中原努力的回报，谱写了一曲乡村振兴的新篇章。

千年帝都，人才辈出，曹君娴以自己丰富多彩的大学生活诠释着青春的意义，为这炫彩中原添加了一抹绚丽的色彩。我们也更加期待她未来的表现，我们也始终相信她未来会正如本人所说的“虽千万人吾往矣，我要的生活没有捷径，我应当在大学生涯中，做心中所想。”

曾获荣誉：

1. 国家级奖项、荣誉：

2018 年全国大学生创业英雄 100 强

第四届中国“互联网＋”大学生创新创业大赛银奖

2018 年“创青春”全国大学生创业大赛银奖

2. 省级奖项、荣誉：

第二届“河南最美大学生”称号

第四届“互联网＋”大学生创新创业大赛一等奖

2018 年“创青春”河南省大学生创业大赛特等奖

中国著名品牌、农业产业化省重点龙头企业等

3. 市校院级奖项、荣誉：

河南科技大学创新创业优秀女大学生

河南科技大学创新创业标兵

河南科技大学“优秀团员”

河南科技大学“优秀学生干部”

河南科技大学“模范团干”

河南科技大学学生会“优秀个人”

河南科技大学法学院“优秀青年志愿者”★

（河南省教育厅学生处供稿）

创造农村，服务农民

——河南农业大学王智豪事迹

王智豪出生于河南省禹州市的一个偏远农村，2008年以专业第一名成绩考入河南农业大学经济与管理学院农村发展与管理专业学习（该专业是全国唯一的“村官专业”），2013年以专业第一名的成绩考取河南农业大学经济与管理学院农村与区域发展专业硕士研究生。

扎根农村（摸爬滚打在基层，服务乡村记使命）

2011—2012年在豫南山村担任大学生村官，曾资助贫困失学儿童入学，帮助当地农民解决白菜滞销难题。

2012—2016年在河南农业大学转变农业发展方式综合改革（民权和方城）试验区从事科学试验、校地合作联络、自主创业等工作，主要做温室和露地蔬菜及果树的种植及相关技术推广服务，先后种过20余种瓜果蔬菜，形成10座日光温室＋40余亩露地蔬菜＋71亩果树的适度规模经营，成立了家庭农场和农民专业合作社各一个。

2013年底—2016年初，在省内一家大型农业科技园做技术，并担任中高层管理岗位。

2014—2016年12月，在郑州市区创办两家农业公司，主要从事家庭园艺、水果微商、草莓高山育苗以及农业技术咨询、农业项目申报、农业园区规划等业务，在新郑市新村镇建有浆果产业示范基地。

2016年12月—2018年10月，成立河南科美乐农业科技有限公司，并在中牟县和荥阳市建设了现代化的草莓工厂化育苗基地。

2018年10月至今进入快速发展轨道，与各地产业扶贫相结合，在全省布局了多个草莓产业示范园区。

献身农业（瞄准产业弊病，改造传统农业）

自2013年开始，创业团队就发现草莓产业作为新兴的浆果类水果，未来随着社会经济水平的提高，人们对常规大宗水果的消费会升级，对农产品的质量安全会越来越重视；另外又发现草莓市场行情非常好，但当今的草莓产业存在着种苗质量差造成死苗严重，莓农种植技术参差不齐，从业者老龄化，生产方式粗放，农药使用频繁，化肥过量使用，品种更新速度慢，配套栽培设施落后等问题，于是团队将主营业务聚焦为草莓育种、工厂化育苗和高山育苗、立体无土栽培、水肥一体化农业物联网工程。

创业团队自组建之初就非常重视现代农业人才的引进和培养，如今核心团队成员以各知名农业院校的硕士、博士为主，专业涉及园艺、植保、农机、设施工程、分子生物、土壤肥料等，使

得公司的生产、销售、研发等各环节人才济济，为公司向科技型企业迈进打下强大的人才基础。

公司目前在技术力量上，依托于河南农业大学、中国农科院郑州果树所、河南省林科院等科研院所的支持，做好科技成果转化与产学研合作；在基地运营上，采用“公司＋基地＋农户”的农业共赢制模式，与产业扶贫政策相结合；在物化产品上，与生物防治公司、水溶肥生产企业、温室工程公司相结合，把优质资源整合为浆果产业服务所用。

公司还在积极筹备成立河南省浆果产业研究院，整合各科研院所专家建立科美乐顾问团队，目前已聘请河南省大宗蔬菜产业技术体系首席科学家王吉庆教授、河南省级特聘教授河南农业大学植保学院张猛教授、河南农业大学园艺学院蔬菜系主任胡建斌教授、河南农业大学园艺学院果树系主任郑先波教授、河南省知名农经专家河南农业大学经管学院吴一平教授等作为公司的发展顾问，组成最强农业科研与推广战队。

初有成效(助力产业扶贫，投身乡村振兴)

1. 成果专利。目前公司围绕草莓配套的栽培设施设备和基质有机肥已申请实用新型专2个，发明专利2个，投资建设了河南省为数不多的现代化草莓组培脱毒实验室。

2. 带贫就业。公司积极承担社会责任，参与农村产业扶贫和乡村振兴战略，创造大学生就业岗位26个，吸纳农村贫困户就业60余人，采用订单回收形式带动新型职业农民创业发展草莓合作育苗产业扶贫基地8个，年生产销售草莓基质苗300万株，裸根种苗800余万株，生产基地遍布睢县、新密、镇平、禹州、洛阳等省内多个地区，销售市场覆盖全国20多个省份。

3. 行业地位。公司最早在河南省开展草莓的工厂化育苗、高山育苗和冷藏育苗，最早进行立体无土栽培技术推广，最早进行省力化轻简化栽培技术的推广，最早应用农业物联网技术进行园区的生产管理。团队主要成员近年来参与申报了郑州市草莓工程技术研究中心，参与发起成立了河南省草莓协会，成功申请了国家级星创天地“河南浆果星创天地”，公司草莓育苗基地被评为“河南省现代农业产业技术体系草莓产业示范基地”和“河南省大宗蔬菜产业技术体系首席专家工作站”，睢县基地到2019年7月份即将建成河南省标准最高的草莓产业示范园，建设了适合本地气候特征的新型温室，汇集50多个草莓品种，采用最先进的立体无土栽培栽培模式，应用最新技术成果，届时会成为中原地区的“草莓硅谷”。

4. 所获荣誉。草莓工厂化育苗项目先后获得了“挑战杯”大学生创业大赛河南赛区特等奖、“互联网＋”创业大赛河南省金奖、郑州市优秀创业项目等荣誉。王智豪个人荣获河南农业大学十佳创业标兵、河南省广播电视台新农村频道特约草莓专家等荣誉称号。★

（河南省教育厅学生处供稿）

互联网＋农业，助农民增收

——河南科技大学吴迪事迹

吴迪，中共党员，2009年计算机专业本科毕业，2015年河南科技大学工商管理硕士毕业，现任洛阳市中科农村电商专业合作社理事长兼国家乐活星创天地（智慧乡村综合服务体）执行主任。

2009年他响应大学生返乡创业的号召，在洛阳伊川江左镇建设示范基地1500余亩。2018年他践行乡村振兴战略号召，在八个省份建立小康农民讲习所——智慧乡村综合服务体，并将历时8年研究的农村生产关系数字化理论付诸实践，探索出“ERS5.0数字化生产众创体系”，实现了农民简单培训7天就可以在各地种出相同品质的农产品。这种“零经验、容易会”农产品栽培解决方案，让20万农民受益。

如今，他主持和参与省市科技项目10余个，申请国家授权专利50余项。小康农民讲习所正在洛阳伊川、汝阳、洛宁，省内信阳、焦作，省外四川、山东、广东、海南、贵州等多地推广应用，累计培训智慧农工5万余人次，带动1500余名农工创业就业，人均增收24180元，仅伊川小康农民讲习所，帮扶113户贫困户实现脱贫。

2016年4月，汪洋副总理来视察时这样评价道：“你们已经实现数字化了，这就是‘互联网＋农业’，这就是智慧农业，现代农业。”他的事迹与模式被《人民日报》、《农民日报》、《中国青年报》、中央电视台、《新京报》等媒体多次报道。他先后荣获全国五一劳动奖章、第四届中国“互联网＋”大学生创新创业大赛金奖、河南省第二届大学生创新创业标兵、中国农村青年致富带头人、中国青年创业奖创业先锋奖、河南省青年五四奖章、CCTV2015年十大三农新闻人物。

成立小康农民讲习所，打造乡村振兴人才聚集的阵地

吴迪长期扎根在农村，深知“乡村振兴，人才是关键”。要让更多青年返乡，关键就是帮助农民增收。增加收入的方法就是为农民提供创业和就业的岗位。经过3年的探索与实践，小康农民讲习所形成了“集体经济众创化生产、农民技能化培训、产业数字化运营”的发展模式，打造出“小康教育计划、集体农业计划、集体工业计划、校企众创计划、健康下乡计划”五大特色计划，形成“1个阵地＋5朵金花”的乡村基层阵地解决方案：教育金花——小康大讲堂；农业金花——星创天地农民众创平台；工业金花——智慧农工服务站；科技金花——乡村振兴农业专业化众创空间；健康金花——幸福家健康屋。

小康农民讲习所开展新型职业农民培训，重点培训农民创业者的数字化管理技能和标准化生产技能。目前已累计培训农民5万余人次，带动1500余名农民创业就业，人均增收24180元。所培养出的大批技术能手，在农业生产技术比拼大赛中，单棚最大产值纪录为10.2万元，平均产值也达到4.5万元/棚，领先行业平均水平60%，让农民创业者提高专业能力，提

高收入水平。

2018 年 6 月 12 日，习近平在山东考察时指出："农业农村工作，说一千、道一万，增加农民收入是关键。"搭建乡村阵地，让更多产业和懂农业的专业人才汇聚在这里，才能更好地帮助农民掌握技能获得创业和就业机会，农民才会富有，农村才会更美，乡村才会振兴。

开展科技下乡让农业插上翅膀，让农民增收更简单

吴迪认为乡村振兴与扶贫的关键在于农民增收，目前农民收入低是因为缺乏技能，很多技能需要累计 5～10 年的经验，才能做出市场容易接受的产品。他将历时 8 年研究的农村生产关系数字化理论付诸实践，探索出"ERS5.0 数字化生产众创体系"，这种"零经验、容易会"技术方案，把农业和工业生产的复杂流程，优化成 960 种农民都能理解的动作，通过培训，把农民培养成智慧农工，安排进入农业产业园和电子产业园中，农民"0"经验就可以生产高品质的农产品和电子产品，让农民增收变得简单。

在农业中：智慧农工只需要在小康农民讲习所培训 960 种简单动作，类似于"用 8 号生物肥料 1 袋，兑水 150 斤，大棚半通风，叶片留 3 片，花留 3 朵"这样的动作标准，就可以种植出高品质的农产品。物联网系统对生产过程进行 1583 数据的监督，保障产品品质。现在的在生产技术层面需要控制的品质与安全，已经全部融入动作指令中，使广大职业农工对高品质产品的种植过程一目了然，从而实现职业农工"0"技术种植高品质农产品。科技在农业中的应用，加快了农民增收的步伐。

在工业中：每一个工位就是一道完整的流程，农民通过 7 天的标准动作培训，只需要学会 200 余种简单动作，就可以成为智慧农工，完成电子厂内所有工作。每一个工厂安排 150 个就业岗位，2020 年以前，将在河南建设 30 个工厂，实现 3000 个就业岗位。职业农工"0"技术生产电子产品，成了农民支持中国制造 2025 的一大亮点。

目前在吴迪的推动下，"ERS5.0 数字化生产众创体系"已让 8 万农户感受到数字农业带来的便利，累计为农民增收 9000 余万元。

乡村振兴，需要更多的科技做支撑。他带领"小康农民讲习所"与省市科研院所高校产学研合作，吸引来农业科技人才将新技术带到农村，牵头成立的"数字化栽培工程技术中心"将科技成果转化为可应用于生产的技术，为 500 余个农业经营主体服务，申请国家授权专利 50 余项，年创收 1.2 亿元，让 20 万农户享受到农业科技带来便利。

创新"集体经济众创扶贫"模式，助力贫困户增收

10 年的乡村创业，让他对农村充满了感情。在扶贫攻坚的战场上，他看到身边还有很多贫困户，他脑海里浮现出 2014 年 12 月 13 日习近平在江苏调研时说的话："要更加重视促进农民增收，让广大农民都过上幸福美满的好日子，一个都不能少，一户都不能落。"扶贫就是帮助农民增收的过程，他想要把他探索的模式拿到扶贫中试一试。2017 年 5 月，他带领小康农民讲习所推出"集体经济众创扶贫"方案，通过成立村集体经济合作社的方式，在 500 亩农业众创扶贫示范基地与扶贫车间中再现成效。

农业众创扶贫示范基地，帮助三个村100户贫困户实现“可持续性”脱贫。集体经济合作社将每2个大棚和10亩地作为一个创业单元，生产者为小康农民讲习所培育出来的智慧农工。运营者为讲习所培养出来的农业职业经理人。他们通过“ERS5.0数字化生产众创体系”进行农产品标准化生产。贫困户将1万元的到户增收资金作为股金投入创业大棚中。贫困户每年可获得3000元的保底分红，如果贫困户在示范基地创业，那么年收入可达26800元。

每个扶贫车间可以帮助80户贫困户实现脱贫，生产技术和销售由小康农民讲习所负责，通过培训把当地农民培训成智慧农工，满足工厂的150个工位需求，同时培养出一位厂长和4位副厂长，对工厂进行管理，保障工厂的有序生产。贫困户将1万元的到户增收资金，作为股金投入工厂中，通过集体经济的运营，贫困户每年可获得3000元的保底分红，同时智慧农工的人均年收入不低于23000元。

吴迪将经验进行复制，“集体经济众创扶贫”模式在洛阳伊川、嵩县、汝阳，省内南阳、商丘，省外四川、山西等地开花结果，带动1530余个贫困户的创业就业，创业空间规模达5万余亩。2017年6月，“ERS5.0体系在精准扶贫中的应用”项目已通过河南省科技厅审批，并在农业信息惠民项目中使用，“集体经济众创扶贫”可复制新模式由此诞生。吴迪相信这个模式将会成为星星之火，燎原在广阔的农村大地上。

吴迪认为，要完成乡村振兴这个宏伟目标，需要汇聚全社会的力量，更需要我们青年一代勇做新时代的追梦人。他坚信：“在这代青年的共同努力下，农村将成为让人幸福的天地，农业将成为令人向往的产业，农民将成为令人羡慕的职业”。为中国农业崛起，为1000万农民脱贫奔小康，他将不懈努力。★

（河南省教育厅学生处供稿）

从见义勇为英雄到扎根基层的乡村创业者

——黄河水利职业技术学院邢二朋事迹

黄河水利职业技术学院道路桥梁工程技术(铁路工程方向)专业2012级学生邢二朋,2013年5月18日下午,7分钟内3次跳入黄河,救起3名落水者。他先后荣获2013年度“中国好人”、全国五四青年奖章、感动中原十大年度人物、河南省见义勇为好青年等40多项荣誉。

2015年,临近毕业,多家公司给“红人”邢二朋抛来“橄榄枝”。邢二朋本着扎根基层的想法,毕业就到中铁十四局位于南京市的一个项目处报到,从此过上了天天钻山沟,与世隔绝的生活。“每三天工作两个小时,工资也不低,但我始终觉得不是我想要的生活。别人挤破头想进来,而我想出去。作为年轻人就要敢于折腾,能折腾。”工作47天之后,邢二朋毅然提出辞职,回到开封创业。但是创业之路并不像想象的那么一帆风顺,和许多创业者一样,邢二朋在创业初期也充满艰辛。作为刚出校门的年轻人,邢二朋及其团队一缺资金二没人脉,开拓市场全靠自己跑。无论刮风下雨,他们都骑着二手电动车满大街跑。为了省钱,也为了省时间,他们一天到晚都是馍蘸酱就白开水,只有业务有所进展时才会在晚上炒个白菜下点面条,再买瓶白酒小酌,算是改善生活。而就在此时,他的母校黄河水利职业技术学院,为了支持学生创业,专门设立了大学生创业园,在校生和毕业两年内的学生每年都可以通过PPT演讲的方式参加比赛,获得前9名的团队就能在创业园里免费办公一年,并免费提供电脑、电话、桌子等办公用品。邢二朋的团队就是在此次比赛中脱颖而出,而母校给予的帮助更加坚定了邢二朋创业的决心。他先是在开封做环保公司,因为经验匮乏,又缺乏后续资金投入,很快就宣告失败。接着又与朋友合作在鹤壁做进出口水果贸易,因为对市场把控不好,再次以失败告终。两次创业失败,使邢二朋陷入迷茫。在老家浚县“赋闲”的邢二朋感觉“抬不起头”,很长一段时间他都把自己关在家里,很少出门。

创业之路是崎岖而坎坷的,经历了磨难与失败,此时正处在低谷期的邢二朋,在共青团河南省委组织青年参观井冈山、延安等红色革命基地的旅行中迎来了人生的转折。早在2014年,作为黄河水利职业技术学院“邢二朋志愿服务队”队长的邢二朋,到登封市君召乡红石头沟的一个山村义务当大学生村官助理,帮助山区儿童提升学习成绩,资助孤儿生活费用,走访山村贫困人家,了解他们的生活方式、生活困难,辅助当地大学生村官完成13个自然村1800人的基层走访工作。这样的经历让参加此次红色之旅的邢二朋产生了扎根农村、再次创业的想法。

在朋友的帮助下,2017年4月,邢二朋带着一百多万融资回到浚县创业。他在县城西租了一个约900平方米的厂房,把村子里的中老年男人、留守妇女等劳动力集中起来,创办了“邢二朋袜厂”。

没有钱，袜厂的 80 余台机器全是二手设备，但丝毫不影响邢二朋干事创业的激情。他前后六次南下浙江，跑断腿，磨破嘴，袜子厂终于接到了第一单生意。

看似简单的袜子，生产起来却不容易。由于没有专业技术人才，浪费掉了很多棉纱；机器 24 小时运转，损耗率过高。“一直损耗着又不能停的情况下，第一单生意赔了一大笔钱。好在如期交付，才有继续合作的机会。”

之后，邢二朋转变思路，购进二手棉纱，转做内销袜。咬牙度过了 3 个月的困难期，袜厂生产形势逐渐好转，村民们手熟起来，袜子质量也得到了客户的认可，订单纷至沓来。“我个人利润很少，厂子每天能有个一两千的收入吧，够给乡亲们发工资就行。”

袜子厂之外，邢二朋与河南康德农业开发有限公司合作，为江淮汽车公司加工配件。“一些汽车配件必须依赖手工，我们把活儿拿到村子里，发到各家各户，做好后定期回收发给对方，结款后把钱分给大家。”

手工活儿盘活了村子更多的劳动力，邢二朋感到很高兴，这让他坚信“广阔农村大有作为”。最近，他又联合河南康德农业开发有限公司做一个“北极之光”项目，与河南姬家山、蒋家顶村合作开发旅游项目，带动更多人就业。

从农村到城市，再从城市到农村。别人一路往外走，邢二朋却一路往后退，退回到了生养他的农村。年少成名之际，不少人劝邢二朋“趁热打铁，提要求，讲条件”，邢二朋没有那么做，他要靠自己的力量去打拼。在他看来，人都有自己的活法，但是一成不变、得过且过的日子他过不下去。

2018 年，邢二朋袜厂为乡邻提供就业岗位 33 个，其中 13 个为残疾人，为浚县的精准扶贫工作做出了自己的贡献。邢二朋的先进事迹获得人民网、河南共青团和搜狐网等媒体广泛报道，并当选共青团十八大代表。当初的见义勇为英雄邢二朋已经通过自身的努力成为了一名扎根基层的乡村创业者。★

（河南省教育厅学生处供稿）

电商创业从实战到培训

——商丘师范学院翟尚珂事迹

我是信息技术学院的翟尚珂，身为电子商务专业的学生，深受学校创新创业新氛围影响，渐渐萌生了创业的念头。于是，在2017年3月，我就带着和我有一样想法的同学们，开始了我们的创业之路。在这个不断创业、不断成长的过程中，我们参加了不少的活动、比赛。其中，我参选了商丘师范学院第七届十佳应天学子，并在校期间担任电商运营中心主任，在自己创业的同时，还带领更多的同学加入创新创业的浪潮。此外，我还荣获2017年河南省创新、创意、创业"三创赛"二等奖，以及2016年中国国际华商节"优秀志愿者"的称号。与此同时，鉴于我在校内的创业表现，我个人获得了2016—2017年国家励志奖学金；所创建的公司于2017年获得商丘市青年创业者峰会"最具潜力企业"，在2017年"双十一"销售猴头菇饼干60多吨，因此受到了商丘电视台、商丘新闻网以及中国大学生网的报道。从2018年年初至今线上销售开封市祥符区花生80余吨，近日同开封市商务局合作销售通许县滞销莲藕20余吨，杞县大蒜60余吨。

大一时，我并不完全了解自己的专业，当时简单地认为电子商务专业就是网上交易。经过一学期的沉淀积累，加上老师的理论引导和实践引领，我逐步对专业有了深入的认识。在这个过程中，我明白了：电商平台不仅可以供学生进行理论学习，进行自主化管理，还更有利于积累实践经验，将理论实践进行深度结合。于是，我很快瞄准了对我的创业方向，立即着手组织实践，并开始了自己的创业之路。

大二下学期，我开始筹备创业立项。首先我组建了自己的团队，并带领团队创立了"墨客邦电子商务平台"项目，成立了商丘市墨客邦电子商务公司。2017年3月，该项目又顺利通过学校立项，入驻大学生创新创业联盟。一个月后，我和我的团队就已经在墨客邦APP上正式运营了网上超市；6月，墨客邦在学校建立了线下OTO体验店。至此，在短短的一年时间里，我们完成了立项、运营和线上线下的整套电商体系。最终，通过两年的学习和摸索，我顺利完成了从销售到发货一整条电商运营模式。

从底层创业琐碎而复杂，也出现了很多问题，但我们很快就选择了转向，我和我们团队转向通过墨客邦项目，在电商平台拼多多开了两个店铺"墨客邦食品专营店"和"墨客邦生活家居专营店"。在2018年"双十一"期间，我们的商业业绩获得了可喜的进展，仅仅六天时间里，我们接了 3 万多单，销售额达到了 53 万多元。

但是，电商平台前期投入要有一定的保证金，在有稳定货源的基础上进一步发展还需要建立几个购物面。于是，今年 9 月，我们公司入驻开封市顺河回族区汴东产业集聚区电商产业园。10 月，我又成立了另外三家公司：河南牵尚玖电子科技公司、河南澍人电子商务有限公司和河南有单电子科技公司。我也开始频繁往返于商丘和开封之间。周末，我在开封打理公司，周一到周五，在学校学习专业理论，晚上恶补作业。一边是学业，一边是工作，我尽量二者兼顾。

面对创业的艰难，最让我感到困难的是团队打造。刚开始，团队有 20 多个人。公司成立不久，由于面临货物送配、商业管理和资金融合等方面的问题，加之个人追求和选择的不同，很多人选择退出。公司成员最少的时候，只有 2015 级信息技术学院电商专业的崔凤丽一直在我身边。崔凤丽加入墨客邦就是为了更多地了解电商和自己的专业，从而积累实践经验，充实自己的大学生活。她决定跟我一起并肩作战。现在，我的团队人数已经达到 10 多人，规模还在逐步扩大，墨客邦现有 4 个店铺平台，学员实践平台共有 16 个。我计划在墨客邦 APP 上再开 8 个端口，以便进行电商创业实战培训。下一步，我计划在学校重新建设一个电商运营中心，并进行仓配一体化建设。

面对未来，我充满信心。“我们要把墨客邦做成一个培养人才的校园电商运营中心，还要把它做成一个更大的校园电商平台，更要带动更多的大学生科学、合理创业，培养更多的人去了解电商、加入电商。”我的目标是让更多的大学生参与，让更多的人进入自己的平台，为大学生提供了更多的工作岗位。因此，我坚信：“团队的力量是强大的，创业的力量是服务社会。”

大三的时候，随着我们实践的不断深入，对于电商创业有了新的认识。因此我们逐渐向于仓配一体化的运营模式的转变。这个运营模式即是：仓配一体服务旨在为客户提供一站式仓储配送服务。仓储与配送作为电子商务后端的服务，主要是解决卖家货物配备（集货、加工、分货、拣选、配货、包装）和组织为客户送货。这个运营模式，也使我们对于电商的发展趋势有了新的认识，并且通过这个运营模式，取得了一定的成果。

与此同时，在自己创业的过程中，我们还帮助在校生学习电商知识，我们大家一起创业。因此，我们就开始了电商培训的分享课程，让他们也可以了解更多的电商知识以及相关运营技巧，为他们的电商创业之路提供一定的指导。在大三的下学期，在电商培训方面，我们的培训受众不再仅限于在校大学生，还增加了不太了解电商的农户。如今，农村淘宝的市场很大，农户也拥有很好的产品，只是因为不太懂电商，无法将自己的农产品通过更多的渠道销售出去。因此，我们帮助他们了解更多的电商知识，将自己的农产品在网上销售，增加自己的销售收入。★

（河南省教育厅学生处供稿）

湖北

★

勇于创业的践行者，肩负责任的梦想家

——湖北科技职业学院赵家繁事迹

赵家繁，湖北科技职业学院在校生，接受了军队、大学的双重培养，7 年的创业经历，“全国大学生创业英雄百强”；“全国大学生创青春移动互联网专项赛事”国家级银奖、“‘互联网＋’创业大赛”湖北省银奖、“中国义乌电子商务大赛”优胜奖；湖北省人社厅、省教育厅、中青团湖北省委员会的“2019 年度湖北省大学生创业扶持项目”、湖北省科技厅的“大学生科技支撑计划”；520 万元风投的获得者；企业设立“助学基金”，定点援助农村留守儿童小学、孤儿院和养老院，多次被电视台新闻报道，是当地乡民心目中的扶贫英雄、创业榜样。

不忘初心，科技创业造福乡民

赵家繁出生于湖北省武汉市江夏区一个偏僻的乡村，穷人家的孩子早当家，他体凉父母抚养 4 个孩子的辛劳，所以学习之余主动帮助父母分担农事。田间地头顶着烈日干农活也磨砺了他自立自强的性格。在贫穷落后乡村里长大的他，目睹了乡邻们粗放式种植苗木遭遇市场规律的周期性滞销，导致相当一部分苗农陷入贫困，不得不背井离乡去务工。

看在眼里，记在心里的他，18 岁考入湖北科技职业学院电信工程学院后，作为一名通信工程专业学生的大学生，赵家繁立志利用自己所学专业知识，借助互联网工具来帮助乡民解决现实问题。“深钻”田间地头，他一边在各大林场、苗木基地、苗圃园进行市场调研和信息收集；“扫街”花木市场，他一边积极联系传统苗木公司，拜访绿化公司。通过大量的访谈和走访，他终于找到“苗木信息”极度不对称的市场痛点和病因。

为了解决这些现实问题，他积极组建技术团队，在学校实验室苦熬一个多月编程和数据解码，开发出一款名为“林木种苗”APP 和“网站的苗木交易供需信息对接平台”，并通过行业展会、苗场直播、电商平台广泛地在苗木市场上推广开来，收获了产业链上下两端200多万的用户，同时也促成了江夏区300多户乡民通过网络卖出树木80余万棵，创收200余万元，也挣得了人生第一桶金。

以这个平台为依托，他和团队成员一起成立了武汉市金叶云园艺有限公司，继续研发和完善该苗木信息交易平台。该平台曾在2014年获得了全国大学生创青春移动互联网专项赛事国家级银奖，并在2015年获得了湖北省科技厅的“大学生科技支撑计划”立项。该创业项目曾获得2015年中国义乌电子商务大赛优胜奖和2016年“互联网+”创业大赛湖北省银奖。

敢打敢拼，部队转业电商称王

胸怀军旅梦想，赵家繁参军入伍后光荣成为绵阳市某部队一名武警战士，在多次执行任务中锻炼出了坚强意志，在班长职务上培养出管理能力，他所带的新兵班年年都被评为中队优秀，自己也收获了战友们对他“小钢铁侠”的美誉。

2017年退伍返校后，在学校浓厚的创业氛围感召下，他再次践行了学校校训中“尚行”一词，开始了在电子商务领域的二次创业。利用寒暑假，他专程赴北上广一线城市开展调研，通过应聘短期工，充分地了解了服装网店主服装生产、上样、拍照、上店的全流程。辛勤工作中，他敏锐地发现各网店主相互盗用商品照片，而且商品照片没有特色亮点，视觉冲击力不够。他把关于聚集优秀模特打造商品摄影实景创意拍摄基地的想法与店里工作了7年的设计总监沟通后，得到了总监的高度认可，一致决定以此切入市场。期间，由于公司老板非常欣赏赵家繁在工作中的踏实勤奋和敢打敢拼，也非常认可他做这个项目的独到眼光，直接给了他20万元的天使投资和10余家服装厂的生意资源。

回到武汉后，他拿出全部退伍费，利用天使投资资金和学校的大学生创业基金，与设计总监一同成立了武汉市出彩裳映文化传媒公司。为了寻找接近模特和青年学生市场的拍摄实景基地，他经常顶着盛夏的毒辣阳光在江夏区调研和走访，多方比较后将办公地点选在了江夏区的别墅区，并发挥军人执行力强的作风，1个半月就完成了4层别墅样板摄影基地的装修布置。

二次创业时他也曾有过对跨界的迷茫，为了更好地将公司尽快推上正轨，积累起自己的模特团队和客户资源，他和他的团队走上街头去各学校门口发传单找模特，在服装城一家一家上门拜访找客户，同时在网上寻找优秀的大流量服装网店主，打听了地址，他就带领团队直接上门拜访，满足别人的个性化需求。

他给出公司的定位是用互联网公司的思路去运营视觉策划公司，因此他时常在课堂上、在图书馆里琢磨通过抖音、快手等新媒体，不断打造短视频的创意形式。“我要做的就是不一样，就是创新，让产品形式极具表现力”，在公司内部随处可见赵家繁对创新创意的要求，在他看来，不断地为电子商务运营商（网店主）提供商品摄影、模特服务的创意服务，才能打造出彩裳映的核心竞争力。

身先士卒、率先垂范，在办公室沙发上、赶路的车里过夜是赵家繁的常态，员工们在他的感召下齐心协力、不分昼夜地前进，公司当年就实现了盈利，在为淘宝店电商主提供了8600余次模特拍摄中实现了300万的收入，同时成为了淘宝商城官方品牌服务商，成为一匹“黑马”。

勇于担责，解决就业服务社会

公司投产当年即盈利的优秀业绩让赵家繁及公司在业界创业圈里小有名气，也吸引了8家风投机构的投资意向。为了更好地打通产业上下游，实现公司的快速发展和抗风险能力，拥有近5000家长期合作客户资源的赵家繁，获得了江夏商会广州分会2位在广州服装城具有深厚的制造资源，能够为他开设服装制造厂提供技术指导的老总的500万风险投资。资金到位后，赵家繁引进了韩国本土的先进服装厂制造工艺，在广州新搬迁的服装城联合开设了一家针对哈韩类女装的制造厂，从而完成了服装潮流选样、样衣设计、模特拍摄、店铺上品、后厂生产一条龙的爆款打造。

异地创业，又要兼顾学业，赵家繁被称为“飞行达人”。平时在学校上课，周末、节假日、寒暑假飞往广州驻守工厂。碰上换季订单量猛增，他吃住都在工厂，和管理层轮班倒地盯着赶工，经常压力大到深夜失眠，但从未考虑放弃。

“穷则独善其身，达则兼济天下。”当同龄人还在为就业问题困扰时，已经解决了50余人就业问题、身价百万的他，在接受湖北电视台生活频道“荆楚纵横”栏目以“创业践行者赵家繁——用辛勤汗水描绘多彩人生”专题采访时，赵家繁谈到：“目前几个公司都已慢慢都走上了良性发展的正轨，下一步我想打算稳扎稳打，放慢扩张步伐，稳固现有阵地，优化服务质量，打造产品品牌，做大做强现有资产。”在他看来，负担着50个家庭收入来源的企业，稳定并做大做强的发展对员工、对公司、对社会而言都是一种责任，也是他接受学校和部队双重洗礼下最初创业的初衷，“创业带动就业，承担社会责任，这是我幸福与梦想所在”。

也正因为赵家繁的“为人靠谱”和“敢于担责”，企业的员工都非常敬佩这个当兵出身的“小老板”，学习他兢兢业业、扎扎实实的做事风格，做出来的衣服质量得到了客户的一致认可，企业的订单十分充足。此外，赵家繁还十分重视“创业精神”，带领着团队不断创新，先后自主研发了10余款哈韩女装的设计样式，正积极申请生产工艺等外观、实用新型专利。

目前，积极稳固电商企业、开发智能工厂的赵家繁，在努力打通哈韩服装全产业链的同时，不忘回馈社会的初心，在企业内部设立“助学基金”，定点援助农村留守儿童小学，定期将公司设计的样衣和库存断码服装无偿捐赠给孤儿院、养老院等。

2019年，他的创业得到了团中央青年发展部的肯定，获得了2018年“大学生创业英雄100强”荣誉称号，成为湖北省11个上榜高校中唯一一名高职学校在校生；得到了湖北省人社厅、省教育厅、中青团湖北省委员会的“2019年度湖北省大学生创业项目”资金扶持；入选第二届“闪亮的日子——青春该有的模样”大学生就业创业人物事迹评选等。

将社会责任融入创业梦想的赵家繁，在索取与奉献的双向选择中，逐步实现了人生价值的社会性统一。回首7年创业之路，他的创业初心一直未变，不论阳光灿烂还是风雨兼程，他坚持披荆斩棘、信念如一：新时代下的创业，始于梦想，成于执着，忠于责任！★

（湖北省高等学校毕业生就业指导服务中心供稿）

立鲲鹏志，寻创业梦

——湖北职业技术学院支鹏事迹

支鹏，男，中共党员，甘肃定西市人，湖北职业技术学院2015届工商企业管理专业毕业生，2018年第四届中国“互联网+”大学生创新创业大赛湖北省金奖、国家铜奖获得者。现任湖北食圣保农业科技有限责任公司董事长、孝感市食保商贸有限责任公司董事长、湖北娘家连锁管理有限公司CEO。

天地转轮旭日红，丝绸古道展新鹏

支鹏创办的湖北食圣保农业科技有限责任公司总部位于湖北职业技术学院中华孝道创业园，是一家经营绿色食品、纯天然食品，初级农产品研发、生产、加工、销售为一体的农业企业。其旗下拥有孝感市食保商贸有限责任公司和湖北娘家连锁管理有限公司两家分公司，在孝感城区有实体门店7家，在武汉有加盟店9家，与中国石油合作便利店8家。公司通过与甘肃、恩施、孝感等地的6家农业合作社合作，先后带动就业552人。

出生乡土身长健，受教黉堂羽早丰

支鹏出生于甘肃省定西市一个偏远的小山村，家境贫寒的他，从小就立志要通过自己的聪明才智和勤奋的打拼，改变家乡贫困落后的面貌。2012年，支鹏考入湖北职业技术学院，交不起学费的他，通过“绿色通道”进入财经学院工商企业管理专业学习。从此，开启了他的创业人生篇章。

为了筹集学费和生活费，支鹏在课余时间尝试“练摊”。在“练摊”的过程中，他进入了创业学院第十三届创业班学习，创业学院的创业导师团队，让他对创业的过程有了全面的了解。这期创业班毕业时他的毕业成果，就是马上去办理了孝感市奇点营销服务中心的营业执照和税务证。创业学院给他安排了创业场地。同时，他的创业办公室，也是湖北职院营销协会的办公场所，办公桌等设备都是财经学院卢书记亲自从学校后勤部协调的。创业有了新的平台，收入也增多。除了用于筹集生活费、交学费外，他开始给家里寄钱。第一次给家里寄钱时，他年迈的爷爷高兴得合不拢嘴，逢人就夸："我的孙子开始挣钱了。"他感到肩上的责任，也收获了创业的初期成就感。

大学期间，他被推选为班长，竞选为财经学院学生会主席、湖北职院营销协会会长。在湖北职院良好的学习环境和创新创业的氛围中，他累计获得各类奖项 20 多项。

中华孝文化学院、创业学院，组织了系列创业沙龙活动。在西区创业孵化楼会议室，来自深圳的荣格集团的孙总分享了自己的创业故事，进一步点燃了支鹏内心的梦想。中华孝道创业园组织年轻的创客到武汉、浙江、天津等地考察、学习，开阔了他的眼界。孝感市人社局、财政局给他发放了 5000 元的一次性创业补助，孝感市就业局的领导鼓励他，让他信心倍增，他开始琢磨，准备筹建一家公司。

绿色经商接地气，红心报国借天风

现代人的生活条件好了，但食品质量安全问题却层出不穷，影响了百姓的身体健康。他的家乡以及孝感有很多特色农产品，可以改善现代"富贵病"。如何把这些的资源优势与现代人的健康需求结合起来？他便琢磨着在食疗和健康食品行业开创出一片新天地。

2015 年 6 月 18 日，支鹏创办的孝感市食保商贸有限责任公司的第一家实体门店在孝感市北京路东苑社区内开张营业，营业面积 90 多平方米。该店铺一开张就赢得了东苑社区居民的青睐，线上线下相结合的营销模式被市场认可。公司主要生产经营绿色食品、健康食品、纯天然食品等。2014 年 3 月 1 日注册食保商贸时，正逢国务院实行商务制度改革，他领到了孝感市开出的第一张"三证合一"新版的营业执照，孝感市工商局局长为他颁发了营业执照。孝感电视台、《孝感日报》、《孝感晚报》等新闻媒体对此进行了报道。

他带领他的创业团队，从中华孝道创业园西区创业孵化楼开始起步，围绕"寻绿色之源、献健康产品、保民之安康"的企业目标，秉承"忠孝为先、仁义为道、诚信生财"的宗旨，创新商业模式，采用"线上＋线下，公司＋农户"的商业模式。线下营销采取"一个中心多个服务点"模式，以旗舰店为中心，以周边社区为服务点；旗舰店配有专门的冷藏室，便于食品存放，分店配有送货服务专车。注重渠道构建，做好居民的市场调查，做好客户细分，精准服务，同时兼顾团购及大客户服务。通过微营销同城推广模式，线上下单，线下消费或配货；利用阿里巴巴等电商平台，开展线上营销。

2015 年，孝感市人社局举办了首届孝感市青年创业大赛，4 个月的参赛历程，在他的人生中留下了深刻的印记。创业之旅的梳理，创业理念的提炼，创业模式的归纳，创业团队的训练，创业大师的点评，让他受益匪浅，让他有了脱胎换骨式的提升。他入选了孝感市青年创业大赛的十强，新闻媒体对他的创业故事进行了报道。2015 年，他公司的营业额(20 万元)比 2014 年营业额(5 万元)翻了四倍。

天灾无情，人有情。2016 年 7 月，孝感正遇洪灾，支鹏率领员工赶往孝感市车站中学(孝感地区受灾民众安置点)，为灾民众送去一万余元的食品物资。支鹏说："食保保民生之健康，感恩社会也一点也不能少,同胞患难,伸出援手是我们义不容辞的责任。”

2016 年,在孝感市就业局、中华孝道创业园指导下,他参加了湖北省“中国创翼”青年创业大赛,获得荣获湖北省行业第 5 名;参加由中央五部委联合举办的第三届“创青春”中国青年创新创业大赛,获得湖北省电商组第 3 名,并代表湖北省参加国赛。他加大科研投入,获得孝感市人民政府科学技术成果奖——孝感市“大学生创新创业奖”。

航程远大今方始,待看明星耀碧空

刚刚大学毕业一年的支鹏,就获得了国家级省级市级等多项创新创业大奖,公司业务也红红火火。小富即安,还是更进一步走科技创业之路?他再一次站在创业的“十字路口”。中华孝道创业园的创业导师实地考察他的生产基地,为他举办了创业专家论证会,为他下一步的创业规划把脉问诊,让他更坚定了继续前行的决心。

经过三个月的准备,2016 年 10 月 8 日,他注册成立了湖北食圣保农业科技有限责任公司。幸运的是,这又是孝感市首张“五证合一”新版营业执照,孝感市副市长章珂、市工商局局长林勇等为他颁发营业执照。孝感电视台、《孝感日报》、《孝感晚报》等新闻媒体对此进行了报道。

新公司主营农产品研发、种植、生产和农业技术服务。按照依托科技、发展生态循环现代农业的思路,围绕生态养殖、环保污染处理和综合利用、有机果蔬种植、农产品加工和物流、生态农业观光旅游等五位一体的发展方向,建设了清洁能源、有机肥生产基地、有机果蔬种植及种苗繁育基地、农产品加工冷储物流基地、生态农业科学技术研发中心和生态农业旅游观光园。

2016 年,公司“无公害黑土豆的选育、种植技术”获得孝感市科学技术奖(大学生创新创业奖)。同年公司“生鲜农产品 020 社区直营”项目获得湖北省大学生创业扶持奖。

2017 年,公司“生鲜农产品 020 社区直营”项目在省人社厅、省人才服务局举办的“我选湖北,创立方”比赛中荣获十强优质项目。同年公司“食圣保黑土豆网”项目获得湖北省科技扶持资金。在第三届“互联网+”全国大学生创新创业大赛中公司“食圣保黑土豆网”项目获湖北省就业型创业组银奖。在省人社厅、省教育厅、团省委联合举办的“他选湖北”大学生创业大赛中,公司“社区生鲜农产品新零售”项目荣获三等奖。在共青团中央青年发展部、中国国际电子商务中心、中国农村青年致富带头人协会联合举办的寻找“中国青年电商新锐”活动中,他获得“青年电商新锐”荣誉称号。

2018 年公司“食圣保黑土豆网”项目参加中国第四届“互联网+”大学生创新创业大赛,获得湖北省金奖、国家铜奖。

丝绸古道,绿色经商,鲲鹏展翅,扶摇千里。支鹏将和他的团队一起,乘着“一带一路”的时代东风,奋力翱翔 ,实现创业梦想!★

(湖北省高等学校毕业生就业指导服务中心供稿)

选择人工智能，不怕“九死一生”

——华中科技大学郑飞州事迹

郑飞州，华中科技大学管理学院2017届信息管理与信息系统专业本科生，在校期间创办，主打人工智能为基础的语音识别技术产品。曾获2016年“创青春”全国大学生创业大赛金奖、2016年“武汉光谷创业明星”称号，是唯一一个获得2016年“武汉市优秀创业者”称号的在校生。

2017年6月，在武汉市声显科技有限公司步入正轨后，郑飞州入职华为，担任华为雄安新区运营商总经理，主导开展雄安新区运营商5G建设与网络建设等项目，期间获得华为“明日之星”奖。

2018年10月，郑飞州从华为离职开始二次创业，创立“腾空智能”，以人工智能为核心，以物联网为切入点，主攻方向为推动传统工业物联网体系向创新型物联网与人工智能控制平台转型。目前，“腾空智能”已在山东建成项目中心，在南京成立了物联网产品研发中心。

郑飞州在多项国家级赛事中获奖，受到多位天使投资人青睐，谷歌、甲骨文公司、华为、腾讯、京东向他抛来“橄榄枝”，在人工智能的创新道路上，不畏艰难，奋勇拼搏。

不忘初心，在人工智能探索道路上不断攀登

上大学以来，郑飞州对人工智能技术投入了极大的精力。2014年，他开始自学智能硬件，参与制作基于蓝牙模块的自行车码表，并参加了学校电子设计大赛，进入八强。参加电子设计大赛，使他结识了在华中科技大学从事人工智能和机器深度学习研究的一批创业者，从而组建了人工智能和语音识别领域的研究团队，在学校相关部门、院系的帮助下，一头扎入相关技术解决方案的学习研究中。

根据自己对语音技术方案的学习和认知，2015年9月，郑飞州和他的团队开发了“八麦神剑”远场语音识别项目，成立了武汉市声显科技有限公司，并担任主要技术方案和市场业务的负责人，希望可以把自己热爱的人工智能技术转化成实实在在的产品。

郑飞州在担任公司负责人期间，主导项目团队在现有技术上做了大量的优化和创新，很好地发挥了团队的硬件优势，将产品的语音识别率和识别距离等指标提高到了市场领先的水平。结合这一优势，“声显科技”与武汉市20多家幼儿早教培训机构的合作，完成了对初级学习产品的内测反馈，并推动产品进入市场，收获了创业的第一份成果。

越战越勇，在创业竞赛舞台上绽放光芒

随着在创业道路上越走越快，郑飞州日益意识到自身能力的短板和团队的不足，在学校相关部

门的指导下，主动参加各类创新创业竞赛，在提升自我的同时，不断推动“声显科技”的发展。

2016 年，“金银湖杯”海峡两岸创业大赛在武汉召开，“八麦神剑”语音识别项目代表华中科技大学参赛，顺利通过初赛、复赛后，止步于决赛第二轮，取得了进入五强的好成绩。11 月，他们总结经验，再次代表华中科技大学报名参加团中央、教育部主办的全国“创青春”大学生创业大赛，在艰苦创业的同时，团队夜以继日地寻求专家指导、不断改进项目，最终获得湖北省和全国竞赛金奖。

郑飞州和他的“声显科技”也是武汉市“青桐汇”的常客。在武汉市政府的大力支持下，多家投资机构对“声显科技”表示出了极大的投资兴趣。2017 年完成产品的优化定型后，郑飞州与武汉多家相关的创业公司以及多位风险投资人接触，完成了天使和 A 轮融资，同时坚持致力于将团队技术优势更好地运用到产品中去，不断提升产品的学习优化体验，获得了“武汉市优秀创业者”“2016 武汉光谷创业明星”的称号。郑飞州作为武汉高校的优秀创业大学生，出席了“2017 青桐年会暨国际创业大赛”与大学生创新创业高峰论坛等活动，将长时间以来的创业经历，结合自己对大学生创新创业的看法在活动中与参会者分享，希望可以帮助更多有创新创业想法的大学生。

毅然转身，在漫漫创业之路上不畏艰难

2017 年 7 月，在“声显科技”完成一系列融资，产品销售步入正轨后，郑飞州将公司交于联合创始人，入职华为，担任华为雄安新区运营商总经理。他认为，自己还需要拓宽视野，提升领导能力，从巨人的肩膀上再出发。

在华为工作期间，郑飞州负责开展雄安新区运营商 5G 建设与网络建设等项目，期间获得华为“明日之星”奖项。他对自己热爱的人工智能领域依然念念不忘。2018 年 10 月，他毅然从华为离职，组建团队创立“腾空智能”，走上二次创业的道路。“腾空智能”的主攻方向为推动传统工业物联网体系向创新型物联网与人工智能控制平台转型，以智慧城市与智慧园区的智能化与信息化建设为产品切入点，致力于推进智能化集成系统 IIS、公共安全系统 PSS、信息设施系统 ITSI、建筑设备管理系统 BMS 四大系统建设，为智慧楼宇城市园区（智慧停车、智慧物业、智慧消防、智慧门禁、智慧家居）提供了成套解决方案，打造了优质的集成化管理平台。

目前，“腾空智能”注册资本 6888 万，已在山东建设了项目中心。成立以来，郑飞州在山东地区正在交付的信息化与智能化项目已达到 5000 万，接受了山东电视台关于物联网方向创新创业的人物专访。除此之外，他还在南京成立了物联网产品研发中心，并计划逐步将投资向武汉转移，与母校母院建立进一步的交流合作。

面对创业路上的艰难险阻与鲜花赞誉，郑飞州说：“我只是在自己热爱道路上，认真努力地做好每一件事情。我想坚持我的创业之路，哪怕九死一生，也要为中国的人工智能发展贡献自己的一份力量。”★

（湖北省高等学校毕业生就业指导服务中心供稿）

为梦想，弄潮新时代创业

——武汉科技大学刘恒事迹

刘恒，武汉研途有家科技有限公司董事长，武汉银杏时代科技有限公司董事长。2013年入学就读于武汉科技大学土木工程专业，2015—2016年因创业申请休学一年，2016年9月至今就读于武汉科技大学工商管理专业。

刘恒于大一期间（2014年）开始创业，先后创办武汉市恒创时代文化传媒有限公司，并迅速成为高校传媒企业的佼佼者。2015年3月，创办武汉市银杏时代科技有限公司，开发了银杏科技大当家生活管家1.0微信公众平台，并获得了50万元天使融资。10月，又创办武汉狄斯泥环保科技有限公司，年盈利200多万元。2016年6月，刘恒的“研家”考研机构项目洽谈了千万融资，联合创办的智慧世界科技有限公司成为地方政府首推的教育平台。

大一时，刘恒去知名校友的企业里参观时，发现那些校友中有两个年轻人：一个在大三时创办3家公司，整体估值超过8000万元；另一个刚毕业就被一家上市公司聘请做执行副总裁。这两位校友“刺激”了刘恒。他当时就想：“我的大学一定也要过得不一样”。最初，刘恒不知道如何才能实现这种“不一样”。他发过传单，扮过人偶，也做过商场推销员、快递分拣员，早出晚归地干了整整一年。这段经历为刘恒今后的创业积累了一定的经验。

恒心点点，创造价值

2014年3月，一个偶然的机会，刘恒在武汉市光谷步行街做起了某品牌凉茶的促销活动。经过几个月的积累，他掘得创业路上的“第一桶金”。随着高等院校近年来的连续扩招，高校学生群体规模不断扩大，大学生平均消费上升，一个巨大的、高素质的新型消费市场逐渐形成。在校园这个消费相对集中的市场环境里，企业能否通过各种活动进行有效的宣传推广，显得尤为重要。

刘恒抓住了这个机会，和朋友开始做市场策划推广，并发展成高校传媒平台。同年11月，他成立了武汉市恒创时代文化传媒有限公司，注册资金50万元，主营广告设计、制作、发布、代理，并在武汉市十多个大学城都设有自己的分部，主要从事与高校有关的品牌推广和宣传工作。经过不懈的努力，“恒创”迅速成长为高校传媒企业中的领先者。随着企业的发展和新公司的建立，“恒创”的一些创始人陆续离开公司，刘恒则把更多的机会让给了别人，但现在他仍然投资“恒创”，让自己继续与“恒创”共同成长。

研心千万，归于一家

在创业过程中，刘恒的朋友圈对他的创业过程起到了很大的作用。他开始通过做装修的朋友接单进入家装行业。随着黄家湖大学城的兴起，附近的房子也逐渐多了起来。刘恒发现学校周边有很多想在黄家湖周围创业的人，同时还有一些情侣、考研学生，这些人都有极强的租房意向。在弄清楚房源后，刘恒先把房子租下来进行简单的装修，然后二次出租。

凭借不错的人脉，在开始的一段时间，他的房子都成功租了出去。但是过了一段时间，租房的人开始减少，有些创业的群体因创业失败而离去，在校学生租房又十分不稳定，导致租来的房子有很多时候是空置的。

进入10月份，决定考研的人越来越多，校外的“考研房”广告也越来越多。刘恒敏锐地发现了考研领域的“痛点”，瞄准了武汉高校周围二手房市场。于是他开始对房子进行精装修，一心一意做“考研主题公寓”。他在房间里增添了很多家电，完善了各种设施。窗明几净、氛围突出的“考研房”一经推出，就广受欢迎。在此基础上，为了给考研人群提供更多的资源，他专门租了几间大房子作为考研自习室，并提供考研信息、考研书籍等服务。“研家”为全国各地的逐梦之子提供优秀的平台，让考研者能够拥有的良好的学习环境，让考研不再孤单。

如今，他的“研途有家”项目已经估值过亿元，这个项目为消费水平较高的大学生量身定制了考研主题公寓，并且将相应的服务延伸到考研培训、考研自习室、考研金融、研后旅游等环节。

银杏科技，共享维修

有一次，刘恒在武汉的数码店买电脑时发现，本来网上官方售价2800元的电脑，商家通过“转型号”的方式售价变为3500元，而且使用时电脑陆续出现各种故障问题。同时，他也听到了身边很多同学购买手机、电脑和维修电脑时被欺骗的事情。刘恒下决心要解决高校大学生电子产品维修的痛点。于是有敏锐嗅觉的他就有了“共享维修”的想法。借助共享经济浪潮，刘恒创造了共享维修项目“Yi修”。“Yi修”项目做了前期的预热之后于2017年6月12日正式上线。项目上线启动的当天，学生用户注册量过百，接到了十几个数码产品维修的订单。结合在学校“免费为学校师生贴手机膜、检测手机问题”的公益活动，共享维修项目很快在学校师生中有了口碑效益。

2017年6月，银杏科技共享维修项目参加了资本中国海选优质好项目活动，并成功通过海选评审。7月9日，参加了资本中国三天两夜的企业项目资本对接。活动中，资本中国真会投为银杏科技提供了商业计划书辅导、商业模式梳理、股权架构设计等一系列的课程辅导。刘恒凭借优质的项目和出色的路演表现，得到了香沅投资的青睐，并成功与香沅投资签订了意向书。

从7月9日成功与投资机构对接到8月5日成功获得融资，仅有不到一个月的时间。对于为什么选择投资共享维修这个项目，投资人李俊这样表示："现在创业不管做什么项目，一定要有自己核心的一些东西。其次，不管做什么，判断基础就是在目前的主流大市场下面去挖掘一些细分市场，比如说学校资源、医院资源、社区资源，共享维修项目就很好地利用了高校资源。还有一点就是我个人非常欣赏刘恒这个人，他目前还是在校大学生，年纪轻轻出来创业，却敢想敢做敢拼，这才是我投资他的项目的主要原因。"

创业感恩，回馈社会

刘恒虽然在大学生创业方面取得了一些成绩，但一直保持为人谦恭、真诚待人的作风。创业之余，刘恒一直在思考如何回馈社会，如何帮助更多有创业梦想的大学生少走弯路。

2015 年 7 月，刘恒顶着酷暑带领团队成员从武汉赴宜昌枝江特校捐赠定制的衣物，获得了枝江特校校长以及枝江市教育局领导的一致称赞。他还以职业经理人的身份在多家初创公司担任 CEO，无偿指导初创企业如何快速打开市场，走上正轨。2018 年 4 月刘恒联合解砾、付文杰等在武汉创业的 10 位校友发起设立武汉科技大学"沁湖创客基金"，共计 100 万元，用于资助在校大学生的创业项目。这是武汉科技大学首个校友设立的创业基金。目前刘恒创办的公司共有员工 150 多人，带动 200 多名大学生参与创业。

风雨兼程，善始善终

凭着自己敢作敢当、认真做事的态度和永不放弃的创业精神，刘恒于 2015 年 12 月获得武汉市洪山区"创业先锋"称号，2016 年 12 月获得全国大学生"创业英雄"十强称号，2017 年 8 月获得湖北省"向上向善好青年"称号，12 月获得"武汉年度大学生互联网企业最具潜力奖"，2017 年获得"全国微创业大学生创业导师"称号。创业事迹也先后被腾讯、新浪、搜狐、网易、今日头条、中青报、湖北电视台等几十家媒体报道。

跟所有艰辛创业者一样，刘恒的创业之路也并没有那么顺利。父母的不支持、不理解，不断地去赢得信任和投资的经历，资金周转困难、策划实施不力等等问题都如影相随。然而即使面对这么多的困难，刘恒也从未选择过放弃。如今，刘恒创办的银杏时代科技有限公司已经在新四板成功上市，并已在武汉市 50 余所高校正式运营，省外市场也在不断地开辟中。他说："创业永远都没有尽头，只要坚持下来，总会有自己的风景！"刘恒也很感谢同学、朋友、家人、老师和领导一直以来的关心和支持。正是因为他们的支持，他才能够在追逐梦想的创业之路上越走越远。★

（湖北省高等学校毕业生就业指导服务中心供稿）

梦想在心中点燃，创业在脚下实现

——武汉理工大学苏超超事迹

苏超超，男，90后创业者，中共党员，武汉理工大学经济学院电子商务系在读硕士研究生，武汉由米定制科技有限公司和武汉所见网络科技有限公司创始人兼CEO。曾荣获CCTV2中国创业榜样，湖北省长江学子，武汉市创业先锋，武汉市2017“感恩武汉”十佳青年榜样，武汉市十佳创业人物大学生专项奖等。公司目前已获得天使投资共计1650万元，年交易额超1.2亿元，年营收额超3500万，有全职员工93人，供应链平台已拥有740家经销商和20余家供应商用户。创业项目先后获得了首届“互联网+”大学生创业大赛全国银奖和湖北省金奖、“创青春”大学生创业大赛全国银奖和湖北省金奖。

“弄潮儿向涛头立，手把红旗旗不湿。”他勇闯波涛汹涌的商海，在以定制为核心的创业征程中，有过小试牛刀成功后的喜悦，有过劈波斩浪前行时的疲惫，有过转型调整企业架构时的焦虑。从负债时的举步维艰到东山再起后的百尺竿头，他生动地践行了“大众创业、万众创新”的精神内涵，在青春最闪亮的年华里书写着奋斗者的鲜活模样，他就是创业先锋——苏超超。

抓住机遇，首战告捷

2011年9月他怀揣梦想走进武汉理工大学，在大一上学期取得了全班第一的好成绩，并在院学生会担任副部长，学生工作和学习同样出色。此外，他还选择了当时大多数人很少涉足的第三件事：创业。2012年2月，他组建由米创业团队，当时有上千家互联网公司在鏖战团购，而他却切入线下资源聚合型的团购，2012年上半年实现营业额近20万元，成功分得一杯羹。业务洽谈中他思维敏捷，口若悬河，这个入校就开始创业的双创弄潮儿，颠覆了大众眼中理工男宅而木讷的刻板印象。2012年10月，他开始引入新的项目，在校外租赁办公室，寻找全职人员进行公司业务扩张和重建。由于初创团队的精力、能力和时间有限,新开的业务纷纷失败,团队核心队员开始涣散,团队现金流也出现问题。因为背负房租和人员工资,他和团队负债近 5 万元。2012 年底,在创业的“寒冬”中,他迎来了大二的寒假。

涅槃转型,声势重起

接踵而来的打击逐渐将这个 90 后创业团队的创业热情消磨殆尽,创业伙伴逐渐萌生退意,但作为团队精神领袖的他并没有向失败低头,而是在寒假里电话拜访了多位理工大的创业校友,寻求帮助。他们给的建议就是要“专注”。2013 年 3 月,他重新审视自己的业务范围,最终把业务确定在垂直于服装领域的 C2B 定制。他不服输的斗志也感染了整个团队,创业伙伴们纷纷振作起来,内部也变得越来越和谐和默契。专注和坚持换来了最终的进步,5 月他们单月的营业额接近 50 万元,转亏为盈;7 月,为了更好地发展,他注册成立了武汉由米定制科技有限公司,担任法人和总经理;在酷热的暑假期间,他们顶着炎炎烈日奔走在各个校园和企业,奔走在销售一线;10 月,他的公司得到湖北省团委、武汉市政府和学校的认可,迁至武汉理工大学创业园。

传统的服装订购模式并非长久之计,因此他将公司发展方向调整为以由米定制网为核心的线上线下结合的 C2B 模式,开始了互联网科技的探索,并解决核心算法问题,11 月由米定制网初版成型;他与武汉理工大学电子商务研究所达成合作,引入博士团队研发个性化推荐算法,并申报了软件著作权;2014 年 3 月,由米定制网研发了在线模块化定制系统并迭代至 2.0 版本;同年 11 月,由米定制在推荐算法和定制模块方面的深度研究取得突破并入选“武汉市大学生技术创新项目”。

在这一阶段,公司进一步得到社会的认可,取得了众多优秀的成绩。2013 年,十一届全国政协副主席厉无畏、团中央书记傅振邦、湖北省副省长郭生练等领导人先后到访公司指导工作;相继被新华网、腾讯网、网易·财经、楚天金报、荆楚网等多家媒体报道,并接受了湖北电视台和中国教育电视台网络电视台的专题采访;2014 年 4 月,由米定制网荣获武汉市“洪山区优秀创业项目”;6 月,由米定制登上央视 CCTV2“中国创业榜样”,并于 CCTV2 套播出并入选“湖北省科技支撑计划”大学生创业专项资金扶持;7 月,由米定制入选“国家大学生创新创业训练计划实践类项目”;10 月,他被授予 2014 年度“洪山区创业先锋”;11 月,由米定制在青桐汇一武汉理工大学专场中获最多投资邀约函;同时,团队还先后获得了首届“互联网+”大学生创业大赛全国银奖和湖北省金奖、第三届“武汉市大学生电子商务大赛”二等奖、第七届“邮政储蓄杯大学生网商大赛”特等奖、“大别山创新创业大赛”二等奖等多项荣誉。

雕琢科技,未来可期

虽然他成为了众人瞩目的“创业之星”,但他并未迷失在耀眼的闪光灯下,而是多次和周围创业伙伴说:“大学生创业,可以鼓励,不应该鼓吹。”“作为经销商,规模瓶颈很难被打破,1000 万就是天花板了,很难从 1000 万增长到 2000 万,无法实现爆发式的增长。”为突破瓶颈,他决定再次转型,2015 年注册成立武汉所见网络科技有限公司。经过近三年的研发,公司于 2017

年1月召开“定制链SaaS系统战略发布会”，并完成23家用户入驻封测，入驻企业年交易量达到2亿元，定制链已经在服装柔性定制SaaS和硬件领域的技术和市场中取得领先优势。公司在技术层面与“武汉理工大学电子商务与智能服务研究中心”达成协议，继续挖掘服装柔性定制供应链的智能化与数据化；2018年，他进一步扩大公司的经营范围，着力构建供销协同的销售网络，实现全国范围内的资源共享。目前，他已获得天使投资共计1650万元，年交易额超1.2亿元，年营收超3500万元，供应链平台已拥有740家经销商和20余家供应商用户，对接了1500多家经销商，公司业务迅猛发展。

在创业历程中，他们不断运用互联网高新科技来提高项目的准入门槛。由米研发的在线定制模块是基于Flash动画交互操作和个性化智能推荐算法来实现用户个性化参与，公司技术研发人员由来自武汉理工大学和华中科技大学的优秀人才组成，目前公司储备的人才和技术在C2B定制行业处于领先地位。

2018年，定制链项目获“创青春”大学生创业竞赛全国银奖、湖北省金奖，他本人还获得“湖北省长江学子”“武汉市创业先锋”“武汉市十佳创业人物雏鹰奖”等。

创业至今历时7年，公司从5人发展到现在的93人的全职团队，从负资产到现在的估值千万资产，年营业额数千万，已经成为全国高新技术企业，湖北省首批登录青创板的科技企业。武汉多元的文化结构，开放的创业环境，政府相关政策的扶持以及他开阔的思维和艰苦拼搏、不服输不认输的精气神，成为他创业成功的关键因素。创业之路荆棘丛深，机遇与挑战并存，他将坚持创新驱动技术升级，不断提升公司科技实力，促进公司快速发展。在未来的生活中，他将坚持初心，用辛勤的汗水和默默地耕耘谱写自己的“创业梦”！★

（湖北省高等学校毕业生就业指导服务中心供稿）

湖南

★

“益”路前行的“甜蜜使者”

——湖南大学刘松事迹

刘松，男，汉族，中共党员，湖南大学马克思主义学院2017级博士研究生。在校期间，创办了长沙市敬味食坊生态农业科技有限公司，建立养蜂专业合作社，总营业收入突破2580万元；开展“洽味”公益创业项目，为全国20个省市150余所高校10万余名大学生提供创业体验；在贫困地区成立养蜂专业合作社，帮助1000余名养蜂专业户增加收入，发起“滴水恩·牧蜂人”公益助学金，资助困难学生近百人；响应国家倡议，在“一带一路”国家传播中国蜂蜜文化，讲好中国故事。先后获得中国大学生年度人物提名奖，“中国大学生自强之星”提名奖、“创青春”全国大学生创业大赛银奖、湖南省“芙蓉学子”。他的事迹入选教育部主编的《大学生创业典型人物事迹汇编》，被人民网、新华社、中青网等30余家媒体报道，在大学生中产生广泛影响。

农村子弟的“创业梦”

刘松从小生活在洞庭湖旁，当地有很多的养蜂人。在刘松心中，这是最甜蜜的工作，追逐花季，收获琼浆，那份甜美让他记忆深刻。但是养蜂人风餐露宿的生活，真假难辨的市场，好蜂蜜卖不出好价钱，养蜂人依然贫困的生活。让他心寒和震惊：“我出生在农村，那里有我的亲人，我想通过自己的努力让乡亲们过上好日子，以报答当年的滴水之恩。”一种强烈的使命感，促使他毅然放弃顶尖互联网企业的工作机会而投身于养蜂事业，坚定不移地将青春付诸深山，与蜂群作伴！

2014年7月，他与五位研究生同学、一位海归博士成立了长沙市敬味食坊生态农业科技有限公司，将品牌设计、市场营销与传统的蜜蜂养殖结合起来，开始了“寻找甜蜜”的创业之路。蜂舞飞扬，花开满地！经过几年的发展，“敬味食坊”成为一家集蜂蜜产品研发、生产、销售于一体的现代农业科技企业，成功申报1项国家发明专利、2项实用新型专利及8个注册商标。

助力扶贫的“养蜂人”

我国是世界养蜂大国，也是世界蜂产品生产大国，孕育了博大精深的蜂蜜文化。好的蜂蜜，蜂农是关键。游牧养蜂是一项辛苦的工作，风餐露宿，大概平均一个月就要搬一次家，名为养蜂，但其实过着草原游牧一样的生活。

刘松希望自己成为专业的养蜂人。为此，他花费一年的时间深入内蒙古、云南、陕西、湖北等地了解蜜源，寻找蜂农，并把养蜂人作为自己毕业视频中的主人翁，拍摄了一部《万里寻蜜》纪录片。养蜂人成年累月转战南北的奔波与清苦，让他感同身受，也让他认识到，技术在养殖蜂蜜中的重要性。他将养蜂人团结起来，组建了养蜂专业合作社，成立了蜂蜜养殖基地，通过“合作社＋基地＋蜂农”，发展规模养殖和产业集群，聘请了养蜂学教授担任技术指导，免费为养蜂人举办技术指导会200余场，1000余名养蜂人受益。

对于养蜂人中的贫困户，他送产品、送技术、包销售，精准对接，助力脱贫。他还牵头发起成立了“滴水恩·牧蜂人”公益助学金，捐献物资100万余元，帮助近百名贫困养蜂人子女和湖南湘西地区贫困儿童顺利完成学业。

公益创业的“好导师”

创业成功后，刘松经常被邀请到学校介绍经验，这也引发他的思考，如何让同学们在“大众创业、万众创新”的时代体验创业、投身创业、培养创新精神呢？为此，他考取湖南大学博士研究生，选择将公益创业作为研究方向。

他在公司所在地建立了“创业体验馆”，让学生融入现实体验中掌握创新创业专业知识、体验蜂蜜文化。他在湖南大学举办了“大学生公益创业体验大赛”，通过模拟演练、虚拟营销、实战竞争等方式，增强强体验式创业教育互动的趣味性，大获成功。2017年3月份，长沙市邀请刘松联合举办了“长沙市创业孵化实践挑战赛”，以“强创业精神、炼创业本领”为宗旨，面向长沙市在校大学生的公益创业实践活动，活动所得全部捐赠给湖南湘西的贫困学生，成为长沙重点打造的“一赛一会”品牌活动。

在学校支持下，他将创业体验活动推广到全国，在20个省份的150余个高校举办近260场公益创业体验大赛，为10万在校大学生提供了创业体验，间接影响近1000万在校大学生，他本人也被20余所高校聘为“创业实践导师”。

一带一路的“甜蜜使者”

吉尔吉斯斯坦与中国西北接壤，是中国通往中亚的门户和“一带一路”建设的重要节点，全境1/3的地区在海拔3000～4000米之间。独特的地理环境，使得这里成为世界优质蜂蜜的最佳产地。这里产的白蜜口感丝滑如奶酪，很受中国人欢迎。刘松响应国家“一带一路”倡议，带着他的“甜蜜”事业重走“丝绸之路”，主动与吉尔吉斯斯坦农业部联系，带领团队深入当地进行蜜源植物田野调查，与当地养蜂人进行知识分享、技术交流、信息沟通，与当地企业开展技术合作，与当地最大的蜂蜜生产企业签订了购销合作意向，传统产业因而重新焕发生机。刘松积极宣传中国蜂蜜文化，讲述中国养蜂人的故事，成为融通中外、连接民心“甜蜜使者”。

风雨途中，花开花落！刘松热爱这项“甜蜜”的事业，他在走南闯北中领略不同的风土人情，练就了一身豁达和乐观。★

（湖南省大中专学校学生信息咨询与就业指导中心供稿）

让乡村绿色食品在城里人“掌上”火起来

——湖南师范大学谢美玉事迹

创业，是一场不知终点、不知路线、不知疲倦的长跑。我是谢美玉，是一名来自湘南农村的女大学生。从2016年到2019年，我跑了三年，一直努力做一件有意思的事情——创办经营掌上菜市场，虽然不知道即将跑向哪里，也不知道终点在哪，但是我会拼尽全力，为了那些支持着我的人们。

没有发令枪声的起跑

开始创业是机缘巧合，出发点很简单：想要帮助身边的乡亲们。我是在农村长大的孩子，到城里读书后，发现农村和城市之间的差距巨大，思想上的、科技上的差距，最终都体现在生活方式上。还记得刚开始接触网购时，我总是充满怀疑，担心商品质量，还担忧网上信息可能与实物不符。可是，后来发现很多在实体店找不到的东西在网上一搜索就找到了，快捷、实惠，还可货比多家。互联网将天南海北的特产“联”在了一起，就连果蔬都可以直接送到家门口。与此同时，有很多外地的同学想购买土特产却不知道从何购买。回到农村老家，发现自己的爷爷奶奶、乡里乡亲还在路边摆摊，用最传统的方式叫卖着当季的农产品，为自己的土特产卖不出去而发愁。当时的我灵光一现，思考着是不是可以搭建一个农产品销售平台，将农民手中的优质销售给有需要的人群。

最初的想法是先开一个淘宝店，将乡亲们的货物放到网上，给客户邮寄过去，但是快递送不到乡村里；后来就直接用微信，把想买新鲜农产品的客人都加在一个微信群里，将农产品拍照发群里，让父亲直接开车送到客户家。刚开始，只有亲朋好友买，但没过几个月，一传十、十传百，订单慢慢多了起来，乡亲们的农产品已经不够了，自己也忙不过来，就请了多个配送员配送，每单抽取提成。当时，我并未想过自己是在创业，只是想让村子里的老人们买东西方便点。但是，生意却越做越大，其他的供应商也开始找上门来，微信群已远远不能支撑了，我就想着自己要做一个和淘宝一样的APP，将附近的农产品资源都整合在平台上，找几个专门的客服，再搭建一个配送团队负责配送，这样城里人能轻松挑选和购买新鲜实惠的农产品，也能让乡亲们多一些收入。就这样，我创办掌上菜市场的漫漫创业路开始了。

学校和团队是我长跑路上的陪跑者

搭建一个电商平台，不仅可以帮助农民实现增收，还也可以让老百姓的生活更方便。当时创业的理念就是：一定要实现生鲜行业销售的快捷实惠，而且要确保新鲜，为乡村经济腾飞而努力。然而对于青年创业者来说，困难层出不穷，缺乏社会经验和阅历不说，作为法学专业学生，对于商业运营也是一知半解。这个项目能够落地要感谢国家和学校鼓励创新创业的大环境。参加“创青春”以及“互联网+”的大赛更让我受益匪浅。参赛过程中，每一次的展示机会都非常珍贵，因为每展示一次，创业方案就会更完善一些，商业模式也越来越明晰。因国家和学校的政策支持，我的项目顺利入孵天马创新创业孵化基地，可以免费使用办公场地，一定程度上缓解了前期创业的压力，学校老师的指导及孵化基地为创业公司提供的关于财务、税收等业务的咨询服务，使公司的组织架构和运营管理在短时间内实现了规范化。

回顾自己的创业历程，我深深感激老师、合作伙伴和家人的帮助和支持，没有他们，我不可能走得这么远。我很感谢我们团队的每一个成员，因为一个优秀的团队可以将无变成有，但是配合不默契的团队会将有变成无，而他们在创业路上一直陪伴我，在我跑不动想弃赛的时候在后面推我一把。在参加“创青春”比赛时，李立辉、陈旭初两位老师帮忙出谋划策，厘清创业思路，梳理商业模式，帮忙介绍优秀的创业伙伴；校团委的朱浩浩老师帮着一页一页地修改商业计划书，提出了许多新的创业思路，也引荐了许多创业老师，为我的创业之路添砖加瓦。正是在老师、家人、合作伙伴的帮助下，我才得以成功搭建出独立的自营平台；正因为有着如此坚强有力的助力团队，我的创业项目才能最终获得成功。

长跑是一场没有疲惫期的持久战

我将创业比作长跑之路，就是因为与短跑相比，长跑更需要耐力和毅力。若是没有做好打持久战的准备，短时间的冲刺速度再快，也会因耗尽能量而落后。长跑需要适当地减速调整身体状态，更需要找准好的时机突破，张弛兼顾方可跑到最后。

虽然之前有一定的客户基础，但是掌上菜市场成立的第一年，公司成本大量增加，实体店的租金、APP 的购买及维护费用、工作人员的工资等都让公司承受着很大的压力，不仅如此，APP 运营也越来越艰难，出现了各种突发情况，比如后台短信发送错误、配单错误以及食品出现问题等。前期的亏损不断扩大，让我对帮忙筹措资金的亲人朋友感到愧疚。这时候，我一直不停的告诉自己，只要自己还活着，就一定可以坚持。怀揣这样的决心，发现自己比想象的更加强大和坚韧。为了让公司活下来，我做了无数尝试，不断转变思路，在 APP 还不够稳定时，实体店就大力进行优惠促销，迅速提高实体店的收益，以应对 APP 商城的亏损。实体店的客户量发展到了一定程度，知名度开始扩散，品牌效应开始形成，许多贫困村的农民自己找上门来，要求帮忙解决他们种植基地的销售问题。供应链完善后，配送部、仓管部等部门配合也逐渐默契，客户量也在稳步上升，线上线下真正做到了良性互补，实现了线下实体店与掌上店面同步扩张的发展战略。后来陆续成立了三家实体商超，APP 掌上菜市场提供线上线下联动服务，固定供货商发展到了十几家。2018 年我有意放缓发展步伐，在稳定运营规模的同时，不断优化营销模式和配货、选购、保鲜、配送等服务细节，进一步调整后台程序，减少系统漏洞，提高用户体验度。2019 年，我的公司迎来了新一轮的转型扩张，我们更加突出食品安全、营养搭配等概念。现在，我们每天仍然会遇到一些问题，但是我越来越相信，公司会往更好的方向发展。

食品安全是永不敢忘记的初心，项目虽然要盈利，但是食品必须新鲜、实惠。我们倡导的创新创业并不是要“改变世界”“颠覆行业”，而是通过研究、试错、实践等工作，去探索如何让工作、学习和生活更加便利。通过创业，我们的团队先后荣获 2018 年“创青春”浙大双创杯全国大学生创业大赛铜牌、湖南省第十一届“挑战杯”大学生创业计划竞赛银奖。我也获得了湖南省普通高等学校 2019 届创新创业优秀毕业生、湖南师范大学“先进创新创业标兵”等荣誉称号。

创业不可能一路坦途，而是充满着挫折与挑战，但只要不忘初心，坚持梦想，永不放弃，这个世界终有一天会为你敞开胸怀。习总书记指出，新时代中国青年要勇做走在时代前列的奋进者、开拓者、奉献者，用青春和汗水创造出让世界刮目相看的新奇迹，这句话一直鼓励和鼓舞着我不停奔跑。在未来，买菜第壹网掌上菜市场项目也将不断前行，为更多的人提供更多的便利，更好的服务！★

（湖南省大中专学校学生信息咨询与就业指导中心供稿）

以辣起家

——湖南商业大学李弦事迹

李弦，男，湖南商学院经济与贸易学院国贸专业2019届毕业生，创建“本味”麻辣小吃品牌，通过线上线下的渠道销售，营业额已超400万元。公司现坐落于湖南省益阳市创业园区，以绿色健康麻辣小吃为核心，发展具有地域文化特色以及绿色环保理念的绿色熟食，致力于打造一个以诚信为本，以绿色为核心，以健康为理念的熟食产品企业。

起步——“吃货”属性激发创业灵感

“这是牙签肉，长条的是麻辣豆干……”湖南商学院经济与贸易学院国贸专业的李弦正在学校举办的“大学生创意集市”上向顾客们介绍着自己的产品。本次集市上唯一的麻辣小吃摊位前一开市便挤满了人，“生意”十分火爆，摊主李弦像“明星”一样被众多“赶集者”簇拥着。原来李弦以麻辣小吃创业已三年，谈起这段创业经历，22岁的李弦有太多话想说。

年轻、阳光、礼貌，李弦总是给人这样的第一印象。穿着条纹衬衫、戴着一副圆框眼镜，集市上的李弦总是保持微笑，时刻准备着为顾客服务。创业对于他而言算是一次偶然。2015年8月，李弦参加好友的高考升学宴，正式上菜前餐桌上摆了几盘麻辣小吃作为前菜，他尝了一口觉得味道好极了。“比我之前吃过的都好吃，辣得够味，还很有劲道。”好奇心驱使着李弦前往饭店后厨一探究竟，“大厨”是一位40多岁姓刘的阿姨，她说自己十几岁时就在食品加工厂上班，近几年才和厂里的搭档出来单干，以家庭式厨房的生产模式为一些饭店供应麻辣小吃，也会做一些零售。“这么好吃的东西下次买不到怎么办？”于是，“吃货”李弦第一时间留下了刘阿姨的联系方式，以便随时购买。

上大学后，每次从学校回到益阳，他都会给长沙的同学带很多刘阿姨做的麻辣小吃。在学校，身边的朋友们也觉得特别好吃，渐渐地很多人开始叫他帮忙购买，热心的李弦便开始帮同学们“代购”，这也给刘阿姨带来了不少生意。“接触越多，就越发现刘阿姨他们的经营有很多问题。”李弦很想帮助他们做得更好，于是萌生了以此创业的想法。“我当时分析了一下，小而美的麻辣小吃，大家都熟悉且创业成本也不高。”李弦很快就和刘阿姨提议合伙创业，但是刘阿姨有些抵触，她对当时的生产模式较为满意，一心只想求稳。李弦从不轻言放弃，坚持不懈地给刘阿姨打电话，每次回益阳还会上门拜访，甚至把自己的想法写成具体的方案带给刘阿姨看。软磨硬泡了三个月，刘阿姨终于被李弦的诚意打动。于是，加上刘阿姨的搭档周叔叔，三人便开始合伙创业。

前行——自筹创业资金 全面提升自我

回忆起创业初期的点点滴滴，李弦仍然记忆犹新。当时刚进大学的他除了父母给的零花钱没有经济来源，资金成为第一大难题。创业初始李弦省吃俭用，利用课余时间做家教等多份兼职，还背着父母向表哥借了几万元，这才筹集了创业初期的第一笔资金。

在整个创业过程中，李弦主要负责市场相关工作，给创业项目定战略、拓展渠道等几乎是他每天都要思考的问题。“我也是一边实践一边学习。”李弦羞涩地笑着。起初每隔一个星期他都会回一次益阳，大家一起开会，针对出现的问题拟出应对方案，并对项目发展的长期方案进行讨论修订。“当时我们的问题特别多，叔叔阿姨又比较年长，他们的想法相对保守，我只能一遍一遍地跟他们解释、举例等，才能让他们明白。”李弦介绍，就拿产品种类来说，起初他们只有两款产品，在他的启发之下才研发了多款适合年轻人的麻辣小吃。除此之外，为了切实做好生产运营，李弦更是向叔叔阿姨拜师学艺，现在他已经熟练掌握了麻辣小吃制作的全过程。“只有真正生产过这个产品，才能更好地运营和宣传自己。”

然而没多久，问题就来了。2016 年夏，由于气温较高，加上没有添加防腐剂，麻辣小吃保质期由之前的十来天缩短到了三五天，当季的第一批货中四分之三的包裹出现胀包、变质等情况。“那段时间我接到了许多客户的投诉。”想起那段经历李弦仍然有些后怕，当时作为唯一客服的他，一个个地向顾客赔礼道歉，并耐心地为顾客处理退款或者重新发货等问题。“那次损失是巨大的，几乎每天的损失都有上千元，但是现在想来也觉得很值得。”李弦说他想过放弃，他甚至是一整夜一整夜的不能睡，但是又不甘心，所以最终还是选择硬着头皮往前冲。从他的朋友中了解到，那段时间，总是在我们面前笑嘻嘻的他会在一个人加班到深夜时默默落泪、叹气，但是从没放弃过。“我们想了很多办法，包括食物中少加水、多加油、改进工艺、在真空包装上下工夫、引进新的设备等，来延长产品的保质期和包装的稳固性，最终使得产品在夏天也能有十几天的保质期。”李弦长舒了一口气。

创业的路要走得更长更稳，李弦清楚地认识到不仅要认真学习专业文化知识，取得良好的成绩，还要积极主动结合创业情况自学法律、市场营销、管理学等知识，不断丰富视野，全面提升综合能力。他通过参加各类双创活动，学习他人的管理经验，追求进步，另外还积极参加“电子商务”“创青春”等学科竞赛，将所学知识运用到实践。创业项目在比赛中完善进步，先后获得国家级、省级、校级奖励 20 余项，如 2018 年获“创青春”浙大双创杯全国大学生创业大赛创业实践挑战赛铜奖。经过各种创业大赛的千锤百炼，他创业实践各个方面的能力都得到了充分的锻炼，积累了丰富的经验与知识。

加码——销量稳健攀升 读研积淀未来

随着麻辣小吃经营逐渐步入正轨，销量每月都在稳健攀升。如今，李弦他们的麻辣小吃已经在益阳开 3 家实体店，网络微店也经营得有声有色。两年来，累计销售额突破 400 万元，团队也由 3 个人发展到了十几个人。

“现在的客户群体在不断扩大，顾客需求层次不一，因此我们也要不断进步。”李弦介绍，目前产品包装只有简装，下一步计划推出礼盒包装，新包装已经设计出炉，现在正跟厂家洽谈具体细节。“最近有几个韩国朋友都在我这下单了，说要带到韩国给家人尝尝呢。”李弦显得很是兴奋，“我学的就是国际经济与贸易专业，我希望自己的麻辣小吃有一天也能像‘老干妈’一样走出国门。”

考研是一条难走的路，尤其是在创业这么忙碌的情况下。但是经过深思熟虑，李弦还是决定考研，因为读研不是为了那一纸文凭，而是为了更进一步提升自己。备考期间，因为放不下“麻辣”，李弦还时常奔波于各种学科竞赛、忙碌于各项活动、兼顾创业的点点滴滴，根本没有办法完全坐下来整天整天的看书。在这种情况下，根据自己的实际情况，选择了挤时间、抽时间看书的战略。一天做好学习计划，在一天之内，无论多忙，也要记完多少个单词，完成多少练习题。在坚持了一年左右的创业、竞赛、考研的生活之后，在坚持了一年熬夜挑灯夜读之后，皇天不负有心人，终于成功上岸了。

“我很期待我的研究生学习，读研不但能丰富专业知识、增长见识，还可能接触到更多的牛人大咖，提升自己的思想境界，让我对未来更有底气，当然，最重要的是我仍然会坚持我的创业，继续我的‘麻辣’。”

身为一名新时代创业路上的党员先锋，李弦深刻明白要努力在群众中发挥带头作用，把党员先锋模范作用的形象树起来。“但立直标，终无虚影”，学会用自己的亲身经历去弘扬正能量，让更多的人及时懂得去创造他们的人生价值。

李弦的创业故事在学校各类创新创业交流、演讲中，多次被作为创业典型案例在同学们中宣讲，成为同学们学习的榜样，先后被湖南民生网。今日女报等校外媒体报道，一夜之间，点击阅读浏览量高达几十万，并在人才就业社保信息报上刊发。★

（湖南省大中专学校学生信息咨询与就业指导中心供稿）

幻想家·哲学家

——长沙理工大学杨洋事迹

杨洋，长沙理工大学自动化专业2016届毕业生。曾获得国家发明专利3项，其作品全国第一辆城市型手工木制自行车“哲学家”获“北大资源·理想魔方创业大赛”冠军、红点奖之2017“中国好设计”奖和2018湖南省“互联网+”创新创业大赛银奖。同时是“幻想家”品牌创始人，现任公司董事长。

机缘巧合，挖得创业第一桶金

大一的时候，一次偶然的机会，杨洋在网上买了一辆自行车，自己组装起来，骑了两个星期后不喜欢了，就将这辆9成新的车作为二手出售，卖的价格比买的时候还高。因为网销自行车才起步，虽说网上购买价格优惠，但人们对质量等问题仍有疑虑，一般顾客都想看到实物才买。他觉得这是一大商机，就开始在网上发帖，有了订单后在网上进货，自己进行组装、调试，然后铺货到长沙各个市场。起初，商家们并不看好这个年轻的小伙子，不愿意合作。但他却一直为心中的信念支撑，用诚意打动了几位商家，并与之形成了合作。2个月后，因为生意实在太好，杨洋开始忙不过来，就在寝室楼下找到一位做清洁的师傅，这位师傅有在车行组装自行车的经验，愉快地成为了杨洋的合作伙伴。

与此同时，杨洋努力寻找新的机会和突破口。共享时代的到来，许多自行车逐渐成为当代生产的劣质品。这时，他萌生了想要自己组建一辆满意的自行车的想法。杨洋的父亲是位木匠，因而对木头情有独钟。机缘巧合的是，世界第一辆自行车是用木头做的，这两者的融合显得如此完美。于是他坚定了要做一辆木质自行车的想法。

砥砺奋斗，“哲学家”变“幻想家”

创业的初期是孤独的。杨洋开始一个人画图、查资料、写方案、联系厂家，每天都待在工厂。他发现木质和金属完全不同，不是设计专业出身的他只能用手绘画图。为此，他自学了工程制图，还画过1∶1的自行车图纸。后来他一直在构造一个自行车模型，不断思考、修改，用了两年的时间反复研究这个模型，从车架前叉的调试，到车架的几何线条，每个环节都力求完美。他说：“这样的生活并不枯燥，反而让人很充实，很有安全感。”杨洋为人谦虚善良，友善待人，人际关系极好，得到了广大师生的赞同和欣赏。大三时，他遇到了现在公司的合伙人。两人有相同的志向、相同的兴趣、相同的抱负，并用自己在校期间兼职挣来的近20万资金，投身到了梦想的事业中。大四的时候，经过两三轮的试验，最终定版，造出了15辆车。在大学的毕业典礼上，杨洋召开了自己的产品发布会，展示了他们的纯手工木质自行车——“幻想家”木质自行车。发布会上当场就成交两辆高端定制单车。得到学校的大力支持后，杨洋有了自己的公司，并有了自己的初期团队。

追求卓越，用坚持与拼搏开创绚烂人生

“幻想家”木质自行车的车身采用巴西花梨木制造。制造时，先倒角，去除木材多余的边角，然后细细打磨出初步的流线型，再经过多道传统木艺工序精细锻造，表面镀上天然漆，光滑细腻。从制作工法和整体外观上看，“幻想家”木质自行车堪称一件完美的工艺品。除了精致的外观，针对骑行的设计更让这辆自行车平添亮点：独有的防掉链设计，可完美解决自行车掉链子的问题；采用美国先进的皮带传动系统，安静干净防掉链；自动变速花鼓免维护，自动换挡，前刹后刹自动匹配高低速挡，不用频繁换挡，骑行也不会沾到油污；整个骑行过程中不会有一点机械的声音，可让人专注享受天然、环保的骑行快感。

公司运营以来，经营状况良好，一直有条不紊地向前迈进。从开始摸索到现在的有序经营，靠的是不断地努力、不断地学习，花时间去尝试，然后马上改变，在运行中寻找出路，在竞争中提升自己，最终找对了适合公司的方法，同时忠实于自己的理念，并服务于消费者。这样的过程与其说是创造模式，不如是快速试错方式。

杨洋和团队大胆尝试，不断挖掘市场和开发产品，注重提升公司产品质量和健身服务实力，为顾客提供周到的服务。他们渴望一件工艺品的诞生，也渴望客户的生活更加精致，给客户最完美的骑行感觉。公司的重心一直是如何将这种自行车打造成一个工艺品，做出一个最完美的产品。产品的质量就是公司的资本。企业未来发展的目标是坚持公司宗旨，本着“服务客户、给客户最好的消费体验”的经营理念，为自行车骑行健身提供优质服务。

“放弃有一万个理由，坚持只需一个，那就是热爱”。创业的过程充满艰辛，并且被孤独包围，但是只要足够喜欢，有信心就能把它做好。因为足够喜欢，所以才有源源不断的热情去面对困难；因为经过深思熟虑，所以才觉得它是适合的，是笃定要做的，也才有信心把它做好。杨洋说：“凭借他的执着和信念，定能迎风而翔，用汗水与泪水谱写创业篇章，用坚持与拼搏开创绚烂人生，尽显长理才子风华！”★

（湖南省大中专学校学生信息咨询与就业指导中心供稿）

誓做新时代创新创业的前锋

——湖南科技大学张梁子沁事迹

张梁子沁，男，汉族，1997年8月生，中共党员，湖南科技大学计算机科学与工程学院2015级本科生，北京工业大学软件学院2019级研究生，第三届湖南省大学生科技创新创业精英，湖南科技大学KingCola科技工作室创始人兼队长，湖南科技大学数学建模团队（小平科技创新团队）成员，湖南科技大学计算机学院总支副书记。拥有两项计算机软件著作权，参加“互联网＋”、创青春、数学建模、电子商务等竞赛，获国家级省级奖励11项。

扬帆，兴趣带来强大源动力

在湖南科技大学本科学习的四年中，张梁子沁保持对计算机知识的痴迷，并想办法将知识、实验与生活相结合。围绕人们对简易生活的需求，他设计出智能化、数据化的物联网产品，探索创新创业的新路径。从大一开始，他先后加入湖南科技大学数学建模团队（小平科技创新团队），得拼JOB团队（湖南科技大学十佳科技创新团队），参与多个项目的开发。同时，他还在校学生会和院学生会中任职，积极参加各种学生工作及志愿活动，这使他有了更为成熟的思维方式和更加有力的执行力。在大多数课余时间被占用的情况下，张梁子沁仍旧专注于文化课程的学习，前两年的专业综合素质分列专业的第一名和第五名。

逐梦，越努力才会越幸运

2017年6月，他萌生建设湖南科技大学最活跃的自发性学生科研平台的想法，和同伴共同创立了KingCola科技工作室，并担任队长。建队之初，工作室处于“三无”状态，无场地、无资金、无人手。这种情况下，深度开发项目成为了他唯一的出路。他把奖学金、生活费和兼职所赚的钱全部用来购买实验设备，把寝室作为主战场，和两个合伙人承担全部工作，白天上课，晚上熬夜修线路、改代码。一个月后，由他主持的第一个项目“农品管家”农田实时监控系统V1.0版本完成。这个项目帮助他拿下第一届湖南省物联网应用创新设计大赛二等奖和湖南省“创青春”大学生创业计划大赛铜奖。2018年，在学院和团委的帮助下，KingCola科技工作室与广州粤嵌公司落实合作，在湖南科技大学微科基地设立了独立工作室，并配备实验设备。他又在各学院招募优秀的同学超过50名，确定在物联网、软件开发、电子设计、创新创业等领域开展工作。张梁子沁认为参加学科竞赛是附带工作，主要工作是推动成员的共同发展。他带领工作室成员学习新点子，打磨自己的新想法，创造“文创＋科技”的产品设计理念。工作室成立之初，他高度勤奋，每天工作到凌晨，同时兼任多项职务，不断深入挖掘项目。他先后带领队员完成“得拼JOB”身障人招就平台、“光启安防”车辆弯道拐弯预警防撞系统、“安骑啦”低功耗蓝牙头盔等10个项目的开发。截至目前，KingCola科技工作室组织队员参加学科竞赛，共取得国家级奖励 4 项、省级奖励 18 项、校级奖百余项，获得软件著作权 4 项，实用新型专利 1 项，SCI 三区论文 1 篇，SCI 四区论文 1 篇。相继被评为“深圳杯国际大学生创业大赛优秀团队”“中国创新创业大赛（湖南赛区）优秀团队”“湖南科技大学十佳科技创新团队”，提名第十三届湖南省“芙蓉学子，榜样力量”优秀大学生团队。创业事迹被湖南省红网、搜狐新闻网等报道。

成长，追求卓越绝不止步

2018 年 6 月，张梁子沁入选湖南省创新创业“菁英培育计划”，当年暑假由湖南省科技厅及湖南科技大学全额资助赴德国交流学习。他与一同入选的成员一起，迅速展开了 KingCola 工作室，与来自中南大学、湖南师范大学、湖南中医药大学、湘潭大学、南华大学等高校的创业团队与创业企业的合作，共同开设实验项目。2018 年 10 月，KingCola 科技工作室与湖南利佳生态农业综合开发有限公司、长春市御风维安网络科技有限公司等达成合作意向，针对农业物联网、机械识别方面开展研究。2019 年 4 月与 KingCola 科技工作室又成功与广州粤嵌通信科技股份有限公司共同建立众创空间，帮助工作室及学院开展人才培养，进一步开发实验产品。

在德国期间，张梁子沁先后在汉堡大学、夏利特医学院、柏林阿德勒斯霍夫科技园、宝马公司总部、西门子公司学习，意识到学习更高端的专业知识、创立自己的企业、生产为民产品将是他的追求。去年，他参加了全国研究生统一招生考试，仅仅复习三个月的他，成功考取北京工业大学软件工程专业研究生。他认为，在专业方向上有许多高精尖的知识需要学习。未来，他将开发自己的专利技术，并计划在两年内筹备自己的公司。追求卓越，绝不会止步！★

（湖南省大中专学校学生信息咨询与就业指导中心供稿）

成功源于拼搏

——湖南化工职业技术学院彭苗苗事迹

彭苗苗，中共党员，湖南化工职业技术学院化学工程学院精细化学品技术2016级学生。在校期间担任班长、湖南化工职业技术学院创新创业联合会会长、精细化学品技术2017级、精细化学品技术2018级代理班主任及其班级学生党员联系人。获“省级优秀毕业生”“省网络文化创客大赛团队之星”“三好学生”“优秀学生干部”“优秀学生辅导员”“优秀青年志愿者”“优秀标兵”“创新创业积极分子”等荣誉称号。她是一名通过自己不断的付出和努力，彻底改变柔弱性格的女孩。从内向到开朗、从平凡到出众，只为通过自己永不言败的经历去影响并改变更多的人。

品学兼优、志存高远

彭苗苗勤学，善思笃行，学业综合成绩优异，连续两年获得国家级奖学金。在未加入中国共产党之前，就处处以一名优秀党员的标准严格要求自己。在提高自身成绩的同时，开展各项班级活动以提高班上同学的学习成绩（如学习经验分享会、学习小组联盟、读书会等），积极配合班主任完成各项班级大小事务，主动解决同学的每个需求及疑问，积极参与学校各项活动，得到老师和同学们的一致好评。

人生的光荣并不是永不失败，而是能够屡败屡战。大一的她，还是一个站在讲台上就会瑟瑟发抖的害羞女孩。为了改变自己，她参加了学校举办的所有活动，但是每个活动都没有拿到想要的奖项，甚至有一次紧张到忘词而说不出话。但是她从来没有放弃的想法，只要是听到有比赛的消息，第一时间就去报名。每当自己站在演讲台面对观众的时候，就在内心对自己说一万次：加油！

直到大一下学期，第一次参加创新创业大赛并担任大赛的主持人，她勤奋训练自己，没日没夜地背诵主持稿以及项目主讲词，并积极向老师请教。在这次大赛中，由于主持人和项目主讲人的熟练切换以及精彩的发挥，终于在本次大赛得到了众多老师和同学的认可，并取得本次创新创业大赛的一等奖。从这时开始，她就与创新创业结下了不解之缘。

致力创新、积极有为

不积跬步，无以至千里；不积小流，无以成江海。在不断的努力下，在领导老师共同支持下，她成立了创新创业联合会，全面协助老师开展各项创新创业工作。她致力于创新创业人才的发现、选拔、培训等，协助老师组织举行各项创新大赛、“互联网＋”选拔赛、创新创业课程培训、创新创业学院的日常活动等。对于创新创业大赛的每一个小组的策划书，她都会认真审核并为其请教老师，最后将修改意见反馈给每一个参赛小组。在每次大赛之前，她都会认真组织路演培训，一遍遍进行路演培训，以保证达到比赛最好的效果。她踏实仔细地做好学校的每项创新创业工作任务，全心全意地为学校服务。经过一年的努力，创新创业联合会获得了“优秀组织奖”“优秀协会”等奖项。

她孵化出多个创新创业项目，获批省级重点课题1项。她主动加强自己的演讲能力和文件撰写能力，积极参加“互联网＋全国大学生创新创业大赛”、“挑战杯”湖南省创新创效创业大赛、湖南省网络之星创客文化大赛、株洲市创新创业大赛等重要赛事并取得一定的成绩。在学校，她积极向学校涂料资深专家刘宏教授、学校招生就业处唐丽老师、学院书记温拥军等领导请教项目技术、财务融资、项目立项等各方面的问题。她孵化出“混凝土水泥地面增强剂”“多彩仿大理石水包砂艺术涂料”“心悦珠饰一精准扶贫”等创新创业大赛参赛项目，并多次获得一等奖，得到众多专家评委的认可和喜爱。她协助老师开展多次创新创业大赛以及创新创业培训课程，精心培训创业团队两百余人次，帮助他们以更好的状态参加创新创业大赛。她时刻提醒自己要通过扎扎实实的学习、坚持不懈的实践来提升自己，为实现中华民族伟大复兴的中国梦而不断努力！

默默奉献、争创一流

在担任精细化学品技术2017级、2018级代理班主任及其班级学生党员联系人期间，主动开展新生班级引导服务工作，并放弃两个国庆节假期去陪同新生军事化训练；主动联系新生班主任开展促进班级凝聚力、加强班级班风建设、提高班级学习能力等活动；深入了解每一位班级新生的家庭状况，根据情况进行班级班干部体制选举以及班级奖助学金的评定。

在班级，她担任班长一职，严格按照学校规章制度管理班级，并将班级事务做到一丝不苟，从不假公济私。她求真务实、永不言败的工作作风感染了班级的每个同学，使班级的同学都朝着德、智、体、劳等方面全面发展。她工作兢兢业业，任劳任怨，勇于开拓，大胆创新，不拘泥于已有的成果。她想同学们之所想，急同学们之所急，尽职尽责。在协助辅导员、班主任、任课老师等搞好班级工作的同时，充分发挥自己的能力与特长，号召班内同学团结、互助，得到了广大师生的好评，班级多次获得“优秀班集体”和“优秀团支部”荣誉称号。

她非常注重对自身素质能力的提升，常在学习工作之余积极参加学校的各项活动。曾担任“毕业晚会”“动员大会”、“美容美妆大赛”“英语角”“创新创业大赛”“知识竞赛”“入党发展对象毕业典礼”等活动及比赛的主持人，并积极参加“三新”团队演讲比赛、中国特色社会主义思想微宣讲、“葛兰”文化朗诵比赛、“爱我国防”演讲比赛、创新创业大赛以及学校大型周年庆、招聘会、迎新等活动。

所获得主要奖项有：连续两年获得国家级奖学金；“心悦珠饰—爱心帮扶项目”获批省级重点课题立项；2018“挑战杯”湖南省创新创效创业比赛三等奖；2018株洲市创新创业大赛二等奖；2017年化学工程学院创新创业大赛中“混凝土水泥地面增强剂”项目获一等奖；2017年湖南化工职业技术学院创新创业大赛中“混凝土水泥地面增强剂”项目获一等奖；2018年湖南化工职业技术学院大学生创新创业大赛的“水包砂仿大理石多彩艺术涂料”项目获一等奖；2018年湖南化工职业技术学院大学生创新创业大赛的“心悦珠饰”项目获一等奖；2018年湖南化工职业

技术学院贯彻习近平新时代中国特色社会主义思想微宣讲二等奖；2016 年湖南化工职业技术学院“传承中华传统文化”朗诵比赛优胜奖等。

饮水思源，敢于担当

她来自湖南怀化，她的爷爷彭英文曾是一名抗美援朝军人。在爷爷的影响下，她形成了坚韧不拔、永不言败的风格。在那个年代用血谱写的“抛头颅，洒热血，把生死置之度外，顽强地与敌人作着斗争”可歌可泣的故事，使她对革命先烈充满崇拜之情，悄然种下了对中国共产党无限热爱的种子并在心里生根。长大后，她暗暗下定决心：一定要加入党组织，成为一名光荣的共产党员。永不言败的她通过不断的努力向老师同学证明自己。

她坚信成功源于拼搏，最终得到党组织的批准，成为一名中国共产党正式党员。但是她从来没有放松自己。每当学校有通知下来，她总是会站出来说：“我想去试试！”这种敢闯敢拼敢尝试换来她那么多的收获和成果。她在其党员联系老师（彭志宏书记、刘宏教授）的引领下，明确了自身努力的方向：不仅要努力提高自身政治修养，加强马列主义学习，加强科学文化知识学习以及专业知识学习，还时要坚持理论和实践相结合，不断提高自己的学习能力和知识面，参加各种形式党性学习和素质提升。

在未来的日子里，她一定会继续“不忘初心，砥砺前行”，并更加严格要求自己，努力学习各方面知识，勤奋学习，踏实工作，真正做到吃苦在前，享乐在后，将继续提高自身的能力素质和为人民服务的本领，不断接受组织的考验和挑选，身体力行，做一名对党忠诚的合格共产党员。

人生中有些事你不竭尽所能去做，你永远不知道自己有多出色！★

（湖南省大中专学校学生信息咨询与就业指导中心供稿）

广 东

★

“兴趣”到“技能”，“技能”变“事业”

——广东科贸职业学院郑旭文事迹

郑旭文，男，广东省揭阳揭东人，2015 年毕业于广东科贸职业学院电子商贸专业。2014 年参加了学校创新创业培训班后，他就不断尝试多种类型的创业，从鼓捣智能手机到研究软件推广，从销售毛巾到进入无人机领域，披荆斩棘，最后创设深圳新木木科技有限公司。该项目曾获“2018 年挑战杯·创青春广东省大学生创业大赛”创业实践组金奖、“广东省第四届‘互联网＋’大学生创新创业大赛”初创组金奖和“第四届中国‘互联网＋’大学生创新创业大赛”国赛铜奖。

创业准备

从大一开始，郑旭文就开始留意身边的“机会”，每有商机出现，他都要试试看。比如说，经营电脑配件、手机配件、小商品等。对于一个大一新生来说，郑旭文显得异常活跃、突出。看到郑旭文对创业的浓厚兴趣，学院老师推荐他进入了学校的淘宝创业班，从而获得了更多的创业信息和创业帮助。

大二的时候，郑旭文的创业已经进入稳步上升阶段，一个月已有几万元的收入，这是让大部分上班族都叹为观止的数字。然而，每个人的一生都不可能一直顺风顺水，人生的风浪在收获喜悦中尾随而至。他的生意失败了，赔了大部分积蓄，又回到了刚起步的模样。这对于大部分人来说，都是一个近乎毁灭性的打击，或许就到此止步不前，甚至一蹶不振了。郑旭文并没有被困难吓倒，反而更加坚定了创业决心。在指导老师的帮助下，他总结了创业以来的成绩和经验。郑旭文深思后，决定卧薪尝胆，东山再起。他决定去一家底蕴深厚的国际连锁知名餐厅打工，去了解正规企业是如何营销、如何管理员工、如何规范财务制度的。

创业历程

兴趣特长，由校园商城 CEO 到科技公司董事长

2014 年 9 月，在深圳无人机代工厂工作的一个亲戚和郑旭文说起了无人机项目，嗅觉敏感的他，立刻发现了里面的商机。于是郑旭文来到深圳，通过与专业玩家交流，了解市场后，毅然放弃了初创的毛巾销售项目，与合伙人每人出资 3 万元，投入到无人机跨境电商事业中。2014 年年底正式组建生产工厂，生产出了第一架代工的无人机。2015 年，郑旭文凭借不懈努力组建了深圳天才木木创新科技有限公司，拥有了自己的无人机生产线，公司定位于中高端无人机及无人机相关配件设计研发、生产和销售。

该公司相较于同行有六大核心优势：一是研发能力强，公司拥有一支年轻有创意有技术的研发生产团队，从研发到生产全部独立完成，每月可研发近 10 款新品，数倍于同行；二是生产

能力强，公司拥有价值400万的先进设备和1500平方米的无尘生产车间，月产量可达3000架，量产速度快至10日，并率先推行标准化的生产管理，严把品质关；三是公司拥有自有品牌TCMM，并因产品质量过硬而为中高端无人机realacc、Eachine等品牌贴牌生产；四是产品性能优，产品有轻便、稳固、兼容性强、成本低、机身小巧、速度快、抗震耐摔、不良率低于同级企业6倍的优点；五是整合了上游优质供应链，通过研发整合基础配件，目前生产成本低于同行15%；六是拥有良好的市场基础，公司目前已累计推出100多款新品，通过亚马逊、速卖通、EBAY等平台成功进入欧美日国际市场，广受用户好评。

核心技术，由贴牌生产到以自创品牌

创立深圳天才木木创新科技有限公司于2017年更名为新木木科技有限公司。公司在创办第一年，受资金、场地和人员限制，营业额只有500多万。经过长期摸索，2016年营业额已经上升到1800万元，2017年营业额达到3800万元，2018年营业额达到6000万元。

新木木科技有限公司是一家蓬勃发展的创新科技公司，在公司董事长郑旭文的带领下，向着竞技无人机行业设计研发制造的领航者这个目标努力迈进。在无人机市场持续增长的趋势下，公司不断提升自身研发和生产能力，整合上游优质供应链，为研发自有品牌和为用户打造性价比更高的产品不断努力。在前进的道路上，公司不断地完善管理制度，加强信息化建设及品牌建设，为成为行业领航企业夯实基础。同时，公司将不断加强营销推广，进一步拓展市场，由专注于竞技无人机产业链的关键环节“集成与研发”为主，发展到研发、生产、销售、附加服务为一体；由贴牌生产为主发展到自创品牌为主；由竞技无人机发展到工业级无人机；由国外市场为主发展到国内外兼顾。

创业成效

目前该公司的管理水平已上了一个新台阶，设立了母公司和子公司。母公司负责生产加工和线下业务，子公司负责线上推广和扩展销售渠道。公司除摄像头外，其他无人机的零部件都是自主研发生产的，并从全国各地招来了研发、生产、销售等人才，直接提供劳动就业岗位100多个，经济效益不断增长。

凭借着郑旭文的不懈奋斗，2018年5月27日，深圳市新木木科技有限公司项目在广东省共青团举办的“2018年挑战杯·创青春广东省大学生创业大赛”创业实践组中荣获金奖；2018年8月31日，该项目摘得“广东省第四届‘互联网+’大学生创新创业大赛”初创组金奖和“第四届中国‘互联网+’大学生创新创业大赛”国赛铜奖。这些成绩，都离不开郑旭文的不懈奋斗。新时代是奋斗者的时代！★

（广东省高等学校毕业生就业指导中心供稿）

在公益创业中绽放最美青春

——广东药科大学李海权事迹

李海权，男，中共预备党员，广东药科大学药学院药学专业2016级本科生，广东药科大学创行团队副队长。曾连续两年获得校级一等奖学金、蒲公英（创新创业和创新科技）奖学金。作为“南粤大地”项目负责人之一，带领团队在北京国家会议中心以“中药资源最大化利用”的理念向世界传达了中国学生对中药渣处理提出的绿色循环综合解决中国方案，最终从全国280支高校队伍中脱颖而出，荣获2017年创行世界杯中国站社会创新大赛全国赛冠军。随后又代表中国，在全球36个国家代表队中展现广东药科大学公益创业的风采，荣获2017年创行世界杯社会创新大赛全球16强。2018年获得“广东大学生年度人物”提名奖（创新创业类）。李海权以创新公益的精神态度和商业践行公益的理念，展现了当代大学生的社会责任感和创新创业精神。

心怀理想，志愿服务是他的初衷

李海权的理想是通过创业去践行公益，服务社会。他坚信创业的初衷就是用企业家精神服务社会，用创新的行动去帮助更多的人，而志愿服务就是了解社会需求最好的方式。进入大学开始，他就常常作为志愿者参与学校组织的各类公益活动。为实现立足专业、服务社会的专业价值和理想追求，他郑重地向党组织递交了入党申请书，并于2018年光荣地成为一名中共预备党员。

他与药学院知行服务队的学生党员们进行社区服务活动、开展三下乡服务活动，曾多次参加广州市少年宫志愿服务，钟村街社区卫生服务中心安全用药宣传服务。在大学寒暑假期间，他曾先后两次担任药学院“三下乡暑期社会实践活动”队长，深入农村，服务基层农民。通过社会实践和专业实践，锤炼党性，服务人民。

励志笃行，公益创业是他的信念

他坚信做公益不应是局限于当一名志愿者，而是可以结合商业模式践行公益。他立足于创新公益，通过团队协作，整合社会资源，解决社会环境问题。在求学期间，不管在学习上还是生活上都严格要求自己，抓紧大学宝贵的学习时间，科学规划，勤学本领，敢于创新，勇于实践。

他带领队员们深入基层，将农业废弃物的循环利用模式复制到佛山高明，研发甘蔗渣制可降解膜技术，用实际行动为社会和环境改善付出自己的努力。他关注到中国农业废弃物存在处理不当，堆积严重，污染环境等问题，尝试从种植草菇后产生的大量废料入手，加入学校“中药渣多级化利用”的课题组，开始了他的探索。为将草菇废料发酵成有机肥，实现废料的二次利用，他和队员们成立了“南粤大地”项目。他坚信“没有所谓的垃圾，只有放错地方的资源”。

为了熟悉有机肥发酵原料，他涉猎了大量与生物有机肥相关的书籍，精读国内外大量的文献资料，走访广州市的有机肥厂，请教药学院的教授和有机肥行业专家，最终在导师的指导下，克服了重重困难，经历了多次实验和技术改善后，最终发酵出符合国家标准的有机肥。与此同时，他还参与了“食用菌废弃物高温发酵装置”的专利设计。

他是队员们眼中的半个有机肥专家，他常开玩笑地说，在他的眼中，没有什么农业废弃物，有的只是一堆堆有利用价值的有机肥。他认真学习专业知识，坚持理论学习与社会实践相结合，曾获得校级一等奖学金、蒲公英(创新创业和创新科技)奖学金。作为“南粤大地”项目负责人之一，他带领项目组参加中国公益创新大赛，从全国 280 支高校队伍中脱颖而出，荣获 2017 年创行世界杯中国站社会创新大赛全国赛冠军。随后又代表中国，在全球 36 个国家代表队中展现广东药科大学公益创业的风采，荣获 2017 年创行世界杯社会创新大赛全球 16 强。

追求卓越，创新创业是他的追求

作为团队负责人，他坚持团队项目化运作理念。近年来，将团队在“三下乡”实践调研中发现的问题，总结出研究方向，依托“大学生创新创业训练计划项目”探索解决实验方案，结合商业知识开展项目。2017 年，他参与的“米高生物有机肥”创业项目获广东众创杯大学生启航赛暨“赢在广州”第六届大学生创业大赛优胜奖。2018 年暑假，他带领广东药科大学“生态岭南”美丽中国“三下乡”服务队深入基层人民中，结合团队原有的“中药渣栽培草菇”“草菇废料发酵有机肥”两项技术，将中药渣栽培草菇，草菇废料发酵有机肥，有机肥进行无土栽培的物料循环模式复制到佛山高明，并致力于将其打造为一个循环农业生态园。“纸上得来终觉浅，绝知此事要躬行”，整个暑假，团队入驻菇场，跟菇农们同吃同住，投入到项目实践中，克服了重重困难。凌晨六点，他们跟菇农一起，观察草菇的长势，争分夺秒地采摘草菇；烈日下，他们不畏艰苦，参与菇房的建设，向菇农们普及相关的农业知识，跟菇农们一起讨论改良种植技术，完善种植模式。在他们的努力下，原本废弃的农场逐渐发展为循环的生态农业园，他带领的“生态岭南”团队也被评为 2018 年“三下乡”社会实践活动省级重点团队。2019 年，他作为“生态岭南”项目核心成员获 2019 年创行世界杯中国站社会创新大赛省一等奖。

习总书记指出，“青年是国家和民族的希望，创新是社会进步的灵魂，创业是推动经济社会发展，改善民生的重要途径。”作为新时代的青年，李海权始终坚持公益理念和商业实践的有机结合，秉承“药学中西，医道济世”的校训精神，发扬“励志笃行，融通日新”的优良校风，在追求创新创业的路上立鸿鹄志，做奋斗者，展示出当代大学生的社会责任和创新精神，用自身所学回报社会。2018 年，他成立了广州恒粤生物科技有限公司，在中药废弃物资源化循环利用的基础上整合各方资源，将佛山高明石洲村的一个荒废农场打造成农业生态园，并提出全新的 ECO 中药渣多级循环模式，实现中药资源循环利用，从而使农民增收，废弃土地得到重新利用，农场环境得到改善，进而服务于中国生态文明和乡村振兴战略。同时他希望带领更多有创业理念的学生加入到这个队伍，与新时代共进，实现理想，在创新实践中绽放最美青春。★

（广东省高等学校毕业生就业指导中心供稿）

我想看见你的声音

——华南理工大学陈国强事迹

看见声音，拥抱梦想。

这是音书开头的一句话。

从前读过一首诗，诗中写道："你在身旁聆听我，我的声音却无法触及你。"当时只觉得是诗人文绉绉的措辞，后来通过媒体了解到了一些人，才知道这句诗在现实生活中是有"原型"的。这些"原型"就是听障人士。他们不仅无法听到别人说话，甚至不会张口说话，不能发出声音。沟通、交流、获取外界的信息，对普通人如此简单的事，却是他们这辈子都无法跨越的障碍。

听障人士是不甘于一辈子活在无声的世界里的。他们想听，他们想说，他们想更好地拥抱这个世界，他们想更热切地拥抱自己的梦想。

在寂静的世界，看见声音

陈国强带领的音书团队致力于通过人工智能技术帮助听障人士实现无障碍沟通，并打造听力行业和言语康复行业服务的互联网平台。音书的产品服务包含无障碍沟通软件、言语康复软件、智能字幕速记系统、智能眼镜"听镜"等，服务领域涵盖听障人士的日常交流、言语康复、学习培训等生活场景，目前已经服务全国近 40 万听障人士。同时，已经为中国聋人协会等 16 个公益机构提供了 53 次公益服务，主办了 15 场公益活动，在行业内已经有了一定的影响力。

音书团队的主打产品为音书 APP，是目前国内听障人士使用最多的沟通工具。该软件可以帮助听障者在各个沟通场景实现信息的高效率获取，拥有"远距离翻译""字幕视频""悬浮翻译""语音训练"等特色功能。"远距离翻译"可以帮助听障者在 4 米内都能获取外界信息，帮助用户在公司开会、朋友聚餐、外出购物等场合最好地理解别人的说话内容，自 2019 年 2 月份上线以来深受欢迎；"字幕视频"提供视频字幕翻译，可以让用户跟自己的亲朋好友进行视频联系；"悬浮翻译"可以帮助用户翻译抖音等直播视频软件的无字幕视频，也可以帮助用户接听电话，推出后吸引了上万名听障者下载体验。

特别值得一提的是"语音训练"功能！该板块移动式地集成了智能化的语音评测技术，可以大大提高发音不清晰的听障者学习普通话的水平。语音训练分拼音、单词、句子和文章四个层次，听障者根据评分来评测自己发音准确性和提供对应的训练模式，集实用性和趣味性于一体。该功能的使用次数达350万，用户平均训练时间为15分钟。

另外，音书团队研发了一些辅助听障者沟通的智能硬件，比如智能眼镜“听镜”。听镜拥有两大功能：一是可以将语音实时转化为文字输出，解决听障人获取信息的问题；二是眼镜可以将手语进行转化发声，解决听障人士表达信息的问题。目前团队已经基本研发出原型机，并在第二届全国研究生移动终端应用设计创新大赛上获得大赛一等奖，等待进一步融资即可投入量产。

然而，他们的目的不仅仅于此，音书团队希望音书最终能变成一个平台，一个能解决听障人沟通、就业、社交甚至是婚姻的平台。

“现实中，因为歧视问题，很多听障人难以找到好工作，其中还有不少针对听障者的虚假招聘信息。甚至正常的恋爱也是个难题，需要借助各种办法。有微信号关注过听障者的婚姻问题，但也只为听障者与听障者之间搭线。另外通过后台数据发现很多人是没有配置到助听器或者人工耳蜗的。”

陈国强说，音书想打破这种障碍，通过数据挖掘的方式为听障人士提供真实方便的查找工作平台和专为听障人士设立的爱情平台。为此，目前团队已经研发出了“手语交友”功能，通过图像识别技术与陌生听障者来手语视频，每日匹配成功次数达上百对。另外软件上也有“招聘专区”，收集了全国各城市的招收听障者的工作信息。目前，他们也正准备在广州试点引入助听器商家入驻，来为听障者服务。

音书APP于2017年1月底正式发布在各大应用商店，供公众免费下载使用。同时为了让软件更加简便、实用和高效，真正为听障者带来便利，他们也及时关注听障人的需求。为此他们注册了“音书社区”的微信公众号和“音书科技”的微博，提供详细咨询；还创建了QQ群，听取QQ群里听障朋友的建议，以便一遍遍完善软件。

音书发展两年多以来，先后获得了2016年全国研究生移动端设计大赛冠军，2017年顺德区创新创业基金会“最具社会价值奖”，2018年“汇新杯”新兴科技＋互联网社会公益专项赛全国复赛银奖，2018年“创青春”全国大学生创业大赛金奖等。

音书的社会价值以及公益结合人工智能的产品特色，获得南方都市报、广州日报、新浪、搜狐、腾讯大粤网、36氪、广东电视台等几十家知名媒体的广泛报道。

目前，公司现拥有6项专利及4项软件著作权，同时已获得种子轮数十万，获得科大讯飞2018年AI公益计划“三声有幸”战略扶持，2017番禺区政府青蓝计划20万元补贴，顺德区创新创业基金会捐赠30万元。同时与顺德区双创基金会、北京联合大学特殊教育学院、广州市恭明中心、珠海市快门无声、广东省人民医院达成战略合作。

如果没人做，那就自己动手改变

可能会有人问，为何音书团队会想到选择这样一个方向。当问到音书创业历程时，我们了解到了另一个重要团队成员——石城川。

曾经的石城川也与普通人一样，能够听到这个世界的声音。然而年幼时生了一场大病，错用的药物夺走了他的听力，从此“声音”于他就只是一个回忆。但他努力与健全人一样，考上初中、高中、大学。在大学时，石城川听不到老师讲课内容，陈国强出于同情心经常坐在他身边。石城川看不懂的课程内容就跟陈国强交流，两个人慢慢成为了好朋友。他们两人交流的方式是纸上写字或微信打字，获取信息的效率极其低下。

“我当时就想到，城川会说话，但交流已如此艰难，而对于一些不会说话的听障者来说，进行沟通交流岂不是更加难上加难?”陈国强说，当时他就萌发了帮助同学石城川的想法，这也是他创建音书项目的初衷。

2013 年，受刚上市的谷歌眼镜启发，石城川灵机一动：如果有一款智能眼镜，能提供文字翻译功能，就像看电影时有字幕显示，这样在和别人聊天时，就能翻译别人的声音，从而提高听障者的沟通效率了。石城川把这个想法告诉了陈国强，陈国强意识到这是一个很有社会价值的想法。于是他们开始做深入调查，两人发现很多听障人士都喜欢这个想法，也渴望拥有这样一副眼镜。

后来，他们进一步做了调研。调查发现，全球有 3.6 亿听力残障者，国内有 2054 万听力残障者，6925.8 万的老年听障者。他们在生活工作中同样困难重重。本科毕业一年后，他们还是放不下想帮助听障者的想法，于是写信说服一些像谷歌这类在语音识别、智能眼镜开发方面有实力的企业来开发这个项目。遗憾的是，虽然该项目很有社会价值，但由于这些公司在战略上并没有这方面的考虑，所有的说服努力，最终都以失败告终。

车到山前必有路。一位教授知道了这件事，鼓励他们：如果没有人去做这件事，何不自己去尝试一下。陈国强想帮助石城川以及国内其他千万听障者，刚好又听说学校有创业基地可以扶持创业，就邀请石城川一起去华南理工大学创新创业孵化基地面试。从此，两人走上了自主创业的道路。

共同的事业，传递爱和力量

对于刚刚起步的小团队而言，租房、水电费、购置设备都是一笔不小的开支。华南理工大学为了音书更好的发展，免费为音书创业团队提供了场地、物资，还配备了指导老师。

2016 年 4 月，音书团队正式入驻华南理工大学创新创业孵化基地。一开始，团队只有陈国强和石城川两个人，人才不足就成了一个大问题。陈国强一边上课一边招兵买马，同时还要研发软件。由于念念不忘做眼镜，他们就想着立马研发智能眼镜。他俩找遍了整栋华工计算机学院楼和软件学院楼，最终才找到一位真正可以帮他们做出眼镜的学生。

之后，越来越多的华南理工大学学生加入到这一意义不凡的事业中。陈国强主要负责技术以及团队的管理；石城川主要从事产品管理；彭驷庆负责市场及产品供应链；设计学院研究生莫小慧在团队资金困难、没钱请人拍封面照片的情况下，自告奋勇当音书 APP 推广的封面模特……全新的思维方式，前沿的想法，他们像探路者，一步步去摸索和完善软件的功能，常常工作到午夜才回宿舍。

“我们的创业之路一开始就碰壁了，这其实是产品战略失误，对于主打智能硬件的项目，投资人会非常的谨慎。同时，2016 年是资本寒冬，我们还没有实实在在的成果。”陈国强说，他们后来改变了策略，决定先发展音书软件，积累用户和口碑，再发展硬件。

年轻人的热情和活力尽管有不完美的地方，却有无数未知的可能。通过战略改变，音书快速聚集了国内很多听障人士，成为了国内服务听障群体的第一平台。在软件的影响力下，他们也扩展销售了多款辅助沟通的硬件设备，成为了养活团队的重要营收渠道。

音书遇到的另一个问题是如何管控成员内部冲突。一开始，大家面对反对意见都容易激动。比如，陈国强是细节控，比较谨慎，有些小细节他会抓住不放，但主管产品的石城川却觉得无关紧要。还有一些决策问题，团队成员时不时会争得脸红脖子粗。

"争着争着，我们也渐渐习惯有意见分歧的情况。"陈国强说，大家现在也都想明白了，团队内出现不同意见不可避免。这是好事，可以让大家更全面客观地看待各种情况，更利于准确决策。

一路走来，音书团队越来越坚强，也越来越团结。对共同目标、事业的追求也间接影响了团队成员。陈国强以前不太喜欢交谈，创办音书后，由于工作性质需要经常对外沟通，性格也变得较为外向，成了大家眼中侃侃而谈、大方得体的领导者。音书团队实习生、软件学院林国盛同学说："在这里不仅学到了很多技术和知识，还在这一特殊团队中感受到了爱和力量。"

他们的事迹，以及音书项目的特别意义，吸引了越来越多的优秀者加入团队。如今，音书团队已有 10 多名全职员工和多名实习生，而且仍在不断地扩大当中。在"科技创造美好生活"的愿景下，音书正在推动人工智能技术在中国听障人士环境无障碍建设的落地，并通过打造完善的服务平台为听障人士构建更加美好的生活而奋斗。★

（广东省高等学校毕业生就业指导中心供稿）

让青春裹挟梦想

——暨南大学郑汶珠事迹

从公益志愿活动到公益创业，她由“要我做”迈向了“我要做”。

从学生到创业团队负责人，她实现了由青年情怀到社会责任与担当的升级。

从香港到内地，她感受到政府对于港籍学生创业的资助与关怀，拓展视野积累资源，对脚下的土地有了更深层的热爱。

习近平总书记嘱咐当代年轻人：“有信念、有梦想、有奋斗、有奉献的人生，才是有意义的人生。当代青年建功立业的舞台空前广阔、梦想成真的前景空前光明，希望大家努力在实现中国梦的伟大实践中创造自己的精彩人生。”总书记的殷切嘱托与期盼，她一直牢记在心。

郑汶珠来自香港，目前就读于暨南大学国际关系学院外交学专业。她的创业事迹体现出中国创新创业浪潮下大学生创业者的远大理想与家国情怀，展现出敢为人先、奋勇开拓的可贵品质，发出了为新时代创新创业事业贡献青春的激情呼喊。

郑汶珠所创办的“日晞研学”是国内首家专注于高校间游学访学的功能性研学教育设计公司。公司致力于在大学生陪伴教育的理念指导下，通过游学研习的形式来帮助升学阶段的初高中生选择自己合适的大学，帮助处在人生十字路口的学生明确人生目标，帮助更多家庭减少“择校择业”的失误。一方面，公司提出以技术众筹实现“旅游＋教育”新型乡村旅游教育产业战略，鼓励大学生走进西部、投身乡村建设，现已建立贵州纳雍中华蜜蜂养殖场、湖南桃源日晞户外教育基地、广东肇庆德庆县云利村等教育驿站。另一方面，公司与“毕业后公益图书馆”“水滴户外公益”“绿益造梦者”等大批优质专业公益组织紧密合作，建立“日晞公益事业部”，独创“晞望行动之西部乡村公益研学”产品，为西部乡村发展赋能增量。“日晞研学”的公益创投模式实现了教育实践模式新探索，发挥旅游富民效能，助力实施地产业转型升级，推进多地区美丽乡村建设。

创业至今仅两年时间，郑汶珠带领团队把一腔创业梦想打造成注册资本超千万元的新兴集团。“日晞研学”已在全国范围内建立 56 个自有高校研学驿站，位于北京、广州、香港的三个区域工作室和一个中山旗舰实体店。

从无人销售的“诚信小铺”到“日晞研学”的创始人

郑汶珠的创业之路源于对公益环保事业的关注与热爱。“如果一个人的力量过于单薄，不妨铸造起更为坚实的力量去打造它”，在此信念指引下，郑汶珠和伙伴们尝试将助力公益事业与商业发展模式相融合，以商业价值带动社会影响力，实现“经济＋公益”的效益共赢。早在 2012 年，郑汶珠就为推广公益与环保事业与八位伙伴开启创业之路。

她敢为人先，创办了中国第一家以公益为核心、全程由高中生自主运营研发的社会企业

“绿益环保公司”。通过环保回收、公益营销等方式争取社会资金支持，并将所获活动经费全部用于支持各项高中生社会福利事业的发展。她敢想敢做，创新推行“诚信日志”“诚信小铺”等无人销售校园平台与公益摊位拍卖，改变了义卖义捐的单一模式。她和团队成员一起，打磨“绿益造梦者”支教项目 6 年，逐渐形成“定点接力”的支教模式，帮助更多高中生走进乡村、走进公益。

她一直在路上，利用寒暑假时间跟随志愿团队深入偏远山区开展公益活动。公益游学的经历帮助她亲身了解偏僻乡村的发展实况，更加坚定了想要改善农村教育现状、将公益发展成事业的想法。在此想法的支持下，她开始修读暨南大学“大学生创业思维”“创业哲学”等课程，借助学校资源系统化地学习创新创业理论知识；参加“暨大紫荆谷创业训练营”，结识了更多的创业者，获得很多宝贵的创业经验。2016 年 11 月，郑汶珠在导师陈定定教授的帮助下，成功入驻暨南大学“港澳台 WE 创空间”。

在暨南大学就读期间，港籍身份带给郑汶珠更多的机会与体验。一方面，作为学生，她秉持爱国爱校思想，依托校学生会组织多场联合活动：邀请香港区议员担任“心系母校、暨情港生”座谈会嘉宾；邀请香港海关、警察等纪律部队的警官担当“港心暨情，公职先行”专题分享会主讲人。另一方面，作为“公益人”，她为促进内地大陆两地青年学生的互通交流而奔走：与暨南大学香港校友会为内地学生联袂推出“香港立法会参观访学团”；联合香港工联广州中心、广东省内各级港澳事务局、外事侨务局等多家政府单位，在广州、清远、惠州、东莞等地开展文化交流活动。系列活动的成功开展极大推动了两地学子互助互信，增进了彼此的情感认同。交流项目的开展也为郑汶珠的创业之路提供了难得的经验积累，从筹划协调的组织者到跻身市场的创业者，她和团队顺利实现了资源的转化，为公司的长远发展注满“第一桶金”。

365 天全年无休是生命常态

创业的路途从来不是一帆风顺。学业、工作的双重压力，角色转换、地域差异，每天都在出现的新困难与挑战都会让人心生困顿。“996”全然不够，全年无休才是真相。

竞争总是残酷的。大学生年轻、充满活力与创造力是一大优势，但社会经验缺乏、实战能力不足也是不争的事实，年轻创业者们必须直面市场的洗礼和磨练。创业初期，郑汶珠和她的团队成员在全国各地奔走宣传，但结果却不总尽如人意，敲开一百个供销商的大门，未必有一个回应；关键核心人员突然退出，多年培育心血付之东流；投资人资金周转困难，致使公司深陷资金链断裂危境；投入巨大研发成本，却迟迟没有研发成果问世；实体店装修遭遇施工欺骗，被行业前辈嘲讽为“所谓的大学生”；被打击到无以复加却只能在店里独自抱头痛哭……层出不穷的困难就像肆虐的暴风雨，考验着“日晞研学”这颗稚嫩的树苗。

新苗在黑夜过后仍会昂扬地向光生长，新人也要敢于在质疑声中坚强成长。郑汶珠和她的团队接受失败与考验，理清思路找问题、重整旗鼓再出发——用漂亮的业绩重新定义新的市场话语权。

经过不懈的努力与拼搏，“日晞研学”获得了社会广泛关注与认可，在多项大赛中斩获颇丰：获第八届全国大学生电子商务“创新、创意及创业”挑战赛总决赛二等奖（国家级），获第八届全国大学生电子商务“创新、创意及创业”挑战赛广东选拔赛特等奖(省级),获2018年“挑战杯·创青春”广东大学生创业大赛银奖(省级)等。

编制精准高考报考指导蓝图,圆“无边界大学”之梦

巨大的成绩与压力都未曾让她忘记初心,青年人应有的担当和肩负的社会责任一直是她前进的动力。

机会总是垂青有准备的人。在习近平总书记视察广东重要讲话精神和积极融入粤港澳大湾区建设的号召下,郑汶珠和团队研读政策后制定全新战略,整合资源乘风而上,在2018年12月推出“粤港澳大湾区高校精品研学营”重磅项目。项目凭借对于粤港澳大湾区的精准定位,发挥公司自身与港澳地区天然联系的优势,一举抓住了与港澳多所高校的合作机会,得到中山市教体局的认可,获评“优秀研学实践线路”。应运而生的粤港澳交流计划也帮助“日晞研学”在中国研学市场打出响亮的名号,为后期市场的持续发展储备起强大的能量。

振奋人心的消息一个个传来,“日晞研学”的发展也逐步迈入正轨,稳步向更远的目标奋进。郑汶珠展望,未来五年将带领日晞通过“教育驿站点”与“游学研习线”的建设,绘制精准高考报考指导蓝图,贯通国内大学与初高中资源,实现“无边界大学”的美好愿景;搭建“日晞EDU平台”形成互联网推力,辐射带动全国各大中院校,用商业效益创造社会价值,实现社会企业助人利己的良性发展。★

(广东省高等学校毕业生就业指导中心供稿)

让建筑智能起来的年轻人

——汕头大学肖恒事迹

肖恒，汕头大学2014级结构工程专业博士生，拥有汕头市浮象科技有限公司与汕头市恒汕建筑工程有限公司。公司专注于“人工智能＋建筑”，致力于应用BIM技术让建筑智能化。目前，公司拥有自主知识产权19项目，其中发明专利2项、实用新型专利1项、软件著作权16项，承担马来西亚毕加索建筑项目、太安堂麒麟阁馆项目等，并在多个创业大赛中获奖，先后获得“挑战杯·创青春”广东大学生创业大赛银奖、中国创新创业大赛广东省优秀企业奖、汕头“互联网＋”创新创业大赛金奖、第五届“创青春”汕头青年创新创业大赛银奖等。

立足技术前沿，推动技术成果转化落地

肖恒为汕头大学2014级结构工程专业博士生，拥有丰富的专业知识与经验，且已经拥有多项知识产权专利。他依托学校提供的创新创业平台，积极推动科技成果转化落地。在土木专业学习与实践的过程中，他发现许多高校都没有将学术成果运用到社会实践中。他自2007年进入大学学习土木工程专业，了解到BIM技术具有广阔的市场空间，并且发现数字化时代已经到来。

目前建筑工程项目在整个生命周期中存在很多实际问题，只有通过前瞻性的技术结合现代化手段才可能解决，所以他选择了“互联网＋建筑”这个创业领域进行探索，致力于运用数字化手段来缩短建筑工程项目的建造周期，合理调配资源，降低成本，减少人工，提高整体项目工程的质量、安全性及流畅性，以此来推动改变目前传统建筑行业的模式。

为了解决科技成果转化的“最后一公里”问题，肖恒决定以市场需求为导向，对BIM技术成果进行应用，推动土木专业前沿技术成果的转化落地。

成立科技型企业，入驻学校创业孵化器

他以市场需求为导向，先后注册成立了汕头市浮象科技有限公司与汕头市恒汕建筑工程有限公司，努力将科技与传统建筑相结合，从软硬件的开发到传统建筑工程项目的设计都有所涉及。团队初步解决了生存问题，目前有12人的全职队伍，包括计算机、机械电子、艺术、土木等相关技术人才，希望能够在智能建筑领域逐渐发展起来。

汕头大学建立“创业教育——创业实践——孵化企业”等创新创业培育链，并建立学生创业园，在资金、场地、辅导等方面对创业项目进行扶持。以此为契机，在学校老师的帮助和自己努力下，公司成为汕头大学创业园成为入园企业。公司依托学生创业园平台，得到孵化扶持，实现快速成长。

专注“人工智能+建筑”，做大做强企业

肖恒将前期积累的40多万元积蓄全部投入到企业运营之中，用于技术研发，专注“人工智能+建筑”。目前，公司队已经与太安堂、高时石材、亚萨合莱、深源地产、东联物业等公司进行了合作，建立了稳定的市场渠道。同时，公司在多个创新创业大赛中获得优异成绩，得到评委的认可。公司先后获得“挑战杯·创青春”广东大学生创业大赛银奖、中国创新创业大赛广东省优秀企业奖、汕头“互联网+”创新创业大赛金奖、第五届“创青春”汕头青年创新创业大赛银奖等。

同时，肖恒还积极利用“一带一路”战略带来的市场契机，将技术应用到海外市场。公司将智能建筑技术推广到马来西亚、菲律宾等国家，获得了良好的市场效果。公司将技术成果应用到马来西亚毕加索建筑项目设计与开发之中，降低了项目开发成本。

对标高新技术企业，提高企业竞争力

为了提高企业竞争力，肖恒对标国家高新技术技术，提高企业的科技能力。借助申请高新企业的过程，公司在逐渐完善架构，完善财务制度，积累知识产权方面的技术专利，以此提升企业的竞争力。目前，公司已经拥有自主知识产权19项目，其中发明专利2项，实用新型专利1项，软件著作权16项，形成了一定的市场竞争力。肖恒还筹划整合行业技术资源，成立建筑设计研究院，为公司发展提供人力资源与智力支持。

接下来，肖恒将充分利用“粤港澳大湾区”与“一带一路”战略带来的市场契机，积极布局大湾区与拓展海外市场。公司已经同深圳、广州等地区房地产公司建立战略合作关系，接下来将进一步加强与当地公司的合作。同时，公司将依托马来西亚、菲律宾的市场基础，借助“一带一路”战略，拓展东盟市场。★

（广东省高等学校毕业生就业指导中心供稿）

我的创业，我的路

——中山大学瞿文政事迹

我是瞿文政，我相信创业推动创新，创新改变世界。创新上，我主要研究行人重识别领域，曾主持国家级大学生创新创业训练计划一项，作为核心成员参与国家级大学生创新创业一项、省级大学生创新创业三项及广东省攀登计划一项，共申请发明专利三项、实用新型专利五项，取得软件著作权五项，发表科技核心论文三篇，投稿EI论文两篇，其中行人重识别方向论文已被第二届MIDA2018机器智能与数据分析研讨会录用，是中山大学新华学院第十一届“中国青少年科技创新奖”候选人之一(全校仅一位)。在大学期间曾多次创业，创立了广州市银钲创新科技有限责任公司，入选“青创100”广东大学生创新创业引领计划，曾获2018“挑战杯·创青春”广东大学生创业大赛创意组金奖，被评为优秀首席执行官。除此之外，曾获2018年国家奖学金、2018年中国电信奖学金·飞Young奖暨践行社会主义核心价值观先进个人、2017年“中国大学生自强之星”提名奖及自强之星奖学金、2017年广东大学生年度人物入围奖，共获国家级奖励6项、省级奖励13项、校级奖励26项。大学期间，我一直奋斗在创业创新最前线，始终认为现在这个时代只有你不停地奔跑才不会停留在原地。于是，我选择了奔跑在创新创业的路上。

勇敢开始你的第一步。大一时，我在老师的指导下开始了大学生涯中的第一个创新创业项目“东莞市麻涌镇困境儿童救助问题及对策的研究”。我和我的组员走遍了东莞市所有有关机构、麻涌镇的每一个村、每一条街道。我常开玩笑讲“我们比麻涌人还了解麻涌”。研究过程中，我们共进行了230余人次的调查访谈，派发了500余张调查问卷，撰写了一份20000余字的调查报告，总结了一套“三位一体”的公益创新创业模式，获得了2017年大学生挑战杯科技作品竞赛社科类广东省三等奖。其实，刚开始做创新创业项目的时候很单纯，所有人只是朝着一个目标不停地前进，只希望能为困境儿童们改善生活，呼吁社会的关注。但挫折常伴左右，对于这个项目最后没有真正的落地，我有一点遗憾，但我从不后悔，因为我认为这是我大学创业从零到一的开始。

勿忘初心，方得始终。“三下乡”是我第二次创新创业的尝试，而我从未想过这一创就是三年。那年我和我的小伙伴们一起去到广东省乳源县必背镇参加“三下乡”，对当地民宿业发展进行了为期10天的调研。调研过程中，我一直在想习近平总书记所说的，“绿水青山就是金山银山”，那么如何把这么好的绿水青山和民宿行业紧密结合起来呢？我借鉴了国外经验后，提出了类似于“义工旅行”的特色换宿的理念，通过技能换取食宿，带动当地旅游业发展。经过长达一年的市场调研和技术研发，我最终建立了易宿旅行品牌，创立了广州市银钲创新科技有限责任公司，和广东省多家民宿达成合作协议，线下活动曝光量超过了10000次。凭借该项目，入选“青创100”广东大学生创新创业引领计划，一举获得了2018年“挑战杯·创青春”广东大学生创业大赛金奖，并被评为优秀首席执行官，还获得了2017年广东“互联网+旅游”创新创业大赛创意组二等奖、2017年全国大学生“互联网+”创新大赛暨第五届“发现杯”全国大学生互联网软件设计大奖赛网络营销本科组华南赛区二等奖、第四届中国“互联网+”大学生创新创业大赛“建行杯”广东省分赛创意组铜奖及第八届全国大学生电子商务“创新、创意及创业”挑战赛广东省三等奖等等诸多奖项。该项目拥有APP、小程序及公众号等多个端口，粉丝量超过5000人，拥有软件著作权两项，发表科技核心论文一篇，国家级学术论文一篇。

创业灵感来源生活的点滴。在第一次创业期间，我发现很多同学都在为“如何找到好的家教兼职”而焦虑。仔细了解后又得知，家长们也在为这个问题烦恼。于是，灵感就来了，家长找不到优质的大学生家庭教员，大学生也找不到靠谱的家教兼职，获得自己应得的酬劳。那么，为何我不作为一个连接器，把他们连接在一起呢？说干就干，我组建了一支新的团队，兼顾易宿旅行的同时，尝试建立大学生家教联盟———易私塾。半年的时间，我们从一个人发展到十个人，从一个教员发展到四十位教员，从一块钱发展到数万元。当然，我觉得做教育做的是情怀，我更希望传播“和学生做朋友，向朋友学习”的教学理念，帮助更多的学生提升学习的兴趣。该项目在2018年“挑战杯·创青春”广东大学生创业大赛中获得铜奖，同时发表了一篇有关大学生家教现状的学术论文。但最终由于种种现实原因，我将项目交给其他负责人，自己又开始了下一次的尝试。在此前的创业中，我发现没有核心竞争力的创业是走不远的，而科技可以帮助创业者建立核心壁垒。于是，我在坚持原本的易宿旅行的同时，开始了我的科研创新路。

儿时的梦想带给我方向。我和每个工科学生一样，都有一个蓝天的梦想，我渴望飞向蓝天，渴望那种“天高任鸟飞，海阔凭鱼跃”的自由，我热爱无人机，对无人机有着特殊的执念。对无人机行业深入了解后，我发现电网巡检市场尚存机会，现有电网巡检存在不安全、效率低等问题。我开始设想是否可以把低成本的无人机应用在短距电网巡检上呢？于是我和小伙伴们一拍即合，带领大家一起动手，历时半年研发了一款电网巡检清障无人机，利用机器视觉技术帮助传统巡检无人机更高效、更精准地进行电网巡检，同时也解决了人工方式的不安全和低效率。该项目在2018年第十二届“毕昇杯”全国电子创新设计竞赛本科组中脱颖而出，获得了全国竞赛一等奖；同时，在2017—2018年“英飞凌”杯全国高校无人机创新设计应用大赛中与来自南航、北航等专业高校的同台竞技中获得全国20强；此外，我们的努力也获得了学校的认可，成功立项两项广东省大学生创新创业训练计划，作为第一发明人，申请无人机相关实用新型专利共4项。

科技改变世界，智能＋是未来的趋势。时间到了大三，经过上一次的创业尝试，我认识到了人工智能＋传统行业的“甜头”，我希望继续深入对人工智能，尤其是图像识别方向的研究，开始自学前馈神经网络、卷积神经网络的核心原理和算法，并开始使用Tensorflow实现一些简单案例。同时作为核心成员之一，我参加了广东攀登计划“基于CUDA平台的深度视觉信息融合机器人跟踪系统”的研究，并以第二发明人共同申请了一项发明专利，作为共同第一作者撰写了一篇相关英文论文，并已向EI期刊投稿。在接下来的寒假中，我又从全国1755名选手中脱颖而出，被选入了TAIL CAMP 2018好未来AI训练营。在此期间，对手写体汉字识别模型和人脸表情识别模型进行了改进，取得了优异的成绩。

数次的尝试过后，才知自己未来的路到底在何方。行人重识别是我目前主攻的方向，我设计了“基于深度卷积神经网络的行人重识别监控系统”，希望助力安防领域的发展，获得了国家级大学生创新创业训练计划立项，在2018年广东省大学生电子设计竞赛中获得广东省三等奖，在2018年(第11届)中国大学生计算机设计大赛中我从校赛到省赛再到国赛，一路披荆斩棘，最终斩获人工智能方案组广东省二等奖和全国三等奖，以第一发明人共申请发明专利2项，以第一著作权人获得软件著作权3项。此外，提出利用改进损失函数计算的方式来提高模型精度，撰写了相关英文论文一篇，并已被第二届MIDA2018研讨会录用，有望被推荐至EI期刊(JA检索)。

从困境儿童到易宿旅行，从易宿旅行到无人机巡检，从无人机巡检再到行人重识别，时光如白驹过隙，一往无前。大学期间的尝试教会了我初心与坚持、责任与担当也教会了我无畏前行。对于未来，我毫不畏惧，我会继续坚持创新创业的路，为社会发展贡献自己的一份绵薄之力，即便这条路上充满艰辛寂寞、充满坎坷荆棘，但既然选择了这条路，便只能风雨兼程。★

(广东省高等学校毕业生就业指导中心供稿)

广西

★

助力脱贫的女企业家

——北部湾大学黄桂云事迹

黄桂云，1983年出生于广西桂林市临桂县，2016年毕业于北部湾大学商务英语专业，2018年被评为广西创业明星。现任钦州市桂耘贸易有限公司法人代表（CEO），广西钦州保税港区国际信条网络科技有限公司和广西钦州保税港区舶来品网络科技有限公司合伙人兼运营总监。我父亲是一位商人，从小受父亲影响和指导，梦想成为一名女企业家。山茶油因具有最高含量的不饱和脂肪酸被誉为“油王”，是消费升级后大众广泛追求的健康油，但目前由于产量不足仍存在数百亿元的市场空白。在传承家族茶油作坊及20余年茶油酿造经验基础上，我想带领团队通过创新产品及销售形式推动广西原生态山茶油产业的深加工及品牌化运营。

上大学后，我就开始给自己规划目标，并付诸行动，梦想着将父亲的一个项目——茶油项目进行转型升级，打造家乡茶油区域品牌，以实现茶油品牌化和国际化作为创业目标。2012年，网上大一就开始组建团队进行创业探索，至今进行了四次创业，成功两次。在前期已经积累了一定客户源和实战经验的基础上，2016年5月31日，成立了钦州市桂耘贸易有限公司，主营以山茶油为主线的系列产品，致力于实现茶油产业化、品牌化、国际化。公司注重产品革新，目前已自主申请专利10项，同时与北部湾大学食品工程学院、富硒功能农业研究院开展合作，研制并推广绿色、无添加原生态茶油及保健养生、天然护肤产品、山茶麸洗洁产品等系列产品；计划与更多合作伙伴一道建立研、产、供、销、旅游于一体的山茶油产业链，带动广西山茶油产业的转型升级与推广发展；通过与贫困地区合作社及农户建立供销关系，为贫困地区山茶籽产品打开销路，推动“精准扶贫”和“乡村振兴”计划。

公司自2016年成立以来，总共带动海内外1362人就业，吸纳39人直接就业，已经帮助家乡桂林市临桂县凉帽山区野生山茶油产业实现品牌化运营，带动198户农户增收致富。2017

年实现了山茶油销量的6万千克，总营业额1199万，同比2016年增长112%。为了扩大公司规模，确保货源稳定，实现公司产值增长，2018年公司在北部湾大学食品工程学院院长张晨晓教授、北部湾富硒功能农业研究院院长尹艳镇教授、泰国加多宝公司董事长刘容达教授等指导下，决定进军东兰，利用已有的经验和技术助力东兰茶油产业发展，同时实现公司自身的发展升级，打造特色茶油品牌。我带领公司团队对接东兰县林业局、茶油办以及当地茶油合作社，达成了20万亩茶林的初步合作意向，预设2019年扩大和规范生产线，进行茶油果以及茶油的收购、研发、包装、推广和销售，以实现茶油产业链为目标带动以东兰县为中心的农户实现脱贫致富。

成为一名女企业家是我从小的梦想。回馈社会、感恩母校和导师，与人分享也是我实现自身价值的另一追求。我的母校——北部湾大学给了我实现梦想的平台，从创新的点子、孵化到创业项目，最后逐渐走上创业实践道路，母校给我的支持成了我创业的杠杆。为了让跟我一样拥有创业梦想的学弟学妹们能有更多的机会，2017年我公司团队决定以公司名义成立了大学生创业实践孵化基地，免费为有创新创业思维的学弟学妹提供实践和学习、培训、对接创业资源的机会，至今孵化的项目有8个，指导3个团队成立公司进入运营。为了公司更好更快更稳步发展，2019年公司在扩大规模、实现品牌化运营的同时，决定开展校企合作，确保活力和新鲜血液的不断注入，实现产品和模式不断创新，营造良好创业氛围，带动更多创新创业项目团队。★

（广西壮族自治区高等学校毕业生就业创业指导中心供稿）

一个电竞爱好者的创业之路

——广西财经学院莫崇卉事迹

莫崇卉，男，来自广西贺州市昭平县昭平镇。2011年9月考入广西财经学院信息与统计学院信息管理与信息系统专业学习。出于对电竞的爱好，2015年2月成立广西南宁高能竞汇网络科技有限公司。公司最初的业务为电竞赛事运营，电竞经纪与营销，电竞专业服务，电子竞技专业营销，为电子竞技产业链相关方提供专业服务；为新生代电竞粉丝提供分享、交流等专属服务。2013年高能竞汇团队雏形形成；2013年与猫扑、电信合作举办电竞大赛；2015年2月团队稳定，成立公司；2015年荣获首届中国“互联网＋”大学生创新创业大赛全国铜奖，在全国财经类院校中名列第三；2017年加入广西电子竞技协会，作为理事单位；2017年公司接入电竞直播行业；2017年作为广西理工职业技术学院电子竞技专业教师，接入电竞教育行业；2018年与自治区体育局合作赛事WUCG广西选拔赛，2018年接入腾讯赛事体系，承办第五届王者高校赛南宁海选赛，2018年荣获首届广西创业明星大赛毕业生组的创业明星称号，获10万元奖金。

时间来到了2011年，大学一年级的我已经拥有了接近半职业的魔兽争霸3水平，但是这个来自2003年的电竞项目，也已经在走下坡路，当时想要转其他项目已不可能，毕竟25岁就已经是电竞选手的退役年龄，于是我开始走向幕后。

最初我只是热爱这个行业，单纯地想投身于其中。那时，这个行业还没有被人了解，更别提理解了。所有的报道中，电竞都还是洪水猛兽、世界毒瘤。人们总是把电子竞技与传统网络游戏混为一谈，电子竞技的发展举步维艰。最初，我只是在学校校内组织电竞比赛，随后开始在广西大学与广西民族大学之间开始活动，与各校的电竞爱好者合办电竞赛事，高能竞汇的团队成员，就是在这时走到一起的。电竞爱好者们聚集到一起，一场多校联合的DOTA成功举办了。此时猫扑嗅到了电竞作为未来趋势的味道，我们开始了第一次对外合作，举办猫扑DOTA2联赛。后来，中国电信、雷蛇、技嘉、浩方等厂商的赛事合作也就纷纷开始。我们团队2013年聚拢在一起，经过了老成员的离去，新成员的加入，在2015年时得以稳定，并且掌握了较多的全国电竞圈相关资源，开始成立公司进行运作。期间我放弃了当年国内第一战队——WE战队元老BBKing的邀请，选择了和一同成立公司的兄弟们留在广西继续耕耘这片不成熟的电竞土壤。

2015年是我毕业的那年，也是这一年，让我的家人对于我所从事的行业的看法出现了根本的转变。在这之前，家人和众多的中国家长一样，认为电子竞技是玩物丧志，特别是在广西，对于新事物的接受更是慢半拍。这年恰逢李克强总理提出大众创业、万众创新的方针政策，创业大赛层出不穷。由于团队先前就有赛事活动运营基础，我们在第五届全国大学生电子商务“创新、创意及创业”挑战赛全国总决赛中得到了全国各地专家教授的认可，获得了全国特等奖。父母发现这个新事物是全国专家教授认可的方向，对于我创业的态度也发生了根本性的改变。之后我们又拿下来首届中国“互联网＋”大学生创新创业大赛的广西区金奖和全国铜奖，得到了更多与省内外权威专家交流的机会，开阔了思路。

现在公司主要从事的是电子竞技赛事执行、电子竞技主播培养以及电子竞技内容创作三大块业务。电竞赛事执行是基础，主播培养是重点，电竞内容创作是拓展。创业不是一件容易的事情，也没有那么顺利。近几年各家企业的费用预算缩减，重价格轻质量的市场环境给我们原有的赛事运营模式造成了很大的冲击，不得不寻找新的突破口。于是在电竞的领域中，我们开始涉足电子竞技主播培养，电竞主播培养在很长一段时间内成为了我们的支柱项目，目前旗下管理 40 多名主播，同时原有业务继续保持。就在今年，坚持以赛事质量取胜的我们再度迎来转机。由我们常年承接的 WUCG(世界大学生电子竞技联赛)广西区成功与体育局结合，高能成为了广西电子竞技协会理事单位，腾讯对于各地赛事活动的要求也提高了很多，我们开始接入腾讯官方体系赛事。2017 年下半年开始我也成为了广西理工职业技术学院的电竞专业老师，接入电竞教育行业。2018 年参加了广西首届创业明星大赛，将获得的 10 万元奖金也投入到公司运营中。一切都在朝前走，创业依然在路上！创业是一条非常艰难的路，需要根据市场的变化不断地去改变自己，去大胆尝试各种方向。我们是在不断试错的路上继续前进，一路上有过各种困难，多次面临绝境，也曾拼死寻找出路。在这里要感谢我的母校广西财经学院给予的大力支持！★

（广西壮族自治区高等学校毕业生就业创业指导中心供稿）

中国尤克里里在线教育第一人

——广西师范大学帅圳兴事迹

在刚刚闭幕的第四届中国“互联网＋”大学生创新创业大赛全国总决赛现场，来自广西师范大学的帅圳兴一曲尤克里里，唱响了大赛舞台。他独具一格的路演风格，演绎了当代大学生创业者充满青春活力的自信风采。

金奖：“帅”性路演引爆全场

“互联网＋”大赛是展现当代大学生创新创业昂扬风貌的最佳舞台。帅圳兴在“金奖争夺赛”中，以率性、激情、富有感染力的路演风格，让项目展示一气呵成。在“五强争夺赛”中，他更是以路演＋现场弹唱的方式把现场氛围推向高潮，获得现场评委、观赛人员的阵阵掌声和欢呼声。最后，“趣弹音乐”从众多项目负责人为博士、博士后的985、211高校的高科技类项目中脱颖而出，以806分的高分获得文创类项目第一名，现场总投资意向高达50个，排名58个金奖项目第六名。

现场，帅圳兴第一时间把这份荣誉和一路陪伴自己成长的指导老师蒙志明进行了分享。蒙志明老师欣喜万分，也不忘叮嘱：“我们作为普通师范类院校，能拿金奖项目，实属不易。你是师大人的骄傲，更要走好接下来的每一步，让正在创业的师弟师妹们，向你学习，在青春奋斗中实现更多人生价值。”

起步：梦想实现的第一步，举步维艰

从最初的梦想到手捧金奖，帅圳兴经历了昼度夜思、不知疲倦的4年。

2014年9月，大三的帅圳兴呆坐在工作室的地上，耷拉着脑袋，一言不发。坐在他旁边的还有三个同学，大家都各自想着心思，没有人说话。

不久前，他拉着三个小伙伴，把自己在校内建立的尤克里里社团变成了桂林第一家尤克里里工作室。然而在外发了好几天传单后，咨询的人寥寥无几。于是几个人不免有些心焦：到底第一个学员在什么时候才会敲开这扇门呢？

直到几天后，一名4岁的小女孩改变了这一切。帅圳兴到现在都还清楚地记得，当天小女孩的到来就像是一颗未来的希望种子，使帅圳兴坚定了接下来要走的路。

他们在短短两个月的暑假期间迅速招到了70多个学生。大三期间，在没有资金预算，没有市场调查的情况下，只凭着一股想要做大做强的闯劲，帅圳兴筹集了20万元资金，开始做起了位于甲天下广场的工作室。

创新：从专注线下，到拥抱“互联网＋”

在专注线下培训之余，帅圳兴把目光渐渐地聚焦到了线上，并于2017年2月注册成立广

西趣弹教育科技有限公司。

帅圳兴发现网上的尤克里里教学视频，多而杂乱，根本达不到系统学习的效果。找到这个突破口之后，帅圳兴决定先瞄准一部分细分人群试水。

于是他盯准了这些以“二次元”“宅”“不愿意出门”为标签的青年人，开始研发完善自己的教学系统，形成一个从入门到精进的完整的学习闭环，真正达到让用户免费从网上学习尤克里里的目的。

同时，帅圳兴更注重视频的质量，投放不同版本的视频，做好民众喜爱度调查，尝试着做微课直播。通过几个环节的努力，帅圳兴等人最终找到了符合大众口味的方向。微信公众号每天平均净增长 1400～1500 人，总粉丝数有 37 万多，全网累计播放量超 1 亿次，全网累计粉丝超百万。这样的成果成功地将“趣弹音乐”推销了出去。

线上发力之余，帅圳兴也没有丢掉线下。通过自己编辑出版尤克里里的书籍、译尤克里里的歌谱、抢占最新曲谱，他成功打造出一个“趣弹音乐”的品牌，在业内名声渐响。

创业：从举步维艰到渐入佳境

自帅圳兴开辟尤克里里的桂林市场以来，趣弹音乐就俨然成为桂林专注于做尤克里里产业的第一家企业。

与此同时，帅圳兴也想培养更多的师资力量，在服务线上的同时也服务琴行，把趣弹音乐的加盟模式给到琴行，实现共赢。

2018 年的一个夏日，帅圳兴坐在朝阳山庄别墅新装修的 400 平方米工作室中，看着窗外的车水马龙，心中畅想着一个更为广阔的未来。★

（广西壮族自治区高等学校毕业生就业创业指导中心供稿）

本土茉莉花，网上散芬芳

——桂林理工大学何成添事迹

何成添，男，广西横县横州镇北村江湾村人，共青团广西壮族自治区第十四届委员会委员。2015 年 7 月毕业于桂林理工大学土木与建筑工程学院，随后辞去国企的工作回到家乡创业。组建团队后，立足于互联网创立了本土茉莉花茶品牌“素氧”，深耕茉莉花产业链和本土特色产品。电商营销实战经验丰富，现任广西素氧茶业公司、广西素氧供应链管理有限公司董事长。2017 年 8 月获“全国茉莉花茶产品质量推选”金奖。2018 年 2 月获“主推打赢脱贫攻坚战”爱心企业。2018 年 5 月获 2017 年度南宁市“十佳青年之星”。2018 年 5 月获 2017 年度南宁市“团员之星”。2018 年 11 月获首届广西“大学生创业明星”，高校毕业明星称号。2019 年 1 月获 2018 年度南宁市“电子商务十佳企业”。

何成添组建公司，深耕茉莉花产业链和本土特色产品并通过线上，推广茉莉花产品，让本土茉莉花茶品牌“素氧”在互联网上散发出独特的芬芳。站在“互联网”创业前端，迎着电商创业创新热潮，何成添不断进取，用青春和汗水给“茉莉花”品牌插上了电商的翅膀，特色品牌+互联网，如虎添翼，从而实现了日售千单的业绩。2018 年销售额达 600 多万元。

致富不忘本，茉莉助扶贫

创业成功，何成添走上了致富的道路，但他没有忘记父老乡亲，特别是需要帮扶的贫困乡亲。他选择了用茉莉花帮助贫困户脱贫。他发展了农民以盆栽式种植茉莉花的方法，拓展了茉莉花苗种植基地，通过盆栽售卖和茉莉花售卖两种方式，提升了茉莉花的经济价值。为帮助更多的贫困户，何成添通过聘用贫困户到基地打包、种植茉莉花，为贫困户提供就业岗位，通过收购贫困户的茉莉花为贫困户增加收入。截至目前，他累计帮助贫困户和当地困难农户实现就业岗位 1300 多人次，支付劳动报酬 23.4 万元，辐射带动周边 10 个村屯农户种植茉莉花盆栽，带动网络销售创业青年 16 个。

心系创业者，甘为引路人

何成添肩负“茉莉花”代言人的使命。作为创业者的他，创业成功之后依然心系创业者，想把创业之路越走越宽，把更多的创业者引到成功的路上来。很多青年和创业大学生都慕名来到“素氧”办公室咨询如何做电商，很多青年对电商不是很熟悉，不知道如何入手。看到横县的电商高速发展但电商人才紧缺的窘境，何成添组织企业成立了横县青年网商联盟，以沙龙和活动的方式促进了横县企业的资源互通和电商经验水平的提高。在平时，他开启电商培训班和电商实践营，让更多网上青年少走弯路，把横县电商人才队伍壮大，累计培训电商创业人才2000多人。他在桂林理工大学培训大学生创业青年200多人次。为青年创业者着实当好了引路人。★

（广西壮族自治区高等学校毕业生就业创业指导中心供稿）

永不止步的创业者

——南宁职业技术学院石海运事迹

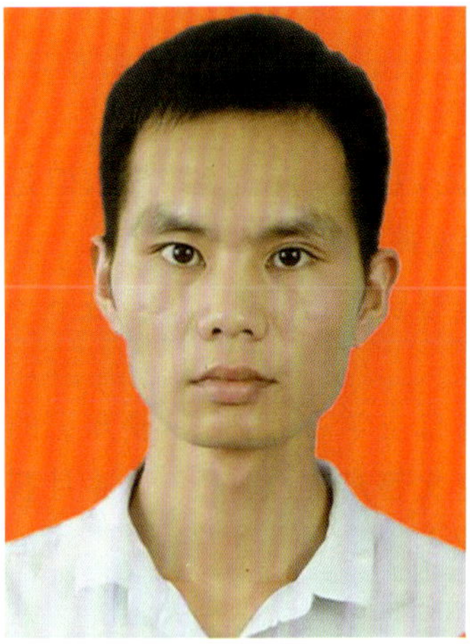

我叫石海运，是一名共产党员，1991年出生于“国家级贫困县”——广西三江侗族自治县的一个小山村里。我读书的时候家里还是低保户，家庭经济十分拮据，靠领“低保金”补贴生活开支。

我于2012年考入南宁职业技术学院，主修模具设计与制造专业，选修“大学生创业基础”、“团队建设与管理”等课程。在校期间担任过班长、辅导员助理等职务，业余时间在校勤工俭学。我的大学生活过得十分充实。

2015年从南宁职业技术学院毕业后，我就一直在创业的路上摸爬滚打，经历过很多次失败，但这些失败都磨灭不了我创业的信念，反而让我愈挫愈勇。

我是一名持续创业者，目前的公司主要从事侗族传统木结构建筑的设计施工，以及装修装饰工程、文旅项目开发与投资管理，并致力于侗族木结构建筑营造技艺（国家级非物质文化遗产）的传承与发扬。以下是我这几年来的创业经历。

小时候我家开一个米酒坊和豆腐坊，每天产30斤米酒，100块豆腐，米酒卖8毛钱一斤，豆腐卖2毛钱一块（片），5毛钱3块（片）。客户都是左邻右舍销量不大。

我从10岁那年开始，放学后和8岁的弟弟就自觉地从家里抬着30斤米酒和50块（片）豆腐到村里去卖，去岔路口、小广场摆摊。那时候一个晚上要是能有30块钱的营业额，兄弟俩高兴得晚饭都能多吃一碗。从那时起，“创业”的影子就一直伴随着我。

“出身本就贫寒，光脚的就不怕穿鞋的！本就一无所有，何惧一无所有！”这些年来，我一直这样自我激励。

2014年7月，我即将完成大专学业。外出实习期间我与一名大学同学（舍友）选择回到母校饭堂合伙创业，注册个体户从事餐饮服务，卖的是烧烤和火锅。当时我们还聘请了3名学生兼职，15平方米的店面月均营业额大概是8万元。就从那时开始，我正式走上了创业之路。

餐饮店持续经营了一年后，由于合同到期，店租涨价太多，加上学校管理政策变动，我们最终将店铺转让。此后我开始寻找新的创业项目。

2016年7月，第一次创业的合伙人离开了南宁，而我选择了自主创业，并注册了个体户“南宁市螺多芬食品店”，从事实体店销售及网店销售预包装食品。食品店经营了一段时间后，因一个人单打独斗做不来，加上经营不善，店铺仅持续运营6个多月就关闭了。

2017年1月，我作为公司创始人之一，与3位同样怀着创业梦想的大学同学相约回邕相聚，共探创业之路。随后大家一拍即合，一起组建了“广西木和家建筑工程有限责任公司”。由于我个人行政能力和文案功底较其他伙伴稍强，被推任行政总监一职，并持续经营公司至今。

2018年1月，我注册"广西贰点五网络科技有限公司"，并担任法人兼执行董事，主要业务是做高校、政府单位的电子产品供应；同时我作为股东与大学同学组建"广西邕之德投资管理有限公司"，主要从事房产、地产投资和文旅项目、创业项目投资。这几个公司都在持续经营中。

2018年7月，我带领团队参加"第四届中国'互联网+'大学生创新创业大赛"。由于初次参赛，经验不足，与金奖失之交臂，仅获得(主赛道)银奖。

2018年8月，我参加"第四届中国'互联网+'大学生创新创业大赛"之"我的创新创业故事暨微视频征集活动"，获得(文字类)二等奖。之后我也陆续参加一些大大小小的创业大赛，收获了不少知识和经验。

如今"木和家"建筑公司成立已满2年，年均营业额约200万元，业绩并不是很漂亮，但是我们存活了下来，并且积累了不少社会资源，相信自己还有更大的发挥空间。

创业处处难，困难时时有。创业之路，一步一脚印，既已选择，那就坚持到底，去领略不一样的风景！

虽然工作很忙，但是我也不忘学习。离开学校后，我依旧积极自主学习，包括专业知识的学习和学历的提升。我已于今年3月完继续教育本科学历毕业论文答辩，并将于今年6月获得继续教育"人力资源管理"专业本科学历。活到老，学到老是我的学习态度。

肩负着创业脱贫、提供就业岗位的使命，我给自己设定了几个目标：

短期目标是，在业务来源很少的情况下，尽全力确保企业存活下去，组建团队，夯实基础，积累更多的社会资源走下去；

中期目标是，开发业务渠道，以业务为支撑，建立自己的品牌，完善公司各项管理制度，确保企业顺畅运转，持续盈利，可持续发展；

长期目标是，公司不一定要做得很大，但是要做精、做强、做出特色，与时俱进，保持企业生命力，持续盈利，带动更多的就业岗位，为社会贡献更多价值，做一名优秀的创业者！

在学校就业主管部门及老师的支持与帮助下，目前我公司已正式入驻学校创业园进行孵化。我相信，在学校的扶持和创业导师的指导下，只要肯努力，尽全力，我的梦想总有一天会实现的！

"生就像一杯茶，总会苦一阵子，但不会苦一辈子！苦尽甘来，便是他们的未来！"★

（广西壮族自治区高等学校毕业生就业创业指导中心供稿）

四川

★

青春就该这样

——成都文理学院吴尚明事迹

吴尚明，男，成都文理学院播音与主持艺术专业学生。拥有软件著作权一项。四川维数立方教育科技有限公司（股权代码：812147）合伙人兼 CMO，四川西爵文化传播有限公司联合创始人兼 CEO。心青年（四川）校友会商业社团学术委员会副主席，第四届西南商业模拟挑战赛组委会秘书长。曾被共青团中央、中国青年报授予“2018 全国大学生创业英雄百强”称号。创业项目先后获得 2017 年全国大学生“互联网＋”创新大赛暨第 5 届“发现杯”全国大学生互联网软件设计大奖赛全国一等奖、最具投资价值奖、“创青春”四川省大学生创新创业大赛银奖、2018 年广发证券微创业行动西南赛区银奖等。曾在“首届中国国际进口博览会”现场作为全国最年轻的签约代表与外宾现场签约。

2015 年 4 月，吴尚明当选绵阳市南山中学实验学校校团委国旗班班长。那时，他才刚高二，选择竞选班长的原因很简单，只是想要学到更多课堂上学习不到的东西，接触到更多的人，知道更多的事。同年 6 月，他参与策划学校的自主招生的两万名考生的志愿服务工作，并在自主招生考试当天与同事一起统筹管理 2000 余名志愿者。11 月，参与策划本校主办四校协办的“一二・九”文艺汇演重大活动，历时 15 天，并在活动当天负责后台管理工作。此外，还参与策划了各类小型活动数十场。这些活动不仅为他的高中生活增添了色彩，也帮助他积累了丰富的策划经验。“是金子总会发光”，这时候的他引起了当时的心青年（四川）校友会的注意，并他发出了参与西南商业模拟挑战赛筹办工作的邀请。由于面临着高三繁重的学习压力，他未能参与，但这次邀请引起了吴尚明的兴趣，开始默默地关注这个组织，这也为后来的故事埋下了伏笔。

2017 年 7 月是他高三毕业后的暑假。他通过与学长和前辈的交流了解到，大学比高中虽然会轻松很多，但是也会让人迷失方向。由于一直对自己的要求很高，他决不允许自己浑浑噩噩地度过大学生活。了解到国家对于大学生创业的各种扶持政策后，吴尚明萌生了创业的想法。“物以类聚，人以群分”，他身边有一群和他一样有理想、有抱负的年轻人。在一次与朋友的交谈中，他们不谋而合，决定一起创业。有人说九零后是垮掉的一代，是不成器的一代，是最自私的一代，可他拒绝被贴上这些标签，努力用实际行动去证明自己。他们的目光投入到西南地区的低空旅游方面。当时的西南地区低空旅游发展处于初期，整合度低，没有一条完整的低空旅游线路。于是他们开始做前期的市场调研、寻找合作方、策划项目。在完成这些事情之后，他在 18 岁的时候注册了第一家属于自己的公司——四川西爵文化传播有限公司，主要经营西南地区低空旅行私人订制项目。

2017 年 8 月，他们找到全国唯一一家被授予冬奥会保障应急战略性合作伙伴的航空公司商谈低空旅游项目。经过一系列的磋商，最后航空公司同意授予其四川省唯一代理权并且提供直升机、固定翼飞机，飞行员供其调用。不过人生就像心电图，大起大落方显人生之珍贵。

签订合同的前夜，负责与航空公司交接的合伙人告诉吴尚明，航空公司要修改合同条款，取消唯一代理权并且不承认之前的责任划分条款。这对于刚刚高中毕业的学生来说无疑是一次沉重的打击，也让他意识到商业社会总是瞬息万变的。但作为创始人的他需要振作起来，说服合伙人从“低空旅行”向“私人定制旅游”转变，针对的群体也随之发生改变，并利用他们在读大学生的优势，在各个学校中给班级或宿舍定制“一日游”“三日游”等短期旅游项目。两个月时间内，公司就覆盖了全省十余所高校，提供在校学生兼职岗位 20 余个；四个月的时间，公司创收十余万。这也是他收获的第一桶金。

2017 年 9 月，他顺利进入了成都文理学院学习。吴尚明选择进入学院自管委外联部工作，在学校的平台里学习更多的外联实践经验，弥补自己在经验上的不足。在部内工作的两年间，外联部带领的运动项目“男子二十一条腿”连续两次打破校记录。这件事情给吴尚明留下了非常深刻的印象，让他体会到坚持和团队所带来的力量，也为他后来的累累硕果做了铺垫。

2018 年 3 月在高二时期找过他的心青年（四川）校友会开始招募第三届西南商赛的组委会。由于他的公司已经开始走上正轨，时间也变得相对充裕，观察了许久的他想要参与到其中，于是他勇敢地投了简历，在几轮筛选以及面试之后，成功地从来自北上广的竞争者中脱颖而出，加入到了组委会会务部中。因为在组委会工作中的出色表现，他被调到组委会外联部同时开展两个部门的工作。在其他同学还在学校“三点一线”的时候，吴尚明已经开始了“策划项目、筹办比赛、拉取赞助”的奔忙之路。经过四个月的筹办，他们的比赛获得了团成都市委青年创业促进会、青少年事业发展中心和省青年创业促进会的支持，随后又与团省委和各地团委及其他政府部门建立了合作关系。正式举办比赛的四天中，他每天睡眠时间不超过四小时。最后比赛办得非常成功，被四川电视台、成都电视台、香港凤凰卫视、新华网、人民网等权威媒体广泛报道。

2018 年 7 月通过四个月与核心团队的磨合，他更加深入地了解了这个团队，他们“为更多学生提供更丰富、更优质、更低价的素质教育实践活动”的价值观深深地吸引了吴尚明。这时他们也邀请吴尚明加入到团队当中。在经过深思熟虑后，他带着前期积累的资金和从父母手中借来一些钱作为合伙人正式加入到这个团队中，并担任首席市场官一职。

2018年10月，他们受邀参加“第四届全国大众创业，万众创新活动周”，代表素质教育领域在成都主会场设立“心青年职业生涯规划与商科教育”展台，面向全国展示，并受到了全国各地的广泛关注。国务院副总理韩正、国家发改委主任何立峰、国家发改委副主任林念修、四川省委书记彭清华、四川省人民政府尹力等领导也莅临了活动现场。同时他们也受到了来自学校的关注，学校的领导重点考察了他的团队，并表示将会全力支持他们的发展。

2018年11月，“首届中国国际进口博览会”在上海开幕。吴尚明受邀加入四川省交易团而奔赴上海参加进口博览会。由于期中考试临近，他有些许担心，也有些许犹豫。但“为更多学生提供更丰富、更优质、更低价的素质教育项目”的价值观，他觉得自己需要去“进博会”现场寻找跟他们匹配的公司，为学生提供更低价和优质的项目。学校得知后非常支持他的决定，并且开启绿色通道，帮助吴尚明在三个小时之内办好了缓考的手续。就这样，他顺利踏上当天下午飞往上海的飞机。在三天的时间里，他用脚步和汗水丈量了27万平方米的展馆、了解了3000多家企业，终于寻找到适合他们的合作伙伴并赢得了对方的信任，在“进博会”的最后一天，作为四川省商务团交易代表以19岁的年龄同外方签下了350万元人民币的大单，成为“进博会”最年轻的签约者。

2019年1月他受邀作为成都市高新区创业工作代表参与了共青团成都市委的《成都市“蓉创计划”青年人才实施细则》意见征集会，为成都市“蓉创计划”建言献策。

2019年4月他被共青团中央、中国青年报社授予“中国大学生创业英雄百强”称号。

在吴尚明工作的半年里，四川维数立方教育科技有限公司的项目价格下降10%，销售业绩上涨112%，盈利额上涨超过120%。截至目前，在半年里他为十余所学校免费提供校内商赛、职业生涯规划讲座等活动，已直接服务了上万名学生，真正做到了“为更多学生提供更丰富、更优质、更低价的素质教育实践活动”，进一步提升了公司的影响力。目前他们公司正在筹划股份制改革，积极争取在2021年在“新三板”挂牌上市，进入到全国市场，为更多的中学生提供服务。未来吴尚明将在素质教育领域持续发力，致力让中国学生具备创造力、执行力和世界眼光。★

（四川省普通高等学校学生信息咨询与就业指导服务中心供稿）

跨境电商尝鲜者

——成都职业技术学院张书宇事迹

2018年10月，来自成都职业技术学院的大学生创业项目“天秤星-跨境出口支付平台”获得第四届中国“互联网+”大学生创新创业大赛全国总决赛主赛道成长组铜奖。

该项目团队由成都职业技术学院毕业生张书宇领衔，目前成员60多名，团队成立于2016年3月，主要从事跨境出口电商工具服务，为用户提供软件和支付服务，目前已对接了欧洲、美洲和日本地区的亚马逊电商平台、eBay电商平台和wish电商平台。

该项目在成都高新区中海国际全球跨境电商资源服务中心，深圳南山区科技园均设有分公司。成都作为技术研发和线上销售基地，深圳作为公司线下推广基地负责广东地区客户的线下服务。目前该项目迅速成长，已经从简单的软件公司过渡到支付公司，现正在筹建物流金融公司，布局跨境生态，为自己赢得下一个风口。

缘起

近几年，我国跨境电子商务保持快速增长的态势。2017年中国跨境电商交易规模为8万亿元，同比增长28.6%，其中跨境出口交易规模达4.49万亿元，进出口结构比例中出口电商占比55%，进口电商占比45%。从结构上看，跨境出口电商的比例将长期高于跨境进口电商的比例，中国跨境电商的发展将始终以出口为主，进口为辅。我国近年来力促跨境电商的发展，旨在扶持传统外贸企业借助互联网的渠道实现转型升级。

与此同时，我国的卖家数量也呈几何级数增长，主要集中在沿海省份城市：广东24.7%、浙江16.5%、江苏12.4%、福建9.4%、上海7.1%、北京5.2%、湖北4.1%、山东3.3%、其他17.3%。

我们的项目是从软件起家的。针对跨境电商发展情况，我们开启了跨境支付之路，把重点放在了珠三角和长三角国内卖家的身上。从团队建立开始，主要对标的企业的就是与国外的PANER，WORDFIRST和国内的pingpong，希望能够把他们的中国市场份额削减一些。在最初规划时，我们研究了用户的使用习惯，用户对竞争对手的看法和用户对产品价格的期许，最终结合中国人的特性，研发出为国人量身定做的天秤星——跨境支付系统。这样我们首先保证了用户使用习惯，是真正最懂卖家的人。我们在研发成功后做了市场测试调查，主要调查三类用户群体：大型卖家、中型卖家、中小型卖家。

通过调查发现，我们目前的产品对中型以及中大型和中小型卖家是非常有吸引力的。而目前的市场就是以这部分卖家为主的。因此我们又把目标用户做了进一步的确认。市场调研发现，这个群体占整个跨境电商的1/4，约有400万用户。我们还很弱小，即使在这个细分领域，也拿不到这么多市场份额。只要拿下其中的1/20，就能够养活我们的团队。

实操

我们的产品设计重点突出，放大了一部分目前竞争对手没有的技术性能（如支付的安全和快速以及价格，软件的销售管理，CASE管理功能）来打开市场，以抢占一席之地。随后线上线下配合，同时进行客户需求跟踪，帮助客户快速解决问题，培养客户的习惯性和依赖性。

客户引流线上，我们通过微信公众号（天秤星TEMBINCOM）、自媒体和第三方媒体、QQ群、贴吧、朋友圈等媒体矩阵来进行渠道推广。

线下，我们通过与培训机构、物流供应商、仓储供应商等机构合作进行渠道导流，与这些渠道供应商共享利益。

在售后服务上，用电话一对一贴心的语音服务，用抽检的办法在用户群里随机进行电话回访，询问客户使用情况，并告知我们有官方的微信公众号、QQ群、讨论组，引导用户使用更快捷的线上服务，从而再次巩固用户圈，尽最大可能让使用了我们的用户不抱怨，不流失。

我们组建专业的客服团队。为了保证用户在使用过程中能够及时找到我们，我们在别人不看好的领域投入了大部分精力，目的是更好地粘连客户的使用习惯，巩固自己的“护城河”，保证客户不流失。技术的优势、性能的强大总会被超越，但通过这种方式营造一对一的贴心服务可以保证用户的使用习惯，达到长期服务的目的。

发展

从成立至今，公司共开发了8个爆款软件工具，吸引了近3万家B端用户注册使用。虽然这些工具都是免费的，但作为引流的重要方式，我们对这些工具没有丝毫懈怠。2018年，我们上线了我们的支付业务，用接近成本的价格打破了原来支付公司的高额手续费用，成了支付圈的一个规则破坏者。虽然因此遭到竞争对手的恶意打击，但我们唯一要做的就是保护好用户的体验，让每个使用我们软件和支付的用户都感觉良好。目前我们的用户已经增加到6万家，年流水12亿美元。旗下拥有三家分公司，分别在深圳和杭州，并将在福建泉州设立支付分公司。

未来

天秤星初步的跨境生态良好，软件＋支付已经逐渐衔接。对于跨境生态上的供应链和物流，天秤星已经着手研发，预计半年内会有一个颠覆性的工具和解决方案出现，解决目前跨境出口电商中小企业资金不足和供应链质量管理问题。

知心话

创业很苦。我们经常是白天当老板，出入各种高大上的社交场合；晚上就睡地板，让自己好好清醒一下：我们的项目路在何方，你不提前布局，就会有人悄悄地超越你，就被社会自然淘汰。

每到发工资的日子，我们的心情就很复杂，又支出一百多万元。要是不创业，这一百多万留给自己该多好。但是我们知道，这不是我们的理想，我们还有更高远的目标：做国内跨境电商资源的整合者和解决方案的实施者。

创业很酷，不创业不知道认真。我们每天都在工作，就算躺在办公室的沙发上，还是在默默地想公司的发展，这样会让我们更快地成长。我们取得了许多同龄人不能达到的成就，但也希望学弟学妹们及早创业。★

（四川省普通高等学校学生信息咨询与就业指导服务中心供稿）

扎根乡村的大学生

——四川国际标榜职业学院戴子淳事迹

戴子淳，男，生于1995年3月。共青团团员、青霞镇分水社区居民委员会名誉主任兼乡村规划设计师、“贰月伍日”APP创始人、呆设计创始人。

2014年，戴子淳响应国家“大众创业，万众创新”号召参加了学校开办的相关课程，在认真学习的过程中萌生了自己创业的念头。在事业的开头，迷茫和彷徨伴随着一腔热血同时出现。在抉择的十字路口上，学校创新创业办公室的老师为他指明了方向：跟上互联网时代的脚步，做时代的弄潮儿。明确奋斗方向之后，戴子淳同创新创业课程上认识的同学，一边思考、一边探索、一边学习，共同开发出了他创业路上的第一款产品——“贰月伍日”APP。这个APP旨在“给未来的自己写一封信”，希望大学生能脱离“现在”的概念，以时间为度量去思考自己未来，去计划自己的人生。APP以其先进的思考方式、独特的视角、智能的交互方式、上架仅一周就有超过5000位注册用户，同时保持着每周1000位注册用户的稳定增长，在校园里掀起了一场“写信”的风暴。

事情并不总是一帆风顺。2015年“贰月伍日”APP遇到了前所未有的运营危机。在远超预期的注册用户增长速度下，服务器承载量超过极限，而更换服务器所产生的巨额经济成本，是当时还身处校园的戴子淳及其团队无力承担的。这个时候，又是学校创新创业办公室的老师帮助了他，为他报名参加多项创业比赛，让他在创业比赛中与天使投资人接触。功夫不负有心人，在一个创业比赛上戴子淳结识了北京玄牡投资有限公司的天使投资人谢总。谢总对“贰月伍日”APP产生了浓厚的兴趣，在反复的交流和探讨中，谢总认为戴子淳有思路、有能力、有毅力、有决心，决定为“贰月伍日”APP注资20万元，就这样“贰月伍日”凭借着这笔天使投资一直运营至今。

2016年暑假，尚是学生的戴子淳利用“三下乡”的机会来到青霞镇的成都农业创客中心，一下子就被乡村的自然风景、田园生活的恬静美好所吸引，激发了建设“乌托邦”式村庄的热情。回到校园后，乡村的和谐景象就一直在心中浮现。在2016年10月，戴子淳放弃出国继续深造学习的机会，下决心要到乡村去做自己想做的设计，入住青霞镇幸福公社成都农业创客中心孵化园。他凭借对创业的热情和优秀项目获得大邑县政府的创业补助。在青霞镇创业期间，通过成都农业创客中心平台，戴子淳带领他的团队在大邑县范围内完成了很多乡村设计项目，如大邑县董场镇林盘再造、大邑县花水湾镇村标、大邑县农林局安仁管委会设计改造等项目。2017 年 10 月，作为大学生创业团队的负责人，在带领着他的团队在青霞镇通过勤劳与奋斗自给自足的同时，为青霞镇原住民 20 余人创造了工作岗位，以自己的方式为乡村经济的发展做出了贡献，为乡村的发展添砖加瓦。戴子淳的事迹得到了社会各界的认可，不仅登上了成都日报、四川日报等传统纸媒，还登上了成都电视台的《新闻背景》，中央电视台的《新闻联播》。

2018 年至今，戴子淳根据当地农业情况，在团队中增加了平面设计和品牌策划的人员，为当地农业产品设计包装，给农民培养品牌意识。他带着一群城里娃在家人的支持和老师的鼓励下，踏踏实实地在青霞镇扎根三年，让在田地里种地的农民有了品牌意识，把一产到三产的思维带给当地的农产品生产者。在去年的大邑县天府源第二届农业文化创意设计大赛暨大邑县第二届农产品包装设计大赛中，戴子淳率领其团队荣获第一，并与当地政府签署了包装的产品合作协议，用实际行动支持乡村振兴。

2019 年年初，青霞乡村再造的成果喜人。周边的乡镇政府通过青霞镇的成功对这群年轻人的能力有了更加直观的了解。他们也得到了更多的机会去展示自己的能力，用自己的设计给乡村发展注入了强有力的新鲜血液。

戴子淳及其团队不仅自己响应祖国乡村振兴的号召，从城市来到了乡村，还用自己的成功为周边的年轻人做出表率，吸引了更多的年轻人来到乡村，为乡村的现代化发展做出贡献，用自己的行动点亮了乡村。★

（四川省普通高等学校学生信息咨询与就业指导服务中心供稿）

感恩父母，回馈社会的创业者

——四川轻化工大学胡侨事迹

我是一位活泼开朗的女孩，梦想着能成为一名出色的舞蹈家，但2004年一场突如其来的病毒性感冒引起中枢神经受损，患上了急性脊髓炎，成了植物人。刹那间，感觉一切都失去了希望，就连简单的说话都成了天方夜谭，更别提舞蹈梦。幸运的是父母对我的不离不弃和坚持治疗，每天清晨6点就准时起床轮流给我按摩，在我耳畔呼唤。为了我，父母花光了家里所有的积蓄、卖掉了房子，甚至家里能变成钱的东西全都给卖了，就这样硬生生地把我唤醒，从开始有一点意识，到后来能开口说话、吃饭、能坐再到现在能站起来。无私的爱创造了这伟大的奇迹，我相信：只要不放弃就有希望。父母再一次给了我生命，感谢父母再生之恩。

2008年汶川大地震摧毁了我们的家和爸爸的工厂，一家人再次陷入了困境。但爸爸是顶梁柱，在如此艰难的环境下却还在鼓励着我和妈妈："天不会塌下去，我也不会倒下去，明天还会继续！"是爸爸教会我：只要还有一口气，就有希望让明天过得更好。未来的生活，我绝不会放弃追求梦想。

生病，让我与世隔绝。小小年纪的我，没有接受学校教育，如何面对以后的生活？精彩人生要靠自己努力才能实现。不服输的我一直坚信：即使没有完美的体魄，也要有完美的灵魂来实现精彩人生！于是我在病床上拿起书本，夜以继日地弥补几年来落下的课程，自学了小学、初中课程，并以优异的成绩考入都江堰职业中学。生病使我的手指无法正常握笔写字。为了像其他同学一样能顺利参加高考，我夜以继日地练习握笔写字与康复训练，并比别人更加努力地看书、做题，加强文化学习。

一切的努力，一切的付出，都得到了最好的肯定。2011 年，我被都江堰市评为“感动都江堰十大人物”，同年被成都市评为成都市“美德少年”。

感恩我的班主任，她像母亲一样时刻关心着我的身体与学习，给予我最大的支持。最终，我以 567 分的成绩考上了四川农业大学。正当我沉浸在这快乐的时光中时，却因所报的专业对身体的限制而被拒绝录取。我原以为这辈子会永远失去上大学的机会，没想到就在这时，收到了来自四川理工学院的录取通知书。

功夫不负有心人，我感恩我的父母，感恩我的老师，感恩一路上帮助过我的好心人。我只有用努力来回报社会，回报恩情。

在大学，我创建了“追梦公益”团队，帮助真正需要帮助的孤寡老人、孤儿、残疾学生，并接受来自全国各地残疾朋友的心理咨询，竭尽全力帮助他们恢复自信，让他们自食其力。我希望大家与我一起用行动回报社会。大学期间，我努力学习，每一年都用优异的成绩回报导师，每年都获得校优秀奖学金。

尽管身体上有诸多的不便，但大学里，我用自己的努力去解决自己的学费与生活费，减少父母的压力，为父母分忧。每个寒暑假期，我都会去自主社会实践。在工作中，我积极、按时并超量完成任务，获得了领导与同事的一致好评。2015 年我与伙伴组织“大学生成长与发展论坛”，得到四川理工学院王明义校长的现场指导与肯定，并被自贡电视台专访。2016 年荣获全国首届“互联网＋”大学生创新创业比赛荣获银奖，同年获自贡市普润杯互联网＋创新创业大赛优胜奖。2017 年我荣获四川省“天府杯”创业大赛资阳赛区一等奖。除此之外，我还荣获校级“五四年度人物”、“五四之星”、网页设计大赛二等奖、“挑战杯”大学生创新创业二等奖、黄岭十佳学子、演讲比赛二等奖、图文征集二等奖、社会实践先进个人等。

2016 年 9 月，我在校就开始了自己的创业之路，以安岳柠檬为主打产品做起了电商，带领身边的朋友共同创业，当年实现 20 万元的产值。2017 年，我们以“润宁”为品牌。“润宁”又是 running 的音译，蕴含着乐观、坚强、奋进、健康、安全、奉献的品牌文化。同时，我们打造的“润宁”有机柠檬是目前国内电商平台唯一的有机柠檬品牌。2017 年首届四川省自贡残疾人电商培训，我作为电商培训讲师，给残疾人同胞讲解电商技巧及创业故事，受到四川省残疾人联合委员会相关领导认可和鼓励。3 月，我们得到成都市政府邀请参加俄罗斯对接会，将“润宁”品牌与国际接轨；5 月，我们受邀在上海参加川货全国行活动，获得 20 万元的订单。10 月，我与合伙伙伴共同出资 100 万成立四川润宁宝贝网络科技有限公司，专注于健康、安全、绿色、有机农产品销售。我们的宗旨：做健康产品，对社会负责，帮助更多的需要帮助的人。因为我深爱“润宁”，带着对健康的深情，我与我的创业伙伴一起在成都西部博览城参加 2017 年四川省第五届农博会，得到省委副书记邓小刚，省常委、农工委主任曲木史哈，省人大常委副主席翟占的参观指导。资阳市市委书记周喜安，市委副书记、市长周吉明，市委副书记段再青，安岳县县委书记徐志勋等相关领导亲临现场关心鼓励，并指导了工作，同时被资阳日报邀请参加专访。通过这些一系列的活动，我们有了更多的销售渠道将我们的产品远销海外。

2017 年我们电商部门已经实现产值 300 余万。2018 年公司与四川龙头企业尚作农业签约，实现有机柠檬入驻高端市场，同年我公司组织“电商兴农扶贫活动”，活动现场特邀了安岳县人社局、就业局、共青团安岳县委、阿里巴巴等相关领导，活动开场 30 分钟就实现网销上万单的佳绩。同年我公司被阿里巴巴授予“兴农扶贫 · 安岳站”。2018 年我公司实现电商销售

2200 余万元，并实现出口外贸交易额 300 余万，解决就业 64 余人次。2018 年我们与四川轻化工大学（原四川理工学院）签订战略合作协议，被授予教学实习基地。2019 年我公司被安岳县委县政府评为“安岳县优秀民营企业”。

创业至今，我一直坚持“不忘初心，牢记使命”，一直怀揣感恩的心，怀揣善良扶残助贫之心。2018 年，我们公司聘用残疾人 2 人，帮助困难农户增收 800 元/户。★

（四川省普通高等学校学生信息咨询与就业指导服务中心供稿）

重度垂直科技成果转换模式探寻者

——西南石油大学丁龙事迹

丁龙，男，中共党员，西南石油大学法学专业2018届硕士，成都试客孵化器管理有限公司总经理，智汇大实验室孵化器首席运营官。2016年在西南石油大学创新创业中心以及新都区经信局（科技局）的指导下，创办了以“新材料领域”为切入口的智汇大实验室。做为深度垂直科技成果转化转移产业的孵化平台，建设两年来，丁龙运营的智汇大实验室先后被认定为四川省级众创空间、成都市级科技企业创业苗圃，并同西南石油大学、西南财经大学共建了大学生创新创业实践基地。同时，丁龙还担任西南石油大学创新创业导师，负责学校各类创新创业大赛项目的评审和创业辅导工作。2018年10月，智汇大实验室孵化器培育的企业“科宜高分子”荣获第四届中国“互联网＋”大学生创新创业大赛金奖，该项目实现了西南石油大学在该项赛事上金奖零的突破，同时也是四川省属高校首例金奖项目。

增强创新发展动能，促进科技成果的产业化落地一直是丁龙和他的智汇大实验室孵化器的愿景和奋斗目标。“不同区域有其自身的发展路径，地方如果要发展，就需要有先导性和地域性的规划设计。国外在这方面有很多值得借鉴的成功案例，经过多年的创业积淀和孵化经验，我想打造一个适应新都区经济发展路径的一个全新孵化器发展模式。”丁龙说。通过整合资源，以学校为中心，以实体孵化器和产业基金为载体，建设环西南石油大学新材料科技转化中心，为区域打造定制化的创新科技集群，实现“产业孵化”，引领推动区域产业升级，并为区域经济发展增添新动能，丁龙正一步步沿着初心描绘着自己的孵化蓝图。

打造区域特色，形成完整的创新集群是每一位孵化器从业者的梦想，但这并非易事。产业不同于单个企业，一条完整的产业生态链条涉及诸多因素，中间某个环节的缺失，都将导致产业链的不完整，无法持续发展。在西南石油大学创新创业中心的帮助下，丁龙兼任了学校青年创业校友联盟秘书，通过整合全国校友资源，重度垂直加速项目发展，深入人工智能、新材料等核心领域，形成了园区运营-政策资源导向-产业基金协同的金字塔三级模型，通过该模式目前已成功为3家企业融资近千万，链接市场资源赋能企业价值近亿元订单。

创业孵化之路原本就是成功与风险并存的荆棘之路，充满未知与挑战。近两年来，丁龙以及他的智汇大实验室创客团队在各类国家级创新创业比赛中荣获一、二、三等奖6项。协助在孵大学生创业企业获得四川省人社厅创业实体补贴14次，累计申请创业补贴20余万。同时，在科技成果方面协助在孵企业申请知识产权16项，3家入驻企业成功获得融资近千万，1家企业成功认定为高新技术后备企业，孵化成效显著。他本人也因此荣获2018年度成都市二十佳创新创业工作者称号。

目前，丁龙的智汇大实验室入驻企业12家，累计毕业企业4家，培育年销售额300万元以上企业7家，入驻企业为社会提供80余个就业岗位，孵化器内企业总产值超过1亿元，现已成为促进新都区科技发展的有力引擎。与此同时，智汇大实验室的业务收入较上年度有大幅度提升，通过投资收益、项目补贴、政策辅导、创新能力培训在内的综合性收入达到300余万元。同时丁龙表示：今后孵化器将继续专注新材料前沿科技成果，将科技成果转化转移同区域产业发展相融合；深化与高校科研院所之间的产学研用合作机制，加快技术创新与成果转化；积极营造创新技术向产业落地的良好氛围和环境，不断提升培育中小微企业的能力，促进中小微企业的发展，将自身建设成为西南片区具有一定影响力的中小微科技企业产业落地的培育专家。

作为新时代的年轻人，丁龙在双创事业上充分发挥带头示范作用，为所在区域双创事业的发展做出了突出的贡献。★

（四川省普通高等学校学生信息咨询与就业指导服务中心供稿）

重庆

★

创业路上的追梦人

——长江师范学院余坤事迹

余坤，男，汉族，重庆开州人，中共党员，1994 年 1 月 28 日出生，2015 年 9 月考入长江师范学院。在校期间，他努力提升自我综合能力，学习成绩优异，多次获得奖学金；积极参加竞赛和社会实践活动，表现突出，获得“优秀共青团员”“自立自强先进个人”“优秀学生干部”等荣誉称号。在长江师范学院各位领导、老师的悉心教育引导下，他树立了正确的人生价值观、养成了勤奋学习的习惯。深知实践是检验真理的唯一标准的他，将“大众创业，万众创新”践行到自身社会实践发展中。从萌生创业想法到真正实现创业的四年磨砺中，他克服无数的艰辛与困苦，终于确定了自己创业的方向。他结合自己的专业知识，查阅了大量的相关文献、国家政策，把握当下人们对健康生活的需求，决定以养殖七彩山鸡作为自己创业的开始。

不甘平庸，坚定立志创事业

余坤出身于一个普通农民家庭，家庭条件极为困难。懂事的他从小就立志要做一番事业，希望减轻父母的负担，让父母过上相对优越的生活。俗话说得好，兵马未动，粮草先行。在校期间，他除了日常工作和学习外，利用别人休息娱乐的时间来为自己的创业做好前期的积淀工作。他从高中毕业就开始了自己的兼职生涯和工作经验的积累。吃苦耐劳的他做过餐饮服务员、产品推销员、家庭教师等多个兼职工作。在兼职过程中，他积累了大量的经验和人脉，并萌生了做养殖的想法。他在父母、老师教导下，逐渐成长为一个勇敢坚毅，顽强拼搏，坚强不屈的人。

努力创新、全心全意谋发展

为了实现创业的理想，余坤在大四实习期间便全身心投入创业的准备之中。他从前期决定养殖七彩山鸡到寻找合作伙伴、拉赞助商，从养殖技术学习到养殖基地选址，从营业执照注册到购买七彩山鸡幼苗，从一人开始准备到产业化发展，从一个人的默默无闻到团队的慢慢磨合与齐心协力，从一个人的坚持到身边人的认同，创业的道路充满了艰难险阻，但他从未放弃。

大学期间他曾深入长沙、西安、重庆等 20 余家七彩山鸡养殖基地进行实地调研，刻苦学习先进科学的养殖技术，并结合实际开创了一套特有的行之有效的养殖方式。他曾带病深入调研，通过走访考察 10 余个地方，结合七彩山鸡的最佳的生活环境，从温度、水分、植物、土壤等多个条件考察出了最适宜七彩山鸡生活的地方——重庆市开州市竹溪镇高峰村，并创新了七彩山鸡生态复合养殖模式，并成立了自己的创新养殖基地。

为能够让创业有效和高效地进行，避免出现资金短缺而被迫中止的情况，他发挥坚持不懈的精神，利用自己兼职时所获得的经验和人脉，积极寻找与企业合作的机会，说服有创业想法的朋友一起创业，并利用国家、学校相关政策支持的无息贷款作为自己的创业启动资金。皇天不负有心人，创业的前期取得了一定的成果。

为提高幼崽的存活率，降低死亡带来的损失，他积极取得开州区疫苗站相关技术的支持与帮助。与此同时，他与合伙人也已具备了成熟的养殖技术。为了找到有效的销售渠道，开拓销售市场，签订一些商家、饭店、机构的供应合同，保证七彩山鸡安全供应，他曾顶着炎炎夏日跑遍重庆全城，只为那一个个合作的契机。第一批山鸡成功地养殖和销售为他扩大规模攒足了信心，于是他又大量购进第二批七彩山鸡幼崽，扩大了养殖规模并招收了当地村民作为养殖人员，传授给他们养殖技术，促进当地的经济发展，实现了当初互利共赢的目的。

创业伊始，第一批山鸡存活率不足 60%。在不断调整完善后，第二批的存活率高达到 84%。第一批七彩山鸡已成功售出，每只山鸡纯利润达到 37.4 元。预计下一批的山鸡纯利润每只将达到 45 元。

坚持不懈，饮水思源勇担当

经过了三年的准备，一年的摸索前进，现在在当地已有了一定的规模和知名度。但是他不会止步于现在的规模，深知他的成功肯定离不开政府、学校的帮扶，应该以更好的结果回报政府、学校。

在创业的过程中，他即使在患病动手术期间，也是默默坚守在工作岗位上，努力用生命的血液浇灌自己的梦想。在病情恶化时，他曾萌生一个想法——将自身所有器官捐献给有需要的患者，帮助更多的人重拾健康的生活，快乐地奔跑在阳光下。他用自己的一份小爱，牵动更多的大爱，让我们生活的世界愈加多彩，充满温暖和煦的阳光。

在接下来的规划中，他更是铆足了劲向前发展，精心管理和建设队伍，抓管理、抓业务、抓队伍，扎实根基，稳步发展，扩大规模，推动实现村民本地发展，推荐就业，带动村民一起致富。余坤，这个平凡的大学生，用自己的方式贯彻着国家“精准扶贫”的政策，将自己的青春和热血洒满这片生他养他的土地，描绘着对乡村发展美好的愿景，抒发着对故乡的无限赤诚。他始终不忘回报故土的初心，砥砺前行，用自己的一言一行书写着乡村致富发展的道路，带动着乡亲们奔向更好的未来！

作为一名长江师范学院的学子，他用实际行动诠释着“学高身正，敬业自强”的校训，充分展示着新时代大学生的精神风貌与不懈奋斗精神。作为一名创业人员，在平凡的工作之中，他始终坚持不懈，挥热泪，洒热血；作为一名共产党员，他充分发挥了先锋模范作用，为家乡人民发家致富提供了一条可行的道路。

从梦想到成功，往往只因多看了一眼，多想了一下，多走了一步。在逐梦的道路上，他将初心不负，继续前行！★

（重庆市大中专毕业生就业指导服务中心供稿）

新时代追梦人

——重庆城市管理职业学院陈科霖事迹

陈科霖，一位致力于“用科技改变环境，让环境变得更加美好”的95后创业者，自主研发环保包裹、环保降解材料，创立重庆芏科科技有限公司。目前，公司总资产500余万元，年营业额超1000万元，合作商家106家，带动30余名大学生创业就业。这就是他，一个白手起家的大学生创业者，这就是他和他的团队，创业三年交出的成绩单。他们凭借着自己的智慧、勇气和毅力，朝着青春的创业梦想，一分一寸地积累，一脚一步地前进。

他是重庆城市管理职业学院信息工程学院计算机网络技术专业2015级学生。2016年6月，正在读大一的陈科霖成立了重庆芏科科技有限公司。公司下辖环保包裹、全生物降解快递袋等实体项目，经营范围包括环保、包装等行业。创业三年，陈科霖被评为：全国践行工匠精神先进个人、重庆青年大学生创新创业之星、重庆高校创新能力先进个人标兵、重庆高校十大双创明星等。他是重庆城市管理职业学院的优秀创业者，他的创业事迹曾被人民日报、新华网、人民网、中国青年报、中国教育报等多家媒体报道，他的创业团队作为重庆唯一一家小微企业，在迎接党的十九大《人民日报》推出“砥砺奋进的5年”31个省区市特别报道重庆篇中得到报道，并在2018年被中华人民共和国教育部誉为“包装盒上践行工匠精神”。2018年公司在重庆多家企业中被评为“渝创之星”。

自强自立，谱写励志青春

人生之精华，不在乎长短，而在乎奋斗的过程。陈科霖自幼家庭贫困，父母在建筑工地上做泥水匠，两岁时便成了留守儿童，一直跟随着外婆长大。怀着自食其力的决心，陈科霖开始思考：如何靠创业来维持自己的学业与生活。他联合学校创业团队，召集有创业意向的同学建立了自己的创业团队。公司成立之初，面对没有资金、没有技术团队、没有办公地点等难题，寝室成了他们的第一个办公场所。两台笔记本电脑是公司唯一的办公设备。三年来，他始终坚持艰苦奋斗、自强不息的精神，以搭建学习创业知识、锻炼创业技能的平台为己任，争当90后大学生创业先锋。公司团队也由最初的“三人行”，发展成为拥有30人的大学生团队。他咬定青山不放松，凭借着对自己的一股狠劲儿，不仅各门课程均取得优异成绩，而且获得北京大学的微企培训结业证书。他坚持在实现中国梦的生动实践中放飞青春梦想，在激情奋斗中绽放青春光彩。

刻苦钻研，践行科技创新

多少个夜晚，当其他同学进入梦乡时，他还在挑灯苦读；多少个周末，当别人在休息娱乐时，他和他的团队却在共商创业项目。他始终将“创新源于激情，重在积累，成于坚持”作为行动准则，通过积累知识、参与科技服务活动和参加创新创业比赛，提升自身创新能力。他深知传统快递包裹已经成为中国最严重的污染源之一。为了破解这一难题，他时常加班到深夜；为了做出产品的原型，他用剪刀剪出近1000个产品原型；为了找到代工厂，他甚至骑坏了一辆自行车；为了兼顾学业与创业，他放弃了休息娱乐的时间。经过三个多月的艰苦设计，他终于解决了环保包裹无缝折叠的关键性技术，完成了应用于环保领域的可重复使用的包裹、包装箱，并用一个月的时间完成了雏形产品向专利、成品的转化，最终与多家电商深度合作。截至目前，公司已经拥有“DUKEER”品牌系列环保包裹十二种，并取得多项知识产权，被列入重庆市科技型企业。其公司名字中的“芏”指土里生长的小草，“芏科”寓意新生的科技。他的梦想是用自己的行动让环境变得更加美好，为建设美丽中国而不懈努力。

三年来，他带领自己的创业团队积极参加创新创业比赛，获得以企业组为类型的珠海市香洲区科技创新创业大赛三等奖、第五届创青春中国青年创新创业大赛优胜奖、重庆市第二届“渝创渝新”创新创业大赛三等奖为代表的荣誉十项；获得以学生组为类型的第三届全国“互联网+”快递大学生创新创业大赛金奖、微软创新杯中国区总决赛三等奖、第十五届挑战杯重庆赛区特等奖为代表的荣誉十二项。他以赛促学、以赛检验自己的创业能力，践行科技创新，艰苦奋斗，做勤奋的创业者。

感恩奉献，彰显社会担当

为同学们分享创新创业知识，帮助怀揣创业梦想的同学开启创业之旅，已成为重庆市高校“就创大使”陈科霖日常生活的一部分。他是一名生态文明倡导者，注重经验分享及环保知识普及，先后为全校3000多名师生分享创新创业故事，做报告40余次，发挥着创业榜样的力量。作为大创英雄会副会长，无私帮助重庆市多所高校的大学生进行创业指导，带领多名团队进行创新创业实践。他是一名有责任感的创业者，积极发现并解决群众的实际困难，为沙坪坝区政协提交提案四次，被采纳三次。他也是一名爱心使者，多次组织公司、同事进行募捐，开展为流动儿童建书屋、给偏远山区儿童送温暖等活动，并在爱心筹、轻松筹等平台进行资助。这就是陈科霖：一边永不止步，坚定创业；一边爱心涌动，回馈不止。

责任筑梦，勇做时代弄潮儿

陈科霖作为一名大学生党员，坚定理想信念，带头践行社会主义核心价值观，传递正能量；定期组织公司同事学习、领会党的政策方针；用新思想新理论武装头脑，励志勤学、刻苦磨炼。他时刻保持一名共产党员的先进性，拥护党的领导，树牢“四个意识”，坚定“四个自信”，做到“两个维护”。每天回家的第一件事就是观看新闻联播、新闻资讯，了解时事，只要有空隙就会阅读《习近平总书记系列重要讲话读本（2016 版）》《习近平的七年知青岁月》等书籍。他总说：“驽马十驾，功在不舍。一点一滴地学习和积累，切实提高自己的思想觉悟。”陈科霖践行工匠精神，以身作则，始终发挥着一名党员的先锋模范作用。在新时代新征程中勇担历史使命，勇做时代弄潮儿。

“责任筑梦，拼搏追梦”。陈科霖生动诠释了当代青年大学生“中国梦”的时代内涵，为大学校园播撒青春活力，始终坚持让环境变得更加美好的初心，为建设美丽中国奉献青春力量。他们将继续奋斗，他们都是追梦人！★

（重庆市大中专毕业生就业指导服务中心供稿）

创业路上的女博士后

——重庆大学李琦事迹

李琦，女，重庆大学2012级博士生，2016年获应用经济学博士学位，2018年从事电子科技大学计算机类博士后工作，现任重庆锐云科技有限公司总经理。

锐云科技专注大数据人工智能＋房地产行业结合，利用先进科学技术推进产业发展。公司现有员工140人，目前已与全国多个房地产商合作，并获得保利地产Pre－A轮注资。2018年公司业务遍及全国29个省市，获得营收3000多万。公司于2018年12月19日在重庆股份转让中心科创板成功挂牌，目前拥有21项国家软件著作权，20项国家专利，与重庆大学联合组建了房地产大数据技术研究中心，是多个国家级重点奖励政策落地单位，同时也获得了多项国家级创业赛事奖项。

2014年，李琦联合几个博士同学组建了最初的锐云科技创始团队。一个偶然的机会，在房产市场看房的时候，李琦发现楼盘案场人员混杂，现场十分混乱，管理流程非常繁琐。她不禁设想，要是有一套数据系统能够帮助房地产商管理楼盘案场，帮助客户看房买房，不仅可以简化房源交易流程，而且也能提升房地产商的服务质量，满足客户的消费体验，确确实实是一件实现卖家买家双方共赢的好事情。

有了初步的设想后，李琦和她的团队经过细致的市场调研，发现市场上并没有相关的专业软件。于是李琦与团队有了最初的奋斗目标——开发一款房地产管理软件。攻克一个又一个难关后，软件已经初步成型，并赢得了保利地产的认可与信服，向他们抛来合作的"橄榄枝"，注入大量资金，也解决了技术团队对地产行业不熟悉的问题。经过1年多的调研，团队的足迹遍布30多个楼盘，与3000多置业顾问、销售经理进行了深刻交流，最终共同打磨开发了一款适用于房地产行业的产品。

这款产品的名字叫"悦家云"。悦家云项目是首个同时为开发商、房屋经纪人服务商和购房者提供全方位服务的智慧平台，具有大数据分析、电子楼书系统、客户关系管理、渠道管理、移动跟客五大功能，拥有上百项功能点，能够很好地同时为开发商、房屋经纪人服务商和购房者三方服务，真正提升房产交易效率。

尽管公司已经取得了一定的成绩，但想要取得长足进展，富有生机活力，必须不断创新。一次在成都踩盘，李琦发现置业顾问每天都会接听、呼出上百个电话，她联合团队开发了人工智能语音机器人，自动呼客并初步筛选、记录，然后提供给置业顾问再做二次跟进，大大降低员工工作强度，也节省了人力成本。李琦还发现，在来访客户过多时，置业顾问存在无法清晰记住客户需求的问题，她又使用大数据人工智能知识将客户进行智能分组，并进行销售机会分析，极大减轻了置业顾问负担，也提升了客户问询服务质量。就这样，在不断地创新与完善中，“悦家云”逐渐成长、收获成功，受到广大用户的一致好评。★

（重庆市大中专毕业生就业指导服务中心供稿）

追求社会价值的创业者

——重庆大学杨剑南事迹

杨剑南，男，重庆大学16级经管学院应用经济学硕士，师从中国银行业首席经济学家巴曙松，现任重庆伏特猫科技有限公司总经理。

考察市场，发现商机

早在2013年，杨剑南就发现不少企业没想过怎样去管理公司的用电。如果企业在用电方面出现问题，无疑会增加企业成本。2014年，杨剑南与其他几名同学组建了“伏特猫”团队。“伏特猫”创业项目可以用“省心省工省电费”来概括，即通过安装团队提供的智能终端，采集企业各项用电数据，再将数据实时上传到云端平台，让客户通过手机能够随时看到自己企业的用电情况及咨询建议。同时专家团队通过后台数据分析，可以帮助客户发现并协助处理所出现的用电问题。

截至目前，团队在“创青春”“互联网＋”等创新创业大赛中斩获多项荣誉，伏特猫公司已服务海螺水泥、东风汽车、重庆机电集团等行业巨头，服务企业的用电量达80亿千瓦时，累计为客户节省电费千万元。目前已与国家电网、三峡集团展开深度合作，获得科大讯飞投资，被凤凰财经等多家媒体报道。

明确目标，寻求合作

创业之初，杨剑南通过参加阿里巴巴主办的“全球梦想家”项目明白了两件事情：解决问题和创造价值，这才是一个团队的使命和愿景。“对于创业来说，金钱和名利并不是唯一的目的，而是应该考虑到它能够帮助更多的人，能够为社会带来价值。即便我现在失败了，未来还可以有人循着我的轨迹成功，这次创业就是有意义的。这就是我开始做‘伏特猫’的原因。”杨剑南说。

“伏特猫”在创业过程中得到了很多的支持与鼓励。项目的第一笔资金来源于重庆大学团委举办的“创青春”大赛的特等奖奖金。此外，“伏特猫”也得到了不少老师的指点和帮助。杨剑南感慨地说：“如果有一天我们成功了，1%靠的是我们自己，99%靠的是其他人的帮助。”

加强团队建设，深耕电力市场

在“伏特猫”团队建设过程中，杨剑南始终坚持开放和包容，不设门槛、不限专业、不限年龄，但要有共同的价值观和愿景，吸引的员工不仅有国家电网的专家，还有在读学生。杨剑南认为，员工来到“伏特猫”是因为在这里确实能够提升自我，能够真正地为解决社会问题而努力。这是共同价值观的最好体现，是团队凝聚力的最好象征。

2017 年 7 月，杨剑南受邀参加第三届中国“互联网＋”大学生创新创业大赛“青年红色筑梦之旅”活动，奔赴延安，学习延安精神，还收到习近平总书记给参与该活动的学生的回信。杨剑南表示，在梁家河看到了总书记青年时光的印记。习总书记也是到过不少工作困难，但他有坚定的信仰，更有“终身为人民服务”的使命和底气。当前，全社会迎来了创新创业的热潮，我们应该向总书记学习，扎根中国大地，秉持美好愿景，投身创新创业创造，真正解决社会问题。

如今，“伏特猫”已经服务了数千家企业，遍布重庆、湖北、安徽、江苏、浙江、北京、四川、广东、黑龙江、辽宁等地区。同时，在全球最大的企业服务平台——阿里巴巴钉钉的支持下，开始通过互联网渠道更加快捷地为更多企业提供无忧用电服务。★

（重庆市大中专毕业生就业指导服务中心供稿）

时尚界的创业大学生

——重庆师范大学陈怡冲事迹

陈怡冲，男，1994年7月出生，重庆巴南人，中共党员，重庆师范大学美术学院2015级产品设计（珠宝首饰设计）专业本科生。第三届中国“互联网+”大学生创新创业大赛全国铜奖、重庆赛区金奖获得者，2018年重庆市大学生创新创业先进个人。

“造·饰”不夸饰，新思维新模式震动“饰界”

2018年的重庆珠宝时尚界有个热词叫“造·饰”。“造·饰”是一个主要为珠宝配饰提供个性化服务的连锁体系，即按照客户要求进行混搭、重组，从而延伸为成千上万种风格迥异的小轻奢饰品，为客户提供具有强烈个人化标签和显著个性化风格的珠宝配饰服务。

贡献这个热词的人就是陈怡冲。为了使这一震动“饰界”的新思维新模式尽快落地，当年四月，陈怡冲与重庆市珠宝定制企业进行深度合作，创立了全新珠宝定制体系——“造·饰”，成立了磨生缘珠宝饰品有限公司，并设立了第一家品牌实体店。该项目获评重庆市第二届“优创优帮”大学生创业扶持计划全市30强。

创业为逐梦，新项目新创意实现突破

2017年9月，陈怡冲以产品策划总设计师的身份与合伙人联合创办重庆依莱文眼镜有限责任公司，并作为重庆赛区金奖项目参加全国总决赛，摘得第三届中国“互联网+”大学生创新创业大赛全国铜奖。

9月底，该项目在全国高校双创周中代表学校参加项目展示，得到教育部、重庆市领导、专

家的高度评价。该项目凭借创新的商业模式和精细化运营，四个月销售额即突破10万元，不仅在学校创业基金答辩中夺冠，还成功入选重庆市大学生优秀创业项目，进驻重庆市优秀创业项目孵化园“梦花园”。

专业成优势，新氛围新作为另辟蹊径

2015年，陈怡冲以综合排名第一的优异成绩被重庆师范大学美术学院产品设计（珠宝首饰设计）专业录取。2016年，他在长安欧尚“尚纹画”大学生汽车创意设计大赛中获得了优秀设计奖。他还主动寻得画室助教的工作，不仅实现个人经济的独立，而且近距离接触了创业市场。

大二上学期，他毅然踏上创业之路，成功融资10万元，创办了一个画室培训机构，后又利用专业优势成立了手绘工作室，为包括四川美术学院、重庆大学、西南大学等高校在内的绘画专业本科生、研究生提供了20多个兼职就业岗位。

陈怡冲还主动参加各级各类创业沙龙，将自己的创业故事和经验分享给同学，并对多个创业项目进行帮助和指导。他希望乘着国家“大众创业，万众创新”的东风，积攒实力整合资源，不畏艰难，努力奋斗，在实现中国梦的伟大实践中放飞自己的青春创业梦想。★

（重庆市大中专毕业生就业指导服务中心供稿）

贵州

★

不忘初心，志愿“黔”行

——遵义师范学院代鸿宇事迹

年少时，初识公益，筑梦于心中；

长大后，不忘初心，逐梦在路上。

校园内，他是品学兼优的三好学生，注重专业知识与理论实践的紧密结合，加入学校青年志愿者协会，策划活动，热心公益，引领更多同学参与其中；

校园外，他是出类拔萃的优秀青年，敢于走出校门并实现自我的不断超越。

当选红花岗区义工联合会秘书长，严格管理，积极进取，助推乡村脱贫攻坚工作。

他就是代鸿宇，创业追梦，无悔坚持。

梦在心中

校园，是我们一路成长的见证，是梦的起点，更是梦的舞台。

2015 年 9 月，代鸿宇考入遵义师范学院。从小便立志公益的他毅然选择了与公益活动密切相关的社会工作专业，他想要在志愿服务的路上越走越远。

欲要展翅高飞，必须丰满羽翼。同样地，想要实现自己的梦想，就需要不断提升自我，并能够一直坚持正确的方向。在这一方面，代鸿宇的母校遵义师范学院为其提供了良好的发展平台。入学以来，在师长的指导下，在同学的帮助下，在自己的不懈努力下，代鸿宇把专业知识学得非常扎实，并能积极主动地去践行理论。同时，学校组织的丰富多彩的活动，为代鸿宇的专业发展、理论实践、创新创业营造了成熟的条件和良好环境。

行在路上

纸上得来终觉浅，绝知此事要躬行。

代鸿宇深谙此意，并时时刻刻都有一种紧迫感。

大学伊始，他便加入了学校青年志愿者协会，成为遵义师范学院青年志愿者协会的分会主席。2015—2016 年，他积极带领青年志愿者们策划、组织了“关爱农民工，杯水送温情”“关爱农民工，集市聚温情”等一系列志愿服务活动。此外，作为班长的他还积极带领班上的同学参与、策划相关公益社会实践项目。各项活动在全校取得了很大的效果，越来越多的同学在他的推动下开始参与志愿服务，更多的群众从这些活动中受益。

代鸿宇还积极参与专业科研活动。2017 年初他带领 2015 级、2016 级社工班同学发起了“聚焦三线，关爱老人”关注遵义市“三线建设”独居老人社会工作服务项目。该项目在 2017 年 11 月成功立项为大学生创新创业训练计划“国家级项目”。

赢在未来

星光不负赶路人，时光不负有心人。

代鸿宇收获着追梦路上的风景，更为自己的未来奠定了坚实的基础。2017 年 5 月 3 日，代鸿宇作为遵义市优秀青年代表之一，来到了“时代楷模”黄大发老人家乡，并与团省委领导、全省 20 余名优秀青年代表一起登上了“大发渠”，有幸参与了时任贵州省委书记陈敏尔与全省近 20 名优秀青年代表的交流座谈。2017 年 7 月 29 日，代鸿宇当选为红花岗区义工联合会秘书长。此后，他积极带领红花岗区志愿者参与各项活动，积极协调、管理联合会各项事务。2017 年 12 月，在贵州省首届志愿服务项目大赛中，代鸿宇组织策划的“聚焦三线，关爱老人”项目荣获“银奖”和“最佳进步奖”。

2018 年 8 月，代鸿宇成立了遵义市青汇社会工作服务中心，并担任该中心的主任兼法人。机构承接和开展了更多专业化的社会工作项目，积极探索“社工＋义工”“团干＋社工”等社会工作发展新模式。服务项目覆盖青年学习交流、青年志愿者培养、青年参与“脱贫攻坚”工作等多个方面，直接服务青年群体 300 余人，间接影响近 1000 名青年，引导培养青年志愿者 600 余人。代鸿宇用自己的实际行动积极引领大学生群体参与到脱贫攻坚各项工作之中，并于 12 月当选共青团遵义市第五次代表大会代表、共青团遵义市红花岗区第四次代表大会代表以及共青团遵义市红花岗区委员会候补委员。

截至目前，代鸿宇累积参与志愿服务时间 3000 多小时，荣获包括“全国优秀共青团员”“贵州省优秀青年志愿者”等 30 项荣誉称号。

面对荣誉，代鸿宇从未骄傲或停滞不前。他说：“我要用更多的时间去拼搏，我要用行动去践行‘奉献、友爱、互助、进步’的志愿者精神！”

正如他一路走来，梦在心中，不负初衷；行在脚下，全力以赴；创新创业，赢在未来！★

（贵州省普通高等学校毕业生就业工作办公室供稿）

奋斗的青春

——贵州警官职业学院邓仕权事迹

邓仕权,1993年7月生于贵州省织金县白泥乡白泥村一个普通的农民家庭,父母都是老实巴交的农民,世代靠种地为生,家里兄弟姊妹3人,一家人当时全年的收入不足万元(人均1800元/年)。古语有云"穷人的孩子早当家",我"有幸"成为了这当中的一员。

2012年高考结束后,我在选择专业的时候犯难了。我本想选择体育类专业,但父母坚决反对,他们认为我作为家里的老大应首先考虑减轻家里的经济负担,应选师范或是公务员之类的专业。为了让家里不为我的前程担忧,经过慎重考量,我选择了贵州警官职业学院,心想着毕业以后当一名人民警察,为人民服务,既圆了我的体育梦,也成全了父母的心愿。

在我进入大学之前,我还在为学费、生活费犯愁。家里面条件我太清楚了:父母年纪越来越大,弟弟妹妹读书的开销也日益增多,我第一年的学费能不能凑齐都是个问题。我打算去广东打两个月的短工,一个月挣几千块,既能凑齐学费又能贴补家用。但此时我被爸爸的一个举动深深触动了我。他瞒着我东拼西凑地凑齐了学费,对我说:"父母再苦再累也要供你上学,但生活费要靠你勤工俭学了。"开学时,他亲自送我到贵州警官职业学院,帮我办理完手续后简单叮嘱了几句就回家了。看着他渐行渐远的背影,我深刻体会到了朱自清先生的《背影》中的感受——我默默地擦干眼泪,对自己说:"努力努力再努力,不能让家里失望!"

"天将降大任于斯人也,必先苦其心志,劳其筋骨!"从大一开始,我每天完成日常学习、训练后就去寻找勤工俭学的岗位,最终找到一个送水工的工作。那时每天大概要送几十桶的水,扛着上楼、下楼,那种大汗淋漓的日子,既锻炼了身体又贴补了生活。有一次,大队老师找我谈话,了解我的具体情况后叮嘱我:一方面兼职不能影响正常的学习、工作,要分清主次关系;另一方面可以以大队学生寝室为基础展开送水业务,由点及面,做得好了再扩大业务量。我一下子茅塞顿开,马上建立了自己的送水站,给大队所有学生寝室送水。由于自己勤快、能吃苦、态度好,很快就得到了学生们的认可,其他大队的学生要我送水的寝室也越来越多。学生处、支队领导了解到这个情况后,也经常找我谈话,一方面鼓励我创业,一方面嘱咐我一定要讲诚信、讲原则,做到学业、创业两不误。正是有了领导、老师的支持和同学们的信任,加上自己的努力,我圆满完成了学业,还尝到了创业的甜头、淘到了我人生的第一桶金,为我今后的创业之路奠定了坚实的基础。

2015年毕业时,原本想认真备考当年招警考试,但因家庭原因而不得不首选就业。一开始我就像无头苍蝇一样参加了很多面试,有导购、医疗、房地产销售等,但几十场面试下来,让我更加困惑、迷茫,感觉自己很无助,真的不知道自己能做什么、该怎么做。当我把自己的情况给大队老师倾诉之后,他们让我回来听一场讲座。那天是学校李惠老师的一场关于"知识产权"的讲座,主要讲知识产权在生产生活中的重要性及国家对知识产权的重视,而现实生活中人们确对知识产权却不是很了解。我突然有“一语点醒梦中人”的感觉，于是选择了一家知识产权公司，因为这对贵州市场来说，这是一个全新行业，让我产生了挑战和征服的欲望。

刚进公司，我被分到一个业务部门，部门经理非常严厉，对下属要求很高。那段时间，我是朝八晚十一的上班，还要利用所有的空闲时间恶补专业知识和商务技巧。通过努力，我的业绩得到了公司认可，领导安排我也开始带领团队。我的团队当年业绩创公司在贵州省的记录！取得这些成绩后，我的信心更足了，相信自己在这一行业可以有更大的作为，也可以给家庭带来更好的生活。于是在 2016 年 5 月我和另外两个志同道合的伙伴决定自己创业，预想成立一个主要以市场、政府、企业为产业链的服务型公司。但当真正开业的时候，我们立即遇到场地、资金等现实困难。母校的领导、老师得知情况后，给我引荐认识了西南车王魏红杰以及吉源驾校 CEO 龙红阳，并得到他们的大力支持，解了我的燃眉之急。2016 年 6 月 6 日，贵州普众云知识产权服务有限公司正式挂牌成立了！公司的起步阶段是一个很艰难的时段，但我身后有母校的支持，有员工、伙伴的团结一心，通过大伙儿的不懈努力，3 个月后公司的业绩达到了 153.79 万。同时，通过学院的推荐，我有幸得到贵阳市科技局的邀请，于 2016 年 7 月到上海交通大学学习，并去苏州园区实地考察学习革命前辈们的经验。这次经历让我受益匪浅。革命前辈们那种遇到再大的挫折都一如既往的前进精神深深鼓舞着我。学习归来后，我与公司人员商讨以知识产权为核心打造一个平台，并将这个平台做成大学生创业基地，培育一批又一批的创业人员。2017 年学院推荐我到南明区双创园参与创新创业讨论会，与创业管理人员交流学习。看着别的创业者依旧在不停地充实自己、发展企业，我意识到创业这条道路上还需要不断学习、提升自己。

随着公司的不断发展和业绩的逐渐增长，初尝创业成果的我们随之在公司发展的问题上出现了分歧。2017 年年底，两个合伙人选择了离开，造成公司员工人心惶惶、业务量急剧下滑、流动资金不足，公司差点破产。这一变故将我又打入谷底。我在想自己是不是不适合创业？难道我注定将一事无成？来自身边家人朋友的质疑和嘲讽使我非常痛苦，一度想要放弃。这时我又想到了无数次给我力量母校。回到母校，老师们开导我“人生不经历风雨怎么见彩虹，没有人是随随便便就能成功”“要相信自己，风雨过后的彩虹才是最美的风景”“做事贵在坚持，遇到一点挫折就认怂不是警院生的性格”“越艰难，越要做，更要坚持，毕竟创业向来是没有一帆风顺的”。老师们的教诲犹如黑夜里的路灯，再次给我指明了方向！我重整旗鼓，和几个公司老员工一起再次踏上创业之路。我暗暗发誓“我一定要站起来，不能让我的后盾失望，家庭的贫困和曾经的一无所有都没有将我击垮，这点打击算什么，我一定可以的”！。

2018 年上半年，我们团队历经坎坷终于走出困境、步入正轨，还有了新的合作伙伴（蓝明众创空间）。截至目前，我们相继成立了两个分公司和两个新公司。公司的规模逐渐扩大，成立了商务部、技术部、软件开发部门、工商流程部、财务部、人事行政部、企划部。公司现有正式员工 40 人（其中本科生 7 人，大专生 28 人，初、高中生 5 人）。公司本着“高效率、更专业、最用心”的宗旨，秉承“勇于担当、砥砺前行、吃苦就来、贵在坚持”的公司精神，开展更多的业务，服务企业、服务市场，朝着将公司打造成一个集团公司的目标而努力。去年公司产值达 2000 万元、缴税近百万元，解决了上百人的就业。今年第一季度产值达 800 万元，为贵阳学院、贵州警察学院学生作创业知识讲座 3 次，直接参与中国电建集团研发后补，加计扣除项目，中铁二局第一工程有限公司高新企业认证项目，贵州省建筑材料科学研究设计院有限责任公司高新企业认证项目，贵阳桑力电子实业有限公司高新企业认证项目，贵阳方舟高新技术有限公司高新企业认证项目，贵州黔巨人网络技术有限公司高新企业认证项目，等等。

回顾几年来的历程，我认为创业是件艰难而冗长的路程，不可能一帆风顺，有一个量变到质变的突破，有伤心，也有欣慰，要懂得从失败中汲取养分和经验，不断提升自身能力与水平，有付出才有回报！奋斗，就是闪亮青春的模样！

梦想从不止步，我会不忘初心，勇往直前，坚持自我，未来属于我们！★

永不言败的创业者

——贵州电子信息职业技术学院简世军事迹

简世军，男，1992年4月出生于贵州省湄潭县，贵州电子信息职业技术学院艺术设计系2012届动漫设计与制作专业学生。在校期间曾担任学习委员，工作认真，兢兢业业，能力突出，深受老师们的喜爱与同学们的认可，并多次获得国家级、省级、院级的奖项。

简世军2013年荣获全国大学生广告设计大赛动漫组三等奖，2014年荣获全国职业院校技能大赛高职组省内赛三等奖与全国赛三等奖，2015年被评为贵州电子信息职业技术学院优秀学生，此外还多次获得院级奖学金。简世军在校期间学习十分刻苦，在自己的努力下成功考取了“NACG平面设计师”“NACG三维动画设计师”“NACG二维动画设计师”等多项职业技能证书，为以后的职业生涯打下了坚实的基础。

作为一名普通的农村孩子，简世军为了追求自己的梦想，“固执”地放弃了保送本科的资格，于2014年以优秀学生的身份前往杭州妙步电子商务有限公司实习。是金子总会发光的，实习期间简世军因表现突出、专业过硬、踏实肯干，被破格提拔为设计总监助理一职，但得到提拔的他没有骄傲，反而在工作中更加虚心求教、埋头苦干，多次为团队出谋划策，企业的多次辉煌业绩都有他的一份功劳。简世军始终相信：思想决定态度，态度决定习惯，习惯决定性格，性格决定命运。他没有因为家境贫寒而感到自卑，也从不因工作辛苦而抱怨，反而时刻怀着感恩的心态，积极向上、努力奋斗。2015年，备受公司领导青睐的简世军被提拔为公司项目经理，负责整个项目的运作与管理。在担任项目经理期间，他起早摸黑、尽职尽责、兢兢业业，成功地将仅有4人的团队扩充到了15人，并带领团队超额完成公司年终销售目标。我院曾有四名教师赴杭州市西湖区出差，受到了杭州妙步电子商务有限公司总经理何兵的亲自接待，在交谈过程当中，总经理对简世军的专业技术能力与领导能力赞不绝口，同时也高度赞扬我校的教学水平。

简世军非常擅长在工作和学习中寻找平衡，深知作为一名经理的职责，安于现状早晚会被淘汰。不甘于现状的他从不懈怠，工作之余努力学习企业运营管理知识，不断提升自己的职业素养，再忙也会抽出时间学习。他始终坚信：今天的成就来自于昨天的努力，明天的辉煌必须从今天开始，付出总有回报。简世军努力地走好自己的每一步，踏实认真地做好每一件简单的事，时刻保持着高度的自觉，不怕困难，坚强乐观，永不言败。此外，简世军在努力提升自己的同时，还积极将所学的知识分享给团队成员，并带领团队成员一同进步。正是他永不服输的个性和在平凡中追求卓越的人生信条，使他赢得了同事们的认可并收获了企业楷模的美誉。

简世军始终坚持着自己的梦想，时刻提醒自己一定要更加努力。在偶尔的闲暇之余，他总憧憬着能拥有一套属于自己的房子，开着车载着家人穿梭在繁华的城市中。为了梦想，为了远方，为了能活成自己想要的样子，2016 年初，简世军不顾家人的反对与同事的挽留，毅然决然地向公司提交辞呈，选择自主创业。

孟子曰："天降大任于斯人也，必先苦其心志，劳其筋骨，饿其体肤，空乏其身，行拂乱其所谓，所以动心忍性，增益其所不能。"创业路上有泪水也有汗水。起初，创业资金、经验、人脉比较欠缺，由于在供应链没有价格优势，加上电商平台推广预算过多，第一季度就处于严重亏损状态。铁打的营盘，流水的兵，团队成员陆续离开对他无疑是沉重的打击。在缺乏资金与人脉的艰难困境下，返回公司上班无疑是最好的选择。但他依然没有放弃，不愿服输的他决定重整旗鼓。不知跑过多少工厂、经历过多少冷言冷语、熬过了多少个日日夜夜，终于收获了成功的喜悦。结合之前企业两年的磨砺，并利用在校期间所学的专业知识，自己亲手设计并成功注册了自己的商标品牌，成功挖到了人生创业路上的第一桶金，事业终于走上了正轨。正所谓"一分耕耘，一分收获"，简世军通过自己的不懈努力实现了曾经的梦想。

如今，简世军已经定居于贵州省遵义市，并继续发展他的电子商务事业。为了走得更远，他依旧坚持奋斗在第一线。在学习上，他勤奋刻苦，踏实认真，是一名优秀的大学毕业生。在工作中，他锲而不舍、敢作敢为，既是一个实践者，也是当代大学生的榜样。★

（贵州省普通高等学校毕业生就业工作办公室供稿）

一组校园照片开启的创业人生

——铜仁学院张羽刚事迹

张羽刚，男，土家族，出生于1993年2月7日，就读于铜仁学院2012级艺术设计专业，2016年6月毕业后组建素创力摄影工作室。2017年3月创建贵州铜仁素创力文化传播有限责任公司，现为公司法人兼总经理。

一次大胆的尝试，一次意外的回报

2016年4月中旬，贵州省2016年“创青春”大学生创业大赛终审决赛现场将在一个月后来到坐落于贵州东北部的铜仁学院召开。作为贵州省首次承办该项赛事的铜仁学院正在紧锣密鼓的开展赛事准备工作。素创力的创始人张羽刚，将自己拍摄的10张校园风景照设计成了一组“铜院印象”明信片。为了给参赛人员留下铜仁学院搬迁新校区的深刻印象，学校赛事筹备组在知晓张羽刚制作了这组名片后，果断选择向其购买500套明信片，一边为了给参赛者留下一份小小的纪念，一边鼓励张羽刚的创业行动。同时，张羽刚向学校申请了一个露天小摊位，以自主贩卖的形式继续销售明信片。伴随着“创青春”赛事对大学生创业的宣传展示，这组明信片在铜仁学院悄然走红，一个月就卖出了2000多套，收入一万元。这一小笔的“第一桶金”，让张羽刚孕育了创业梦。

四处引援集力量，创意构思促商机

有了初次创业带来的一万元收入，张羽刚满怀信心。半年里，他在学校里四处寻找着同样拥有创业意愿的小伙伴。市场调研、咨询政策、数据分析，在无数次的头脑风暴和实践探索中，张羽刚和二位小伙伴决定成立一家名为“素创力”的文化传播类企业。有了自己的方向后，他们详细分析了铜仁市区域市场的发展现状和素创力的业务开设项目，决定以文创产品设计、摄影摄像服务、网络媒体运营为业务主方向。当时铜仁学院党委学工部部长张钱在了解张羽刚的创业意愿后，积极联系正在筹建的铜仁学院大学科技园管委会。经过一番努力后，学校同意将素创力作为第一批入园孵化的企业之一。

2017年3月23日，在张羽刚的带领下，贵州铜仁素创力文化传播有限责任公司正式注册。公司立足于铜仁学院进行业务拓展，设计生产了“铜院印象”系列明信片、书签和笔记本等校园文创产品，凭借专业的摄影摄像技术为学校30多个毕业班级拍摄创意毕业照，通过收集学校毕业季各类素材，成功拿到了铜仁学院毕业典礼宣传视频制作业务。商机伴随着素创力对学校环境的了解而来，素创力也获得了更多的关注。

参加赛事攒经验，立足定位拓发展

素创力自创立以来多次代表学校参加大学生创新创业赛事，并在各项比赛中屡获佳绩。2018年5月24日，素创力以铜仁市唯一一个在校大学生创业团体的身份被铜仁市委市政府命名为“铜仁市文化创意示范基地”。在不断奋斗和努力的过程中，素创力得到铜仁学院全校师生的帮助与关怀，激励着他们不断突破，不断前行。

通过一次次锻炼，张羽刚的素创力逐渐形成了“市场＋公司＋客户＋高校”模式，建立了一种以市场为向导，以客户为目标的总体经营模式，以公司为运作主体，以高校为人才输送的“四位一体”经营策略。素创力现已形成了三大业务方向：以政企文化宣传一体化服务为主打的“壹素”项目，以文创产品开发销售为主打的“壹创”项目，以网络媒体栏目为主打的“壹力”项目。在此“四位一体”的商业经营模式策略上，极大程度地保障了公司长期稳定的经营，为公司长远发展提供了必要的保障。同时通过“创业带动就业”，最大力度地响应了国家“大众创新，万众创业”的号召，促使素创力能够在创业大潮中稳健成长。

稳扎稳打创收入，致力梦想铸未来

公司开办两年来，以铜仁市、铜仁学院为立足点，为校政企拍摄宣传片 25 部，微电影 1 部，自主设计了 17 款校园文创产品，为铜仁市川硐教育园区 89 个毕业班级拍摄了集体创意毕业照。在“说校吧”“易周资讯”网络媒体栏目建设中共计制作了 23 期视频，单期最高点击量达到 10 万次，总点击量达到 120 万次，为素创力的创业梦想打下了坚实而可行的基础和潜在市场氛围。公司将在初期不断累积资本，优化文化创意业务方向，将各类业务服务多层次、多元化地推向市场，进行组合销售。

在人才培养上，素创力为铜仁学院视觉传达、艺术设计、网络与新媒体等专业提供了实习实践基地，也为应届毕业生提供了就业空间。公司成立两年来，先后带动了 5 人就业，吸纳了实习实践学生共计 50 余人次。2017 年公司实现收入 20 余万元，2018 年实现收入 50 余万元，预计 2019 年公司收入将突破百万元。

2018 年明德学生奖颁奖典礼上，铜仁学院学工部部长张钱对张羽刚的素创力这样评价道：“一群人，一番事业，只为将内心的热爱展现出来。专注做一件喜欢的事情，创造一个受人尊敬的品牌，成为了素创力的人生目标。获得明德学生奖是学校对他们的肯定，在未来的道路上他们将砥砺前行。”★

（贵州省普通高等学校毕业生就业工作办公室供稿）

养殖创业的大学生

——遵义职业技术学院王彬事迹

王彬，男，汉族，1996年3月出生，中共党员。贵州九鼎阳农业发展有限公司，贵州九鼎阳种养殖农民专业合作社法人代表。2015年9月考入遵义职业技术学院动物医学专业学习。进校以来，凭着对专业的钻研及热爱，始终以兢兢业业的态度，乐于奉献的工作作风履行大学生职责，担任学生干部，为同学服务，被评为优秀团干、社干，获得国家励志奖学金5000元。

大一下学期(2016年3月)，在家人的支持下，王彬牵头创办了遵义县隆兴顺农业发展有限公司，后变更为贵州九鼎阳农业发展有限公司，注册资金1000万元，主要从事养殖业。创业之初，养殖肉羊150余只。2018年2月，投资500万元创办了贵州九鼎阳种养殖农民专业合作社，注册资金200万元，就业员工21人，其中建档立卡贫困人口6人。合作社建彩钢砖混标准化圈舍3000 m^2，配套建设200 m^3 沼气池、600 m^3 蓄水池、800 m^2 办公用房，修建公路300 m。目前存栏山羊2000余只，能繁母羊1200只。合作社辐射带动周边118户农户从事山羊养殖，其中建档立卡贫困户为35户。通过近几年的发展，他用所学知识并围绕公司的核心项目、发展格局、市场调研，做出了大量卓有成效的工作，为促进公司发展作出了积极贡献，充分做到促创业带就业打造产业的示范作用。其主要事迹如下。

加强理论修养和业务学习，不断拓宽视野和知识面

为更好地做好本职工作，他通过学习有关材料，开阔了思路，拓宽了眼界，把握了公司发展的态势，明确了公司的定位及发展的任务，思考了公司如何抢抓机遇，实现快速、稳健、持续发展等问题。通过政治理论的学习和对现实问题的思考，进一步增强了责任感和使命感，为指导各项工作奠定了坚实的基础。

认真履行岗位职责，不断提高工作成效

紧紧围绕公司制定的利益联结机制及发展目标，紧跟公司发展节奏，坚持“有收无收在于防，收多收少在于养”的原则，对各部门工作进行了卓有成效的指导和治理，促进了部门工作的顺利有效开展。

企业创办3年多以来，具有较好的经营业绩、成长性和创新能力，营业总收入累计1000余万元。法人获得营养师证、动物疫病防治员证、SYB创业证，2018年被评为遵义市大学生创业典型。公司已取得动物防疫条件合格证、环保证，已申报获得专利7件、贵州省科技型企业备案证书、无公害产品产地认证、无公害产品证书、“遵义市第十四批市级农业产业化经营龙头企业”，商标2个，公司域名2个，成为遵义市农业农村局畜牧业支部的“党建创新示范点”；与遵

义职业技术学院达成校企合作协议，为该校实习生提供实习场所并申报校企合作项目，自2016年以来，提供200余名学生实习，带动100余名学生创业就业；与遵义市众创空间达成合作协议，帮助企业、合作社提供培训，孵化企业。

企业采取"党建＋龙头公司＋合作社＋农户（贫困户）"的发展模式，与贫困户形成良好的利益联结机制。合作社实行五统一：统一圈舍，统一品种，统一防疫，统一技术，统一销售。为保证农户的收益，本着自愿原则，贫困户可到公司领养母羊，羔羊生长出栏后再付母羊成本；若母羊产一只羔羊属于农户，产两只羔羊，则农户与公司各一只；产三只羔羊及三羔羊以上，两只羔羊属于农户，一只羔羊属于公司，从而实现"信用养羊"。母山羊1只每年平均产3只羔羊，第一年每只平均45千克，农户每年获利4500元；第二年每只平均45千克，农户可获利13500元；第三年每只平均45千克，农户可获利40500元。公司已带动118户发展养羊（其中有35户贫困户饲养），全部由公司提供技术服务，执行统一的饲养标准，成熟配套技术和防疫制度，按标准修建圈舍，生产的商品羊由公司按每千克高于当时市场价1元的价格回收集中育肥，降低养殖户饲养生态山羊所带来的疫病风险和市场风险，养羊基地从未发生过重大动物疫病。建立专业化生产，引领周边乃至全区黔北山羊产业的发展。全年雇佣贫困户家庭劳动力，提供喂羊、除羊粪、耕地、种草等类型的800余个工作日的岗位。生态黔北山羊产业的壮大，不仅引领种植业（秸秆、牧草）、加工业、餐饮业的发展，还带动运输业和商贸服务行业的发展，为农民服务，取到一定的示范带动作用。

按照公司投资计划资金需求，拓展融资渠道，积极推动农信社贷款，顺利获得了农信社贷款支持。建立档案管理工作，明晰任务清单，规范管理制度。加强对新进人员的技能培训，做到新老人员的业务培训无缝对接。积极做好技术创新的综合管理工作，提高企业创效能力，保持忠诚、勤恳、朴实的本色。

在工作中，他积极主动与政府职能部门、同事沟通交流，积极开展业务学习，力求掌握各方面的知识，保持良好的学习心态，熟悉和掌握更多的技术（服务）知识与实用性技能，让自己和团队能够每天都有收获。通过不断地学习和反思，在政府和相关职能部门的高度重视和指导下，团队、合作社和公司不断成长壮大。

自觉加强廉政建设，营造良好工作氛围

他在工作中一丝不苟，以公司发展为己任，开拓进取，严格要求自己。自觉加强廉政建设，廉洁自律，落实党风廉政建设责任制，构建起了一道坚固的拒腐防变的思想道德防线。拥护中国共产党的领导，热爱祖国，遵纪守法，认真贯彻党的路线、方针、政策，用习近平新时代中国特色社会主义思想武装头脑，树立正确的人生观、世界观、价值观，服从领导工作安排，用实际行动落实企业全面发展，树立环保意识，为同事、合作农户营造良好的工作环境和氛围。有较强的创新创业意识，具有一定的市场开拓、经营管理和组织指挥能力，促进了公司各项事业的全面发展，同时带动了农民脱贫致富和发展，得到农民、学校、上级领导、当地政府的一致认可和好评。

未来目标

公司始终坚信现代化农业的创新发展理念，注重理论与生产实际相结合，提高公司保障能力和降本增效空间，加强实施农业＋互联网的实用新型及发明专利，完成专利申报成果，解决行业关键性、重要性技术难题，使传统农业有新突破，促进农业＋互联网技术的进步，积极推广使用新技术，进一步推进“大众创业，万众创新”，加快公司设施建设，一方面提高专业技术水平、提高科技创新能力、提高山羊品质，另一方面增加青年就业率。增加餐饮服务并狠抓山羊疫病防控体现建设，种草养羊，拓宽饲料饲草渠道，科学加工草料，提炼出对动物有利的配方，延伸至饲料行业如青贮料、秸秆粉粹与精饲料混合等。努力创建培训基地，培养一批大学生为农民提供专业的农业技术指导，达到“一条龙”服务，培育爱农业懂农业的农业技术能人发展农业产业，带领贫困户增收致富。始终坚信在政府指引下合作社争取引领500农户入社，存栏羊10000只，助推遵义市新蒲新区养羊产业发展，实现循环农业，促进农旅结合，一二三产业融合发展，将合作社发展得更好，真真切切地助推喇叭镇的乡村振兴，向“农业革命”看齐，为家乡发展及产业发展做出更大的贡献，树立在校大学生创业的典范。★

（贵州省普通高等学校毕业生就业工作办公室供稿）

梦想人生·美好未来

——遵义师范学院余瑜事迹

自信人生，绽放梦想光芒。敢于创新，书写锦绣蓝图。

她是校园中的逐梦青年，在第六届创新、创意、创业"三创"比赛中，凭借着优秀的作品，荣获得贵州省特等奖以及最佳创意奖，并在全国比赛中荣获全国二等奖。

她是心怀理想的优秀党员，作为学院学生会主席兼团委副书记，以卓越的能力得到了学院和同学们的一致认可。

她是创新创业的先锋表率，担任着贵州卜渔文化传媒有限公司总经理、遵义软件园团支部团委副书记，用青春的汗水和创新的智慧，描绘出梦想的蓝图。

她就是余瑜，一位创业者，一个追梦人。

梦起校园·创新起航

校园，是美好人生的起点，是梦想腾飞的舞台。

余瑜，作为一个心怀着创业梦想的新时代青年，2014 年 9 月在学校成立遵大摄影工作室，开启了创业的梦想征程。在母校遵义师范学院工学院的大力帮助和工学院工业设计专业老师的悉心指导下，余瑜的专业技能不断提升，业务管理能力逐步增强，2 年的摄影学习，专业培养，更给予余瑜独有的艺术素养，在潜移默化中提升着审美水平。

为给予余瑜更大的支持，鼓励更多的学子参与到自主创业中来，遵义师范学院工学院为遵大摄影工作室提供了专业的办公场所，增添新的设备，全方位推动着工作室的成长与发展。经过一系列卓有成效的措施，遵大摄影工作室专业运营能力与日俱增，为后期的市场化运营奠定了坚实基础。

市场搏击·风雨峥嵘

一切因为孕育，方有了希望；一切因为憧憬，才开启未来。

心怀着创业之梦，依托着过硬的能力，2016 年余瑜踏出校门迎来了崭新人生阶段。她毅然选择了继续自己的事业，于 2016 年 12 月正式成立属于自己的公司——贵州卜渔文化传媒有限公司。作为一家专注于宣传片、短视频、微电影等创意视频制作的传媒创业公司，贵州卜渔文化传媒有限公司最初的团队成员仅有余瑜和她的男友两人，拥有着专业技能的男友卜云吉负责拍摄技术，余瑜则担负起全部的对外事物。虽然仅有两人的团队，但经过两年的校园孵化、实践与运营，贵州卜渔文化传媒有限公司却拥有着高效、专业、一流的业务水平。

万事开头难。创业之路，最难莫过最初时的拼搏。作为遵义师范学院工学院创业孵化的典范，余瑜创业征程得到了学校的高度重视与持续关注。为鼓励与支持余瑜更好地创业，遵义师范学院工学院将学校的毕业照片拍摄、毕业视频制作等工作交给了尚在筹划中的贵州卜渔文化传媒有限公司，为公司的发展提供了有力支持，并将创业项目推荐给遵义软件园大学生创业园，并为余瑜创业团队提供了免费的办公场所以及公租房，不仅解决了公司的资金难题，更为余瑜提供了生活上的帮助。2018 年 5 月，贵州卜渔文化传媒有限公司成功通过园区联系银行贷款 10 万元，得到了政府资金支持，小微企业补助共计现金 4 万 5 千元，为公司的持续发展提供了资金支持。

在学校以及园区的竭力支持与鼓励下，余瑜的创业之路正式起航。

匠心精诚·品牌铸就

各时代都有勇立潮头奋力搏击的先锋，每个行业也都有不懈努力追求卓越的工匠。余瑜深知，作为一个小小的创业团队，想要在风云突变的市场中站稳脚跟，必须以精益求精的精神，赢得信任，树立品牌。

为了不断提升技术水平，公司每年定期组织学习。2017 年到杭州"二更"总部学习，2018 年赶赴昆明，参加舌尖上中国第一季的导员"任长箴"导演班学习，综合水平得到了有力提升。

凭借着近两年的技术积累和对学校的深厚感情及层出不穷的艺术构思，余瑜创业团队以精益求精的匠心理念认真对待每一份来之不易的机会，所制作的毕业视频、扶贫视频得到了全校师生以及学院的认可与赞誉。伴随着一系列视频作品的广泛传播，贵州卜渔文化传媒有限公司的影响力与日俱增，先后取得了众多奖项，学校统战部扶贫专题片得到了播州区统战部的肯定。

如今，伴随着众多作品在当地影响力的逐步提升，余瑜带领着贵州卜渔文化传媒有限公司走得更快，也走得更稳，从最初的 2 人团队，发展到如今 5 个人的队伍。他们从梦想中走来，又走向新的梦想。

花草轮季，斗转星移。一路走来，余瑜沿着创业之路，砥砺奋进，不改初心，实现蝶变。创新不辍，梦想不止。瞩望未来，余瑜将带领着创业团队，用自己的智慧与创意，在这里演绎着人生别样的精彩。★

（贵州省普通高等学校毕业生就业工作办公室供稿）

吹尽狂沙，创赢未来

——遵义师范学院朱建事迹

有些人，日日吟唱着梦想，却始终难以迈出第一步。

有些人，把梦想装进心里，负重前行，一路成长，一路收获。

只是，

这一路的风雨，吹进心里时，也曾咽泪装欢。

这一路的坎坷，满身泥泞时，也会独自徘徊。

然而，

千淘万漉虽辛苦，吹尽狂沙始到金。

他历经风雨的双眼，更加温和坚毅；

他走过坎坷的双脚，更加踏实坚定。

他就是朱建，带着梦想与他那份赤子的骄傲，在创业的路上勇敢前行。

校园之星

校园是一方净土，是人生开始成长的地方，也是梦想开始绽放的地方。而大学校园，更是梦想腾飞的舞台。

朱建于2014年进入大学，一直担任体育学院2014级体育教育本科(2)班班长，历任栋青院分院团委学生会体育部干事、体育学院学生会主席、遵义师范学院学生成才联盟会会长等。每一次身份的增加或转换，朱建都会觉得自己身上的责任加重一份。

由于家庭原因，朱建在2014年大一时便开始勤工俭学，为家庭减轻负担。当时的遵义师范学院还是一所封闭式的大学，学生没有更多的机会到校外从事兼职活动。这个时候，在与辅导员、学院以及分院老师沟通后，他诞生了“自己为自己打工”的念头。学院领导、老师和身边的同学也都非常支持朱建的这个想法，纷纷建言献策提供帮助。

万事开头难，但万事更怕有心人。确定了想法，得到了支持和帮助之后，朱建组织班级同学建立了第一个团队。后向学校申请，并且在学校分院、学院支持下，迈出了创业的第一步，与另外四个同学共同打造了一家遵义师范学院栋青院学生时代的“农家乐”。后来，学校搬到了校本部，这个计划到此就结束了。

创业新秀

曾想一飞冲天，展凌云之志，却不料，刚刚张开双翼便迎来风霜。

朱建并没有因此放弃创业的梦想。大二时，他与贵州师范学院的同学进军服装定制，后来一直从事定制方面的工作。现在在贵阳和同学开了一家公司，跟贵州师范学院的同学又合作创立了一家专业定制公司。两年来，公司业务如火如荼，朱建也一直在坚持。

一步一步走，步步有艰辛，步步有收获。在最难最犹豫的时候，朱建曾想过放弃，曾想过老老实实学成毕业，找一份稳定的工作，就此作罢。但梦想的阵痛总是让他一次又一次地清醒，来自外界的帮助让他一次又一次地振作。他说，在创业之路上什么都不知道的情况下，很幸运地得到学校老师的指引，在鼓励“大众创新，万众创业”的好政策下，学校不间断地组织学生举办创业培训会、创业沙龙，为大家进行政策指导、资金支持。特别是在招生就业处、学生处、学院几位老师的鼓励支持、经验传授以及团队的鼎力相助下他才能够走到现在，能够真正地通过自己的奋斗让自己的企业不断走向大众，融入社会。

逐梦勇者

与其踟蹰彷徨，不如放手一搏。

在朱建的人生信条里秉持原则是，要做就做勇者，要梦就梦个灿烂。他毕业后就当了教师，但是不满意命运的安排，也不甘于平凡，于是瞒着父母放弃了这份工作，直到今年才告诉父母。因为在搏击风雨的时候，他希望是凭着自己的一腔热血，凭着自己的一身技能，不让父母担心，不让师长失望。

2018 年，朱建公司的月营业额已经达到 26 万元，销售好的时候营业额最高能达到 36 万元，而他们在 2019 年计划做足 1 千万元的营业额。能走到今天，能取得如此成就，朱建更愿意称自己是一个逐梦的勇者。他拥有正确的价值观，这也是他战胜一切困难羁绊的精神动力。他牢记着“为人民服务”的宗旨，所以有别于其他一些的创业者，公司不仅是为了赚钱，也为很多人服务。现在，公司的大部分工作人员都是贵州师范学院兼职的学生。在今年以后，他们将会改革，希望能够有更多的校友加入，吸收更多的社会人才，同时不会放弃学生的兼职。

如今，朱建正朝着建设“学习型企业”的方向奋进，正在不断提升公司的社会服务能力。他有着“仰天大笑出门去”的自信，终会证明自己并非蓬蒿之人。他更有着吹尽狂沙始到金的坚持，定会创业创新，赢得更好的未来！★

（贵州省普通高等学校毕业生就业工作办公室供稿）

甘肃

★

谁说青春不可以

——兰州大学陈苓钰事迹

陈苓钰，中共党员，兰州大学新闻传播学院新闻学2013级毕业生，曾作为研修生赴台湾铭传大学学习，本科期间成绩优异，平均分达86.79；绩点为4.57/5。在校期间曾获得“兰州大学十大校园之星——创业之星”、“兰州大学学生标兵”、“兰州大学‘五星级’记者”以及兰州大学一等奖学金、兰州大学优秀毕业生、兰州大学出彩毕业生“创业奖”等荣誉和奖励，毕业论文被评为优秀毕业论文。担任新闻二班班长，带领同学一起努力奋进，所在班级2013级新闻二班获评2016年度共青团百强团支部和兰州大学百优班级。

研究生就读于英国利兹大学传播与媒体学院的传播与媒体方向，获得硕士学位，2019年9月就读清华大学新闻与传播学院国际新闻方向博士。

专业实践活动

① 担任兰州大学校园媒体“萃英在线”副站长及文稿部主编，负责专题策划、人员培训、稿件修改等，策划的“解密快递超区费”深度报道等有较大反响。

② 入选教育部中国大学生在线网站通讯员，作为驻兰州大学通讯员，在中国大学生在线和兰州大学“萃英在线”等网站独立发表报道和文章10余万字。

③ 担任兰州大学军训记者团文稿部执行教练，负责每年军训学生记者的选拔、考核，组织军训期间文稿部专题策划、稿件修改，传播效果良好。

④ 入选2015年全国首届青运会大学生记者（28名之一），全程参与青运会的宣传，在报纸和网络发表了十多篇文章，被评为优秀学生记者。

⑤ 组织并参与拍摄军训微电影《13，依散》；参与编导、拍摄微电影《崩塌》等。其中，《崩塌》获全国高校廉政文化作品征集大赛网络新媒体类全国二等奖。

创业经历

“给你可以听的彩虹”原创音乐团队

陈苓钰是原创音乐团队、学生创业项目“RAiNBOW计划”的负责人之一，担任流程总监及公关总监，主要负责新媒体宣传及商业、媒体关系经营。RAiNBOW计划成立于2012年，以“给你可以听的彩虹”为注脚，计划出齐红、橙、黄、绿、青、蓝、紫、黑、白、透明十张主题原创音乐专辑，做出陪伴一代人成长的好音乐。团队成员基本为在校大学生、高中生，专辑从词曲创作到演唱录制、从平面设计到 MV 拍摄均由学生一手操办。

团队歌手雷雨心作为《中国好歌曲》第二季全国二十强选手，原创曲《记念》获“十大金曲”荣誉。歌曲《改天再忙》被共青团中央 2017 年度《青听》专辑收录。

团队目前已成立福州市鼓楼区这种文化传播有限公司（营业执照信用代码：91350102MA2XYLFK2G），并获得太合音乐集团投资。

三张原创专辑与 4 亿次播放聆听

本科在校期间，陈苓钰与团队成员制作、发行了两张全原创实体专辑《橙》和《黄》（专辑《红》于 2012 年发行）：2014 年推出原创专辑《橙》，是国内第一张由在校学生制作并发行的正规音像出版物；专辑《黄》于 2017 年 3 月 21 日开启数字专辑预购并在全球 37 个国家的数字音乐平台上线，单月销量突破 13000 张，实体专辑销量突破 5000 张。三张实体专辑累计销量破万，总营业额超过 45 万元。目前团队在网易云音乐平台拥有 26 万粉丝，单平台累计播放量达 4 亿 7500 万次，各大视频平台 MV 累计播放量超千万次。

13 座城市与 10000 个年轻人的“理想不大”

RAiNBOW 计划 2017 年在福州市委宣传部支持下举办首场“理想不大”福州演唱会、2018 年举办“理想不大”全国巡回演唱会，巡演覆盖全国 13 座城市（北京、上海、广州、深圳、厦门、福建、重庆、成都、长沙、西安、武汉、南京、杭州），购票人数超过 13000 人次，同期销售速度超过全国 99％的独立音乐人，累计票房收入近百万。

从一声耳语到 4 亿次的播放聆听；从小小的录音室到荧幕上的大舞台；从 2012 到 2018，6 年成长光阴，3 张原创专辑，数不清的视频片段和道不尽的冷热寒暑，RAiNBOW 用 13 座城市的巡回演唱会，搜集了 10000 个年轻人的理想。《理想不大》是《黄》专辑隐藏曲目里唯一一首有词歌的歌曲，为过往 3 张专辑和这几年的时光收束作结。团队选择把“理想不大”作为 RAiNBOW 的第一个系列演唱会的名字，更是像以此为一个征程的起点，勉励自己，更勉励每一位听歌的粉丝。

RAiNBOW 团队的事迹曾被包括 CCTV3《中国好歌曲》、湖南卫视《我的纪录片》栏目、中央人民广播电台 MusicRadio 音乐之声、凤凰网、腾讯大闽网、新华网、中国新闻社、搜狐视频、56 视频、《海峡青少年读写》杂志、《福建日报》、《福州日报》、《福州晚报》、《海峡都市报》、《Homeland》杂志等数十家媒体报道。

2017 年，RAiNBOW 团队成为福建海峡卫视公益短片故事主角；2018 年，RAiNBOW 团队成为魅蓝手机“谁说青春不可以”五四青年节青年良品品牌广告故事主角。同时陈苓钰也作为封面人物登上《创业天下》杂志，并在兰州大学创业讲坛上进行演讲，获得 2017 年兰州大学出彩毕业生“创业奖”。★

（甘肃省教育厅学生工作处供稿）

执着追梦，让兴趣成为一生的事业

——甘肃农业大学张建宗、柴立鹏事迹

梦想这个词，对很多人来说，是一个若隐若现、可望而不可及的词语，尤其是对刚刚毕业步入社会的大学生来说。很多时候，他们都是力不从心的“小白”，在一次又一次的挫折面前，很多人选择放弃最初的梦想，找一份安逸的工作，过着相对稳定的生活，年轻时的梦想与他们渐行渐远。但还有很多人一直在坚持着梦想，从未放弃，在困难和坎坷面前，没有退缩。他们用坚韧的执着和不懈的努力，创造出属于自己的一片蔚蓝天空。张建宗、柴立鹏和他们的考拉文化传播团队，就是这样一群热爱文化传媒行业的青年，一群有梦想不怕苦的青年。

张建宗，男，2014 年毕业于甘肃农业大学机械设计制造及查自动化专业，现任兰州考拉文化传播有限公司总经理、制片人。2017 年担任电影《幕间休息》执行制片人，2018 年担任电影《来者何人》总制片人。

柴立鹏，男，2014 年毕业于甘肃农业大学农业电气化与自动化专业，现任兰州考拉文化传播有限公司导演。2017 年担任电影《幕间休息》执行导演，2018 年担任电影《来者何人》导演、编剧。

日前，《幕间休息》先后获第八届澳大利亚金考拉国际华语电影节最佳影片、最佳导演提名奖；获第四届华盛顿华语电影节新锐影人奖；入围第五届南瓜奇幻电影节最佳长片；获第二届足荣村方言电影节最佳男主角提名奖；获评首届新西部大学生影像展优秀剧情片；成功入围第十届澳门国际电影节。

因为热爱，苦中作乐，书写别样的大学生活

张建宗、柴立鹏，他们热爱表演，喜欢摄影。在甘肃农业大学的校园里，很多人对“吃吗带

走——欢乐生产队”这个社团耳熟能详，然而它的成立到发展却走过了一段非同寻常的道路。众所周知，工科的学习是枯燥乏味的，作为工科男的柴立鹏不想被无尽的画图和工程设计消磨得没有一点乐趣。一番深思熟虑后，他和好朋友也是发小的张建宗商议，准备利用闲暇时间搞一些文化活动。两人一拍即合，经辅导员老师指导，他们组建了一个名为“121 欢乐生产队”的社团，当时总共只有九人，大家聚在一起举办了一些活动，但大多是自娱自乐，没有形成太大影响力。

后来他们商量，决定将社团的名字改成“吃吗带走——快乐生产队”，然后从校团委注册成立第二课堂，接着在全校范围内招募成员，从最初的 9 人发展到毕业前的 27 人。大家都热爱喜剧、喜欢表演、喜欢摄影，团队成员谁有好的题材，就编写故事梗概，然后一起讨论完善剧本。没有固定场所，干脆就在办公楼楼道和操场排练。为了让演员们的动作和语言符合剧中人物的性格，再加上要融入时下流行的网言网语，所以一部作品的创作可谓异常艰辛。但是大家喜欢表演，享受舞台，创作使大家变得融洽快乐。他们的第一步作品《屌丝大学生》一经播出，便引起了轰动，观众们被逗得乐不可支，在寓教于乐中接受了社会主义核心价值观教育。

2014 年盛夏，张建宗、柴立鹏即将毕业。为了给自己的大学生活画上一个圆满句号，在他们的倡导下，“吃吗带走——快乐生产队”申请在学校礼堂办一场喜剧晚会，但学校老师怕观众不够，建议改到容纳人数较少的大学生活动中心举办。团队成员分头行动，找老师“求情”，终于得到了学校同意，如愿以偿在大礼堂进行演出。当时，团队成员为了不耽误学习，每天清晨 6 点开始排练，晚自习后接着排练，一直到宿舍楼熄灯锁门的时候才匆忙赶回去，前后忙碌了整整一个月。最后，大家用一场无与伦比的演出向 1300 余名师生奉献了精彩的《校园喜乐汇》喜剧晚会。

崇尚快乐，喜欢分享。如今，“吃吗带走——欢乐生产队”在学校里已经小有名气，得到了一大群粉丝的热捧。那时，张建宗笑着告诉伙伴们，“将来，自己要利用业余时间开一家专门给年轻人释放压力的剧场。”

走出校园，踏上舞台，成功获得肯定与赞赏

临近毕业，江西卫视邀请“吃吗带走——欢乐生产队”参加电视台《谁能逗乐喜剧明星》的栏目录制，接到邀请后，大家甚是高兴，因为这意味着社会公众对他们的肯定。

团队成员开始积极筹备，找题材、写剧本、想动作、练表情，一步一个脚印前行着，只为在舞台上博得评委老师的赞许。2014 年 4 月，柴立鹏、张建宗在江西卫视《谁能逗乐喜剧明星》的舞台上，用原创喜剧作品《强迫症》，表现了生活中的各种“病”态，最终两个大男孩闯关成功，获得 5000 元奖励。

回想参加比赛的场景，张建宗、柴立鹏历历在目。“当时，我们面对的是牛群和白凯南两位老师，站在台上，除了紧张还是紧张”。直到上台前的最后一刻，他们还在改台词，腿不听使唤地发抖，可他俩互相鼓励彼此，既然来了就要把最好的一面展示给全国观众。短短一分钟的表演后，评委老师便投来了赞许目光，这让他俩觉得付出的一切努力都值得。

“创作剧本的灵感是从新闻中得来的，观众认不认可没太大把握，就是觉得强迫症大多数

人都有，但选择什么方式呈现出来，我们思考了很多，吃饭想、走路想、连做梦都在想。”闯关成功拿到 5000 元奖金的时候，牛群老师问张建宗、柴立鹏，要不要继续将表演做下去。他们立即表示，自己肯定要实现梦想，也知道自己的能力还有待提高，他们的身上肩负着团队的希望。面对梦想和现实，他们一定会选择迎难而上。在此之后，他们还相继接到了《家庭幽默录像》《笑傲江湖》《我为喜剧狂》等栏目剧组的邀请。

放弃工作，直奔创业，奋斗的脚步从未停歇

毕业后，柴立鹏在嘉峪关的一个事业单位工作，张建宗则去了西安的一家企业上班。没过多久，张建宗、柴立鹏就毅然决定辞去相对优越的工作，一起开始在兰州创业，并着手参与甘肃少儿频道的视频节目制作。

对两个年轻人而言，这无疑是人生中比较大的转变。开始创业的历程异常艰苦，两人势单力薄、没有多少资金保障，很多事情也让他们手足无措，应接不暇。限于资金，他们只好租了一间民房作为临时办公点，开始的三个月，他们常常四处奔跑寻找客户，一个小小的片子也要精益求精制作到天亮，很少能睡上一个安稳觉。几个月下来，两个人的体重都减少了三十来斤。面对巨大的压力和繁重的工作任务，他们没有想过放弃，咬着牙坚持。通过不断的学习与积累，他们也慢慢结识了一些志同道合的人，大家相互学习，互相帮助，业务上也有了些眉目，有了自己的稳定客户源。

大步向前，梦想不远，助力影视文化产业发展

在经过一段时间的磨砺后，张建宗、柴立鹏积累了很多短片制作的经验与技术，手头也拥有了一大批稳定客户群，积攒了诸多人脉。看着越来越好的发展趋势，他们也趁着“创新创业”的东风，于 2015 年向当地工商局注册成立了兰州考拉文化传播有限公司。

仅仅三年时间，兰州考拉文化传播有限公司从两个人发展成一家运作成熟、系统完备的影视公司，现已成为拥有 17 人的专业影视制作团队。公司自成立以来，拍摄了 2 部电影、3 部网剧，完成短片作品 800 多部、大型网络直播 20 余场，服务客户超过一百余家，制片足迹遍布整个西北。作品也先后被甘肃电视台、央视新闻客户端、《人民日报》和教育部、团中央的官网推送或转载。

从刚开始的拍摄企业宣传视频到现在主打考拉片场、考拉电影、考拉短视频、考拉直播 4 个业务板块，公司整合了覆盖全网的推广渠道及本土社会化新媒体资源，也力争通过专业的制片能力，制作内容更加精良、富有西北地域特色的影视作品，助力西部影视文化产业繁荣发展。★

（甘肃省教育厅学生工作处供稿）

关注精准扶贫，让创业实现梦想

——甘肃工业职业技术学院赵树广事迹

职业教育的核心任务是通过培养社会各行业急需的技术型人才而实现对经济社会发展的推动。甘肃工业职业技术学院立足实创，注重“输出培养、返乡服务”，为地方脱贫攻坚服务；同时，以“甘肃省就业创业能力提升工程”为契机，打造移动端“丝路 e 创”平台与孵化园区建设配套，通过一带一路供应链大数据分析，将“丝路 e 创”平台与丝路沿线供应链平台对接，培养了大量“根植产业，服务家乡”的创业型人才。

近年来，甘肃工业职业技术学院有近百名学生回到家乡创业，不但自己走上了创业致富路，还能解决大量人员的就业问题，带动贫困家庭脱贫致富，从而达到反哺脱贫的目的。2016—2018 年甘肃工业职业技术学院涌现了一批大学生成功创业的典型，其中 86%的自主创业学生选择扎根陇原创业，93%服务于西部新兴产业。在众多的创业学生中，经管学院 1431 级营销班学生赵树广就是其中一个。

2015 年，赵树广在李少华老师的指导下，积极参加社会实践活动，利用天水汇桥电子商务平台，参与了天水市“我为亲人送樱桃”活动的策划工作，按照课堂学的、老师讲的和李少华老师的安排，从讨论计划到衔接秦州商务局，联系新闻媒体，联系顺丰、邮政快递，联络天水地区中小互联网企业（店主），形成了一个强大的汇盟供应链。天水在线、《兰州晚报》等媒体进行了大篇幅的报道，保证了天水大樱桃销售渠道的畅通，使老百姓当年的大樱桃销售一空。这个活动的成功举行，为秦州区政府第二年举办大樱桃节奠定了基础。2017 年参与花牛苹果推介活动。他经常与双创导师探讨焦点热点问题，了解社会发展前沿，而电子商务是他经常也是最为关注的话题。恰在此时，学校鼓励在校大学生创新创业，经管学院牵头成立了精英班，所以他毅然决然地参加了精英班，通过培训，他的创业信念更加强烈。赵树广依托经管学院的精英班参加各级各类实践活动，并参加学校大学生创新创业大赛，他的激情饱满、吃苦勤恳、踏实耐劳赢得了全体团队成员的赞赏和信任，大家一致推举他为团队负责人。学校的认可和鼓励，使赵树广内心无比激动，自主创业热情更加高涨。这些创业实践活动及创业大赛，为他积累了宝贵的经验，拓展了他的思维，增强了他的创业信心。

随着“互联网+”时代的到来，电子商务作为新业态和新商业模式的突出代表，发挥着越来越重要的推动作用。进入大三，通过专业课的学习，赵树广已经掌握了基本的电子商务知识。与此同时，他认真分析了形势，发现天水当地农副产品及旅游文化产品极具特色。与此同时，他发现天水当地农副产品及旅游文化产品宣传很有限，销售渠道狭窄。于是，他看好了自己逐梦的方向：通过电子商务知识，推广天水当地农副产品及旅游文化产品，实现自己青春价值，并为天水市农民脱贫致富贡献自己的力量。

2017 年 7 月毕业后，赵树广选择了创业。他成立了天水汇桥商务有限公司，公司主要以推广天水知名农副产品、特色旅游文化产品及文创商品为目标，以电子商务为桥梁，依托多个电商平台，形成了线上推广、销售、接单，线下组织货源、零售、批发为一体的新型 O2O 模式。公司销售的主要产品农有花牛苹果、秦州大樱桃、秦安蜜桃核桃、甘泉核桃、元龙花椒等，主要旅游文化产品有陇绣、夜光杯、陶艺、天水雕漆、洮砚等，将甘肃本土文化进行宣传，积极融入“一带一路”倡议，打造天水旅游文化大品牌，进一步提升天水旅游形象、扩大旅游知名度和影响力。公司在线上线下的销售中，关注精准扶贫，助力贫困村贫困户农产品的销售，采取“公司＋基地＋互联网”，确保产品的绿色、健康、无公害，做到“从果园到消费者”一站式的“垂直电商”。

赵树广先后深入到麦积区贫困乡村，了解农特产品的销售情况及贫困户的生活情况。在此基础上，公司与建行善融商城合作，针对琥珀、新阳、渭南、五龙等乡镇的贫困村贫困户农产品，在善融商城进行销售，并将 1% 的销售收入直接返现给签订合同的贫困户，这样一则解决了农产品销售难的问题，二则保证了贫困户增产增收。据初步估算，仅樱桃、苹果两种果品销售给贫困户带来可观收入，公司优先收购、商城直接给贫困户返利。这样，贫困户与一般果农在同等质量的情况下，价格上却相差四分之一，即一亩地多收 1310 元。为了切实解决贫困户留守妇女在果品销售淡季就业难的问题，公司先后在人口相对集中的渭南镇吴家庄、中滩缑杨村建造 100 多个反季冬暖棚，使农村留守妇女既能在蔬菜基地务工获得收入，又能按时回家做饭，照顾家中老人和孩子，做到了离家不离村。据不完全统计，先后有 4000 多人在基地务工，半年以上务工的有 239 人，半年以上建档立卡贫困户 195 人，平均日工资在 75 元以上。2018 年汇桥公司充分利用三新阳地区人杰地灵的特点，邀请盛达集团董事局主席赵满堂先生，兰州大学教授、博导、世界知名化学家马建泰先生，西北师范大学教授、博导、全国生化领军人物卢小泉先生，科技部科技司、全国小麦首席专家高旺胜先生，农业部畜牧兽医司司长研究员王宗礼先生为家乡的农产品进行代言，目前已初步达成口头协议，在兰州、北京、河北、深圳等地年销售家乡农特产品达 800 多吨，据估算给贫困村贫困户带来 640 多万元的收益。同时，天水汇桥电子商务有限公司先后与诺普信公司、广州青怡公司达成果品销售协议，诺普信公司为贫困村贫困户免费检测土壤、配方施肥。按互惠互利原则，诺普信公司按低于市场的价格供给农药化肥，贫困户的果品诺普信公司以略高于市场价收购。初步商定每年提供化肥农药 300 吨，预计收购果品 980 吨，果品收益达 784 万元。与广州青怡公司签订高端果品销售合同，购销果品 500 吨，果品收益 600 万元。

公司与甘工院、甘林院、天水师院、甘肃农大等院校合作，有一批研究员、教授为技术后援，利用这一优势，对琥珀、五龙、新阳、渭南等地 1480 人首先进行培训，其中建档立卡户 420 户，帮助他们通过电商先脱贫。其次带动其他村民进行技能及电子商务培训，转变生产销售观念，使农民增产增收。“扶贫”更需“扶智”，“输血”更要“造血”，让贫困地区的人们，掌握新技能、新知识，学会一技之长，才能阻断贫困的延伸，真正脱贫。赵树广利用自己所学的“互联网＋”知识，先后开设网店 39 家，维护原有网店 43 家，手把手地教精准扶贫户从手机上将自己的农产品销往全国。

“宝剑锋从磨砺出，梅花香自苦寒来。”艰苦创业让梦离他更近，诚实守信感染了更多的人，爱心奉献让社会充满温暖。赵树广坚信，每个中国人，都享有人生出彩的机会，都享有梦想成真的机会，都享有同祖国和时代一起成长与进步的机会。“有梦想，有机会，有奋斗，一切美好的东西都能够创造出来。”赵树广在用自己的实际行动实现着一个中国人的梦。经过两年多的发展，天水汇桥电子商务有限公司 2016 年 3 月被麦积区人民政府命名为“农业产业化重点龙头企业”；2016 年 12 月被天水市商务局命名为“优秀网店”；2017 年被麦积区区委区政府评为“2016 年度优秀农产品营销企业”；2017 年被天水市非公经济协调领导小组评为“奖励扶持企业”；2017 年被甘肃省商务厅评为“全省优秀电商企业”。★

（甘肃省教育厅学生工作处供稿）

经营健康，放飞梦想

——兰州资源环境职业技术学院南建龙事迹

南建龙，男，1998年8月出生，甘肃会宁人，中共党员，现任甘肃福新农牧科技发展有限公司总经理、会宁县鑫渊养殖农民专业合作社理事长。然而，四年前的他还是兰州资源环境职业技术学院的一名大学生，2018年2月因家庭变故，放弃华亭煤业集团新柏煤矿有限责任公司生产技术科采煤助理工程师一职，毅然走上了创业之路。

莘莘学子，铺就蓝图

2011年9月至2014年7月南建龙就读于兰州资源环境技术学院，在校期间成绩优异，2011至2012学年度获得学院三等奖学金。在校期间担任过班级组织委员、大学生就业协会系就业分会信息部长、采矿学社团支部书记等职务，且在校期间入党。

毕业后在华亭煤业集团新柏煤矿有限责任公司工作。2014年10月至2016年11月在新柏煤矿有限责任公司运输队工作；2016年11月至2017年7月担任综采队团支部书记；2017年8月至2018年1月在生产技术科担任采煤技术员，并获得采煤助理工程师职称。工作期间积极参加公司举办的培训，多次参加团委组织的活动，2015年至2017年连续三年在年度“创先争优”活动中被评为“四优”共产党员。2016年参加了专升本考试，并且在2018年7月以合格的成绩取得了本科学位。

丰富的学习经历及工作经验为他日后的创业之路铺就了蓝图 。

艰难创业，无悔青春

在校期间学校每年寒暑假都会组织学生社会实践，南建龙利用寒暑假社会实践在养殖场实习，从中也学到了一些基本知识，如辨别所养家畜的基本病史等，最重要的是通过喂养家畜培养了他的责任意识。参加工作后，他能自如地将理论知识运用到实践，特别是在煤炭高危行业里，他细心的工作态度让他在工作中。在担任综采队团支部书记期间，南建龙同时也担任“青岗员”对井下和地点作业进行安全排查，将排查的问题上报至队里进行整改，因此减少了井下作业的安全隐患，为安全生产助力。

工作后的南建龙还利用业余时间走访了平凉地区的部分养殖业，学习参观，将好的方式方法引进到他在大学期间实习的养殖场，为他们科学养殖提供了很大的帮助。

2018年2月，南建龙因家庭变故放弃生产技术科的工作，毅然回家创业。当他选择这条路后，现实中的问题接踵而至。面对这些困难，他始终坚持不忘初心的使命逐一解决，特别是在饲料配制和肉牛防疫这一块，对他来说这是一大片空白，他查阅资料，询问养殖人员，进行调整。一年的努力，他的饲料配制得到认可，饲料配制合理，营养均衡，对育肥牛和繁殖母牛都有良好的效果；防疫方式也有所改变，每隔三天进行圈舍消毒，一个礼拜进行厂区和圈舍消毒，一个月进行系统消毒，一季度进行肉牛预防。一系列的防疫工作为公司肉牛养殖减轻了负担；公司的设备、机械刚开始都是找人维修，但他通过不断学习，截至目前所有设备和机械都是自己维修，这就为公司发展节约了成本，而这部分资金便可用于创新发展。目前已经初步完成了自动干草添草、自动消毒机、自动出粪机、利用无极绳绞车原理改装蔬菜大棚运料机四种机械的创新，而且将其用于了自己公司的机械化养殖。

目前，他经营着一家公司（甘肃福新农牧科技发展有限公司）和一家合作社（会宁县鑫渊养殖农民专业合作社）。

甘肃福新农牧科技发展有限公司注册资金壹千万元，是一家集肉牛育肥、繁育、饲草加工为一体的高标准、规模化企业。在各级领导的高度重视和相关部门的大力支持下，以“改良牛品种、创新牛品牌”为目标，紧紧围绕“饲草种植—肉牛育肥—饲草加工—品种推广”发展思路，发展无公害优质肉牛养殖。占地面积 18 亩，现有员工 6 人，管理员 1 人，兽医 1 人。公司已投建牛棚 7 座、消毒室、磅称房、草棚 1 座、水窖 6 眼、青贮池 2 个、大型铡草机 2 台、饲料混合机 1 台、隔离区，水电设施齐全，肉牛存栏 120 头，能繁母牛有 60 头，出栏 50 头。公司拟建会宁县千头肉牛养殖和母牛繁殖基地，将增加就业人数 15 人。公司采取的“公司＋合作社＋农户”的运营模式，既有效解决了企业原料紧缺问题，又增加了农户养殖收入。同时可带动年饲养基础是 5 头以上母牛的繁育户 50 户，户均收益 3000 元；年出栏 20 头肉牛的育肥户 15 户，户均收益 3 万～5 万元。公司的发展对加快会宁县良种肉牛推广，推动区域产业结构优化升级，实现资源合理利用和肉牛集约化、规模化、标准化、现代化生产，促进农民增收、企业增效、带动区域经济发展具有重要意义。

公司目前推广的会宁县无公害优质肉牛养殖技术得到养殖户的认可，推广的无公害优质肉牛（西门塔尔）相对传统役用牛，有增肥快、肉质好、效益高的特点，土种牛 3 年才达到 600 公斤，现无公害优质肉牛 1 年即可达到 600 公斤，且销售价格比土种牛每公斤高出 0.5～1.5 元。

而会宁县鑫渊养殖农民专业合作社则改变原有经营方式，主要以种植为主，今年在大沟镇推广青贮玉米种植。目前已经种植 30 亩旱地，通过推广青贮玉米种植让农户增加收入，提高秸秆利用率，减少秸秆焚烧，改变环境，开展粮改饲。

扶贫攻坚，共享小康

公司以服务周边乡镇肉牛养殖农户为宗旨，以积极配合政府精准扶贫政策为第一要务，截至目前已带动 50 户农户进行养殖，其中建档立卡的在册贫困户 50 户，户均养殖肉牛 5 头。公司被评为“诚信单位”“白银市科普示范基地”，并获得“省级无公害产地认证”“部级绿色产品认证”，2018 年被评为县级龙头企业。

公司目前通过收购玉米、玉米秸秆，为建档立卡户提供就业岗位；“粮改饲”的种植模式为当地的建档立卡户解决了种粮投入多、收益低的难题。整体来说,公司为所在地的农户增收1000至2000元。

公司把肉牛养殖产业作为当地建档立卡贫困户脱贫、减贫的有效途径,以此来带动会宁县肉牛养殖技术的快速发展,有力地推动了乡镇乃及全县的脱贫进程。

创业的道路是曲折的,但创业的决心是永恒的,作为创业青年的南建龙正在这条路上努力前行着,并且将会越走越远,越走越好!★

(甘肃省教育厅学生工作处供稿)

“理工男”的剪纸梦

——陇东学院魏金广事迹

魏金广，男，1992年，甘肃民勤人，陇东学院16届毕业生。市级剪纸代表性传承人，陇原巧手骨干，中国民间文艺家协会会员，中华文化促进会剪纸艺术委员会会员，甘肃省民间文艺家协会会员，魏金广剪纸工作室负责人。

出生于农村，自幼受外婆、母亲等老一辈剪窗花、绣鞋花的影响，开始学剪纸并逐渐表现出非凡的剪纸才艺。上大学期间，拜中国民间工艺美术大师张锐利老师为师，不断向周边村镇民间剪纸老艺人请教学艺，收集民间传统剪纸作品、技法等资料，逐渐创作出反映淳朴民俗的剪纸作品、作品题材广泛，内容丰富，剪法细腻，灵活多变，装饰性强，适合大众审美，在传统的基础中融入个人的思想，已初步形成比较鲜明的风格。积极发扬工匠精神，将民间剪纸图案传统与现代结合，作品寓意更加丰富，耐人寻味。

剪纸成长历程

魏金广在武威市民勤县农村长大，从小就跟随母亲、姑姑学剪纸。“小时候，村里的男孩子都笑话我，说这是女娃娃干的事。”魏金广说，小时候看母亲用一把剪刀，让一张普通的纸变成栩栩如生的花鸟、鱼虫，觉得实在很神奇。农村的生活经历，让魏金广的剪纸有了丰富的素材。

上中学时，由于学业紧张，剪纸对魏金广来说，也成了断断续续的事。“命运是从我来庆阳上大学开始转变的，因为大学里课余时间多，再加上庆阳是刺绣、剪纸的传承地，所以我感觉自己和剪纸的缘分又续上了。”魏金广说。

在大学里，他虽然学的是理工类专业，却常常利用课余时间“偷”学剪纸。对于剪纸，魏金广甚至达到了痴迷状态。有时，他会为完成一件剪纸作品，好几天“宅”在宿舍不出去。魏金广还找到了一帮志同道合的同学，成立了大学生剪纸社团，起名为“DIY创意无穷爱艺手工社”并担任剪纸指导老师，培养了大批剪纸爱好者。随后又成功倡导举办第一届(2014)、第二届(2016)、第三届(2018)陇东学院校园剪纸大赛。

2016年3月，临近毕业之际，在老师和学校领导的关心支持下，成功举办了魏金广个人剪纸校园作品展，受到当地社会各界的一致肯定，被授予“优秀毕业生”荣誉称号。“小魏老师在社团里带了很多徒弟。”庆阳四中高三学生张博说，2014年，他来陇东学院玩，看见魏金广在展示自己的剪纸作品，就留下了联系方式，后来跟着魏金广学剪纸，已经学了二年了。张锐利是庆阳市非物质文化遗产代表性传承人，也是教了魏金广多年剪纸的师傅，她告诉大家：“小魏在剪纸上很有悟性，他能把传统元素和现代元素结合起来，剪纸造型非常独特。”

非遗进校园不仅开阔了学生的视野，加深他们对中华传统文化的理解和认识，而且极大地调动了大学生对传统文化的热情。将剪纸艺术带入校园在这方面起到了很好的引领示范作用。中华优秀传统文化进校园，可以让学生潜移默化地受到中华优秀传统思想的熏陶和感染，

从而提高学生的思想道德品质。

魏金广说对于剪纸他是源于内心的喜欢，成功的获得更让他难以放下这一份沉甸甸的感情，他会继续坚持这个爱好。为了深爱的剪纸艺术，大学毕业后魏金广毅然回到家乡武威，成为一名优秀的剪纸传承人，致力于剪纸事业。2017 年 4 月在庆阳、武威及民勤县文艺界领导的支持和帮助下在家乡成功举办了魏金广剪纸艺术作品展，成立魏金广剪纸工作室。利用闲暇时间经常义务开展非遗进校园活动，并在民勤、武威成立剪纸传习所，在兰州成立剪纸展厅，成为对外宣传交流的窗口。作为武威市陇原巧手骨干为民勤妇联组织的陇原巧手培训班，五期共培训了 250 余人，带动她们就业增收。掀起了群众广泛参加剪纸活动的新高潮，让更多的人逐步认识、了解、喜欢并且热爱上剪纸艺术，积极投身到剪纸行业中来，用工匠精神继承和发扬剪纸艺术。

“金剪刀”的双创探索

“一剪之趣夺神功”，剪纸具有极其独特的艺术魅力，它是一种简单的平面镂空艺术，通过剪、刻，一切在玲珑剔透的形象中塑造和展现，虚实相生，黑白分明。同时构思有富于想象，造型有大幅度夸张变形，装饰手法更随意而顺乎自然，洋溢着浓烈的浪漫气息和装饰性。这些年，魏金广把大量的时间和经历投入其中，走访当地民间艺人，搜集民间素材；积极参加全国各种剪纸大赛，多有收获。

剪纸于生活的真谛，就是一个五彩光芒的“窗户”，在过去它是几千年农耕生活的“愿景”与“情景”，剪刻着乐观浪漫的乡土记忆。在现在，它是几千年民俗文化情景的复述，也是当代“中国梦”的叙说。

拥有一把“金剪刀”的魏金广，剪出了他的“双创”探索。他们几个志同道合的同学组成了团队，开启了创新创业之路：2014 年 9 月和团队成员一起创办大学生创新创业项目陇东民俗艺术文化园，随后项目被教育部正式批准为国家级大学生创新创业项目，入住陇东学院大学生创新创业基地 217 工作室。2016 年项目获第六届全国大学生“创意、创新及创业”甘肃赛区一等奖；第二届“中国创翼”青年创业创新大赛甘肃赛区总决赛一等奖，奖金 50000 元；代表甘肃省参加第二届“中国创翼”青年创业创新大赛全国总决赛并获得“银翼”奖；参加第九届全国大学生创新创业年会。剪纸是他们的梦想，陇院是梦想的摇篮，帧帧剪纸就是在陇院哺育下的绚丽花朵！

获奖记录

当西北汉子拿起剪刀剪起了窗花，当血气方刚的年轻小伙研究起了方寸剪纸，当理工男逐梦剪纸艺术并屡获大奖的时候，你就体会到了庆阳剪纸的艺术魅力！陇东学院的魏金广，从干旱粗旷的武威来到细腻深厚的黄土高原，却被庆阳剪纸的艺术魅力所吸引，“偷”学剪纸，终有所成。

《福娃》荣获全国校园剪纸邀请赛“校园山花”金奖。

《吉祥奥运》在第五届中国剪纸艺术节暨“剪彩冰雪，热盼冬奥”全国剪纸艺术精品展中被中国剪纸文化博物馆永久收藏。

《感恩》荣获第七届经典中国全国书画大赛青年组银奖。

《五毒兜》入选2015(临沂)全国剪纸艺术大展。

《羔羊跪乳》荣获首届陇东“美丽庆阳”剪纸大赛二等奖。

《让荒漠变绿洲》荣获第四届“双联”行动和精准扶贫精准脱贫美术书法摄影剪纸作品展二等奖，被甘肃省民间文艺家协会收藏。

《人生如意》荣获第三届庆阳剪纸创作大奖赛三等奖。

《宿迁民俗之二月二打仓囤》入选宿迁市全国剪纸艺术邀请赛，并荣获优秀指导教师。

《民勤八景》荣获“美丽民勤”剪纸大赛暨展览“金剪子”奖。

《丝路之光》在中国北方五市“戌狗迎春”剪纸大赛中荣获金奖，陇东学院荣获优秀组织奖。

《大漠骆驼》荣获“潼关杯”全国剪纸邀请赛铜奖。

《东方巨龙》荣获中国·渭南“华山风骨·渭水襟怀·富美临渭”工艺性剪纸全国邀请展铜奖。魏金广剪纸工作室被评为优秀组织单位。

《虎威》在2017宿迁全国剪纸艺术邀请展中荣获佳作奖。

剪纸(十二生肖之虎、龙、猴、猪)获得中华人民共和国国家知识产权局外观设计专利。

2015年10月参加首届甘肃省民间剪纸艺术培训班并结业。

2017年5月参加全国妇联第十六期巧手致富手工艺骨干(苏州)培训班并结业。

2017年6月参加西北民族大学主办的中国非物质文化遗产传承人群研修研习计划高级研修班。

2018年参加由文化和旅游部、教育部、人力资源和社会保障部共同主办的中国非遗传承人群研培计划——天津工业大学第五期培训班并结业。

2013—2016年培养1000多名大学生剪纸爱好者。

2016年到现在培养2000多名剪纸爱好者，其中专业剪纸人员52名，带动她们创业增收200000元。★

(甘肃省教育厅学生工作处供稿)

青海

不忘初心，方得始终

——青海师范大学章建伟事迹

章建伟出生在湖北省襄阳市谷城县，个人成长的环境比较艰苦，所以，他从小立志一定要改变自己。天资聪颖但略带顽皮的章建伟，在初级教育阶段特别擅长数理化等学科；在当时，他还以个人名义参加过数学竞赛等，从点点滴滴中都能看到他对自己的严格要求和刻苦努力。章建伟在高中阶段有一个理想，就是想站在三尺讲台上，创造自己的人生价值。

2007年高考结束后，章建伟思索再三，放弃了湖北省内一些优秀大学的录取机会，毅然决然选择了青海师范大学教育学院。

怀着对教育的热爱和激情，刚步入大学校门的他，就开始了解西宁市的整体教育状况，这对于年轻的他来说是有很多困难的，但他并没有放弃。通过接触高中学生，了解到青海高中学生在数理化高考备考方面有着诸多困难，而自己又有着一套方法独特、容易掌握的解题技巧与方法。于是他便怀着一颗非常质朴的心创立了自己人生中第一份职业——家教，甚至免费无偿给学生做习题讲解。正是这种认真负责，怀揣梦想的精神，他在辅导过的学生中成了传奇人物。办学至今所辅导过的1000多名高考毕业生中有300多名学生被清华大学、北京大学、浙江大学、上海交通大学、南京大学、武汉大学等名校录取，正可谓桃李满天下。这也充分证明了他对教育事业的热爱。

2007年在青海师范大学的大力支持下，章建伟创办了青海师范大学家教服务中心，同年创办了青海师范大学创业协会，2010年加入青海师范大学创业孵化基地。在大学期间的这些成就为后来他事业更上一层楼奠定了坚实的基础。

千里之行始于足下。在2013年看到自己的很多学生从原本的挣扎费解，到实实在在地提高了成绩，这不禁引起了章建伟的思考，看来正确的解题技巧真的可以让很多学生短期大幅度提高分数，从而实现自己的大学梦、名校梦。但如果想让这个事情变得长久，必须要注册一家经教育局认可的培训学校。同年，章建伟结合自身教学优势，根据西宁市整体民办教育状况，积极向西宁市教育局申请，并通过教育主管部门的批准审核创办了西宁市理科王文化补习学校；理科王学校的成功创办实际上就是圆了章建伟的教育梦想。章建伟不仅将注意力集中在自己的学校，而且利用闲暇时间不断升华，带领着自己优秀的团队访问国内其他优秀的培训学校，学习先进的教育经验，引进优秀的教师资源，严格落实管理体系。通过不断努力，章建伟逐渐将理科王学校做成了西宁市优秀民办教育单位，在西宁市赢得了学生和家长的一致好评。持续的日夜拼搏、与学生朝夕相处，孜孜不倦的传道解惑，进一步激发了章建伟的创业之情。

2015年章建伟利用西宁理科王学校独具特色的教学模式，正式与西宁黄冈实验学校合作，并于2016年3月担任西宁黄冈实验学校副校长，主管高中部；同年正式将西宁理科王培训学校并入西宁黄冈实验学校，创办了西宁湟中黄冈实验学校，担任校长。从开始创业到创业成功，一路上撒下章建伟辛勤的汗水。在他身上，体现着年轻大学毕业生积极向上的正能量。

2017 年伊始，在西宁市教育局等的大力支持下，西宁湟中黄冈实验学校与青海湖北商会合作并成立青海楚商教育集团，得到了湖北商会会长唐祖清、党支部书记王致亮及各位企业家的大力支持和帮助。这对章建伟来说既是事业发展的机遇，也是更严峻的考验。这时期的他，迅速转变观念，立足全日制学校发展的需要，提出了先进的教育理念，多方协调，积极谋划，灵活运用集团公司充足的资金，下大力气投入人力、物力和财力来推进集团的整体办学情况，使得教育集团在短时间内跨越式发展。

事业蒸蒸日上，但也在谋求企业的持续发展；在这条思路的指引下，2017 年 9 月在青海师范大学大力支持下，章建伟与青海师范大学招生就业处签订了“人才培养计划”，目的是进一步优化教师资源，打造优质教学团队。

“打造楚商品牌，创建青海名校”。2017 年 2 月章建伟整合了内部资源，借助现有教学设施在盛达国际投资 1500 万购买 1480 平方米的商铺作为楚商集团公司行政办公楼，并在原理科王学校的基础上成立了晋级文化艺术培训学校；2017 年 6 月在西宁湟中黄冈实验学校校区，先后投入 300 万用于修建学生操场；翻新了学校的绿化和硬件设施，保证校园环境优美。对章建伟来说怀揣在心中的那个大西北教育事业的梦想正在逐步实现。

2017 年 12 月在民和县政府、民和县教育局的大力支持下，青海楚商集团投入 300 万元接管了占地 75 亩、能容纳 1800 名学生的民和县标准化示范中学新民中学并将其更名为青海民和楚商高级中学，民和县政府就是希望借助楚商教育集团的优质教学资源把新民中学打造为海东市地区首屈一指的民办学校。

2018 年 1 月，章建伟经过实地考察，科学分析了西宁市文化培训市场及前景，根据自身经验，投入近 200 万在西宁市城中区新设一所文化学校，目前运营良好，前景乐观。在章建伟看来，人生中最美好的、最有价值的时刻就是让自己对教育的追求和梦想，在青海这片沃土生根发芽。★

（青海省学生事务服务中心供稿）

创业，最好的青春答卷

——青海师范大学李丙传事迹

李丙传，男，汉族，出生于1991年1月16日，青海师范大学美术系2012级艺术设计数字媒体A班学生。曾在青海智易方任市场专管，现任青海苦川墙绘工作室经理，法人代表。在当前"大众创业，万众创新"的大环境下，在青海兴起一股创业热潮，让创业青年们感受了春天的到来。

2012年，我首次坐着西行的列车来到青海西宁，发现青海拥有得天独厚的文化优势，但在宣传方面做得不够出色，青海特有的文化产品一直没有走出去。在做了大量的市场调查后，我在组建自己的创业团队方面下了一番功夫，怎样开办墙绘工作室？怎样运营和完善工作室制度？怎样打开墙绘市场？经过两年的摸索，成熟的条件已经具备。

2014年3月，我开始编写第一份策划书，开始为自己的创业实践做准备，顶住各种压力，顶住各种顾虑，终于实质性地迈出创业第一步，创办青海苦川墙绘工作室，并担任工作室经理，主抓工作室的运营。万事开头难。每一个业务的开展都需要我们团队上门亲自洽谈，有时候需要七八次谈判才能达成合作，有时候施工完成后合作方故意拖欠工程款时，这都锻炼着我们团队的能力。2014年8月，工作室正式在青海师范大学大学生孵化基地成立，并挂牌运营。创业虽然不易，但得到了青海青年创业园、西宁城西区大学生孵化基地、西宁劳动就业局、青海师范大学学工处就业与创业指导中心老师以及师范大学美术系领导的大力扶持。工作室是青海第一家集青海高原特色颜料研发、墙绘设计、古建筑绘制为一体的专业墙绘企业。工作室成功运营一年来，青海省委书记骆惠宁、西宁市委书记王建军等领导多次到青海师大创业园调研，对我们的努力给予充分的肯定。工作室以诚恳务实的工作态度和一流的售后维修服务赢得了青海墙绘客户的一致好评。工作室的成立融入了我们的大量心血。工作室在摸索中一步步的前进，一步步的实践长大。面对困难，我们从不抱怨，一切靠自己打拼，用行动诠释不怕困难、自立自强的创业理念。怀着创业梦想和对青春的执着，工作室团队走过许多别人不曾走过的路，其中的酸、甜、苦、辣，只有走在创业路上的人才能体会。大冬天在施工现场吃不上一顿热饭，喝不上一口热水，但当我们的劳动成果转化为社会价值，拿到靠自己的双手挣来的第一桶金时，心里真是无比的欣慰和高兴！现在回头想想，这是上天对我们创业青年最好的安排，这些苦难现已转换我们创业的动力。

2014年，工作室取得了创业大赛实战硕果。工作室通过对青海西宁市场大量的数据调查对需求有了一定的了解，并以青海师范大学孵化基地为依托，逐步把墙绘3D技术荧光产品研发、青海高原特色颜料研发、高原墙绘墙体特色处理、古建筑文物修复作为核心业务突破点，撬开青海市场，做好、做大、做强企业。

根据青海西宁的市场数据调查以及我们对部分墙绘客户装饰一族进行的市场调查得知：

他们对当前的传统绘画，也就是用丙烯颜料在墙体的绘画颇为不满。因为在室外绘制后不到一年墙体就会出现起皮、脱落、变色、褪色等现象。青海有独特的地域环境特色，光照强、温差大、紫外线强，墙面发碱，传统的墙体绘画技术不能解决根本问题。同时，墙绘客户的审美观念也在逐步提高，单纯在墙体绘画已不能满足他们的需要。青海苦川墙绘工作室随之逐步转型。2015 年开始进行青海高原墙绘 3D 技术荧光研发、青海高原特色颜料研发应用、青海高原墙绘墙体特色处理、青海古建筑文物修复、青海特色墙绘版权著作研究等，将以新的服务方式来代替目前的传统墙绘模式，确定了国家大力倡导“节约节能，安全环保”型的高新技术产业和服务项目的定位。

当听到李克强总理提出“大众创业，万众创新”鼓励大学生奋发图强创业时，我发自内心深处地高兴。创业不是一朝一夕之事，也不是空穴来潮，而是需要付出，需要了解政策，更需要用汗水去浇灌走过的每一步。每一步都记载了创业路上的艰辛与不易。创业不仅需要大量的市场调查，还要经受市场的千锤百炼，需要责任，需要担当。

我们始终认为好的产品必须在条件最恶劣的环境里研发，因为只有适应恶劣的环境，才会在任何其他环境里赢得市场，赢得消费者的认可。

工作室高原特色颜料以工厂的形式直接和市场接轨。青海高原的墙体因温度变化而产生变形，这不同建筑材料的墙体产生裂缝的原因。根据施工经验，我们必须根据高原墙体的“性格”研发一种适合青海高原地区温差大、紫外线强的环境，以及墙面发碱的特性研制颜料。这种高原特色颜料与高原墙体建筑应可相辅相成。青海特色高原颜料能够解决青海高原墙体起皮、脱落、变色、褪色，在最大程度上降低成本，持久耐用。青海高原特色颜料一旦投入青海市场，带来的商业价值不可估量，也会给装饰界带来一场跨世纪的革命，特别是楼宇建筑外墙和公共基础设施。

工作室瞄准青海作为旅游胜地的得天独厚的条件和青海特色旅游产品宣传不到位的短板，将重点在青海特色旅游产品上反映青海旅游景区墙绘，加大研发力度。青海是神圣、神秘的地区，即便是一堆沙石也可能充满纪念意义。我们将重点加大墙绘版权形成具有青海特色墙绘的版权著作。这将带来的经济利益不可估量，商业价值潜力巨大。

2015 年 3 月 17 日，工作室团队很荣幸参加青海省团委组织的青海全省创业青年培训，拓宽了我们团队的创业思维，也拓宽了我们的创业路。在今后的创业路上，将继续以我们的服务理念和诚恳的工作态度赢得市场，做出成绩，做出品牌，做青海师大创业青年的一面旗帜，带动更多的师大学子走创业这一条道路。★

（青海省学生事务服务中心供稿）

打造自己的花木世界

——青海畜牧兽医职业技术学院赵利乾事迹

赵利乾，男，25岁，甘肃定西人，于2012年9月考入青海畜牧兽医职业技术学院，就读于农林科学系中草药(12)01班。在校期间多次荣获院级及国家级奖学金，在2014年举行的“青海省第一届互联网+创新创业”大赛中，参赛项目“我在草原种了一片草”荣获二等奖，参赛项目“互联网+创客雪域珍品”在2016年“中牧杯”全国“互联网+”现代农牧业创新创业大赛中荣获二等奖。

从温室大棚管护员到“花卉种植户”

2015年6月，从学校毕业的我面临着就业问题。是回家就业还是去创业？这是我人生当中第一次面临重要抉择。正当困惑时，班主任老师建议我先去就业，掌握一些对自己未来创业有帮助的技能，在工作中多积累经验。于是通过毕业生校园招聘会，我应聘到了青海勤丰农牧有限公司，成了该公司的一名大棚管护员。在这期间我跟随师傅不断学习温室大棚蔬菜瓜果的种植技术，虽然很辛苦，也很枯燥，但我始终坚信自己每天的努力都是在为自己的创业梦想打基础。一年多时间下来，我学习到了很多在课本上学不到的技能和知识，并且也逐渐积累了一些人脉和宝贵的经验。这时的我希望尽快实现自己的创业梦想，而曾经的母校也向我伸出了橄榄枝，愿意提供三座温室大棚和一个现代化智能日光温室作为我的创业基地。于是我毅然决然地辞掉了青海勤丰农牧有限公司的工作，向着创业梦想迈出了坚实的第一步。

我前期调研发现，花卉消费近年来呈越来越旺的趋势，除了花卉本身具有姿容俏丽，让人们赏心悦目，可美化家居等功效外，它还可以开发人们的想象力，使人们在交流时更含蓄，更有品味。目前花卉产业正在稳步发展，花卉生产和消费快速增长，并由生产主导型向消费主导型转变。随着花卉生产的发展，流通环节的设施也得到较大的改善，湟源县城都新建了规模不等的花卉批发市场。

发现这一商机后，我马不停蹄地到乐都现代农业示范园区考察，四处参观别人的花卉种植和盆栽技术，学习他们的经验，乐都和西宁有名气的花卉种植基地我都走遍了。通过考察学习，我和在校的一个学弟合伙承包了学院的三座温室大棚和一个现代化智能日光温室，2016年9月正式启动花卉种植和盆栽项目，2017年2月21日创建了“湟源湟乾花木农业开发有限公司”，注册资本为壹佰万圆整。

明知是“坎”也要往前迈

创业确实需要勇气，当初说要在湟源这个小县城搞花卉种植和盆栽，很多人都不太看好我，因为湟源的气候条件比较差，不太适合花卉的种植。我爸听说我辞了职要回学校创业，都跟我急了，三天两头打电话来劝我。父亲的担忧不是没有道理的，自己辞职创业意味着家里不仅没有收入来源，还要投入巨额资金，而创业的效益谁都不能预期。

最终，在老师们的不断鼓励和支持下，我坚持了下来，我坚信自己对未来的判断。如果我放弃了，而别人却干成了这件事，那我肯定是要后悔的，我相信花卉种植和盆栽一定会有很好的市场前景。

自开始创业以来，我勤勤恳恳，每天很早就出门工作，经常凌晨才回家。对于没干过花卉种植的我来说，很多东西都需要学习。规划项目、营销策略、生产管理计划、财务设计、宣传等都需要我亲自参与，不懂的，我便跑去问老师、查资料。我还参加了学校组织的青海省青年农场主技能培训和创新创业等相关培训，学习花卉种植技能和创业知识。

创业时，很多不曾设想的问题都会接踵而至。我从乐都示范园区采购了四百多盆花卉苗以及两千多株花树苗木，为了便于出售，我详细地制订了营销策略，并大幅在学校和湟源县城宣传。起初老师们和同学们还络绎不绝地到我的花卉展示中心选购一些花木，也有县城的市民慕名而来，多多少少买了一些花木。但是大家所选购的花卉都是小型的花卉，很少有人选购大型的盆栽花木。这样问题就来了，小型花木价格低，根本挣不了钱。而我的多数资金都用于采购大型花木了。所以要想回本，就要把多数的大型花木销售出去。所以我又到处去跑，与一些单位和公司接洽，但是这个营销方法也不尽如人意。此时正值寒冬来临，我面临的问题不再是怎么把花卖出去了，而是怎么样让自己的花木度过严寒的冬季。

与其锦上添花不如雪中送炭

在公司运行中，一方面，由于财务不规范的操作，致使资金使用混乱，造成了资金短缺。另一方面，由于花卉市场某一时期的不稳定而造成经营风险。公司因为恶劣的气候条件而不得不低价甩卖这些花卉了。在离梦想更近一步的时候却受到了当头一棒。这一次让我体验到创业是多么的难。创业过程虽然很艰苦，但要有大无畏的精神。很多事情看起来不切实际，但只要一步一步去做，把每件事做好了，那些看起来不切实际的东西就都能成为现实。

也许上天在眷顾我这位有梦想的创业者，就在我快要坚持不下去，决定放弃创业梦想的时候，新的橄榄枝向我招手了，再一次燃起了我的斗志。2016 年 12 月 16 日上午，根据学院创新创业工作的安排，为落实“大众创业，万众创新”实践，增强师生创新创业意识，锻炼创新创业能力，鼓励学生就业创业发展，我所就读过的系与兰州中泰方正仪器设备有限公司、甘肃方天国众贸易有限公司召开创新创业工作洽谈会。

在此次洽谈会上相关领导将我引荐给了两个公司的负责人，兰州中泰方正仪器设备有限公司王芳珍总经理、甘肃方天国众贸易有限公司韦桂丽总经理对我的创业工作表示了极大的兴趣，愿意支持我继续开展创业工作，并就双方进一步开展创新创业工作进行了深入探讨。为表示对学院创新创业工作的支持和对我创业团队的鼓励，兰州中泰方正仪器设备有限公司慷慨解囊，赞助人民币壹万元作为我的创业资金。农林科学系系主任张东杰老师对我提供了一些农业机械仪器以及技术指导。

功夫不负有心人

传统的花卉种植模式经济效益较低，所以我就想跳出农业做农业，通过互联网给花卉行业打开不一样的窗户。如今，我和合伙人建立了“湟源湟乾花木电子商务平台”，依托“线下+线上”两个平台发展花木农业。线下，即花卉、苗木、瓜果、蔬菜等的种植实体经济；线上，则通过互联网整合销售当地农户的农特产品、土地改良施工和草原生态治理及技术咨询。

目前，湟源湟乾花木农业开发有限公司已初具规模。在农林科学系老师们的帮助下，通过“互联网+”这个平台发展花木农业，使公司的销售额大大提高，而我的创业之路还在不断完善中。对于未来的规划，我希望能打造成属于自己的花木世界。★

（青海省学生事务服务中心供稿）

在创新中体会快乐

——青海大学崔鹏事迹

我是来自于青海大学2014级的本科生崔鹏，一名普通的大学生，借此机会，与大家分享一下发生在我身上的创新故事。

谈到创新，我认为爱好是创新的源泉，成就一番伟业的唯一途径就是热爱自己的事业。如果你还没能找到让自己热爱的事业，就继续寻找，不要放弃。跟随自己的心，总有一天你会找到的。

记得多年前填报高考志愿时，自己选择的唯一专业就是计算机科学与技术。因为从那时起，我已经找到了自己爱好的事物——“CS”（computer science）。也是从那时起，我就立志在计算机科学领域做出一番成绩。时至今日，我已经被保研到清华大学计算机系攻读硕士学位，但当时的梦想依然牢记在心中，不敢忘记。也正是当年的这个理想，一直驱动着我不断进步与创新。

刚入学不久，同学们纷纷加入了各种社团与学生会，而我仔细考虑后，加入了大学期间的第一个社团也是唯一的一个社团——青海大学腾讯创新俱乐部。从大一到大三，我不光从俱乐部会员成长到了主席一职，同时也学到了许多对我有益的东西，收获了许多创新成果。在我的领导和同学们的努力下，大三那一年，俱乐部还获得了由腾讯公司颁发的“最具创新奖”。这一奖项让我深感自豪。

作为一名当代的大学生，绝不能在大学里虚度光阴，必须明确自己的责任和使命，趁自己精力充沛，充分利用优越的学习条件，不断提高自己的学识、技能、本领和才干，只有这样才能成为社会主义事业的合格建设者和接班人。必须高度重视社会实践，除了在学校学好功课外，还要积极参加各种校园活动与科技创新竞赛，具备丰富的实践经验，然后培养自己的创新能力。因此，在课余时间我积极参加各项校园活动与科技竞赛，开阔自己的视野，培养自己的创新能力。三个学年中，我获得了ASC国际大学生超算竞赛一等奖、“蓝桥杯”大赛三等奖、高校云计算应用创新大赛三等奖、算法设计微视频大赛二等奖、美国大学生数学建模竞赛二等奖、“创青春”全国大学生创业大赛铜奖、“挑战杯”全国大学生课外学术科技作品竞赛校级一等奖等奖项。获奖的道路上困难遍布，但是在这个过程当中你会收获到丰富的知识，并快速提升自己的实践能力与创新能力。

记得大二参加高校云计算应用创新大赛的时候，当时所选题目要求开发一个网络爬虫来抽取web信息，对于第一次接触到网络爬虫这个名词，毫无基础的我，真是感觉一头雾水。但我没有退缩，马上就开始查阅各种资料与学习新的知识，看了半个月感觉还是毫无头绪，每次在快要放弃的时候总是告诉自己，也许再多学一会儿就能把这个问题解决了。就这样，三个多月我还是坚持下来并掌握了相关的知识与技术。最终，功夫不负有心人，我带领团队取得了全国三等奖的好成绩，这也是所在院系第一次取得这样的成绩。创新的过程虽然很痛苦，但取得成绩时还是很开心的。

在我参加竞赛的道路上，还有一段让我难以忘记的经历，同时也使我终身受益，那就是参加 ASC 国际大学生超算竞赛的过程。

世界大学生超级计算机竞赛（ASC）是由亚洲发起的大学生超级计算机竞赛，也是目前世界三大超算竞赛中规模最大的一个。我是青海大学计算机系 ASC18 超算团队的队长，2018 年也是我们参加这个比赛三年中实现最大突破的一年。在比赛中我们团队与清华大学、浙江大学、上海交通大学、中山大学、国防科技大学、台湾新竹清华人学、香港浸会大学、俄罗斯圣彼得堡大学、泰国农业大学等 20 支参赛队同获本次比赛全球一等奖，闯入最终全球区总决赛，在 20 支队伍中预赛排名第三。作为一名连续参加三年 ASC 超算竞赛的老队员，从第一年初出茅庐获得优胜奖的成绩，到第二年渐入佳境，获得全球二等奖的成绩，再到 2018 年的重大突破，获得全球一等奖并入围全球总决赛，当时作为队长的我非常激动，因为付出总算有了回报。

这里，我将三条重要经验分享给大家，与大家共勉。

第一条，行动是迈向成功的第一步！就拿我们比赛来说吧。当年 2016 年第一次去参加 ASC 竞赛的时候，我是一名大二的学生。参加之前是指导老师把我们几个同学叫到办公室去问有没有兴趣参加这个比赛，在这之前我们是完全不了解这个比赛的。所以当老师问我的时候，有一些犹豫不决。但最后一想，不试一试怎么能知道结果是什么样的呢！所以下定决心去参加 ASC 超算竞赛，最后经过我们的努力，第一年取得了优胜奖的成绩。

第二条，坚持就是胜利！我们团队是从 2016 年开始参加 ASC 世界大学生超算竞赛，到今年是第三年参加，能取得全球一等奖的成绩，离不开三年的坚持。功夫不负有心人，总结了前两年的参赛经验，今年我们强势挺进总决赛，预赛中 300 多支参赛队伍，排名第三，总决赛中跟清华、浙大、上交等传统强队一同竞技，最终在 HPL 和 HPCG 基准测试中打破世界纪录，仅次于台湾清华大学和清华大学，最终取得全球一等奖的好成绩。

第三条，在不断尝试中修成正果。为了得到一个好的结果，我们往往需要不断地尝试和一次又一次的完善。还记得初赛的时候，比赛截止日期的前一天，我们在 relion 冷冻电镜这道题目上还没有做出实质而有突破性的优化，之前尝试的 GPU 加速方案一直编译失败。但是就在当天上午，总结了之前遇到的问题，我提出在新的平台上测试一下 GPU 异构加速的方案，想再尝试一次，考虑到时间问题，我赶紧让负责这道题目的同学对新方案加以实施，最后，奇迹发生了，程序成功的编译了起来，并且运行时间由原来的三天缩短到了三小时左右，优化效果十分良好。

当然优异成绩的取得离不开我们团队成员的共同努力和辛苦付出，不管一个人多么有才能，但是集体常常比他更聪明和更有力，所以团队精神是每个成功者必备的优秀品质。漫漫人生道路，我才走了一小部分，未来的路还很长，暂时的荣誉就好比是圆形的跑道，既是终点，又是起点。所以心中应该有更高的追求，才有继续前进的动力。只有不断的努力，才能取得更好的成绩，创造美好的未来。★

（青海省学生事务服务中心供稿）

中华豪猪倌

——青海畜牧兽医职业技术学院田川崎事迹

创业是发展之基、强国富民之本。弘扬创业精神，就是要弘扬艰苦创业、全民创业、自主创业精神，鼓励、引导和支持百姓创家业、能人创企业、干部创事业，形成家业殷实、企业兴旺、事业发达的生动局面。

他叫田川崎，安徽省界首市田营镇人，2015 年就读于青海畜牧兽医职业技术学院动物科学系畜牧兽医专业，2018 年高职专科毕业。

2015 年，田川崎作为一名体育特长生，考上了北京一所体育学院，但他自幼热爱动物养殖，就放弃到北京学习的机会，选择到离家 2000 多公里的青海省学习畜牧养殖知识和技术。

大一开学前夕，田川崎外出做勤工俭学暑假工。一个偶然的机会，在四川和合肥两地接触到了中华豪猪，立刻被眼前这个像大“刺猬”一样家伙所吸引。他得知中华豪猪饲养起来比家猪更容易，食量少，且抗病能力强时，心中便产生了养殖中华豪猪的念头。

2015 年 9 月进入青海省畜牧兽医职业技术学院畜牧兽医专业学习后，通过查找资料，了解到豪猪又名箭猪、刺猪，是一种经济价值很高的珍稀动物，由于肉质细腻，味道鲜美，深受人们的喜爱，一直被誉为山珍，是难得的纯真绿色食品。特别是“非典”后，很多野生动物作为禁品，被赶下餐桌，豪猪作为本属的山珍野味，更成为了佳肴珍品，受到消费者的青睐，其价格越来越高；同时豪猪还具有很高的药用价值，肉、脑、脂肪油、心、肝、胆、胃、箭刺均可入药。由于人工过度捕获使其自然种群野生豪猪的数量急剧下降，另一方面，农药、化肥的大量使用等因素使豪猪的自然生态环境不断恶化、食物来源下降，导致社会需求与产量供出矛盾的加剧。

人工养殖豪猪在中国刚刚起步。这一新兴养殖产业的开发，有着特殊的经济价值和独特的市场前景。人工养殖豪猪不仅能有效地保护野生动物的生存、繁衍和生态平衡，又能给养殖户带来较高的经济效益，同时还能满足人们的生活需求。养殖豪猪用工省、占地小、技术容易掌握，经济效益高，市场风险小，养殖前景广阔，是养殖业中的一大突破。通过市场调研，得知中华豪猪主要销往上海、广东、海南等地。成猪一般体重可达 20 千克左右，售价每千克在 160～300 元之间。除了肉可食用、箭刺药用外，还是制做浮标和装饰品的高级原料，一千克可以销售到 200 多块钱。

他感到这确实是一个不错的致富门路。他把休学返乡养中华豪猪的想法告诉父母后，当即遭到家人的强烈反对。因为当初上大学时，作为体育特长生的他已经考上了北京的一所体育学院，毕业后就可以被分配到学校当一名体育老师。当毅然决然放弃体育专业，报考了一所离家很远的畜牧养殖学院后，家人为此一直想不通。现在养殖学业没有完成，得知他又准备休学返乡搞养殖，家人说什么也不同意。在父母的压力下，只能继续求学，但养殖中华豪猪的念头一直没有放弃。之后，他利用假期打工的时间，又到了湖南等地进行实地考察养殖，把了解到的情况电话向父母详细介绍,以寻求支持。最后,父母实在没有办法,便明确告诉他,搞养殖可以,但费用自己出。

2016年初,用假期打工挣到的一万多元去外地采购种苗。因为种苗价格较高,只好向父母求助。经过再三央求,最后,总算从父母那里借了一万多元,加在一起购回了9头中华豪猪种苗。因中华豪猪属于特种养殖的品种,采购种苗后,又及时向有关部门申请办理了养殖许可证。

为了养殖中华豪猪,在大一下学期,休学了一个月,在家将中华豪猪养殖技术和营养配比配方全部教会了父亲才回学校。回到学校后,当得知家里的父母遇到养殖上的困难时,他一面上网查资料,一面向动物科学系的任课老师请教讨论豪猪养殖技术问题,把解决办法编辑成手机短信发给家人。就这样,在他远程遥控指挥下,2016—2018年,家中饲养的中华豪猪已经由当初的9头繁殖到现在的近60头,豪猪养殖业终于“小荷才露尖尖角”。

在家庭发展养殖的同时,2017年3月份,田川崎与芜湖的一位养殖户合作,共同开拓中华豪猪的饲养业和销售市场。经过一年多的发展,目前这个养殖场已经达到了500头的养殖规模。

经过与其他养殖户合伙经营的经验技术沉淀后,目前田川崎正在建造自己的豪猪养殖基地,预计2019年5月份完工投入使用,养殖基地厂房面积有1800平方米,豪猪存栏量可达2400头,年出栏量可达2000头。

田川崎作为一名当代大学生,响应国家“大众创新—万众创业”的时代召唤,依托专业知识技术,勇敢地创业,当地群众称赞不绝,产生了良好的大学生创业示范作用,被安徽晚报和安徽界首市新闻采访报道,并且已与CCTV7农广天地节目组预约,将制作农业技术推广节目。

在全国倡导“双创”的大好形势下,田川崎的回乡创业养殖事业必将蒸蒸日上,带动更多的人们就业,脱贫致富,实现小康生活。★

（青海省学生事务服务中心供稿）

海南

真诚、自信、坚持和勇于拼搏的精神创造奇迹

——海南工商职业学院陈日通事迹

我叫陈日通，来自于美丽的海南澄迈，出生于1997年，2016年入学海南工商职业学院经济管理学院电子商务专业。接下来，我与大家分享一下我的创业经历。

我高中阶段就已经开始兼职打工，实现经济独立，并知道自己想要什么和该怎么做去获得自己想要的一切。2016年9月，我来到海南工商职业学院经济管理学院就读电子商务专业，但不甘于平庸的我总希望通过各种各样的平台锻炼自己的胆量和舞台表现能力。当时班导组织了很多场经验分享会和比赛，我都积极参加，并踊跃报名参与经验分享。这么做的初衷也是想锻炼自己，打磨自己的舞台表现力。当然课余时间我也找了一份兼职工作，赚取自己的每日所需。那会儿还没有开始尝试创业，只知道生活非常残酷，必须要不停地努力工作才能解决自己的学杂费和生活费。

2016年的一次偶然的机会，我接触到了POS机。刚开始销售POS机时，我内心还是非常忐忑的，每天都出去跑业务，挨家挨户地介绍产品功能、推销产品，经常都是11点半左右才回到宿舍，那时舍友多数都已经睡下了，我还因此调换到了一个晚睡的寝室。后来也在微信上发小广告推销产品，但朋友圈中能购买POS机的人少之又少，很难找到合适的客户。后来我又开始挨家挨户、地毯式的推销产品。记得有一年年底是销售旺季，我腊月29晚上11点钟才回到学校宿舍，当时在校门口碰到班导，她用惊讶的眼神看着我，问："你怎么还在上班，没回家过年?"我没好意思告诉她，为了筹到下学期的学费，过年我都不打算回家了。上天不负苦心人，短短的几个月时间，我成功赚到了人生第一桶金——2000元。光靠跑业务赚的，我也觉得不可思议，但这都是努力的收获。

在我找到了突破口，获得了成功签单的经验后，订单便开始陆陆续续向我招手，我也乐此不疲。每天除了上课就是出去跑业务、签单。通过两年730天日日夜夜的努力，终于在大三实习伊始，我可以每天不用发愁而日进5000元。在大家都忙着找实习单位而一筹莫展的时候，我能镇定自若地每天规律生活。我的付出终于有了回报，我也懂得了努力奔跑的人，上天终会眷顾。

后来慢慢地感觉到这个行业可以坐着挣钱，于是我把仅有的3万元存款和借贷的5万元投资到这个行业，我们几个人一起合伙创办了现在的这个公司，现在已成功融资50万，接下来打算进行第二轮融资200万。刚开始特别辛苦，可熬过了苦，剩下的都是甜，付出就会有回报，努力的人都不会被辜负。

在创业过程中，有太多辛酸和泪水无法用语言和文字表达出来。创业中期，每个月就那么点钱，感觉实现财富自由是没啥希望了，于是有点消极，想回学校上学算了。幸好有前辈告诉我，创业贵在坚持，我只是遇到了瓶颈罢了。后来调整好心态，懂得控制情绪，要劳逸结合，多

找人倾诉，没事多看点书，多交点朋友。

通过这一两年的摸爬滚打，我明白：商人，首先就得有良心，讲诚信。不要满口都是大话、空话、忽悠。有些人以为那是口才，其实不是，就比如有些伙伴问我，我口才不好，能创业吗？答案是肯定的。不要以为你讲得天花乱坠，客户就会被你唬住了。现在是信息时代，客户又不是傻瓜。你不如诚实一点，诚恳一点，许多客户购买产品，其实不是看产品有多好，他买的其实是对我们的信任。我们只要在客户面前表现出我们的诚意，他不但会购买，还会推荐其他人购买，因为他欣赏你的态度。

创业的过程就像是一个人的生活历程，和生活一样除了基本的生存技巧外，更需要真诚、自信、坚持和勇于拼搏的精神。★

（海南省大中专毕业生就业指导服务中心供稿）

永不言败的创业者

——海南工商职业学院林昌达事迹

创业者，说白了就是走别人不敢走的路。有人开玩笑说，创业就是买七星彩，买对了你这辈子算是成功了。我不认同，我觉得创业者是在为了改变某些东西而努力，哪怕付出无数次的奋斗，哪怕是得到无数次的失败，结果不重要，过程才是享受。

2014年7月，大二暑期，我跟同学一起去万宁做土地测量，同学做了一个周不做了，为什么？因为太累了！山沟沟里，每天不知道要摔多少次，不知道有多少次发自从心底的害怕。我坚持到9月开学回校报名，做完大三毕业的最后两个设计，然后就要出来实习。面临的问题来了，我要做什么工作？我花了一个月的时间，决定先去跑业务。当时我找了一份业务工作，一个月工资1200，交了房租、水电、吃饭钱就没有剩余了。不管，我对自己说：做了再说，目的为创业打基础，积累人脉。就这样做了一年，最后一个月拿下了销售冠军，然后跟老板说，我要回去做设计。就这样结束了做业务的生涯！

2015年9月，我加入了上海波涛装饰集团海南分公司，做设计师助理，经历了从被骂到上手的艰难历程。加入公司没多久，我就给公司带来5个成交单。老板让我做业务，我拒绝了，还是当助理，因为我想要学习。2015年12月，我被公司派到上海波涛装饰集团总部学习设计及营销系统培训。2016年1月，回到海南，经过设计考核，我又被派到大型工地，学习工地管理及工艺。就这样，我成为一名真正的设计师。

2016年6月，我退出波涛装饰集团海南分公司，自己出来成立了海口缘谷设计工作室。当时我表弟刚毕业，被我拉过来一起做业务。这时就用到了以前做业务的资源了，主要的对象还是装修公司，提供谈单、设计、量房、出预算工作，只要3个点的提成。当时我谈下15家装修公司的合作项目。然而好景不长，业务太多，根本跑不过来，也做不过来，导致装饰公司的老板损失了客户，取消了合作。我表弟也回去重新找工作了，就剩下我自己一个人。我休息了一个月，同时也在想：到底什么样的路才能长远地走下去？大道理谁都知道，但是要怎么去做？客户的关系要怎么维护？想来想去，决定做工地管理，因为工地管理虽然花更多的时间，但是时间要求没这么紧。我去找几个关系比较好的朋友谈了谈，达成合作协议。刚好遇到以前合作做设计的装修公司老板，晚上约出来喝个茶，拿到两套别墅的施工管理和五套公寓的施工管理。但是那些不靠谱的朋友拿到钱就马上去买车了，导致资金链断了。我没有办法只能去贷款！这次又失败了。我整整花了一年时间，打了三份工，终于把贷款还完了，但是我不想“缘谷”这个品牌就这么倒下去。我整整花了一个月的时间来思考和写计划，刚好一个朋友介绍了两个工地，我马上给我表弟打电话，两个人全力以赴地做完这两个工地的工作，手上有了第一桶金。我最后决定做整装材料。因为第一，客户一般喜欢做半包，材料自己买，放心；第二，买材料很累；第三，大部分客户会选择性价比比较好的材料。整装，对于客户来说，是一站式的，直接选购完成，没有必要逛来逛去，而且质量方面也放心。当时我就在建材城找到一个铺面，注册有限公司，公司名字就是"海口缘谷设计装饰工程有限公司"。为什么注册为装饰公司呢？考虑到，在自己人脉不是很广的时候，可以借助别人的人脉，仅靠卖材料，靠散客，都无法做到。所以要做什么？做装修。跟谁合作？装修公司，还要是小的装修公司。一般大公司都有材料展厅，而且海口大公司的数量要比小公司少的不是一点半点。装修公司容易找，散客不容易找，在没有任何知名度的情况下愿意相信你的散客更少。就这样，公司还在装修的时候，就开始去找装修公司谈合作。公司是2018年8月16日注册下来，10月1日正式开业，开业当天的销售额达到15万多元。虽然经历了无数次的磨难，但是我们相信，未来会越来越好。我无法用几行字表达创业过程的辛酸，这一次无论如何都要成功，也相信这一次的选择是对的。

谈创业，这才是刚刚开始，真正的挑战还在后面。★

（海南省大中专毕业生就业指导服务中心供稿）

热心志愿服务的创业人

——海南工商职业学院林明皖事迹

林明皖2016年就读于海南工商职业学院建筑工程学院工程造价专业。2017年9月于志愿海南网注册"海口青年志愿服务队",2018年2月在共青团琼山区委指导下,在琼山区民政局登记注册"海口市琼山区予阳义工服务中心",成为拥有独立法人资格的公益性社会团体,并出任法定代表人、中心主任、负责人,荣获"2018年度琼山区优秀青年志愿者"。

我是一个来自农村的青年,2015年9月考进海南工商职业学院。本想着平凡度过一生,不巧遇上海口市创建全国文明城市、国家卫生城市的好时机,在共青团的召唤下,履行作为一名团员的义务,参与团组织的活动。于是,我便利用课余时间与舍友参加美兰区、琼山区文明交通劝导活动,在炎炎夏日身着志愿者服,带志愿者帽,手举小红旗在马路边对闯红灯的行人和车辆一遍一遍地说"请不要闯红灯、遵守交通规则"。从早上引导交通一直到下午,虽说累,但受益匪浅。此活动让我深刻体验到参与文明城市建设的工作者的不易,不仅让自己懂得了很多安全知识,还劝导了很多不文明的行人,从此便与志愿服结下了不解之缘。在校期间累计参加大大小小志愿活动五十余场。

2017年底,即将毕业的我面临着找工作,只好放弃了公益活动,踏上实习的道路。我来到一家造价咨询公司做起了造价实习生。2017年10月,海口市进入能否一举拿下全国文明城市称号关键阶段。在共青团琼山区委的召唤下,我成立了"海口青年志愿服务队",助力琼山区的志愿服务工作,组织上千名大学生志愿者以及社会义工在辖区的各大交通路口、交通枢纽、公交车站、旅游景区等地开展一系列文明劝导志愿服务活动。在此期间,热爱志愿活动的我清晨太阳还未升起便前往各个点位亲抓服务，一再强调活动处在关键时刻，同时认真的落实区委、区政府的要求，努力做到“以市民为主、服务至上”的总体要求。2017 年 11 月，海口市荣获“全国文明城市”称号。此时，作为一名高校的共青团员、志愿服务队的队长，我无比激动，参加活动三年以来的付出得到了完美的回报，这更加坚定了我从事公益事业得决心。我决定创办一个专业化的志愿服务组织。2018 年 2 月初，我前往琼山区民政局登记注册“海口市琼山区予阳义工服务中心”，性质为民办非企业单位(社会公益性团体)，由我出任法定代表人、中心主任、负责人等。其宗旨为：以“奉献、友爱、互助、进步”的精神为指导，以“志愿予阳、给予阳光”为行动口号，组织开展志愿服务活动，积极培育和践行社会主义核心价值观，加强社会主义精神文明建设，提高市民综合素养等活动为重点，提倡“互相帮助、助人自助、无私奉献、不求回报”，凭借自己的双手、头脑、知识、爱心开展各种志愿服务活动，无偿帮助那些处于困难和危机中的人们。从此，我走上了创业的道路，但前期的道路坎坷。由于我们的组织刚成立，没有影响力、声誉，承接到的活动项目寥寥几个。

2018 年 2 月，海南遭遇 60 多年来最严重的大雾灾害天气。在琼山区志愿服务联合会的指导下，我组织数十名志愿者前往秀英港为滞留车辆和旅客提供引导服务，发放矿泉水、饼干、方便面、八宝粥等食品，为大龄老年人寻找座位，协助交警部门疏导交通等，并全力做好滞留旅客安抚工作，得到辖区领导的肯定。在我中心的努力下，先后承接琼山区、美兰区大大小小上百场志愿活动，包括社会文明大行动、志愿集市下乡服务活动、暖冬行动、湿地保护宣传、禁毒宣传、垃圾分类宣传、关爱青少年成长、关爱孤寡老人、中国画进校园宣讲、生态文明进校园宣讲、2017 年和 2018 年海南欢乐节开幕式服务等一系列活动。

志愿活动对于我而言，一是奉献社会，能通过参与志愿服务为社会出力，尽一份当代共青团员、高校学生责任和义务；二是丰富生活体验，利用业余时间，参与一些有意义的工作和活动，既可扩大自己的生活圈子，又可亲身体验社会上的人和事，加深对社会的认识，对我自身的提高是十分有益的；三是提供学习的机会，在参与志愿工作的过程中，除了可以帮助他人以外，更可培养自己的组织及领导能力，学习新知识、增强自信心及学会与人相处等；四是传递爱心，传播文明，把关怀带给需要关怀的人；服务他人也是服务自己，志愿服务不仅传递了爱心，还传播了文明，有效地汇聚成一股强大的社会暖流，助力新时代中国特色社会主义的伟大胜利，继续朝着实现中华民族伟大复兴的宏伟目标奋勇前进。★

（海南省大中专毕业生就业指导服务中心供稿）

选择自己最想做的

——海南工商职业学院羊秋事迹

海南是个四面环海的岛屿，独特的环境造就了独特的文化。在海南，我们踏过的那些桥、走过的那些公园、路过的那些风景的背后，都隐藏着我们难忘的回忆。

我叫羊秋，来自于海南工商职业学院旅游管理专业，生在海南岛的一处闲适而与世无争的村庄——临高小村。我是家里的长子，有一个弟弟两个妹妹。初中的时候看过一部名叫《意难忘》的长篇电视剧，内容集商战、励志、情感于一体，感触颇深。所谓时势造英雄，英雄造时势，主角王胜天就是这样的人。他读书不多，却是天生的商业奇才，心性乐观，积极进取。他非常孝顺，虽霸气叛逆但能在失败中吸取教训。他一生本着"事在人为，人定胜天"的意念，在最艰难的时代努力不懈，靠着过人的意志创立胜天集团，战胜困难终至成功的巅峰。王胜天的故事犹如一颗种子，在我心里生根发芽。

初中毕业后，我来海口上高中，借住在舅舅家。舅舅在海口码头港口有一家店，主要经营海南特产批发和票务代理。舅舅平时生意繁忙，我一有时间就来店里帮忙。我性格开朗外向，而且喜欢跟人打交道。通过舅舅的门店，我认识了很多旅行社的人。我平时喜欢跟旅游爱好者聊各个地方的文化和美景，暑假寒假就约朋友外出旅行，丰富自己的阅历。大学选择专业时，我毫不犹豫地选择了自己热爱的旅游专业。

在校期间，学校偶尔会去听创业的讲座或者看一些创业视频。这时我就心潮起伏，这是个好机会呀，一来我热爱旅游，二来符合我的性格喜好，三是我有一定的旅游知识和人脉的积累。于是在2018年我注册了自己旅游咨询公司，和旅行社开展合作。创业，谈起来容易做起来很难。刚开始的时候，半年内没有业务，我都打算放弃了。但王胜天的创业故事激励着我，在创业的道路上，我可以断气但是不能放弃。我不是富二代，不是官二代，更不是拆二代，我相信自己是创一代。

每个人身边都有不同的资源，要善于利用资源。我找来家里的所有亲戚朋友，一起帮我做口头广告，口口相传。不久后，舅舅介绍给我一单，表姐也介绍了一单。同时，我自己也很努力，没课的时候经常去发旅游宣传单，虽然很传统但是很有效。在不影响学业的情况下选择创业，感觉自己是幸福满满的。

大学时期有三件事，从不同方面提升了我的个人能力，为创业提供了一定帮忙。

第一件事是组织本校跨专业跨学院参加第五届海口市大学生市场营销大赛。作为队长的我带领他们，组织了各种促销活动，摆点促销、走访促销、音乐营销，我们从一个各不相识的松散群体变成了团结拼搏、充满凝聚力的团队！虽然最终只拿到优秀组织奖，但是经过这一次的营销大赛，我们收获了友谊，学到了知识，开阔了视野，丰富了精神境界，提升了各方面的能力。

第二件事是“弘扬琼崖精神，传承红色基因”红色旅游活动。我在海南通达假日旅行社做了二年志愿者，积累了旅游知识和人脉资源。

第三件事是成为助残爱心大使。行慈善之举，积仁厚之德，扶弱助残是中华民族的传统美德，我有幸成爱心大使，并以此为契机，以海南环琪文旅游信息咨询有限公司的名义承诺，每接待一名游客捐赠一元钱给海南省残疾人基金会，用于开展助残公益项目，尽微薄之力帮助海南贫困残疾人解决生活、教育、就业等方面的困难。

我的创业总结如下：

1. 通过创业，我深刻感悟到国家提倡大学生创业的重要意义。

随着高等教育从“精英教育”向“大众教育”转变，高校毕业生就业形势日益严峻，大学毕业生数量将远远超过空缺岗位的数量。因此，大学毕业生创业具有十分重要的意义。有利于缓解大学生就业压力，有利于大学生谋求生存与自我价值实现，有利于实现致富梦想，有利于培养大学生艰苦奋斗的作风，不畏风险，自立自强，艰苦拼搏，有利于培养大学生的创新精神。创新是一个民族的灵魂，是一个国家兴旺发达的不竭动力。

2. 现阶段我的创业目的。

目前，我创业不仅仅是为了赚钱，也是“选择自己最想做的，这样才会有源源不断的激情和动力”。虽然创业路上坎坷不断，但我珍惜并享受这个过程，我把每一次的挫败都视为一种财富。

3. 创业实现了个人素质和能力的提升。

作为当代大学生，我们在学校里学到了很多理论性的东西。我们有创新精神，有对传统观念和传统行业挑战的信心和欲望；我们有着年轻的血液、蓬勃的朝气，以及“初生牛犊不怕虎”的精神，对未来充满希望。这些都是创业者应该具备的素质，也是大学生创业的动力源泉，是成功创业的精神基础。大学生创业的最大好处在于能提高自己的能力，增长经验，现学现用。

另外，通过创业学习，我认识到时机和市场潜力的重要性。比尔盖茨之所以能财源滚滚，就是因为他看到了计算机在人类的生活中会起到越来越大的作用，这个市场有无限的潜力。

4. 学会了面对失败。

创业路上，很多大学生都急于求成、缺乏市场意识及商业管理经验，常常盲目乐观。大学生对创业的理解还停留在仅有一个美妙想法与概念上，没有充足的心理准备。对于创业中的挫折和失败，许多创业者感到十分痛苦茫然，甚至沮丧消沉。大学生创业其中不乏成功者，但肯定都经受了种种挫折和市场经济大潮的考验。在经历了最初的创业冲动和付出之后，越来越多的大学生走向成熟和冷静，对创业和成功有了更深的理解。创业早期的失败使我更加理性和成熟。

5. 创业不仅仅是一份计划书。

在大学生提交的相当一部分创业计划书中，许多人试图用一个自认为很新奇的创意来吸引投资。以前或许可能吸引来投资,但在今天已经是不可能的了。现在的投资人看重的是创业计划真正的技术含量,以及市场盈利的潜力。你必须有一整套细致周密的可行性论证与实施计划,绝不是仅凭三言两语的一个主意就能让人家掏钱的。

6. 我实现了学习、创业两不误。

我觉得,提倡大学生自主创业无可厚非,但是要建立在不影响学习的基础之上。很多的大学生创业后就只懂跑商家,荒废了学业,这是不可取的。市场经济不同情弱者,也不会给任何人实习的机会。

总之,我认为大学生在投身创业热潮的同时,也要深刻地思考,思考自己的人生方向和自我定位,在学习和工作中不断充实自己,提高自己。无论做什么事情,都是一个自我提升的过程。只要自己从中获得了宝贵的经验,无论最后成功或是失败,都是人生的财富。★

(海南省大中专毕业生就业指导服务中心供稿)

不安于现状的创业者

——海南职业技术学院王照天事迹

王照天来自海南澄迈，在校期间积极参加社团活动，担任团支书一职，曾获评“五四红旗团支部”荣誉称号。毕业后进了一家外资饲料企业正大康地阳江饲料有限公司做销售，经过用心学习和摸索，掌握了养殖方法和销售渠道，并成立了澄迈中兴照天畜牧养殖农民专业合作社，任总经理。

公司及项目介绍

公司主要经营家禽畜牧饲养及屠宰加工，销售饲料兽药，发展农户饲养，提供技术服务，提供饲料，包回收。目前合作社已发展了五名社员，主要饲养当地鹅，每月有3000多只上市，年产值360多万，利润近50万，带动了当地养殖业的发展，较好地提高农户收入，与他们一起发家致富。王照天下一步打算利用自己的在学校学到的专业知识，进一步扩大养殖规模，增加饲养品种，发展更多的农户加入到畜牧养殖农民专业合作社里面，共同奔小康。

选择创业的原因

王照天来自农村，家庭经济条件不是很好。他自小能吃苦，自力更生。在上学期间，经常利用课余时间在外面兼职，做校园代理，寒暑假都会去养殖场打工，每学期总有上万元的收入，可以够自己生活开支。

由于上学期间能够经济独立，出来工作以后总想着“我当学生的时候都能取得如此成绩，出来后要更上一层楼”。由于一直不安于现状，处处寻找机遇，毕业第二年，在工作的同时陆续开了一家出租公司、一家水吧和一家汉堡店。

“每个人都有追求”。毕业后，王照天选定了自己奋斗的目标，因为在大学学的是畜牧兽医专业，他要用自己所学专业知识，回到家乡创业，给村里的农民提供养殖技术，带动当地发展养殖业，增加农民收入。同时通过努力奋斗改善自己的生活水平，提高生活品质，还可以帮助更多的人，更好地体现人生价值。

创业过程中的挫折

王照天一边替人打工，一边自主创业。由于精力有限，他经常不在店里工作，加上管理方式不善，有一家店出现很多问题，没能及时解决，导致员工情绪不稳定，积极性不高，同时经营成本增加，产品质量没有保障，营业额不断下降。王照天意识到问题的严重性，果断采取如下措施：

① 加强工作纪律，要求员工准时上下班，奖罚分明；

② 改变薪资待遇方式，以前是固定工资，现改成底薪＋提成；

③ 坚持亲自采购以降低成本，每天到店里帮忙，同时也起到监督作用，减少材料浪费；

④ 持续半个月做促销，增加影响力，稳定后定期搞优惠活动。

经过一系列的改革，该店获得重生，经营重新走上轨道。

创业中的经验

坚定信念

创业之初，想法只是想法。但所有的创始人，要有信念，相信自己的想法是正确的。创业者不能对自己的想法存有疑问，否则，追随者也会产生疑问，就无法坚定去追随。一旦创业，如果你心中还有一丝的疑问，你将很难组织出一只优秀的团队。你需要向别人展现你的信念，让别人相信你，这样你的团队才会成功。这是创业者需要克服的一个大障碍。对于仅仅有激情和了解企业模式的创业者来说，他们还需要向人们阐述他们正在做什么，必须像一个布道者一样，清晰地阐述自己的思想和信念。

目光远大

作为一个风险投资者，首要工作就是在企业模式还不清晰的时候去看清它们。从宏观层面上去观察发生的事情，然后选择合适的方向投资。优秀的企业家不仅仅在于能够看到机会，还要有能力在别人还看不清时看清楚市场模式。机会就在于别人看清楚模式之前。一旦大家都看清楚了，每个人都可以去做。模糊不清有时也是好事，伟大的企业往往在混乱中都能看清楚未来。

积极的态度

我们常常会发现一些人念叨着要开公司、要创业，但实际上，他们并没有创业激情。最成功的创业者一定有改变世界的激情。创建公司的愿望绝不是一个简单的动机(比如想创业)，创业公司需要有远见、有激情，相信自己能够改变现状。

做好表率

并非所有企业家都是伟大的领袖。只会讲战略讲目标的人，一般只是表面上的领导人。优秀的企业领导人一定能起到表率作用：如果你每天最后一个到公司最先一个离开，而你的员工则加班加点，那你的公司命不久矣。但如果你的团队看到你比他们更辛苦，他们也一定愿意随你一起努力，将公司做好。

专注细节

创业时，许多人会说这样一句话："市场还没有出现的情况下，我该如何做市场分析？"我认为，当你把时间、精力和荣誉投入创业时，你要知道，你已经投入了很大很大的"资本"。在此之前，你需要自己做好功课：你需要知道竞争者在做什么、市场有多大、成功之前你需要克服的障碍有哪些，以及你凭什么能够成功。

永不放弃

最后一点，很俗气，但很实际，那就是坚持：永远、永远、永远不要放弃。

王照天对学弟学妹忠告和鼓励：

① 好好珍惜在校期间的每一天，不要每天过着三点一线的生活。毕业以后你会发现除了毕业证以外你什么收获都没有，因为你当初付出的太少了。

② 不懂多问，多跟老师，学长学姐们交流，因为他们的经历比我们多，老师们会把他的知识教给你。

③ 参加学生会、社团活动，在此过程中你将学会很多，还可以结识不同学院、不同专业的同学，有人脉有资源可以做很多事。他们也许会是以后的合作伙伴。

④ 利用周末时间去兼职，多积累社会经验，提前适应社会环境。

⑤ 有想法就大胆地去做。如果失败了还可以做其他选择，年轻就是资本。

⑥ 实习期间一定要扎根基层，以学技术为主。只有掌握了技术才能独当一面，以后的待遇也会提高。★

（海南省大中专毕业生就业指导服务中心供稿）